9ª EDIÇÃO 2022

COMO PASSAR

HERMES CRAMACON

OAB
SEGUNDA FASE

PRÁTICA TRABALHISTA

- **PEÇAS PRÁTICAS**
- **QUESTÕES DISCURSIVAS**
- **CONTEÚDO ON-LINE**
- Exercícios práticos OAB/ EXAME UNIFICADO resolvidos pela OAB
- Peças prático-profissionais OAB/EXAME UNIFICADO resolvidos
- Modelos de peças práticas

COMPLETO PARA OAB 2ª FASE

WANDER GARCIA
ANA PAULA DOMPIERI
COORDENADORES DA COLEÇÃO

2022 © Editora Foco
Coordenador: Wander Garcia
Cocoordenadora: Ana Paula Garcia
Autor: Hermes Cramacon
Editor: Roberta Densa
Diretor Acadêmico: Leonardo Pereira
Revisora Sênior: Georgia Dias
Projeto Gráfico: R2 Editorial
Capa: Leonardo Hermano
Diagramação: Ladislau Lima
Impressão e acabamento: DOCUPRINT

Dados Internacionais de Catalogação na Publicação (CIP) de acordo com ISBD

C889c

Cramacon, Hermes
    Como passar na OAB 2ª fase: prática trabalhista / Hermes Cramacon ; coordenado por Wander Garcia, Ana Paula Garcia. - 9. ed. - Indaiatuba, SP : Editora Foco, 2022.

    328 p. ; 16cm x 23cm.

    Inclui bibliografia e índice.

    ISBN: 978-65-5515-453-5

    1. Direito. 2. OAB. 3. Prática trabalhista. I. Garcia, Wander. II. Garcia, Ana Paula. III. Título.

2022-113   CDD 340   CDU 34

Elaborado por Vagner Rodolfo da Silva - CRB-8/9410
Índices para Catálogo Sistemático:
1. Direito 340   2. Direito 34

DIREITOS AUTORAIS: É proibida a reprodução parcial ou total desta publicação, por qualquer forma ou meio, sem a prévia autorização da Editora Foco, com exceção do teor das questões de concursos públicos que, por serem atos oficiais, não são protegidas como Direitos Autorais, na forma do Artigo 8º, IV, da Lei 9.610/1998. Referida vedação se estende às características gráficas da obra e sua editoração. A punição para a violação dos Direitos Autorais é crime previsto no Artigo 184 do Código Penal e as sanções civis às violações dos Direitos Autorais estão previstas nos Artigos 101 a 110 da Lei 9.610/1998.

NOTAS DA EDITORA:

Atualizações do Conteúdo: A presente obra é vendida como está, atualizada até a data do seu fechamento, informação que consta na página II do livro. Havendo a publicação de legislação de suma relevância, a editora, de forma discricionária, se empenhará em disponibilizar atualização futura. Os comentários das questões são de responsabilidade dos autores.

Bônus ou *Capítulo On-line*: Excepcionalmente, algumas obras da editora trazem conteúdo extra no *on-line*, que é parte integrante do livro, cujo acesso será disponibilizado durante a vigência da edição da obra.

Erratas: A Editora se compromete a disponibilizar no site www.editorafoco.com.br, na seção Atualizações, eventuais erratas por razões de erros técnicos ou de conteúdo. Solicitamos, outrossim, que o leitor faça a gentileza de colaborar com a perfeição da obra, comunicando eventual erro encontrado por meio de mensagem para contato@editorafoco.com.br. O acesso será disponibilizado durante a vigência da edição da obra.

Impresso no Brasil (01.2022)   Data de Fechamento (01.2022)

2022

Todos os direitos reservados à
Editora Foco Jurídico Ltda.
Avenida Itororó, 348 – Sala 05 – Cidade Nova
CEP 13334-050 – Indaiatuba – SP

E-mail: contato@editorafoco.com.br
www.editorafoco.com.br

APRESENTAÇÃO

A 2ª fase do Exame de Ordem é extremamente técnica e requer do examinando um conhecimento de Direito Material do Trabalho e Direito Processual do Trabalho, tanto para resolver as questões discursivas, como para elaboração da peça profissional.

Apesar de ser uma prova prática-profissional, em especial a peça profissional, se mostra um pouco diferente daquela que o advogado costuma fazer no dia a dia profissional. Isso porque, o Exame de Ordem possui suas características e peculiaridades exigidas pelo examinador de Ordem.

Pensando nisso "Como Passar na OAB – Prática Trabalhista" traz um roteiro metódico de elaboração das principais peças profissionais da advocacia trabalhista, apresentando o passo a passo para preparação de cada uma dessas medidas.

Essa obra traz peças e questões com gabaritos comentadas dos Exames anteriores da banca OAB/FGV, estatística dos Exames anteriores no que se refere às peças profissionais trabalhistas e, ainda, modelos das principais peças profissionais com apontamentos dos dispositivos legais correspondentes à reforma trabalhista (Lei 13.467/2017).

Esperamos poder agradar os leitores e contribuir de alguma forma com seu aprendizado e aprovação no Exame de Ordem.

Um grande abraço.

Hermes Cramacon

SUMÁRIO

ORIENTAÇÕES AO EXAMINANDO 1

1. **PROVIMENTOS 144/2011, 156/2013 E 174/2016: O NOVO EXAME DE ORDEM** 1
2. **PONTOS A SEREM DESTACADOS NO EDITAL DO EXAME** 4
   - 2.1. Materiais/procedimentos permitidos e proibidos 4
   - 2.2. Legislação nova e legislação revogada 5
   - 2.3. Critérios de correção 5
3. **DICAS DE COMO ESTUDAR** 7
   - 3.1. Tenha calma 7
   - 3.2. Tenha em mãos todos os instrumentos de estudo e treinamento 7
   - 3.3. 1º Passo – Leitura dos enunciados das provas anteriores 8
   - 3.4. 2º Passo – Reconhecimento das leis 8
   - 3.5. 3º Passo – Estudo holístico dos exercícios práticos (questões discursivas) ... 8
   - 3.6. 4º Passo – Estudo holístico das peças práticas (peças prático-profissionais) ... 9
   - 3.7. 5º Passo – Verificar o que faltou 9
   - 3.8. Dicas finais para resolver os problemas 10
   - 3.9. Dicas finais e para o dia da prova 10

COMO ENCONTRAR PEÇAS E TESES 13

1. **BUSCA DA MEDIDA PROCESSUAL (PEÇA PRÁTICA PROFISSIONAL)** 13
   - 1.1. Sequência de atos processuais 13
     - 1.1.1. Fase de conhecimento 13
     - 1.1.2. Fase recursal 14
     - 1.1.3. Fase de execução 14
2. **BUSCA DAS TESES** 16
3. **ELABORAÇÃO E DESENVOLVIMENTO DAS TESES** 17

ESTRUTURAS BÁSICAS E MODELOS DE PEÇAS 19

1. **RECLAMAÇÃO TRABALHISTA** 19
   - 1.1. Considerações iniciais 19
     - 1.1.1. Competência 19
     - 1.1.2. Procedimentos 19
     - 1.1.3. Assistência judiciária e justiça gratuita 20

1.2.	Dano material e extrapatrimonial	22
1.3.	Responsabilidade por dano extrapatrimonial	23
1.4.	Tutela provisória de urgência: tutela antecipada ou cautelar	24
1.5.	Verbas rescisórias	25
1.6.	Honorários advocatícios sucumbenciais	**26**
	1.6.1. Sucumbência recíproca	27
	1.6.2. Direito intertemporal	27
1.7.	Elaboração de cálculos	29
1.8.	Valor da causa	29
1.9.	Requisitos da reclamação trabalhista(petição inicial)	29
1.10.	Estrutura da reclamação trabalhista	30
	1.10.1. Modelo de reclamação trabalhista pelo rito ordinário	33
	1.10.2. Modelo de reclamação trabalhista com pedido de tutela antecipada para reintegração, rescisão indireta e danos morais.	36
1.11.	Principais petições iniciais trabalhistas	40
	1.11.1. Ação de consignação em pagamento	40
	1.11.2. Modelo de ação de consignação em pagamento	42
	1.11.3. Mandado de Segurança	44
	1.11.4. Ação rescisória	49
	1.11.5. Inquérito judicial para apuração de falta grave	54
	1.11.6. Tutela cautelar antecedente	57

2. RESPOSTAS DO RÉU **62**

2.1.	Exceção de incompetência territorial/relativa	63
	2.1.1. Estrutura da exceção de incompetência territorial	63
	2.1.2. Modelo de exceção de incompetência territorial	65
2.2.	Defesa simplificada da Reclamada	66
	2.2.1. Contestação	66
	2.2.2 Reconvenção	67
	2.2.3. Estrutura da contestação	68
	2.2.4. Modelo de contestação com reconvenção	71
	2.2.5. Modelo de contestação (peça resolvida)	73
2.3.	Impedimento e suspeição	75
	2.3.1. Estrutura das exceções de impedimento ou suspeição	76
	2.3.2. Modelo de impedimento	78

3. RECURSOS **79**

3.1.	Conceito	79
3.2.	Efeitos dos recursos	79
	3.2.1. Efeito devolutivo	79
	3.2.2. Efeito suspensivo	79

3.3. Juízo de admissibilidade e pressupostos recursais 79
    3.3.1. Pressupostos subjetivos ou intrínsecos 79
    3.3.2. Pressupostos objetivos ou extrínsecos 80
3.4. Noções preliminares 82
    3.4.1. Recurso adesivo 83
    3.4.2. Contrarrazões ao recurso 83
3.5. Recursos em espécie 84
    3.5.1. Embargos de declaração 84
    3.5.2. Modelo de embargos de declaração 86
    3.5.3. Recurso ordinário 87
    3.5.4. Contrarrazões ao recurso ordinário 95
    3.5.5. Agravo de instrumento 99
    3.5.6. Agravo de petição 104
    3.5.7. Agravo regimental 108
    3.5.8. Recurso de revista 110
    3.5.9. Requisitos especiais 112
    3.5.10. Embargos no TST 118
    3.5.11. Recurso extraordinário 123

4. EXECUÇÃO **128**
4.1. Legitimidade 129
    4.1.1. Legitimidade ativa 129
    4.1.2. Legitimidade passiva 129
4.2. Títulos executivos 129
    4.2.1. Títulos executivos judiciais 129
    4.2.2. Títulos executivos extrajudiciais 129
4.3. Execução contra devedor solvente 129
4.4. Penhora 130
    4.4.1. Bens impenhoráveis 130
4.5. Embargos à execução 130
    4.5.1. Matérias arguíveis 130
    4.5.2. Processamento 130
    4.5.3. Estrutura dos embargos à execução 131
    4.5.4. Modelo de embargos à execução 132
4.6. Embargos de terceiro 133
    4.6.1. Estrutura dos embargos de terceiro 134
    4.6.2. Modelo de embargos de terceiro 135
4.7. Execução de título executivo extrajudicial 137
    4.7.1. Considerações preliminares 137
    4.7.2. Processamento 137

4.7.3.	Estrutura da ação de execução de título extrajudicial	137
4.7.4.	Modelo de ação de execução de título extrajudicial	139

5. AÇÕES ESPECIAIS 140

5.1. Ação monitória 140
    5.1.1. Noções preliminares 140
    5.1.2. Processamento 141
    5.1.3. Estrutura da ação monitória 141
    5.1.4. Modelo de Ação Monitória 143
5.2. Ação de cumprimento 145
    5.2.1. Considerações iniciais 145
    5.2.2. Estrutura da ação de cumprimento 145
    5.2.3. Modelo de ação de cumprimento 147

PEÇAS PRÁTICO-PROFISSIONAIS **149**

QUESTÕES SUBJETIVAS **207**

EXERCÍCIOS COMPLEMENTARES **291**

PEÇAS PROFISSIONAIS **291**

EXERCÍCIOS COMPLEMENTARES **296**

GABARITOS – PEÇAS PROFISSIONAIS **296**

EXERCÍCIOS COMPLEMENTARES QUESTÕES **300**

EXERCÍCIOS COMPLEMENTARES GABARITO – QUESTÕES **305**

ESTATÍSTICA DOS EXAMES UNIFICADOS OAB/FGV **311**

ORIENTAÇÕES AO EXAMINANDO

1. Provimentos 144/2011, 156/2013 e 174/2016: o Novo Exame de Ordem

O Conselho Federal da Ordem dos Advogados do Brasil (OAB), publicou em novembro de 2013 o Provimento 156/2013 que alterou o Provimento 144/2011, estabelecendo as normas e diretrizes do Exame de Ordem. Confira o texto integral do provimento, com as alterações dadas pelos provimentos 167/2015 e 172 e 174/2016:

PROVIMENTO Nº 144, de 13 de junho de 2011, com as alterações dada pelo Provimento 156/2013.

Dispõe sobre o Exame de Ordem.

O CONSELHO FEDERAL DA ORDEM DOS ADVOGADOS DO BRASIL, no uso das atribuições que lhe são conferidas pelos arts. 8º, § 1º, e 54, V, da Lei n. 8.906, de 4 de julho de 1994 – Estatuto da Advocacia e da OAB, tendo em vista o decidido nos autos da Proposição n. 2011.19.02371-02, resolve:

CAPÍTULO I
DO EXAME DE ORDEM

Art. 1º O Exame de Ordem é preparado e realizado pelo Conselho Federal da Ordem dos Advogados do Brasil – CFOAB, mediante delegação dos Conselhos Seccionais.

§ 1º A preparação e a realização do Exame de Ordem poderão ser total ou parcialmente terceirizadas, ficando a cargo do CFOAB sua coordenação e fiscalização.

§ 2º Serão realizados 03 (três) Exames de Ordem por ano.

CAPÍTULO II
DA COORDENAÇÃO NACIONAL DE EXAME DE ORDEM

Art. 2º É criada a Coordenação Nacional de Exame de Ordem, competindo-lhe organizar o Exame de Ordem, elaborar-lhe o edital e zelar por sua boa aplicação, acompanhando e supervisionando todas as etapas de sua preparação e realização. (NR. Ver Provimento n. 156/2013)

Art. 2º-A. A Coordenação Nacional de Exame de Ordem será designada pela Diretoria do Conselho Federal e será composta por:

I – 03 (três) Conselheiros Federais da OAB;

II – 03 (três) Presidentes de Conselhos Seccionais da OAB;

III – 01 (um) membro da Escola Nacional da Advocacia;

IV – 01 (um) membro da Comissão Nacional de Exame de Ordem;

V – 01 (um) membro da Comissão Nacional de Educação Jurídica;

VI – 02 (dois) Presidentes de Comissão de Estágio e Exame de Ordem de Conselhos Seccionais da OAB.

Parágrafo único. A Coordenação Nacional de Exame de Ordem contará com ao menos 02 (dois) membros por região do País e será presidida por um dos seus membros, por designação da Diretoria do Conselho Federal. (NR. Ver Provimento n.50/2013)

CAPÍTULO III
DA COMISSÃO NACIONAL DE EXAME DE ORDEM, DA COMISSÃO NACIONAL DE EDUCAÇÃO JURÍDICA, DO COLÉGIO DE PRESIDENTES DE COMISSÕES DE ESTÁGIO E EXAME DE ORDEM E DAS COMISSÕES DE ESTÁGIO E EXAME DE ORDEM

Art. 3º À Comissão Nacional de Exame de Ordem e à Comissão Nacional de Educação Jurídica compete atuar como órgãos consultivos e de assessoramento da Diretoria do CFOAB.

Art. 4º Ao Colégio de Presidentes de Comissões de Estágio e Exame de Ordem compete atuar como órgão consultivo e de assessoramento da Coordenação Nacional de Exame de Ordem.

Art. 5º Às Comissões de Estágio e Exame de Ordem dos Conselhos Seccionais compete fiscalizar a aplicação da prova e verificar o preenchimento dos requisitos exigidos dos examinandos quando dos pedidos de inscrição, assim como difundir as diretrizes e defender a necessidade do Exame de Ordem.

CAPÍTULO IV
DOS EXAMINANDOS

Art. 6º A aprovação no Exame de Ordem é requisito necessário para a inscrição nos quadros da OAB como advogado, nos termos do art. 8º, IV, da Lei 8.906/1994.

§ 1º Ficam dispensados do Exame de Ordem os postulantes oriundos da Magistratura e do Ministério Público e os bacharéis alcançados pelo art. 7º da Resolução n. 02/1994, da Diretoria do CFOAB. (NR. Ver Provimento n. 167/2015)

§ 2º Ficam dispensados do Exame de Ordem, igualmente, os advogados públicos aprovados em concurso público de provas e títulos realizado com a efetiva participação da OAB até a data da publicação do Provimento n. 174/2016-CFOAB. (NR. Ver Provimento n. 174/2016)

§ 3º Os advogados enquadrados no § 2º do presente artigo terão o prazo de 06 (seis) meses, contados a partir da data da publicação do Provimento n. 174/2016-CFOAB, para regularização de suas inscrições perante a Ordem dos Advogados do Brasil. (NR. Ver Provimento n. 174/2016)

Art. 7º O Exame de Ordem é prestado por bacharel em Direito, ainda que pendente sua colação de grau, formado em instituição regularmente credenciada.

§ 1º É facultado ao bacharel em Direito que detenha cargo ou exerça função incompatível com a advocacia prestar o Exame de Ordem, ainda que vedada a sua inscrição na OAB.

§ 2º Poderá prestar o Exame de Ordem o portador de diploma estrangeiro que tenha sido revalidado na forma prevista no art. 48, § 2º, da Lei n. 9.394, de 20 de dezembro de 1996.

§ 3º Poderão prestar o Exame de Ordem os estudantes de Direito dos últimos dois semestres ou do último ano do curso. (NR. Ver Provimento n. 156/2013)

CAPÍTULO V
DA BANCA EXAMINADORA E DA BANCA RECURSAL

Art. 8º A Banca Examinadora da OAB será designada pelo Coordenador Nacional do Exame de Ordem.

Parágrafo único. Compete à Banca Examinadora elaborar o Exame de Ordem ou atuar em conjunto com a pessoa jurídica contratada para a preparação, realização e correção das provas, bem como homologar os respectivos gabaritos. (NR. Ver Provimento n. 156/2013)

Art. 9º À Banca Recursal da OAB, designada pelo Coordenador Nacional do Exame de Ordem, compete decidir a respeito de recursos acerca de nulidade de questões, impugnação de gabaritos e pedidos de revisão de notas, em decisões de caráter irrecorrível, na forma do disposto em edital. (NR. Ver Provimento n. 156/2013)

§ 1º É vedada, no mesmo certame, a participação de membro da Banca Examinadora na Banca Recursal.

§ 2º Aos Conselhos Seccionais da OAB são vedadas a correção e a revisão das provas.

§ 3º Apenas o interessado inscrito no certame ou seu advogado regularmente constituído poderá apresentar impugnações e recursos sobre o Exame de Ordem. (NR. Ver Provimento n. 156/2013)

Art. 10. Serão publicados os nomes e nomes sociais daqueles que integram as Bancas Examinadora e Recursal designadas, bem como os dos coordenadores da pessoa jurídica contratada, mediante forma de divulgação definida pela Coordenação Nacional do Exame de Ordem. (NR. Ver Provimento n. 172/2016)

§ 1º A publicação dos nomes referidos neste artigo ocorrerá até 05 (cinco) dias antes da efetiva aplicação das provas da primeira e da segunda fases. (NR. Ver Provimento n. 156/2013)

§ 2º É vedada a participação de professores de cursos preparatórios para Exame de Ordem, bem como de parentes de examinandos, até o quarto grau, na Coordenação Nacional, na Banca Examinadora e na Banca Recursal. (NR. Ver Provimento n. 156/2013)

CAPÍTULO VI
DAS PROVAS

Art. 11. O Exame de Ordem, conforme estabelecido no edital do certame, será composto de 02 (duas) provas:

I – prova objetiva, sem consulta, de caráter eliminatório;

II – prova prático-profissional, permitida, exclusivamente, a consulta a legislação, súmulas, enunciados, orientações jurisprudenciais e precedentes normativos sem qualquer anotação ou comentário, na área de opção do examinando, composta de 02 (duas) partes distintas:

a) redação de peça profissional;

b) questões práticas, sob a forma de situações-problema.

§ 1º A prova objetiva conterá no máximo 80 (oitenta) questões de múltipla escolha, sendo exigido o mínimo de 50% (cinquenta por cento) de acertos para habilitação à prova prático-profissional, vedado o aproveitamento do resultado nos exames seguintes.

§ 2º Será considerado aprovado o examinando que obtiver, na prova prático-profissional, nota igual ou superior a 06 (seis) inteiros, vedado o arredondamento.

§ 3º Ao examinando que não lograr aprovação na prova prático-profissional será facultado computar o resultado obtido na prova objetiva apenas quando se submeter ao Exame de Ordem imediatamente subsequente. O valor da taxa devida, em tal hipótese, será definido em edital, atendendo a essa peculiaridade. (NR. Ver Provimento n. 156/2013)

§ 4º O conteúdo das provas do Exame de Ordem contemplará as disciplinas do Eixo de Formação Profissional, de Direitos Humanos, do Estatuto da Advocacia e da OAB e seu Regulamento Geral e do Código de Ética e Disciplina, podendo contemplar disciplinas do Eixo de Formação Fundamental. (NR. Ver Provimento n. 156/2013)

§ 5º A prova objetiva conterá, no mínimo, 15% (quinze por cento) de questões versando sobre Estatuto da Advocacia e seu Regulamento Geral, Código de Ética e Disciplina, Filosofia do Direito e Direitos Humanos. (NR. Ver Provimento n. 156/2013)

CAPÍTULO VII
DAS DISPOSIÇÕES FINAIS

Art. 12. O examinando prestará o Exame de Ordem no Conselho Seccional da OAB da unidade federativa na qual concluiu o curso de graduação em Direito ou na sede do seu domicílio eleitoral.

Parágrafo único. Uma vez acolhido requerimento fundamentado, dirigido à Comissão de Estágio e Exame de Ordem do Conselho Seccional de origem, o examinando poderá realizar as provas em localidade distinta daquela estabelecida no caput.

Art. 13. A aprovação no Exame de Ordem será declarada pelo CFOAB, cabendo aos Conselhos Seccionais a expedição dos respectivos certificados.

§ 1º O certificado de aprovação possui eficácia por tempo indeterminado e validade em todo o território nacional.

§ 2º O examinando aprovado somente poderá receber seu certificado de aprovação no Conselho Seccional onde prestou o Exame de Ordem, pessoalmente ou por procuração.

§ 3º É vedada a divulgação de nomes e notas de examinados não aprovados.

Art. 14. Fica revogado o Provimento n. 136, de 19 de outubro de 2009, do Conselho Federal da Ordem dos Advogados do Brasil.

Art. 15. Este Provimento entra em vigor na data de sua publicação, revogadas as disposições em contrário.

Ophir Cavalcante Junior
Presidente

Marcus Vinicius Furtado Coêlho
Conselheiro Federal – Relator

2. Pontos a serem destacados no edital do exame

2.1. Materiais/procedimentos permitidos e proibidos

O Edital do Exame Unificado da OAB vem adotando as seguintes regras em relação aos materiais:

MATERIAL/PROCEDIMENTOS PERMITIDOS

- Legislação não comentada, não anotada e não comparada.
- Códigos, inclusive os organizados que não possuam índices estruturando roteiros de peças processuais, remissão doutrinária, jurisprudência, informativos dos tribunais ou quaisquer comentários, anotações ou comparações.
- Súmulas, Enunciados e Orientações Jurisprudenciais, inclusive organizados, desde que não estruturem roteiros de peças processuais.
- Leis de Introdução dos Códigos.
- Instruções Normativas.
- Índices remissivos, em ordem alfabética ou temáticos, desde que não estruturem roteiros de peças processuais.
- Exposição de Motivos.
- Regimento Interno.
- Resoluções dos Tribunais.
- Simples utilização de marca texto, traço ou simples remissão a artigos ou a lei.
- Separação de códigos por clipes.
- Utilização de separadores de códigos fabricados por editoras ou outras instituições ligadas ao mercado gráfico, desde que com impressão que contenha simples remissão a ramos do Direito ou a leis

Observação: As remissões a artigo ou lei são permitidas apenas para referenciar assuntos isolados. Quando for verificado pelo fiscal advogado que o examinando se utilizou de tal expediente com o intuito de burlar as regras de consulta previstas neste edital, formulando palavras, textos ou quaisquer outros métodos que articulem a estrutura de uma peça jurídica, o uso do material será impedido, sem prejuízo das demais sanções cabíveis ao examinando.

MATERIAL/PROCEDIMENTOS PROIBIDOS

- Códigos comentados, anotados, comparados ou com organização de índices estruturando roteiros de peças processuais.
- Jurisprudências.
- Anotações pessoais ou transcrições.
- Cópias reprográficas (xerox).
- Utilização de marca texto, traços, símbolos, post-its ou remissões a artigos ou a lei de forma a estruturar roteiros de peças processuais e/ou anotações pessoais.
- Utilização de notas adesivas manuscritas, em branco ou impressas pelo próprio examinando.
- Utilização de separadores de códigos fabricados por editoras ou outras instituições ligadas ao mercado gráfico em branco.
- Impressos da Internet.
- Informativos de Tribunais.

- Livros de Doutrina, revistas, apostilas, calendários e anotações.
- Dicionários ou qualquer outro material de consulta.
- Legislação comentada, anotada ou comparada.
- Súmulas, Enunciados e Orientações Jurisprudenciais comentados, anotados ou comparados.

Quando possível, a critério do fiscal advogado e dos representantes da Seccional da OAB presentes no local, poderá haver o isolamento dos conteúdos proibidos, seja por grampo, fita adesiva, destacamento ou qualquer outro meio. Caso, contudo, seja constatado que a obra possui trechos proibidos de forma aleatória ou partes tais que inviabilizem o procedimento de isolamento retromencionado, o examinando poderá ter seu material recolhido pela fiscalização, sendo impedido seu uso.

Os materiais que possuírem conteúdo proibido não poderão ser utilizados durante a prova prático profissional, sendo garantida ao fiscal advogado a autonomia de requisitar os materiais de consulta para nova vistoria minuciosa durante todo o tempo de realização do Exame.

O examinando que, durante a aplicação das provas, estiver portando e/ou utilizando material proibido, ou se utilizar de qualquer expediente que vise burlar as regras deste edital, especialmente as concernentes aos materiais de consulta, terá suas provas anuladas e será automaticamente eliminado do Exame.

Por fim, é importante que o examinando leia sempre o edital publicado, pois tais regras podem sofrer algumas alterações a cada exame.

2.2. Legislação nova e legislação revogada

Segundo o edital do exame, "legislação com entrada em vigor após a data de publicação deste edital, bem como alterações em dispositivos legais e normativos a ele posteriores não serão objeto de avaliação nas provas do Exame de Ordem".

Repare que há dois marcos: a) data da entrada em vigor da lei (não é a data da publicação da lei, mas a data em que esta entra em vigor); b) data da publicação do edital.

Portanto, atente para esse fato quando for estudar.

2.3. Critérios de correção

Quando você estiver redigindo qualquer questão, seja um exercício prático (questão discursiva), seja uma peça prático-profissional (peça), lembre-se de que serão levados em conta, para os dois casos, os seguintes **critérios previstos no Edital**:

a) adequação das respostas ao problema apresentado:
  - peça inadequada (inepta, procedimento errado): nota zero;
  - resposta incoerente ou ausência de texto: nota zero;

b) vedação de identificação do candidato:
  - o caderno de textos definitivos não poderá ser assinado, rubricado ou conter qualquer palavra ou marca que o identifique em outro local que não o apropriado (capa do caderno), sob pena de ser anulado;

c) prova deve ser manuscrita, em letra legível, com caneta esferográfica de tinta azul ou preta:
  - letra ilegível: nota zero;

d) respeito à extensão máxima:
  - 150 linhas na peça processual / 30 linhas em cada questão;
  - fragmento de texto fora do limite: será desconsiderado;

e) respeito à ordem de transcrição das respostas;
f) caso a prova exija assinatura, deve-se usar:
"ADVOGADO..." ou "ADVOGADO xxx"
– Penas para o desrespeito aos itens "e" e "f": nota zero;
g) nas peças/questões, examinando deve incluir todos dados necessários, sem identificação e com o nome do dado seguido de <u>reticências</u>:
– Ex.: Município..., Data..., OAB...;
– Omissão de dados: descontos na pontuação.

Por outro lado, apesar de não previstos textualmente no edital, temos percebido que a examinadora tem adotando, também, os seguintes critérios:

a) **objetividade:**
– as respostas devem ser claras, com frases e parágrafo curtos, e sempre na ordem direta;
b) **organização:**
– as respostas devem ter começo, meio e fim; um tema por parágrafo; e divisão em tópicos (na peça processual);
c) **coesão textual:**
– um parágrafo deve ter ligação com o outro; assim, há de se usar os conectivos (dessa forma, entretanto, assim, todavia...);
d) **correção gramatical:**
– troque palavras que você não conheça, por palavras que você conheça;
– leia o texto que você escreveu;
e) **quantidade de fundamentos:**
– Cite a premissa maior (lei), a premissa menor (fato concreto) e chegue a uma conclusão (subsunção do caso à norma e sua aplicação);
– Traga o maior número de fundamentos pertinentes; há questões que valem 1,25 pontos, sendo 0,25 para cada fundamento trazido; o examinando que fundamenta sua resposta num ponto só acaba por tirar nota 0,25 numa questão desse tipo;
– Tempestade de ideias; criatividade; qualidade + quantidade;
f) **indicação do nome do instituto jurídico aplicável e/ou do princípio aplicável;**
g) **indicação do dispositivo legal aplicável:**
– Ex.: para cada fundamento usando pelo examinando, é NECESSÁRIO citar o dispositivo legal em que se encontra esse fundamento, sob pena de perder até 0,5 ponto, a depender do caso.

Ademais, a mera indicação de dispositivo legal ou indicação de súmulas ou orientações jurisprudenciais não credenciam pontos. Em outras palavras, não basta a indicação do artigo de lei ou súmula, é preciso que o examinando interprete referido dispositivo;

i) **indicação do entendimento jurisprudencial aplicável (súmulas ou orientações jurisprudenciais);**
j) **indicação das técnicas interpretativas:**
– Ex.: interpretação sistemática, teleológica etc.

3. Dicas de como estudar

3.1. Tenha calma

Em primeiro lugar, é preciso ter bastante calma. Quem está para fazer a 2ª fase do Exame de Ordem já está, literalmente, com meio caminho andado.

A diferença é que, agora, você não terá mais que saber uma série de informações sobre as mais de quinze principais disciplinas do Direito cobradas na 1ª fase. Agora você fará uma prova delimitada, na qual aparecem questões sobre um universo muito menor que o da 1ª fase.

Além disso, há a possibilidade de consultar a legislação no momento da prova. Ah, mas antes era possível consultar qualquer livro, você diria. Pois é. Mas isso deixava muitos examinandos perdidos. Primeiro porque não sabiam o que comprar, o que levar e isso gerava estresse, além de um estrago orçamentário. Segundo porque, na hora da prova, eram tantos livros, tantas informações, que não se sabia o que fazer, por onde atacar, o que levava a uma enorme perda de tempo, comprometendo o bom desempenho no exame. E mais, o examinando deixava de fazer o mais importante, que é conhecer e usar a lei. Vi muitas provas em que o examinando só fazia citações doutrinárias, provas essas que, se tivessem feito menção às palavras-chave (aos institutos jurídicos pertinentes) e aos dispositivos legais mencionados no Padrão de Resposta da examinadora, fariam com que o examinando fosse aprovado. Mas a preocupação em arrumar a melhor citação era tão grande que se deixava de lado o mais importante, que é a lei e os consequentes fundamentos jurídicos.

Ademais, caso não o examinando não lograr aprovação na prova prático-profissional terá a faculdade de reaproveitar o resultado da prova objetiva, para fins de realização da prova prático-profissional do Exame imediatamente subsequente.

Então, fica a lembrança de que você fará um exame com temas delimitados e com a possibilidade, ainda, de contar com o apoio da lei na formulação de suas respostas, e esses são fatores muito positivos, que devem te dar tranquilidade. Aliás, você já é uma pessoa de valor, um vencedor, pois não anda fácil ser aprovado na 1ª, e você conseguiu isso.

3.2. Tenha em mãos todos os instrumentos de estudo e treinamento

Uma vez acalmado o ânimo, é hora de separar os materiais de estudo e de treinamento.

Você vai precisar dos seguintes materiais:

a) todos os exercícios práticos de provas anteriores do Exame Unificado da OAB **(contidos neste livro)**;

b) peças práticas de provas anteriores da Exame Unificado da OAB **(contidas neste livro)**;

c) resolução teórica e prática de todos os exercícios e peças mencionadas **(contida neste livro)**;

d) todas as Súmulas e OJ's do TST classificas e organizadas por assunto com índice remissivo, o que facilita a procura das teses;

e) explicação teórica e modelo das principais peças processuais da sua área de concentração **(contidos neste livro)**;

f) doutrina de qualidade e sistematizada sobre o direito material e o direito processual do trabalho (contida neste livro). Você também pode usar outros livros de apoio, podendo ser um livro que você já tenha da área trabalhista;

g) *Vade mecum* ou coletâneas de legislação, além de leis impressas que não estiverem no livro de legislação que tiver adquirido.

3.3. 1º Passo – Leitura dos enunciados das provas anteriores

A primeira providência que deve tomar é ler todos os exercícios e todas as peças já cobradas pelo Exame Unificado da OAB. Nesse primeiro momento não leia as resoluções teóricas dessas questões.

Repito: leia apenas os **enunciados** dos exercícios e das peças práticas. A ideia é que você tenha um "choque de realidade", usando uma linguagem mais forte. Numa linguagem mais adequada, eu diria que você, ao ler os enunciados das questões da 2ª fase, ficará **ambientado com o tipo de prova** e também ficará com as **"antenas" ligadas sobre o tipo de estudo** que fará das peças, da jurisprudência e da doutrina.

3.4. 2º Passo – Reconhecimento das leis

Logo após a leitura dos enunciados das questões das provas anteriores, **separe** o livro de legislação que vai usar no dia exame e **faça um bom reconhecimento** desse material.

Quando chegar o dia da prova, você deverá estar bem íntimo desse material. A ideia, aqui, não é ler cada artigo da lei, mas sim conhecer as leis materiais e processuais pertinentes, atentando-se para seus capítulos e suas temáticas. Leia o sumário dos códigos. Leia o nome dos capítulos e seções das leis que não estão dentro de um código. Procure saber como é dividida cada lei. Coloque marcações nas principais leis. Dê uma olhada no índice remissivo dos códigos e procure se ambientar com ele.

Os dois primeiros passos devem durar, no máximo, um dia estudo.

3.5. 3º Passo – Estudo holístico dos exercícios práticos (questões discursivas)

Você deve ter reparado que as questões discursivas presentes neste livro estão classificadas por Exame e trazem o padrão de respostas exigidas pela banca examinadora.

Deve ter reparado também que as súmulas e as orientações jurisprudenciais deste livro estão separadas por temas, o que facilita a busca das teses.

E você deve lembrar que é fundamental ter à sua disposição, além das questões e da jurisprudência que estão no livro, um bom livro de doutrina de sua área e uma coletânea de leis (*vade mecum*).

Muito bem. Agora sua tarefa é fazer cada questão discursiva (não é a *peça prática*; trata-se do *exercício prático*), uma a uma.

Primeiro leia o enunciado da questão e tente fazê-lo sozinho, como se estivesse no dia da prova. Use apenas a legislação. E não se esqueça de utilizar os **índices**!!!

Antes de fazer cada questão, é muito importante coletar todas as informações que você tem sobre o tema e que conseguiu extrair da lei.

Num primeiro momento, seu trabalho vai ser de "tempestade de ideias". Anote no rascunho tudo que for útil para desenvolver a questão, tais como dispositivos legais, princípios, entendimentos doutrinários que conhecer, entendimentos jurisprudenciais, técnicas interpretativas que pode citar etc.

Depois da tempestade de ideias, agrupe os pontos que levantou, para que sejam tratados de forma ordenada, e crie um esqueleto de resposta. Não é para fazer um rascunho da resposta e depois copiá-lo. A ideia é que faça apenas um esqueleto, um esquema para que, quando estiver escrevendo a resposta, você o faça de modo bem organizado e não esqueça ponto algum.

Quando terminar de escrever uma resposta (e somente depois disso), leia a resolução da questão que está no livro e anote no papel onde escreveu sua resposta **o que faltou nela**. Anote os fundamentos que faltaram e também a eventual falta de organização de ideias e eventuais outras falhas que identificar. Nesse momento, tenha autocrítica. A ideia é você cometer cada vez menos erros a cada exercício. Depois de ler a resolução da questão presente neste livro, deverá buscar na legislação cada lei citada em nosso comentário. Leia os dispositivos citados por nós e aproveite também para conferir os dispositivos legais que têm conexão com o assunto.

Em seguida, pegue seu livro de doutrina de referência e leia o capítulo referente àquela temática.

Por fim, você deve ler todas as súmulas e precedentes jurisprudenciais referentes àquela temática, que estão devidamente classificados neste livro.

Faça isso com todas as questões discursivas (*exercícios práticos*). E anote nos livros (neste livro e no livro de doutrina de referência) tudo o que você já tiver lido. Com essa providência você já estará se preparando tanto para os *exercícios práticos* como para a *peça prática*, só não estará estudando os modelos de peça.

Ao final desse terceiro passo seu *raciocínio jurídico* estará bastante apurado, com um bom *treinamento da escrita* e também com um bom conhecimento da *lei*, da *doutrina* e da *jurisprudência*.

3.6. 4º Passo – Estudo holístico das peças práticas (peças prático-profissionais)

Sua tarefa, agora, é resolver todas as peças práticas que já apareceram no Exame Unificado da OAB.

Primeiro leia o enunciado do problema que pede a realização da peça prática e tente fazê-la sozinho, como se estivesse fazendo a prova. Mais uma vez use apenas a legislação. Não se esqueça de fazer a "tempestade de ideias" e o esqueleto.

Terminado o exercício, você vai ler a resolução da questão e o modelo da peça trazido no livro e anotará no papel onde escreveu sua resposta o que faltou nela. Anote os fundamentos que faltaram, a eventual falta de organização de ideias, dentre outras falhas que perceber. Lembre-se da importância da autocrítica.

Agora você deve buscar na legislação cada lei citada no comentário trazido neste livro. Leia os dispositivos citados e aproveite, mais uma vez, para ler os dispositivos legais que têm conexão com o assunto.

Em seguida, leia a jurisprudência que consta do presente livro e o livro de doutrina de sua confiança, com o objetivo de rememorar os temas que apareceram naquela peça prática, tanto na parte de direito material, como na parte de direito processual.

Faça isso com todas as peças práticas. E continue anotando nos livros tudo o que já tiver lido.

Ao final desse terceiro passo você sairá com o *raciocínio jurídico* ainda mais apurado, com uma melhora substancial na *sua escrita* e também com ótimo conhecimento da *lei*, da *doutrina* e da *jurisprudência*.

3.7. 5º Passo – Verificar o que faltou

Sua tarefa, agora, é verificar o que faltou. Leia os temas doutrinários que ainda não foram lidos, por não terem relação alguma com as questões resolvidas neste livro. Confira também as súmulas e orientações jurisprudenciais que restaram. Se você fizer a marcação do que foi e do que não foi lido, não haverá problema em identificar o que está faltando. Faça a marcação com um lápis. Poder ser um "x" ao lado de cada precedente jurisprudencial lido e, quanto ao livro de doutrina, faça um "x" nos temas que estão no índice do livro. Nos temas mais importantes pode fazer um "x" e um círculo. Isso permitirá que você faça uma leitura dinâmica mais perto da prova, apenas para relembrar esses pontos.

Leia também as demais peças processuais que se encontram no livro e reserve o tempo restante para pesquisa de jurisprudência de anos anteriores e treinamento, muito treinamento. Para isso, reescreva as peças que já fez até chegar ao ponto em que sentir que pegou o jeito.

3.8. Dicas finais para resolver os problemas

Em resumo, recomendamos que você resolva as questões e as peças no dia da prova usando as seguintes técnicas:

a) leia o enunciado pelo menos duas vezes, a primeira para ter ideia do todo e a segunda para anotar os detalhes;

b) anote as informações, perguntas e solicitações feitas no enunciado da questão;

– Ex.: qual é o vício? / fundamente / indique o dispositivo legal;

c) busque a resposta nas leis relacionadas;

Para encontrar as teses pertinentes o ideal é que o examinando busque nos principias índices remissivos por assunto de seu material (Constituição Federal, Leis ordinárias, CLT, CPC/2015, súmulas/orientações jurisprudenciais TST, súmulas vinculantes STF), os temas abordados no problema e destacados pelo examinando. Para destacar utilize caneta marca texto.

Na busca das teses parta do termo mais amplo para o mais específico. Por exemplo: vamos imaginar que destacamos em nosso problema o termo "depósito recursal". Então, esse é o termo a ser procurado nos índices remissivos de nossos materiais de apoio. Caso não encontremos, devemos procurar nos índices outro termo, como por exemplo "preparo", tendo em vista que depósito recursal está relacionado com preparo. Caso não encontremos a palavra em nosso material, devemos ir para uma palavra mais abrangente, como por exemplo, "recursos". Note, portanto, que nesse exemplo, para encontrarmos os fundamentos legais e súmulas e/ou OJs, partimos do termo específico "depósito recursal" e não por não encontrar o termo em nos índices remissivos por assunto em nosso material de apoio, partimos para um termo mais abrangente: "preparo" e também não encontrando esse termo, partimos para outro termo ainda mais abrangente: "recursos".

d) promova uma tempestade de ideias e ANOTE TUDO o que for relacionado;

– Ex.: leis, princípios, doutrina, jurisprudência, fundamentos, exemplos etc.;

e) agrupe as ideias e crie um esqueleto de resposta, respondendo às perguntas e solicitações feitas;

f) redija;

g) revise o texto, buscando erros gramaticais.

3.9. Dicas finais para o dia da prova

Por fim, lembre-se que você está na reta final para a sua prova. Falta pouco. Avise aos familiares e amigos que neste último mês de preparação você estará um pouco mais ausente. Peça ajuda nesse sentido. E lembre-se também de que seu esforço será recompensado.

No dia da prova, tome os seguintes cuidados:

a) chegue com muita antecedência;

– o Edital costuma determinar o comparecimento com antecedência mínima de uma 1 hora e 30 minutos do horário de início;

b) leve mais de uma caneta permitida;

- a caneta deve ser azul ou preta, fabricada em material transparente;
- não será permitido o uso de borracha e corretivo;

c) leve comprovante de inscrição + documento original de identidade, com foto;

d) leve água e chocolate;

e) se ficar nervoso: se você for religioso, faça uma oração antes de iniciar a prova; outra providência muito boa, havendo ou não religiosidade, é você fazer várias respirações profundas, de olhos fechados. Trata-se de uma técnica milenar para acalmar e concentrar. Além disso, antes de ir para a prova, escute suas músicas preferidas, pois isso acalma a dá um ânimo bom.

No mais, tenha bastante foco, disciplina, perseverança e fé!

Tenho certeza de que tudo dará certo.

Wander Garcia
Coordenador da Coleção

COMO ENCONTRAR PEÇAS E TESES

Sem sombra de dúvidas, o maior desafio da prova de segunda fase do Exame de Ordem consiste na busca de encontrar a peça profissional correta, ou seja, a medida processual adequada ao problema apresentado, bem como na busca e elaboração das teses exigidas pela Banca Examinadora.

Com isso, é de suma importância que de acordo com os dados fornecidos pelo enunciado do Exame o(a) Examinando(a) localize a medida processual correta, bem como as teses que deverão ser tratadas no caso prático apresentado.

1. Busca da medida processual (peça prática profissional)

Para encontrarmos a medida processual adequada a ser apresentada devemos ter em mente a sequência dos atos processuais, também conhecido como "régua processual".

Para isso, dividimos em 3 partes: a) fase de conhecimento; b) fase recursal e c) fase de execução.

Desta forma, ao lermos o enunciado devemos considerar a régua processual para encontrarmos o momento processual que o Examinador nos passa para em seguida, adotar a medida processual adequada.

1.1. Sequência de atos processuais

1.1.1. Fase de conhecimento

1. Ajuizamento de reclamação trabalhista (art. 840 da CLT);
2. Notificação citatória da reclamada (art. 841 da CLT e súmula 16 TST);
3. Recebimento da notificação postal pela reclamada;

Atenção! Com o recebimento da notificação, se for o caso, inicia-se o prazo de exceção de incompetência territorial, art. 800 da CLT.

4. Audiência Trabalhista (art.849 CLT)
5. Pregão.
6. Primeira tentativa (obrigatória) de conciliação, art. 846 CLT
7. Defesa da Reclamada/contestação, art. 847 CLT
8. Instrução processual, art. 848 da CLT.
9. Manifestação/réplica do reclamante.
10. Razões Finais, art. 850 CLT.
11. Segunda tentativa (obrigatória) de conciliação, art. 850 da CLT.
12. Prolação da sentença, arts. 850, 851 e 852 CLT.

1.1.2. Fase recursal

1. Sentença
    1.1 Embargos de declaração (somente em casos de omissão, contradição, obscuridade ou correção de erro material na decisão recorrida)
2. Recurso ordinário (interposto perante a Vara do Trabalho – juízo *a quo* – com pedido de remessa ao TRT competente)
3. Contrarrazões ao recurso ordinário
4. Primeiro juízo de admissibilidade, realizado pelo Juiz da Vara do Trabalho – juízo *a quo*.

Atenção! Se o recurso não for admitido no 1º juízo de admissibilidade, é cabível a interposição de agravo de instrumento, art. 897, b, CLT.

5. Remessa ao TRT competente
6. No TRT – distribuição ao Relator
7. Segundo juízo de admissibilidade (feito pelo Desembargador Relator)

Atenção! Se o recurso não for admitido no 2º juízo de admissibilidade, será cabível a interposição de agravo regimental.

8. Remessa a turma do TRT (composto por um Desembargador Relator e dois Desembargadores Revisores)
9. Prolação de acórdão pelo TRT
    9.1 Embargos de Declaração (somente em casos de omissão, contradição, obscuridade ou correção de erro material na decisão recorrida)
10. Recurso de Revista (interposto no TRT com pedido de remessa ao TST)
11. Contrarrazões ao Recurso de Revista
12. Primeiro juízo de admissibilidade (feito pelo TRT)

Atenção! Se o recurso não for admitido no 1º juízo de admissibilidade, é cabível a interposição de agravo de instrumento, art. 897, b, CLT

13. Remessa ao TST
14. No TST – distribuição ao Relator
15. Segundo juízo de admissibilidade (realizado pelo Ministro Relator)
16. Remessa a Turma
17. Prolação de acórdão pelo TST
    17.1 Embargos de Declaração (somente em casos de omissão, contradição, obscuridade ou correção de erro material na decisão recorrida)
    17.2 Embargos de divergência no TST (art. 894, II, CLT)
    17.3 Recurso Extraordinário ao STF
18 Contrarrazões ao Recurso Extraordinário
19. Prolação de acórdão pelo STF

1.1.3. Fase de execução

1. Sentença ilíquida com trânsito em julgado
2. Cálculos (apresentados pelo calculista ou pelas partes)

3. Impugnação aos cálculos pelas partes em 8 dias (no caso de cálculos apresentados por calculista)
4. Homologação dos cálculos (sentença de liquidação)

Atenção! Essa sentença é irrecorrível, pois possui natureza jurídica de decisão interlocutória. A matéria poderá ser impugnada nos embargos à execução ou impugnação aos embargos a execução.

5. Mandado de citação, penhora e avaliação (MCPA), art. 880 CLT.

Atenção! Cumprido por oficiais de justiça. Permite-se a citação por edital, art. 880, §3º, CLT.

6. Prazo de 48 horas o executado que poderá adotar 5 comportamentos:

   6.1 Comportamento 1: pagamento do valor, art. 881 CLT, com termo de quitação e extinção da obrigação/ extinção da execução.
   6.2 Comportamento 2: Garantir a execução através do depósito da importância, art. 882 CLT.
   6.3 Comportamento 3: Nomeação de bens à penhora, art. 882 CLT. Seguir ordem de penhora do art. 835 CPC.
   6.4 Comportamento 4: Garantir a execução com seguro garantia judicial art. 882 CLT Lei 13.467/2017.
   6.5 Comportamento 5: Inércia do executado, penhora coativa ou forçada do oficial de justiça artigo 883 CLT.

7. Garantia da execução: garantia do juízo ou penhora de bens.

Atenção: A exigência de garantia ou penhora não se aplica para entidades filantrópicas e/ou àqueles que compuseram a diretoria dessas instituições.

8. Embargos à execução, art. 884 CLT.
9. Impugnação aos embargos à execução, art. 884 CLT
10. Sentença
    10.1 Embargos de declaração (somente em casos de omissão, contradição, obscuridade ou correção de erro material na decisão recorrida)
11. Agravo de petição, art. 897, a, CLT (interposto perante a Vara do Trabalho – juízo *a quo* – com pedido de remessa ao TRT competente)
12. Contrarrazões/contraminuta ao agravo de petição, art. 900 CLT
4. Primeiro juízo de admissibilidade, realizado pelo Juiz da Vara do Trabalho – juízo *a quo*.

Atenção! Se o recurso não for admitido no 1º juízo de admissibilidade, é cabível a interposição de agravo de instrumento, art. 897, b, CLT.

5. Remessa ao TRT competente
6. No TRT – distribuição ao Relator
7. Segundo juízo de admissibilidade (feito pelo Desembargador Relator)

Atenção! Se o recurso não for admitido no 2º juízo de admissibilidade, será cabível a interposição de agravo regimental.

8. Remessa a turma do TRT (composto por um Desembargador Relator e dois Desembargadores Revisores)
9. Prolação de acórdão pelo TRT

9.1 Embargos de Declaração (somente em casos de omissão, contradição, obscuridade ou correção de erro material na decisão recorrida)

10. Recurso de Revista (interposto no TRT com pedido de remessa ao TST)

Atenção! Na fase de execução somente é cabível recurso de revista por ofensa direta e literal de norma da Constituição Federal, art. 896, § 2º, CLT.

11. Contrarrazões ao Recurso de Revista
12. Primeiro juízo de admissibilidade (feito pelo TRT)
13. Remessa ao TST
14. No TST – distribuição ao Relator
15. Segundo juízo de admissibilidade (realizado pelo Ministro Relator)
16. Remessa a turma
17. Prolação de acórdão pelo TST
    18.1 Embargos de Declaração (somente em casos de omissão, contradição, obscuridade ou correção de erro material na decisão recorrida)
    18.2 Embargos de divergência no TST (art. 894, II, CLT)
    18. 3 Recurso Extraordinário ao STF
19 Contrarrazões ao Recurso Extraordinário
20. Prolação de acórdão pelo STF

2. Busca das teses

Após encontrar a medida processual a ser tomada, ou seja, após encontrar a peça cabível, o segundo maior desafio é a busca das teses, ou seja, as questões processuais e/ou materiais que deverão ser tratadas na peça. Analisando os gabaritos das provas anteriores, certamente esse é o trecho do Exame que confere maior pontuação, seja na peça profissional, seja nas questões discursivas.

A busca das teses deverá ser feita, preferencialmente pelo índice remissivos dos materiais que a banca examinadora permite a utilização. Na esfera trabalhista, o principal diploma normativo é a Consolidação das Leis do Trabalho – CLT. O ideal é que o examinando se utilize das CLTs Organizadas, material preparado para Exames de Ordem e Concursos Públicos, que trazem em seu bojo diversas remissões no formato permitido pelo Edital do Exame ou até mesmo se utilize de Vade Mecum atualizado.

Pois bem, para procurarmos no índice remissivo do material de apoio, iremos utilizar os termos jurídicos ou situações relatadas no problema que remetam a matérias a direitos materiais e/ou processuais supostamente violados. Vejam o seguinte exemplo trazido do XXXIII Exame Unificado:

O enunciado relata: *"....no mês de março de 2020 consta uma dedução da contribuição sindical de R$ 40,00, sendo que Sheila nem sabia que havia um sindicato que a representava."*

Esse trecho trazido pelo enunciado remete ao seguinte direito: contribuição sindical. Assim, o ideal é buscar no índice do material de apoio o termo "contribuição sindical" e encontrar a informação se o desconto é permitido ou não. Caso o termo procurado não seja encontrado no índice indicamos procurar por algum sinônimo.

Com isso, encontraremos os fundamentos legais de cada tese, ou seja, o artigo de lei ou súmula do TST. Mas, de acordo com o edital do Exame não basta a indicação do fundamento legal. Isso porque no item, 3.5.11 é disposto que: *"O texto da peça profissional e as respostas às questões discursivas serão avaliados quanto à adequação ao problema apresentado, ao domínio do raciocínio jurídico, à fundamentação e sua consistência, à capacidade de interpretação e exposição e à técnica profissional demonstrada, sendo que a mera transcrição de dispositivos legais, desprovida do raciocínio jurídico, não ensejará pontuação"*.

Com isso, temos que interpretar o dispositivo legal encontrado como tese, para com isso demonstrar raciocínio jurídico e capacidade de interpretação.

Portanto, no próximo item iremos aprender a desenvolver o raciocínio jurídico.

3. Elaboração e desenvolvimento das teses

Ao abordar cada tema/tese o examinando deve ter em mente que é necessário desenvolver um raciocínio lógico, com começo, meio e fim. Trata-se da regra do silogismo apresentada por Aristóteles. De acordo com essa regra de escrita para cada tese teremos, no mínimo, três parágrafos.

De acordo com o item 3.5.11 do edital: "O texto da peça profissional e as respostas às questões discursivas serão avaliados quanto à adequação ao problema apresentado, ao domínio do raciocínio jurídico, à fundamentação e sua consistência, à capacidade de interpretação e exposição e à técnica profissional demonstrada, sendo que a mera transcrição de dispositivos legais, desprovida do raciocínio jurídico, não ensejará pontuação."

Com isso, é essencial desenvolver raciocínio jurídico. Para isso, na elaboração das teses utilizaremos a regra do silogismo apresentada por Aristóteles. Com isso, teremos, no mínimo, três parágrafos.

No primeiro parágrafo o examinando deve fazer um exame sucinto dos fatos relacionados apenas com a tese abordada (no exemplo, adicional de periculosidade). Não são os mesmos fatos tratados no item *h*, mas apenas fatos relacionados com a tese abordada, visando uma introdução sobre o tema que será tratado o tópico.

No segundo parágrafo o examinando irá tratar o direito envolvido, mencionando o artigo de lei e explicando-o ou interpretando-o. O mais adequado não é a transcrição do dispositivo legal, mas sim sua razão, sua interpretação, ou seja, o que aquele texto de lei significa, o que ele assegura aos jurisdicionados. O examinando terá que interpretar o direito tratado na tese. Em continuação a esse parágrafo, é de suma importância que o examinando traga entendimentos consubstanciados nas súmulas ou orientações jurisprudenciais do TST. Da mesma maneira que o texto de lei, não basta sua transcrição, mas sim sua correta interpretação.

Vale lembrar, que no próprio padrão de respostas a banca examinadora informa que a simples citação legal ou jurisprudencial (súmulas ou orientações jurisprudenciais) pertinente não credencia pontuação.

No terceiro parágrafo o examinando deverá fazer a conclusão de seu raciocínio, apontando o direito que deverá ser garantido.

Assim, o examinando deverá relatar os fatos (premissa menor), fazer referência ao direito aplicável (premissa maior) para depois concluir a respeito do direito de seu cliente.

Basicamente, como exemplo de tese de periculosidade, poderíamos desenvolver o seguinte raciocínio:

1°) Fato – premissa menor: *"Maria trabalhava em condições perigosas, pois utilizava motocicleta da empresa reclamada no desempenho de suas funções e jamais recebeu adicional ao salário"*;

2°) Direito – premissa maior: *"A CLT dispõe em seu art. 193, § 4° que as atividades do trabalhador com motocicleta são consideradas atividades perigosas.*

Por sua vez, a Constituição Federal em seu art. 7°, XXIII, bem como o art. 193, § 1° da CLT determinam um adicional de 30% sobre o salário do trabalhador que operar em condições que a lei reconhece como perigosas";

3°) Conclusão: *"Dessa forma, Maria faz jus ao adicional de periculosidade com os devidos reflexos em aviso-prévio, décimo terceiro salário, férias, fundo de garantia do tempo de serviço."*

Atenção! Esse raciocínio deve se repetir a cada tese a ser abordada pelo examinando e poderá ser utilizado em todas as peças processuais.

ESTRUTURAS BÁSICAS E MODELOS DE PEÇAS

1. Reclamação trabalhista

1.1. Considerações iniciais

A petição inicial é a peça processual na qual o autor formula o pedido de tutela jurisdicional ao Estado-juiz, para que aplique o direito ao caso concreto. Na Justiça do Trabalho, a ação que o empregado pleiteia verbas trabalhistas não pagas é a Reclamação Trabalhista, prevista no art. 840 e parágrafos, da CLT.

1.1.1. Competência

Em se tratando de uma reclamação trabalhista o primeiro detalhe que o examinando precisa se ater é quanto à competência.

A competência material, ou seja, as matérias que serão apreciadas pela Justiça do Trabalho, estão elencadas no art. 114 da CF, com a redação dada pela EC 45/2004.

A competência territorial vem disposta no art. 651 da CLT e seus parágrafos, tendo como regra geral o local da prestação dos serviços pelo reclamante.

1.1.2. Procedimentos

Outro ponto muito importante é saber por qual procedimento a reclamação trabalhista deverá tramitar.

Nos domínios do processo do trabalho temos 4 (quatro) procedimentos, a saber: procedimento ordinário, procedimento sumário, procedimento sumaríssimo e os procedimentos especiais:

a) procedimento ordinário: deverá ser observado para as causas cujo valor superar 40 (quarenta) salários mínimos;

Importante alteração trazida pela reforma trabalhista (Lei 13.467/2017) reside no pedido das ações submetidas ao procedimento ordinário.

Nos termos do art. 840, §1º, da CLT o pedido, deverá ser certo, determinado e com indicação de seu valor. Pedido certo é aquele no qual se indica com precisão o direito pleiteado (férias, por exemplo). Pedido determinado, por sua vez, define a quantidade ou a qualidade da prestação ou obrigação exigida. É o caso de apontar o valor do pedido de férias pleiteado, no intuito de individualizar a coisa. *Desta forma, os pedidos devem ser líquidos, com a indicação no demonstrativo de cálculo.*

Os pedidos que não atendam essa disposição serão julgados extintos sem resolução do mérito, art. 840, § 3º, da CLT.

Contudo, de acordo com a redação do art. 12, § 2º, da IN 41/2018 do TST, o valor da causa será estimado, observando-se, no que couber, o disposto nos arts. 291 a 293 do CPC, o que indica que nos pedidos o autor/reclamante poderá estimar o respectivo valor.

b) **procedimento sumário**: disciplinado no art. 2º, §§ 3º e 4º, da Lei 5.584/70, objetiva maior celeridade e maior efetividade para as demandas cujo valor da causa não ultrapasse 2 (dois) salários mínimos. Essas causas se submeterão ao procedimento ordinário, com ampla produção de provas. Contudo, não se submeterão às modalidades de recursos trabalhistas. Somente será admitido recurso extraordinário para o STF em caso de violação direta à Constituição Federal;

c) **procedimento sumaríssimo**: instituído pela Lei 9.957/00, que acrescentou os arts. 852-A ao 852-I na CLT, para as lides cujo valor da causa não ultrapasse 40 (quarenta) salários mínimos; e

Nas reclamações submetidas ao *procedimento sumaríssimo* o pedido deverá ser certo e determinado, necessitando, ainda, a indicação do valor correspondente. O reclamante deverá indicar, ainda, o nome correto da reclamada bem como seu correto endereço, na medida em que é vedada a citação por edital.

Caso o reclamante não atenda tais exigências, o processo será arquivado com o consequente pagamento de custas calculadas sobre o valor da causa, não sendo permitida a emenda da petição inicial.

d) **procedimentos especiais:** procedimentos que apresentam regras especiais. Há os procedimentos típicos da seara trabalhista, tais como: Inquérito judicial para apuração de falta grave, Dissídio coletivo e Ação de cumprimento e, ainda, os Procedimentos Especiais Constitucionais e Cíveis Admitidos da Justiça do Trabalho como: Mandado de segurança, *Habeas corpus*, *Habeas data*, Ação de consignação em pagamento, Ação rescisória, Ações possessórias, Ação monitória etc.

1.1.3. Assistência judiciária e justiça gratuita

Em se tratando de reclamação trabalhista, é comum que a parte faça pedido de justiça gratuita. Para isso, o ideal é que o examinando abra um tópico específico para elaborar tal pedido.

Questão muito frequente por parte dos examinandos reside na dúvida em quando devemos ou não devemos elaborar o pedido de justiça gratuita.

Pois bem, o examinando apenas deverá fazer tal pedido caso o problema indique que a parte está em situação de miserabilidade jurídica.

A banca FGV que realiza o Exame de Ordem, no exame unificado XXII trouxe no enunciado da peça profissional como informação que a parte estava em situação de miserabilidade jurídica a seguinte expressão: *"Atualmente Marina está desempregada, mas, na época em que atuava na Malharia Fina, ganhava 1 salário mínimo mensal."* No Exame Unificado XXX, a banca FGV destacou que o empregado/reclamante estava desempregado e no seu contracheque recebia um salário-mínimo. Já no Exame XXXIII a banca informou que a empregada estava trabalhando, mas recebia um salário-mínimo por mês. Nesses casos, ou seja, sempre que a banca examinadora demonstrar que o reclamante/autor está desempregado ou até mesmo empregado possui uma situação econômica delicada ou ainda, receba salário inferior a 40% do teto dos benefícios previdenciários, o examinando deverá fazer o pedido de justiça gratuita, art. 790, §§ 3º e 4º, CLT.

Nesses casos, ou seja, sempre que a banca examinadora demonstrar que o reclamante/autor está desempregado e possui uma situação econômica delicada, o examinando deverá fazer o pedido de justiça gratuita.

Vencida a questão da indicação ou não do pedido de justiça gratuita, importante tecer alguns comentários sobre a gratuidade de justiça.

Não se confunde gratuidade de justiça com assistência judiciária gratuita. Para aqueles que não têm condições de contratar advogado, o Estado confere o "benefício da Assistência Judiciária". Já para a parte que, possuindo ou não advogado, e não possui condições de arcar com os gastos do processo, será permitido os benefícios da justiça gratuita.

Nos termos do art. 5º, LXXIV, da CF, "o Estado prestará assistência jurídica integral e gratuita aos que comprovarem insuficiência de recursos."

A concessão da assistência judiciária gratuita vem regulada pela Lei 1.060/1950. No entanto, o art. 14 da Lei 5.584/1970 ensina que a assistência judiciária a que se refere a Lei 1.060/1950 será prestada pelo sindicato da classe ao trabalhador, ainda que não seja associado.

Determina o § 1º do citado art. 14 que a "assistência é devida a todo aquele que perceber salário igual ou inferior ao dobro do mínimo legal, ficando assegurado igual benefício ao trabalhador de maior salário, uma vez provado que sua situação econômica não lhe permite demandar, sem prejuízo do sustento próprio ou da família."

A assistência judiciária não se confunde com a justiça gratuita. Assim, é possível que um empregado não goze da assistência judiciária prestada pelo sindicato da classe, mas preencha os requisitos dispostos no art. 790, §§ 3º e 4º, da CLT e seja beneficiário da justiça gratuita.

Dispõe o art. 790, §§ 3º e 4º, da CLT:

"Art. 790.

§ 3º É facultado aos juízes, órgãos julgadores e presidentes dos tribunais do trabalho de qualquer instância conceder, a requerimento ou de ofício, o benefício da justiça gratuita, inclusive quanto a traslados e instrumentos, àqueles que perceberem salário igual ou inferior a 40% (quarenta por cento) do limite máximo dos benefícios do Regime Geral de Previdência Social."

O benefício da justiça gratuita será concedido à parte que comprovar insuficiência de recursos para o pagamento das custas do processo, nos termos do art. 790, § 4º, da CLT.

§ 4º O benefício da justiça gratuita será concedido à parte que comprovar insuficiência de recursos para o pagamento das custas do processo.

Por meio do citado dispositivo legal, não prevalece a presunção pela mera declaração de miserabilidade da parte, devendo-se provar a insuficiência de recursos.

Sendo concedida a assistência judiciária, a parte gozará dos benefícios do art. 98, § 1º, CPC/2015, que determina:

"Art. 98.

§ 1º A gratuidade da justiça compreende:

I – as taxas ou as custas judiciais;

II – os selos postais;

III – as despesas com publicação na imprensa oficial, dispensando-se a publicação em outros meios;

IV – a indenização devida à testemunha que, quando empregada, receberá do empregador salário integral, como se em serviço estivesse;

V – as despesas com a realização de exame de código genético – DNA e de outros exames considerados essenciais;

VI – os honorários do advogado e do perito e a remuneração do intérprete ou do tradutor nomeado para apresentação de versão em português de documento redigido em língua estrangeira;

VII – o custo com a elaboração de memória de cálculo, quando exigida para instauração da execução;

VIII – os depósitos previstos em lei para interposição de recurso, para propositura de ação e para a prática de outros atos processuais inerentes ao exercício da ampla defesa e do contraditório;

IX – os emolumentos devidos a notários ou registradores em decorrência da prática de registro, averbação ou qualquer outro ato notarial necessário à efetivação de decisão judicial ou à continuidade de processo judicial no qual o benefício tenha sido concedido.

§ 2º A concessão de gratuidade não afasta a responsabilidade do beneficiário pelas despesas processuais e pelos honorários advocatícios decorrentes de sua sucumbência.

Quanto ao momento para ser feito o pedido da justiça gratuita, segundo o art. 99 CPC/2015 o pedido de gratuidade da justiça pode ser formulado na petição inicial, na contestação, na petição para ingresso de terceiro no processo ou em recurso.

Com relação ao pedido na fase recursal, importante a redação da Orientação Jurisprudencial 269 da SDI 1 do TST.

OJ 269 – SDI 1 TST – JUSTIÇA GRATUITA. REQUERIMENTO DE ISENÇÃO DE DESPESAS PROCESSUAIS. MOMENTO OPORTUNO

I – O benefício da justiça gratuita pode ser requerido em qualquer tempo ou grau de jurisdição, desde que, na fase recursal, seja o requerimento formulado no prazo alusivo ao recurso;

II – Indeferido o requerimento de justiça gratuita formulado na fase recursal, cumpre ao relator fixar prazo para que o recorrente efetue o preparo (art. 99, § 7º, do CPC de 2015)

1.1.3.1. Assistência judiciária gratuita para pessoa jurídica

Uma vez mais, lembremos que o art. 5º, LXXIV, da CF dispõe que: "o Estado prestará assistência jurídica integral e gratuita aos que comprovarem insuficiência de recursos."

O texto constitucional, ao assegurar a assistência jurídica integral e gratuita, não distinguiu entre pessoas físicas ou jurídicas, conferindo tal garantia a todos aqueles que *"comprovarem insuficiência de recursos". Isso porque, nos termos do art. 5º, caput, da CF, todos são iguais perante a lei.*

A justiça gratuita vem regulada no art. 98 do CPC/2015 ao determinar que toda pessoa natural ou jurídica, brasileira ou estrangeira, com insuficiência de recursos para pagar as custas, as despesas processuais e os honorários advocatícios tem direito à gratuidade da justiça, na forma da lei.

Com isso, o novo CPC põe fim em uma grande discussão doutrinária e positiva a jurisprudência consolidada na súmula 481 do STJ, determinando o direito à gratuidade da justiça às pessoas jurídicas.

Assim, dispõe o art. 98 do CPC/2015

Art. 98. A pessoa natural ou jurídica, brasileira ou estrangeira, com insuficiência de recursos para pagar as custas, as despesas processuais e os honorários advocatícios tem direito à gratuidade da justiça, na forma da que entendia ser devido os benefícios da justiça gratuita às pessoas jurídicas.

A comprovação de miserabilidade jurídica poderá ser feita por meio de documentos, como, por exemplo, balanços contábeis e imposto e renda, que comprovem a efetiva situação precária.

1.1.3.2. Poderes específicos do advogado para justiça gratuita

A partir de 26.06.2017 os advogados que pleitearem a concessão de assistência judiciária gratuita a seus clientes, sejam eles pessoas físicas ou jurídicas, devem ter procuração com poderes específicos para esse fim.

Essa regra está de acordo com o CPC/2015, que em seu art. 105 proíbe ao advogado firmar compromisso e assinar declaração de hipossuficiência econômica, que devem constar de cláusula específica.

1.2. Dano material e extrapatrimonial

1.2.1. Danos patrimoniais: são os danos materiais, cujas espécies são:

a) **Dano Emergente:** que a pessoa efetivamente perdeu. (art. 402, CC)

b) **Lucros Cessantes:** que a pessoa razoavelmente deixou de lucrar.

*Ao elaborar esses pedidos na peça profissional, é recomendável abrir um tópico para cada tese;

1.2.2. Danos extrapatrimoniais: aqueles que não atingem a matéria, patrimônio, cujas espécies são:

a) Dano moral: é o dano que atinge o direito da personalidade (princípio da dignidade da pessoa humana). Ex: Intimidade, vida privada, honra, imagem, nome;

b) Dano Estético – é aquele que atinge a imagem exterior do trabalhador. Ex: perda de membros, cicatrizes profundas etc.;

Atualmente prevalece o entendimento da possibilidade da cumulação de todos esses danos.

Nesse sentido, importante destacar o entendimento da súmula 37 do STJ:

SÚMULA 37 STJ – SÃO CUMULAVEIS AS INDENIZAÇÕES POR DANO MATERIAL E DANO MORAL ORIUNDOS DO MESMO FATO

E, ainda, a súmula 387 do STJ:

SÚMULA 387 STJ – É LÍCITA A CUMULAÇÃO DAS INDENIZAÇÕES DE DANO ESTÉTICO E DANO MORAL

c) Pensão Vitalícia: pode ser paga de uma vez ou parcelada – é o valor correspondente a perda da capacidade laborativa ou o equivalente a expectativa de trabalho e de vida em caso de falecimento do obreiro, art. 950 CC.

d) Dano existencial – é aquele que atinge a existência do trabalhador em suas múltiplas dimensões, tais como: familiar, pessoal, comunitária, social etc. Ex: Jornada de trabalho extenuante ou exaustiva, trabalhos em sábados, domingos e feriados, metas impossíveis, entre outras.

Em se tratando de reclamação trabalhista, é muito comum que o examinando necessite trabalhar tese de danos extrapatrimoniais, ou seja, dano moral e dano existencial. Por isso, é importante lembrar dos fundamentos legais desse pedido.

A CF/88 trata do tema, nos art. 1º em que trata sobre a dignidade da pessoa humana e, posteriormente no art. 5º, incisos V e X.

Na legislação infraconstitucional, de acordo com a redação dada pela Lei 13.467/2017 a CLT cuida do tema nos arts. 223-A a 223-G ao dispor sobre o dano extrapatrimonial.

Nessa linha, ensina o art. 223-B da CLT que causa dano de natureza extrapatrimonial a ação ou omissão que ofenda a esfera moral ou existencial da pessoa física ou jurídica, as quais são as titulares exclusivas do direito à reparação.

O dano extrapatrimonial poderá ser sofrido por pessoas físicas (pessoas naturais) e também por pessoas jurídicas.

Nos termos do art. 223-C da CLT são os bens juridicamente tutelados inerentes à pessoa natural: a honra, a imagem, a intimidade, a liberdade de ação, a autoestima, a sexualidade, a saúde, o lazer e a integridade física são os bens juridicamente tutelados inerentes à pessoa física. Com relação as pessoas jurídicas, são bens juridicamente tutelados: a imagem, a marca, o nome, o segredo empresarial e o sigilo da correspondência inerentes à pessoa jurídica, art. 223-D da CLT.

1.3. Responsabilidade por dano extrapatrimonial

Todos aqueles que tenham colaborado para a ofensa ao bem jurídico tutelado serão responsáveis pelo dano extrapatrimonial, na proporção de sua ação ou omissão.

Importante destacar que o pedido de danos extrapatrimoniais poderá ser cumulado com a indenização por danos materiais decorrentes do mesmo ato lesivo, hipótese em que, ao proferir a decisão, o juízo deverá discriminar os valores das indenizações a título de danos patrimoniais e das reparações por danos de natureza extrapatrimonial.

Ao apreciar o pedido, o juízo considerará:

a) a natureza do bem jurídico tutelado;
b) a intensidade do sofrimento ou da humilhação;
c) a possibilidade de superação física ou psicológica;
d) os reflexos pessoais e sociais da ação ou da omissão;
e) a extensão e a duração dos efeitos da ofensa;
f) as condições em que ocorreu a ofensa ou o prejuízo moral;
g) o grau de dolo ou culpa;
h) a ocorrência de retratação espontânea;
i) o esforço efetivo para minimizar a ofensa;
j) o perdão, tácito ou expresso;
k) a situação social e econômica das partes envolvidas;
l) o grau de publicidade da ofensa.

Nos termos do art. 223-G, § 1º, da CLT, caso o Juízo julgue procedente o pedido, deverá fixar a reparação a ser paga com base em um dos seguintes parâmetros, sendo vedada a acumulação:

I – **ofensa de natureza leve**: até 3 vezes o último salário contratual do ofendido;
II – **ofensa de natureza média**: até 5 vezes o último salário contratual do ofendido;
III – **ofensa de natureza grave**: até 20 vezes o último salário contratual do ofendido; ou
IV – **ofensa de natureza gravíssima**: até 50 vezes o último salário contratual do ofendido.

Importante lembrar que se o ofendido for pessoa jurídica, os mesmos critérios serão levados em consideração, porém, a indenização será fixada em relação ao salário contratual do ofensor.

Na ocorrência de reincidência, entre partes idênticas, o juízo poderá elevar ao dobro o valor da indenização.

1.4. Tutela provisória de urgência: tutela antecipada ou cautelar

No processo do trabalho, é possível o pedido de tutela provisória, arts. 294 a 311 do CPC/2015, aplicados por força do art. 769 da CLT e art. 15 do CPC/2015 e, também, conforme Instrução Normativa 39 do TST.

O CPC/2015 prevê como espécies do gênero tutela provisória, a tutela de urgência (de natureza cautelar ou antecipada, que podem ser antecedente ou incidente), calcadas como o próprio nome sugere, na urgência e a tutela de evidência, calcada não na urgência, mas na evidência, ou seja, maior probabilidade do direito do reclamante.

As tutelas de urgência cautelar ou antecipada dependem de dois requisitos, quais sejam: probabilidade do direito e perigo de dano ou de risco ao resultado útil do processo, nos termos do art. 300 CPC/2015. Trata-se dos requisitos *fumus boni iuris* e *periculum in mora*.

Assim ao fazer o pedido de tutela de urgência, seja ela antecipada ou cautelar, deverá o examinando demonstrar que os requisitos para sua concessão estão devidamente preenchidos, indicando cada um deles no caso concreto.

A tutela de evidência, por sua vez, independe da demonstração de perigo de dano ou de risco ao resultado útil do processo, nela o reclamante deverá demonstrar a maior probabilidade de seu direito, ou seja, deverá demonstrar a verossimilhança, plausibilidade do seu direito.

A tutela de evidência pode ser concedida sem aguardar a toda tramitação do processo, nos casos de abuso do direito de defesa ou manifesto intuito protelatório da parte ou com fundamento em uma forte probabilidade da existência do direito do autor, calcada em documentos ou por estar em consonância com súmula vinculante do STF ou em tese firmada em julgamentos de recursos repetitivos.

Nas hipóteses do art. 659, incisos IX e X, da CLT, o examinando poderá fazer o pedido de *liminar ou tutela de urgência de natureza antecipada, com fundamento no art. 300 do CPC/2015*, demonstrando os requisitos: probabilidade do direito e o perigo de dano ou o risco ao resultado útil do processo, indicando em suas razões os respectivos fundamentos legais, bem como requerer que se torne sem efeito a transferência, na hipótese do inciso IX ou para reintegrar o empregado ao trabalho, na hipótese do inciso X.

Vale dizer que, esses pedidos também poderão ser buscados por meio de tutela de evidência, independente de urgência (*fumus boni iuris* e *periculum in mora*), desde que atendidas as disposições dos incisos do art. 311 do CPC/2015.

As tutelas provisórias poderão ser intentadas em outras situações além daquelas previstas nos incisos IX e X do art. 659 da CLT, como nas demais hipóteses de estabilidade/garantia de emprego ou mesmo para reintegrar o empregado nas hipóteses tratadas na Súmula 443 do TST.

Já a tutela de urgência de natureza cautelar visa prevenir, conservar, defender ou assegurar a eficácia de um direito. Não objetiva a satisfação de um direito, como é o caso da tutela antecipada.

A tutela cautelar pressupõe a existência de outro pedido (pedido principal – reclamação trabalhista) e pode ser requerida no bojo da reclamação trabalhista (pedido principal) ou separadamente, antes do ajuizamento da reclamação trabalhista (pedido principal), denominada de tutela cautelar antecedente.

Na segunda fase do Exame de Ordem, geralmente as teses de tutela antecipada estão ligadas com pedido de reintegração ao emprego de um empregado que possuía estabilidade provisória e foi demitido sem justa causa. Por esse motivo, se justifica o pedido de tutela antecipada. Veja modelo no item 1.10.2.

1.5. Verbas rescisórias

Nos termos do art. 477, *caput* e § 6º, da CLT independentemente do tipo de duração do contrato de trabalho as verbas rescisórias deverão ser pagas no prazo de 10 dias a partir do término do contrato, sob pena de ser aplicada a multa prevista no § 8º do referido dispositivo.

Geralmente, nas reclamações trabalhistas, o examinando necessita elencar as verbas rescisórias do empregado. Portanto, é importante ficar atento ao problema proposto. Isso porque as verbas rescisórias deverão ser calculadas de acordo com a forma de extinção do contrato de trabalho proposto no caso concreto.

Assim, visando facilitar o estudo do examinando, as verbas rescisórias serão devidas da seguinte forma:

a) *demissão sem justa causa:* saldo de salário; aviso-prévio; férias vencidas + 1/3 constitucional; férias simples e proporcionais + 1/3 constitucional; 13º salário integral e/ou proporcional; depósitos de FGTS de 8% sobre o salário, multa de 40% sobre os depósitos do FGTS; entrega das guias para levantamento do FGTS; entrega da guia de seguro desemprego ou indenização substitutiva, nos termos da Súmula 389 TST;

b) *demissão por justa causa:* saldo de salário; férias simples e vencidas + 1/3 constitucional, 13º salário integral e depósitos de FGTS de 8% sobre o salário;

Atenção! Não há pagamento de férias proporcionais, nos termos da Súmula 171 do TST.

Atenção! Também, não haverá o pagamento de 13º salário proporcional, em conformidade com o art. 3º da Lei 4.090/1962.

c) *pedido de demissão:* saldo de salário; aviso prévio, se cumprido; férias vencidas + 1/3 constitucional; férias simples e proporcionais + 1/3 constitucional, 13º salário integral ou proporcional;

d) *culpa recíproca*: nesse tipo de extinção, algumas parcelas são pagas na integralidade e outras pela metade. Assim, as verbas rescisórias ficariam da seguinte maneira: saldo de salário (integral), aviso prévio (metade), 13º salário integral, 13º salário proporcional (metade), férias simples ou vencidas + adicional de 1/3(integral), férias proporcionais + adicional de 1/3 (metade), depósitos de FGTS de 8% sobre o salário (integral), multa de 40% sobre os depósitos do FGTS será pela metade, ou seja, 20%, liberação das guias para levantamento do FGTS.

e) **distrato: Caso as partes resolvam celebrar o distrato serão devidas as seguintes verbas trabalhistas** na respectiva proporção: a) por metade: o aviso-prévio, se indenizado e a indenização sobre o saldo do FGTS e na integralidade: as demais verbas trabalhistas, como por exemplo: 13ª salário, aviso-prévio trabalhado, férias integrais ou proporcionais entre outras.

Importante ressaltar que a extinção do contrato de trabalho por distrato permite a movimentação da conta vinculada do trabalhador no FGTS na forma do inciso I-A do art. 20 da Lei 8.036/1990, limitada até 80% (oitenta por cento) do valor dos depósitos. No entanto, não será autorizado o ingresso do empregado no Programa de Seguro-Desemprego.

Além de apontar as verbas rescisórias devidas como estudado acima, é de extrema importância que o Examinando aponte também a proporção de cada verba devida, ou seja, é necessário mostrar o número de dias de aviso-prévio, a fração de férias proporcionais etc. Veja exemplo no modelo 1.10.1.

Ainda, assim, não será necessário calcular o valor de cada verba. Veja item 1.8.

1.6. Honorários advocatícios sucumbenciais

Na Justiça do Trabalho admite-se o *jus postulandi* da parte, previsto no art. 791 da CLT, não necessitando que a parte esteja representada por um advogado para que possa ingressar com uma ação na Justiça do Trabalho.

Por esse motivo, se as partes estiverem fazendo uso do *jus postulandi*, não serão devidos honorários advocatícios sucumbenciais.

Todavia, caso o advogado atue em qualquer lide trabalhista, seja ela de relação de emprego ou de relação de trabalho, seja em ação rescisória ou qualquer outra ação, se tiver atuação de advogado, serão devidos os honorários sucumbenciais fixados entre o mínimo de 5% (cinco por cento) e o máximo de 15% (quinze por cento), calculados na forma do art. 791-A da CLT.

Os honorários são devidos também nas ações contra a Fazenda Pública e nas ações em que a parte estiver assistida ou substituída pelo sindicato de sua categoria.

Nessa linha, dispõe o art. 791-A da CLT:

Art. 791-A. Ao advogado, ainda que atue em causa própria, serão devidos honorários de sucumbência, fixados entre o mínimo de 5% (cinco por cento) e o máximo de 15% (quinze por cento) sobre o valor que resultar da liquidação da sentença, do proveito econômico obtido ou, não sendo possível mensurá-lo, sobre o valor atualizado da causa.

Determina o § 2º do art. 791-A da CLT que ao fixar os honorários, o juízo observará:

I – o grau de zelo do profissional;

II – o lugar de prestação do serviço;

III – a natureza e a importância da causa;

IV – o trabalho realizado pelo advogado e o tempo exigido para o seu serviço.

Importante lembrar que, nos termos do art. 6º da IN 41/2018 do TST na Justiça do Trabalho, a condenação em honorários advocatícios sucumbenciais, prevista no art. 791-A, e parágrafos, da CLT, será aplicável apenas às ações propostas após 11 de novembro de 2017 (Lei nº 13.467/2017).

ESTRUTURAS BÁSICAS E MODELOS DE PEÇAS

Nas ações propostas anteriormente, subsistem as diretrizes do art. 14 da Lei n° 5.584/1970 e das Súmulas n°s 219 e 329 do TST.

1.6.1. Sucumbência recíproca

Na hipótese de procedência parcial, o juízo arbitrará honorários de sucumbência recíproca, vedada a compensação entre os honorários, art. 791-A, § 3°, da CLT.

Para melhor compreensão sobre o tema, imaginemos uma reclamação trabalhista em que o reclamante pleiteie 10 pedidos. Caso seu pedido seja julgado parcialmente procedente, obtendo êxito em 4 desses pedidos, certo é que nos outros 6 pedidos que foram julgados improcedentes, deverá arcar com os honorários sucumbenciais referentes a esses 6 pedidos. Importante frisar que é vedada a compensação dos honorários sucumbenciais.

1.6.2. Direito intertemporal

Todas as regras acima estudadas acerca dos honorários advocatícios somente serão aplicadas às ações que foram distribuídas após 11/11/2017, data em que a Lei 13.467/2017 (reforma trabalhista) entrou em vigor.

Nos termos do art. 6° da IN 41/2018 do TST tais regras serão aplicadas somente nas ações propostas após 11 de novembro de 2018. Nas ações propostas anteriormente, serão aplicadas as diretrizes do art. 14 da Lei 5.584/70 e súmulas 219 e 329 do TST.

Desta forma, importante destacar as hipóteses de cabimento de honorários advocatícios na forma da súmula 219 e 329 do TST, que serão aplicadas às ações que se iniciaram antes da entrada em vigor da Lei 13.467/2017 (reforma trabalhista) em 11 de novembro de 2017.

De acordo com as súmulas 219 e 329 do TST, excepcionalmente admite-se a condenação da parte sucumbente ao pagamento da verba honorária devida ao advogado.

Dispõe a Súmula 219 do TST, redação dada pela Resolução 204/2016:
SÚMULA 219 TST – HONORÁRIOS ADVOCATÍCIOS. HIPÓTESE DE CABIMENTO.
I – Na Justiça do Trabalho, a condenação ao pagamento de honorários advocatícios não decorre pura e simplesmente da sucumbência, devendo a parte, concomitantemente: a) estar assistida por sindicato da categoria profissional; b) comprovar a percepção de salário inferior ao dobro do salário mínimo ou encontrar-se em situação econômica que não lhe permita demandar sem prejuízo do próprio sustento ou da respectiva família (art.14, § 1°, da Lei 5.584/1970).
II – É cabível a condenação ao pagamento de honorários advocatícios em ação rescisória no processo trabalhista.
III – São devidos os honorários advocatícios nas causas em que o ente sindical figure como substituto processual e nas lides que não derivem da relação de emprego.
IV – Na ação rescisória e nas lides que não derivem de relação de emprego, a responsabilidade pelo pagamento dos honorários advocatícios da sucumbência submete-se à disciplina do Código de Processo Civil (arts. 85, 86, 87 e 90).
V – Em caso de assistência judiciária sindical ou de substituição processual sindical, excetuados os processos em que a Fazenda Pública for parte, os honorários advocatícios são devidos entre o mínimo de dez e o máximo de vinte por cento sobre o valor da condenação, do proveito econômico obtido ou, não sendo possível mensurá-lo, sobre o valor atualizado da causa (CPC de 2015, art. 85, § 2°).
VI – Nas causas em que a Fazenda Pública for parte, aplicar-se-ão os percentuais específicos de honorários advocatícios contemplados no Código de Processo Civil.

Assim, em quatro situações os honorários advocatícios serão devidos, a saber:

a) assistência judiciárias prestada pelos sindicatos

Em regra, os honorários advocatícios na Justiça do Trabalho não decorrem da mera sucumbência, salvo nas hipóteses previstas no art. 14, § 1°, da Lei 5.584/1970. Segundo o posicionamento do TST, para que sejam devidos os honorários advocatícios é necessário que o empregado esteja representado por advogado do sindicato de sua categoria e, comprovar a percepção de salário inferior ao dobro do salário mínimo ou encontrar-se em situação econômica que não lhe permita demandar sem prejuízo do próprio sustento ou da respectiva família.

Dessa forma, para haver a condenação em honorários advocatícios, deverá o empregado estar assistido por advogado do sindicato e ser beneficiário da justiça gratuita. Assim, em conformidade com o item V da Súmula 219 do TST, exceção feita aos processos em que a Fazenda Pública for parte, em caso de assistência judiciária sindical, incluindo aqui a assistência nas ações que versam sobre "relação de emprego", os honorários advocatícios são devidos entre o mínimo de dez e o máximo de vinte por cento sobre o valor da condenação, ou do proveito econômico obtido ou, ainda, não sendo possível mensurá-lo, sobre o valor atualizado da causa.

b) ação rescisória

De acordo com o item II da Súmula 219 do TST no processo do trabalho será cabível a condenação de honorários advocatícios em ação rescisória.

Como sabemos, de acordo com o entendimento consubstanciado na Súmula 425 do TST o *jus postulandi* da parte não alcança a ação rescisória, devendo, portanto, as partes contratarem advogados para que defendam seus interesses.

Tendo em vista a necessidade de advogado para a propositura e acompanhamento da ação rescisória se faz necessária a condenação em honorários advocatícios. Assim, de acordo com o item IV da súmula 219 do TST na ação rescisória e nas lides que não derivem de relação de emprego, a responsabilidade pelo pagamento dos honorários advocatícios da sucumbência submete-se à disciplina do Código de Processo Civil, sendo fixado entre 10% e 20%.

c) *causas em que o ente sindical figure como substituto processual*

Como estudado no item anterior, o substituto processual ou o legitimado extraordinariamente, autorizado por lei, atua em juízo como parte, em nome próprio, na defesa de interesse alheio.

Nos termos do art. 8º, III, da CF compete ao sindicato a defesa dos direitos e interesses coletivos ou individuais da categoria, inclusive em questões judiciais ou administrativas.

Assim, sempre que o sindicato figurar como substituto processual, como é o caso das ações de cumprimento, haverá condenação em honorários advocatícios. Ensina o item V da Súmula 219 do TST que em caso de substituição processual sindical, excetuados os processos em que a Fazenda Pública for parte, os honorários advocatícios são devidos entre o mínimo de dez e o máximo de vinte por cento sobre o valor da condenação, do proveito econômico obtido ou, não sendo possível mensurá-lo, sobre o valor atualizado da causa.

d) lides que não derivem da relação de emprego – (lides que derivam da relação de trabalho)

Lides que não derivem da relação de emprego são as lides decorrentes da relação de trabalho.

Ao entender que são devidos os honorários advocatícios nas lides que não derivem da relação de emprego, o TST acabou por determinar que os honorários advocatícios serão devidos nas ações que tratam das demais espécies de trabalho, com exceção da relação de emprego. Nas lides decorrentes de relação de trabalho, portanto, seriam devidos honorários advocatícios.

Assim, seriam devidos honorários advocatícios nas ações de trabalhadores avulsos, estagiários etc., por exemplo.

Sobre esse último tópico importante trazer a determinação descrita na Instrução Normativa 27/2005 do TST em seu art. 5º, que assim dispõe:

Art. 5º Exceto nas lides decorrentes da relação de emprego, os honorários advocatícios são devidos pela mera sucumbência.

Dessa forma, o TST solidificou entendimento no item IV da súmula 219 que na hipótese de lides que não derivem da relação de emprego, a responsabilidade pelo pagamento dos honorários advocatícios da sucumbência submete-se à disciplina dos arts. 85, 86, 87 e 90 do CPC/2015.

1.7. Elaboração de cálculos

Como vimos, tanto nas reclamações submetidas ao procedimento ordinário, como nas reclamações submetidas ao procedimento sumaríssimo, o requerente deverá elaborar o pedido indicando os valores correspondentes, art. 840, §§ 1º e 3º, CLT.

Todavia, o art. 12, § 2º, da IN 41/2018 do TST dispõe que o valor da causa será estimado, observando-se, no que couber, os arts. 291 a 293 do CPC/2015. Em outras palavras, podemos entender que basta a mera indicação de uma estimativa do valor correspondente ao pedido, ou seja, não há necessidade de cálculo exato dos valores correspondentes ao pedido, bastando a estimativa desses valores.

No Exame de Ordem a banca examinadora não exige do examinando a elaboração de cálculos. No caderno de prova, para elucidar essa problemática, a banca examinadora se utiliza da seguinte e expressão: "Nos casos em que a lei exigir liquidação de valores, não será necessário que o examinando a apresente, admitindo-se que o escritório possui setor próprio ou contratado especificamente para tal fim".

1.8. Valor da causa

Para todas as ações deve ser atribuído um valor. No processo do trabalho o valor da causa servirá unicamente para determinar o procedimento que a reclamação trabalhista se sujeitará.

Dessa forma, tanto nas reclamações submetidas ao procedimento ordinário, como nas ações submetidas ao procedimento sumaríssimo a parte deverá elaborar pedido líquido e certo, com a indicação dos valores correspondentes.

Desta forma, para apuração do valor a ser atribuído à causa, basta que o examinando faça a somatória dos valores referentes aos pedidos elaborados, que como vimos podem ser estimáveis. Ex: "Dá-se à causa o valor de R$... (valor estimado acima de 40 salários-mínimos).

1.9. Requisitos da reclamação trabalhista (petição inicial)

A reclamação trabalhista escrita, em atendimento ao disposto no art. 840, § 1º, da CLT e art. 319 do CPC/2015, deverá conter: a) a designação do juízo a quem for dirigida, ou seja, Juiz do Trabalho e a localidade ou o Juiz de Direito, nas hipóteses do art. 112 da CF; b) a qualificação completa do reclamante conforme art. 319, II do CPC/2015, acrescido do nome da mãe e número da CTPS do autor, data de nascimento, PIS; c) uma breve exposição dos fatos que resultou na desavença; d) os fundamentos legais; e) o pedido que deverá ser certo, determinado e com indicação de seu valor; f) a data e a assinatura do reclamante ou de seu representante.

O CPC/2015 traz como requisito da qualificação da parte, a indicação de seu endereço eletrônico. Assim, sempre que possível o reclamante e o reclamado deverão ser qualificados com a indicação do respectivo endereço eletrônico. No entanto, na Justiça do Trabalho prevalece a desnecessidade de tal indicação.

Vale destacar que a indicação do **valor da causa** na reclamação trabalhista é obrigatória para que se defina por qual procedimento a demanda será submetida.

Embora pelo texto consolidado não haja necessidade de pedido de produção de provas e de citação do reclamado, é imprescindível, em termos de Exame de Ordem, a indicação pelo examinando do **pedido de produção de provas** bem como o pedido de **notificação do reclamado para**

comparecimento em audiência, para eventual apresentação de resposta, sob pena de revelia e confissão.

1.10. Estrutura da reclamação trabalhista

A estrutura da peça visa orientar o examinando a elaboração de todas as petições iniciais. No entanto, o candidato deverá ficar atento para a peculiaridade de cada petição inicial.

Antes de começar a redigir sua peça processual fixe margens à esquerda, a fim de que se faça a paragrafação.

a) Endereçamento

Consiste em saber a qual **juízo a petição inicial é dirigida.** Nos domínios do processo do trabalho existem ações de competência originária das Varas do Trabalho, ações de competência originária dos Tribunais Regionais e ações do Tribunal Superior do Trabalho, como, por exemplo, a ação rescisória.

A reclamação trabalhista é ajuizada perante o Juízo do trabalho em que o reclamante prestou serviços, ainda que contratado em outro lugar, art. 651 da CLT...

Geralmente as ações trabalhistas são de competência da Vara do Trabalho. Nesse caso fique atento para a regra de competência territorial disposta no art. 651 da CLT.

Lembre-se que a Justiça do Trabalho não é organizada em "comarcas" como na justiça comum. A organização na Justiça do Trabalho se dá por localidades e/ou regiões, nos termos do art. 674 CLT. Assim, é incorreto a indicação do termo "comarca" no endereçamento da peça.

O examinando deve ficar atento, também, aos detalhes do enunciado. Isso porque, caso o enunciado do Exame traga a localidade em que houve a prestação dos serviços, essa informação deverá ser inserida no endereçamento.

O endereçamento deve ser feito por extenso e sem conter abreviaturas, da seguinte forma:

"EXCELENTÍSSIMO SENHOR DOUTOR JUIZ DO TRABALHO DA ...VARA DO TRABALHO DE ..."

ATENÇÃO! Caso o enunciado do Exame de Ordem traga informação da localidade (cidade) em que o empregado prestava serviços, tal informação deverá constar no endereçamento da peça.

"EXCELENTÍSSIMO SENHOR DOUTOR JUIZ DO TRABALHO DA ...VARA DO TRABALHO DE SÃO PAULO/SP"

b) Qualificação do autor/reclamante

A qualificação completa do Reclamante deverá ser feita abaixo do endereçamento. Recomendamos pular uma linha.

Em se tratando de petição inicial, as partes – reclamante e reclamada – deverão ser qualificadas por completo. Em hipótese alguma o examinando poderá trazer dados das partes que não estejam no problema apresentado.

Para sua melhor memorização, lembre que em uma reclamação trabalhista o autor, pessoa física, será sempre qualificado com *11 itens*, são eles: 1. Nome, 2. nacionalidade, 3. estado civil, 4.

profissão, 5. nome da mãe, 6. data de nascimento, 7. portador da cédula de identidade RG número..., 8. inscrito no CPF/MF sob o número..., 9. número da CTPS, 10. número do PIS, 11. endereço completo com CEP,

Se for difícil a memorização, o autor/reclamante poderá ser qualificado nos moldes do art. 319, II, do CPC/2015, acrescido do nome da mãe, número da Carteira de Trabalho, data de nascimento e PIS.

c) Indicação do advogado

"por seu advogado que esta subscreve, com escritório em (endereço completo com CEP), onde receberá futuras notificações, vem à presença de Vossa Excelência..."

d) Nome da peça + fundamento legal

O examinando deverá identificar a medida processual, indicando seus respectivos fundamentos legais. Nesse caso, deverá o examinando ajuizar ou propor reclamação trabalhista, nos termos do art. 840, § 1º, da CLT, combinado com o art. 319 do CPC aplicado ao processo do trabalho por força do art. 769 da CLT e art. 15 CPC/2015.

Recomenda-se que o examinando destaque o nome da peça, colocando-o centralizado e com letras maiúsculas e de forma.

Caso a ação tramite pelo rito sumaríssimo acrescentar o art. 852-A e seguintes da CLT

e) Procedimento

É de suma importância que o examinando mencione qual tipo de procedimento está sendo adotado: ordinário, sumaríssimo ou sumário.

f) Qualificação do réu/reclamada/o

O próximo passo será a qualificação completa da ré/reclamada, com o endereço, inclusive o eletrônico para que receba a notificação.

Em se tratando de uma pessoa jurídica a qualificação deverá conter *4 itens*, quais sejam: 1. nome da reclamada, 2. pessoa jurídica de direito privado, 3. inscrita no CNPJ/MF sob o nº...; 4. com sede em (endereço completo, com CEP).

Pode ser que seja preciso qualificar como reclamada uma pessoa física, como por exemplo, uma reclamação trabalhista contra um empregador doméstico.

Nesse caso a qualificação teria 7 *itens*: 1. Nome, 2. nacionalidade, 3. estado civil, 4. profissão, 5. portador da cédula de identidade RG número..., 6. inscrito no CPF/MF sob o número..., 7. endereço completo com CEP.

g) Justiça gratuita

Esse item pode ser utilizado antes ou depois do item "dos fatos", a critério do examinando.

É neste item que o examinando deverá abrir um tópico para abordar o *pedido de justiça gratuita*, se for o caso.

Entendemos viável o pedido de justiça gratuita somente se o problema demonstrar sua necessidade. Caso contrário, não vemos necessidade de seu desenvolvimento. Nesse caso, o problema teria que trazer alguma informação que retratasse a condição de miserabilidade do autor. Veja item 1.1.3.

DICA: caso haja muitas teses de mérito a serem desenvolvidas na reclamação trabalhista, uma opção é colocar o pedido de justiça gratuita somente nos requerimentos finais.

h) Dos fatos

Nesse tópico, o examinando deverá fazer um breve resumo dos fatos ocorridos no problema, de, no máximo, 5 linhas

Não é recomendada a cópia *ipsis litteris* do texto do problema. Recomenda-se que o examinando traga a correta compreensão do problema apresentado, apresentando os fatos em ordem cronológica de acontecimentos, de forma resumida.

i) Do direito – Fundamentos legais

Neste item o examinando necessita abordar suas teses. Para orientações sobre como procurar as teses, remetemos o leitor ao item 3.8 – Orientações ao Examinando (p. 10).

É aqui nesse trecho da petição que o examinando desenvolve as teses dos direitos violados trazidos pelo problema. Recomenda-se que para cada tese, ou seja, para cada direito tratado, o examinando se utilize de um tópico.

Assim, suponha que em uma reclamação trabalhista o examinando necessite abordar as teses: adicional de periculosidade e férias. Nessa linha, o examinando teria duas teses que devem ser abordadas em tópicos distintos, ou seja, um tópico para o adicional de periculosidade e outro tópico para as férias.

Tutela provisória de natureza antecipada ou cautelar ou tutela de evidência

Caso seja necessário requer uma das espécies de tutela provisória na reclamação trabalhista, o examinando deverá abrir um tópico específico para a demonstração da medida, como estudado no tem 1.1.3.

Em se tratando de tutela de urgência antecipada ou cautelar, nos termos do art. 300 CPC/2015 o autor deverá demonstrar a probabilidade do direito e o perigo de dano ou o risco ao resultado útil do processo, também chamado de *fumus boni iuris* e o *periculum in mora*, amoldando-os ao caso apresentado pelo problema.

A probabilidade do direito (*fumus boni iuris*) diz respeito ao próprio direito violado. Deve-se argumentar que as considerações feitas na petição inicial revelam a grande probabilidade de êxito na demanda.

Já o perigo de dano ou risco ao resultado útil do processo (*periculum in mora*) diz respeito aos prejuízos que a violação ao direito ocasiona ao reclamante. Deve-se argumentar que tais prejuízos não podem aguardar o tempo necessário até a prolação da sentença.

A tutela de evidência não requer a demonstração do *fumus boni iuris* e *periculum in mora*. Todavia, será concedida nas hipóteses dos incisos do art. 311 CPC/2015.

k) Pedido

O examinando deverá elaborar seus pedidos observando sempre os direitos tratados em sua peça profissional. Todas as teses abordadas deverão ser tratadas como pedido, pleiteando a procedência total dos pedidos.

Para isso, basta que o examinando "repita" a *conclusão* de cada tese trabalhada. Veja nosso modelo.

Nas reclamações trabalhistas, seja de procedimento ordinário, seja de procedimento sumaríssimo, há necessidade dos pedidos serem certos e indicar o valor correspondente.

Nos termos do art. 840, §1º, da CLT o pedido, deverá ser certo, determinado e com indicação de seu valor. Pedido certo é aquele no qual se indica com precisão o direito pleiteado (férias, por exemplo). Pedido determinado, por sua vez, define a quantidade ou a qualidade da prestação ou obrigação exigida. É o caso de apontar o valor do pedido de férias pleiteado, no intuito de individualizar a coisa. Desta forma, os pedidos devem ser líquidos, com a indicação no demonstrativo de cálculo.

Os pedidos que não atendam essa disposição serão julgados extintos sem resolução do mérito, art. 840, § 3º, da CLT.

Contudo, de acordo com a redação do art. 12, § 2º, da IN 41/2018 do TST, o valor da causa será estimado, observando-se, no que couber, o disposto nos arts. 291 a 293 do CPC, o que indica que nos pedidos o autor/reclamante poderá estimar o respectivo valor.

Nas ações sujeitas ao procedimento ordinário, os pedidos que não atendam essa determinação, nos termos do art. 840, § 3º, da CLT, serão julgados extintos sem resolução do mérito.

l) Requerimentos finais

Nos requerimentos finais o examinando deverá requerer:

i) a notificação do réu para comparecimento em audiência para apresentação de resposta, sob pena de revelia e confissão.

ii) Deverá requerer a produção de provas, por todos os meios em direito admitidos.

iii) condenação ao pagamento de custas processuais e honorários advocatícios em 15%, na forma do art. 791-A da CLT.

iv) intimações sejam feitas em nome do advogado subscritor, sob pena de nulidade.

v) concessão dos benefícios da justiça gratuita, nos termos do art. 790, §§ 3º e 4º, da CLT.

m) Valor da causa

O examinando deve atribuir um valor à causa.

O valor a ser atribuído à causa deverá corresponder a somatória dos pedidos.

Exemplo para procedimento ordinário: *Dá-se à causa o valor de R$ ... (valor estimado acima de 40 salários-mínimos)*

Para as ações de rito especial basta mencionar a expressão: "Dá-se à causa o valor de R$....

n) Encerramento

Nesse item o examinando irá encerrar a sua peça processual, colocando local e data, e a assinatura do advogado.

Importante lembrar que o examinando não poderá assinar a medida processual. Deverá mencionar apenas a expressão "advogado OAB".

1.10.1. Modelo de reclamação trabalhista pelo rito ordinário

Início da peça

EXCELENTÍSSIMO SENHOR DOUTOR JUIZ DO TRABALHO DA. VARA DO TRABALHO DE ...

RECLAMANTE, nacionalidade, estado civil, profissão, nome da mãe, data de nascimento, portador da cédula de identidade RG número..., inscrito no CPF/MF sob o número..., número da CTPS e série, número do PIS, endereço completo com CEP, por seu advogado que esta subscreve, com escritório em (endereço completo com CEP), onde receberá futuras notificações, vem à presença de Vossa Excelência propor pelo procedimento ordinário

RECLAMAÇÃO TRABALHISTA

com fulcro no artigo 840, § 1º, da CLT, combinado com artigo 319 do CPC, aplicado ao processo do trabalho por força do art. 769 da CLT e art. 15 CPC em face de RECLAMADA, pessoa jurídica de direito privado, inscrita no CNPJ/MF sob o nº..., endereço eletrônico, com sede na (endereço completo com CEP), pelos motivos de fato e de direito que passa a aduzir.

DA JUSTIÇA GRATUITA

O reclamante não possui condições de pagar as custas advindas do processo sem prejuízo do sustento próprio e de sua família, na medida em que encontra-se desempregado, e mesmo quando em atividade recebia 1 salário mínimo.

Nos termos do art. 790, § 3º, da CLT é permitido ao Juiz, mediante requerimento da parte, conceder os benefícios da justiça gratuita, àqueles que perceberem salário igual ou inferior a 40% (quarenta por cento) do limite máximo dos benefícios do Regime Geral de Previdência Social.

Nessa mesma linha, o legislador dispõe no § 4º do art. 790 da CLT que o benefício da gratuidade de justiça será concedido àquele que comprovar insuficiência de recursos para o pagamento das custas do processo.

Dessa forma, nos termos do art. 790, §§ 3º e 4º da CLT e art. 98 e seguintes do CPC/2015, requer o reclamante sejam deferidos os benefícios da justiça gratuita.

Obs.: Essa tese somente deverá ser elaborada caso o problema traga dados que demonstrem a miserabilidade jurídica da parte.

DOS FATOS

O examinando deverá trazer um resumo em ordem cronológica dos fatos ocorridos, sem abordar nenhum fato estranho ao problema, de no máximo 5 linhas.

DO DIREITO

DO ADICIONAL DE PERICULOSIDADE

Para o desempenho de suas atividades a Reclamante sempre se utilizou de motocicleta fornecida pela própria empresa reclamada e jamais receber qualquer adicional ao salário por exercer suas funções nessas condições.

A CLT dispõe em seu art. 193, § 4º, de acordo com a Lei 12.997/2014 que as atividades do trabalhador com motocicleta são consideradas perigosas.

Por sua vez, a Constituição Federal em seu art. 7º, inciso, XXIII ensina ser um direito de todo trabalhador a percepção de um adicional em sua remuneração sempre que laborar em condições consideradas perigosas, nos termos da lei. Nessa linha, o art. 193, § 1º da CLT determina um adicional de 30% sobre o salário do trabalhador que operar em condições que a lei reconhece como perigosas.

Evidencia-se, portanto, o direito da Reclamante em receber o adicional de periculosidade referente a todo o período laborado nas condições que o caracterizam e seus reflexos em aviso-prévio, descanso semanal remunerado, 13º salário, férias e depósitos do FGTS e multa de 40%.

DA HORA EXTRA

O Reclamante, ao longo do contrato de trabalho, sempre laborou das ... horas às ... horas, de segunda a sexta-feira, *(de acordo com o que o problema indicar)* sem nunca receber qualquer adicional pelo trabalhado efetuado no horário extraordinário.

O art. 7º, XIII, da CF estabelece a jornada máxima de trabalho não poderá ser superior a 8 (oito) horas diárias e 44 (quarenta e quatro) semanais. Nessa mesma linha estabelece o art. 58 da CLT.

Assim, ultrapassada a jornada de trabalho estabelecida pelo dispositivo constitucional, o legislador assegura no art. 7º, XVI, da CF que a remuneração desse período seja superior, no mínimo, 50% sobre o salário nominal.

Portanto, é o Reclamante credor das horas extras, conforme demonstrado, no percentual de 50% (cinquenta por cento) sobre seu salário nominal mais reflexos em aviso prévio, descanso semanal remunerado, 13º salário, férias e depósitos do FGTS e multa de 40%.

DO NÃO RECEBIMENTO DAS VERBAS RESCISÓRIAS

O reclamante foi demitido imotivadamente sem a concessão de aviso prévio em .../.../... e até a presente data não recebeu as verbas rescisórias devidas.

Estabelece o art. 477, § 6º, da CLT que o pagamento das verbas rescisórias deverá ser efetuado até o 10º dia, contado da extinção do contrato. Nessa linha, não sendo observado o prazo estipulado o § 8º do mesmo dispositivo legal determinado que o empregador deverá pagar uma multa equivalente ao valor do salário do obreiro.

Dessa forma, requer o pagamento das verbas rescisórias abaixo relacionadas, bem como da multa disposta no art. 477, § 8º, da CLT no importe de um salário do obreiro.

DOS PEDIDOS

Diante de todo o exposto, requer o Reclamante a procedência total dos pedidos para:

a) condenar a Reclamada ao pagamento do adicional de periculosidade no percentual de 30% sobre seu salário por todo o período, bem como de seus reflexos em aviso--prévio, descanso semanal remunerado, 13º salário, férias e depósitos do FGTS e multa de 40%   R$ (valor estimado/líquido);

b) seja a Reclamada condenada ao pagamento de 4 horas extras semanais laboradas, bem como de seus reflexos em aviso-prévio, descanso semanal remunerado, 13º salário, férias e depósitos do FGTS e multa de 40%....................R$ (valor estimado/líquido);

c) seja a Reclamada condenada ao pagamento das seguintes verbas:

   c1) aviso-prévio de 33 dias.................................R$ (valor estimado/líquido);
   c2) férias proporcionais de 3/12 avos + 1/3 constitucional....R$ (valor estimado/líquido);
   c3) férias simples + 1/3 constitucional............................R$ (valor estimado/líquido);
   c4) 13º salário proporcional..R$ (valor estimado/líquido);
   c5) multa de 40% sobre os depósitos do FGTS................R$ (valor estimado/líquido)
   c6) pagamento da multa prevista no art. 477, § 8º, da CLT......R$ (valor estimado/líquido);

d) entrega das guias para levantamento do FGTS ....inestimável;

e) entrega da guia de seguro desemprego ou indenização substitutiva, nos termos da Súmula 389 TST.. inestimável;

f) a aplicação da multa do artigo 467 da CLT...inestimável;

g) os benefícios da Justiça Gratuita, por ser o Reclamante pessoa pobre na acepção jurídica do termo *(montar esse pedido somente se houve a tese de justiça gratuita).*

DOS REQUERIMENTOS

Requer provar o alegado por todos os meios de prova em direito admitido, especialmente através de perícia.

Requer, ainda, a notificação postal da Reclamada para, em querendo, apresentar defesa, ou sofrer os efeitos da revelia e confissão.

Requer, por fim, sejam julgados totalmente procedentes os pedidos, condenando a Reclamada à integralidade, além de suportar as custas processuais e honorários advocatícios em 15%, na forma do art. 791-A da CLT.

Requer, por fim, que as intimações sejam feitas em nome do advogado, com escritório na (Endereço completo com CEP), sob pena de nulidade

Dá-se à causa o valor de R$ ... (valor estimado/líquido acima de 40 salários-mínimos).

Nestes termos,

Pede deferimento.

Local e data

Nome do advogado

OAB/...nº ...

Fim da peça

1.10.2. Modelo de reclamação trabalhista com pedido de tutela antecipada para reintegração, rescisão indireta e danos morais

Início da peça

EXCELENTÍSSIMO SENHOR DOUTOR JUIZ DO TRABALHO DA ... VARA DO TRABALHO DE ...

MARINA SILVA, nacionalidade, estado civil, auxiliar de enfermagem, nome da mãe, data de nascimento, portadora da cédula de identidade RG número..., inscrita no CPF/MF sob o número..., número da CTPS e série, número do PIS, endereço eletrônico, endereço completo com CEP, por seu advogado que esta subscreve com endereço completo, onde receberá futuras notificações, vem à presença de Vossa Excelência, propor pelo procedimento ordinário,

RECLAMAÇÃO TRABALHISTA

, com fulcro no art. 840, § 1º, da CLT combinado com o art.319 ambos do CPC/2015, aplicados subsidiariamente ao processo do trabalho por força do art. 769 da CLT e art. 15 CPC/2015, em face de HOSPITAL SANTO RODRIGO LTDA., pessoa jurídica de direito privado, inscrito no CNPJ sob o número..., endereço eletrônico, com sede na (endereço completo com CEP), pelos motivos de fato e de direito a seguir expostos:

DOS FATOS

A reclamante iniciou suas atividades laborativas na reclamada em 18.12.2014, exercendo as funções de auxiliar de enfermagem, com jornada de trabalho de 12 x 36, autorizada em Convenção Coletiva da categoria, recebendo salário de R$ 1.110,00 mensais.

DA ESTABILIDADE DA GESTANTE

Em 25 de março de 2016, a reclamante descobriu que estava grávida, com 7 semanas de gestação.

O artigo 10, inciso II, letra "b", do ADCT, assegura à gestante, a estabilidade no emprego, desde a confirmação da gravidez até cinco meses após o parto, sendo vedada ao reclamado a despedida, salvo em caso de justa causa. Nesse sentido, o TST firmou entendimento na súmula 244, III que a gestante possui garantia no emprego, ainda que sua admissão tenha sido em contrato com prazo determinado.

Dessa forma, tendo a reclamante estabilidade no emprego, não poderia sofrer despedida arbitrária, devendo a reclamada ser reintegrada em suas funções, com ressarcimento integral de todo o período de afastamento, mediante pagamento das remunerações devidas.

Caso não seja possível a reintegração da reclamante aos quadros de atividade da empresa, requer, nos moldes do art. 4º, inciso II, da Lei 9.029/1995 a percepção, em dobro, da remuneração do período de afastamento.

DA TUTELA DE URGÊNCIA

Determina o art. 300 do CPC/2015 que a tutela de urgência será concedida quando houver elementos que evidenciem a probabilidade do direito e o perigo de dano ou o risco ao resultado útil do processo.

Portanto, são requisitos: a probabilidade do direito e o perigo de dano ou o risco ao resultado útil do processo. A probabilidade do direito, no presente caso, consiste no flagrante desrespeito com a norma positivada no art. 10, II, "b", do ADCT, que veda a dispensa da empregada gestante.

O perigo de dano ou o risco ao resultado útil do processo, no presente caso, consiste no dano financeiro pelo fato de não estar recebendo o salário mensal, em um momento em que necessita de alimentação adequada, cuidados adequados, acompanhamento médico, entre outros fatores que poderão comprometer o seu estado gestacional.

Dessa forma, demonstrados a probabilidade do direito e o perigo de dano ou o risco ao resultado útil do processo, deve ser concedida a tutela de urgência de natureza antecipada, determinando a imediata reintegração ao emprego ou caso não seja possível ou não recomendável, nos termos do art. 4º, inciso II, da Lei 9.029/1995 a percepção, em dobro, da remuneração do período de afastamento.

CONVERSÃO DA DESPEDIDA POR JUSTA CAUSA EM SEM JUSTA CAUSA

A reclamante nunca realizou qualquer ato que maculasse sua conduta e jamais faltou em um plantão. E como dito acima, mesmo após apresentação do atestado médico foi dispensada por justa causa sob a alegação de desídia.

Com efeito, desídia é o descaso, a falta de compromisso na prestação dos serviços, o que resta claro não ter ocorrido por parte da reclamante que cumpria sempre devidamente com suas funções.

A aplicação da penalidade da justa causa, depende do preenchimento de requisitos como a gravidade da falta e proporcionalidade da pena. Nota-se, que a reclamante jamais praticou qualquer ato capaz de macular sua conduta, não configurando motivo de despedida por justa causa.

Contudo, verifica-se que a reclamada cometeu falta grave tipificada no art. 483, alínea "e", da CLT, dado o constrangimento sofrido pela reclamante que, após a comunicação da gravidez ao seu empregador, foi demitida.

Assim, o empregador cometeu falta grave devendo ser reconhecida a rescisão indireta do contrato de trabalho.

Dessa forma, a despedida por justa causa deverá ser convertida por demissão imotivada ou sem justa causa, com o consequente pagamento de todos os direitos trabalhistas daí decorrentes, quais sejam: saldo de salário, aviso-prévio, férias acrescidas do terço constitucional, descanso semanal remunerado, 13º salário de todo o período laborado, depósitos de FGTS por todo período trabalhado, acrescido da multa de 40%, seguro-desemprego ou indenização substitutiva.

DA JORNADA DE TRABALHO E INTERVALO PARA DESCANSO E ALIMENTAÇÃO

O reclamante fazia regime de compensação de jornada de trabalho no regime de 12 x 36, autorizada em Convenção Coletiva da categoria, na forma do art. 59-A da CLT, contudo, gozando apenas de 30 minutos de intervalos para refeição e descanso. Ensina o art. 59-A da CLT em sua parte final que havendo estipulação de jornada de 12 horas de trabalho por 36 horas de descanso, deverão ser observados ou indenizados os intervalos para repouso e alimentação.

Nessa linha, dispõe o art. 71 da CLT que em qualquer trabalho contínuo, cuja duração exceda de 6 (seis) horas, será obrigatória a concessão de um intervalo para repouso e/ou alimentação, o qual será, no mínimo, de 1 (uma) hora.

O art. 71, § 4º, da CLT determina que a não concessão ou a concessão parcial do intervalo intrajornada mínimo supracitado, implicará o pagamento, de natureza indenizatória, apenas do período suprimido, com acréscimo de 50% (cinquenta por cento) sobre o valor da remuneração da hora normal de trabalho.

Dessa forma, requer o pagamento, de natureza indenizatória, do período suprimido, com acréscimo de 50% sobre o valor da remuneração da hora normal de trabalho, nos termos do art. 71, § 4º, da CLT.

DOS DANOS MORAIS

Importante salientar que com a Reforma do Judiciário em virtude da Emenda Constitucional 45/2004, a Justiça do Trabalho é competente para julgar as ações de indenização por dano moral decorrentes da relação de trabalho, nos moldes do artigo 114, inciso VI da CF, bem como a Súmula 392 do TST.

Pois bem, no dia 26.03.2018 o reclamado dispensou a reclamante por justa causa aos berros em frente de diversos funcionários da empresa, acusando-a de ser desidiosa no cumprimento de suas funções.

Dispensada aos gritos e injustamente a reclamante passou por uma incomensurável vergonha e humilhação.

O artigo 5°, incisos V e X, da CF ensina serem invioláveis a intimidade, a vida privada, a honra e a imagem das pessoas, assegurado o direito de indenização pelo dano moral decorrente de sua violação.

Nesse sentido, o art. 223-B da CLT ensina que causa dano de natureza extrapatrimonial a ação ou omissão que ofenda a esfera moral ou existencial da pessoa física ou jurídica, as quais são as titulares exclusivas do direito à reparação.

São responsáveis pelo dano extrapatrimonial todos os que tenham colaborado para a ofensa ao bem jurídico tutelado, na proporção da ação ou da omissão, na forma do art. 223-E da CLT. Portanto, deve recair sobre a empresa reclamada a responsabilidade pela indenização do dano apontado.

Dessa forma, face o manifesto constrangimento sofrido pela reclamante, deve o magistrado levar em consideração os elementos trazidos pelo art. 223-G da CLT, fixando a reparação a ser paga como ofensa gravíssima, na forma do § 1°, IV, do mesmo art. 223G da CLT, fixando como indenização o valor de R$ ..., referentes a cinquenta vezes o último salário contratual da ofendida.

DO PEDIDO

Diante do exposto, requer a reclamante:

a) A concessão de tutela antecipada, determinando a imediata reintegração da empregada ao emprego.. inestimável

b) Caso não seja possível a reintegração, a conversão em indenização compensatória... R$ **(valor líquido/estimado)**

c) 30 minutos como hora extra pela não concessão do intervalo intrajornada, acrescida de 50% .... R$ **(valor líquido/estimado)**

d) indenização por danos extrapatrimoniais....................... R$ **(valor líquido/estimado)**

e) conversão da justa causa em sem justa causa com o pagamento das verbas rescisórias:

férias proporcionais, acrescido do terço constitucional........ R$ **(valor líquido/estimado)**

13° salário.. R$ **(valor líquido/estimado)**

saldo de salário... R$ **(valor líquido/estimado)**

aviso-prévio indenizado..R$ **(valor líquido/estimado)**

multa de 40% sobre saldo do FGTS.. R$ **(valor líquido/estimado)**

f) pagamento da multa prevista no art. 477, § 8°, da CLT..........R$ **(valor líquido/estimado)**

g) entrega das guias para levantamento do FGTS.. inestimável.

h) liberação dos formulários de seguro-desemprego ou indenização substitutiva... inestimável.

DOS REQUERIMENTOS

Requer provar o alegado por todos os meios de prova em direito admitido, especialmente através de perícia.

Requer, ainda, a notificação postal da reclamada para, em querendo, comparecer à audiência e apresentar resposta.

Requer, por fim, sejam julgados totalmente procedentes os pedidos, condenando a Reclamada à integralidade, além de suportar as custas processuais e honorários advocatícios em 15%, na forma do art. 791-A da CLT.

Requer, por fim, que as intimações sejam feitas em nome do advogado, com escritório na (Endereço completo com CEP), sob pena de nulidade.

Dá-se à causa o valor de R$ ... (valor **líquido**/estimado acima de 40 salários-mínimos).

Nesses termos,

pede deferimento

Local e data

Nome do advogado

OAB/...nº ...

Fim da peça

1.11. Principais petições iniciais trabalhistas

Dentre as petições iniciais com maior incidência nos exames de ordem, podemos destacar:

1.11.1. Ação de consignação em pagamento

Prevista no art. 539 do CPC, a ação de consignação em pagamento é a medida processual na qual o devedor demanda contra o credor, objetivando o pagamento e o consequente reconhecimento judicial do adimplemento da obrigação. Trata-se de uma ação de rito especial que tem como objetivo extinguir uma obrigação através da quitação. Possui estrutura de uma petição inicial, sendo utilizada quando existir dúvida sobre quem pagar ou recusa no pagamento.

Por não possuir previsão legal na CLT, aplica-se a regra do direito processual civil prevista nos arts. 539 e seguintes, por força do art. 769 da CLT e art. 15 do CPC, que preveem que nos casos omissos, o direito processual comum será fonte supletiva e subsidiária do direito processual do trabalho.

O pagamento por consignação será cabível nas hipóteses previstas no art. 335 do Código Civil.

Nos domínios do processo do trabalho as hipóteses mais comuns de ação de consignação em pagamento são:

a) **Dispensa com ou sem justa causa:** hipótese em que o empregador encontra resistência do empregado em receber as verbas rescisórias;

b) **Morte ou ausência do empregado:** hipótese em que o empregador se vê na dúvida de quem são os legítimos herdeiros que deverão receber as verbas rescisórias do seu ex-empregado;

c) **Empregado que se recusa a receber ou dar quitação:** hipótese em que o empregado se recusa de receber de seu empregador determinados valores.

Poderão propor a ação o devedor, que poderá ser tanto o empregado como o empregador, ou o terceiro interessado no pagamento da dívida.

A ação de consignação deverá ser proposta observando-se a regra disposta no art. 651 da CLT, ou seja, local da prestação de serviços, não se aplicando a norma contida no art. 540 do CPC/2015.

Nos termos do art. 542 do CPC/2015, a petição inicial, o autor/consignante deverá requerer o depósito da quantia ou da coisa e realizá-lo no prazo de cinco dias, contados do deferimento da medida. Não realizando o depósito nesse período o processo será extinto sem resolução do mérito.

Recomenda-se que ao pedir o depósito da quantia, o consignante requeira que esse seja feito na conta vinculada do FGTS do obreiro.

Deverá o consignante especificar, de forma líquida e certa, cada parcela consignada na ação.

Uma vez realizado o depósito, o Juiz do Trabalho designará audiência, notificando o consignado para levantar a quantia depositada ou oferecer resposta, nos termos do art. 542, II, CPC/2015.

Caso o consignado levante a importância depositada, estará reconhecendo a procedência do pedido do consignante, extinguindo-se o processo com resolução do mérito, art. 487, III, a, CPC/2015.

Não concordando com os valores depositados, o consignado apresentará sua contestação. Na contestação sua resposta ficará restrita as matérias descritas no art. 544 do CPC/2015.

1.11.1.1. Estrutura da ação de consignação em pagamento

1. Endereçamento

A ação de consignação deve ser dirigida ao Juiz da Vara do Trabalho da localidade em que o empregado prestou serviços, nos termos do art. 651 da CLT.

2. Qualificação do consignante

A qualificação completa do Consignante deverá ser feita abaixo do endereçamento. Recomendamos pular uma linha.

Lembre-se que consignante normalmente é uma pessoa jurídica e deverá ser qualificada da seguinte maneira: pessoa jurídica de direito privado, inscrita no CNPJ/MF sob o nº, endereço eletrônico, com sede na (endereço completo com CEP).

3. Indicação do advogado

"por seu advogado que esta subscreve, com escritório em (endereço completo com CEP), onde receberá futuras notificações, vem à presença de Vossa Excelência..."

4. Identificação da medida processual – nome da peça e fundamentos legais

O examinando deverá identificar a medida processual, indicando seus respectivos fundamentos legais.

Em se tratando de uma ação de consignação, o examinando não poderá se esquecer de fundamentar sua medida no art. 539 e seguintes do CPC/2015, aplicável por força do art. 769 da CLT e art. 15 CPC/2015.

Recomenda-se que o examinando destaque o nome da peça, colocando-o centralizado e com letras maiúsculas e de forma.

5. Qualificação do consignado

O próximo passo será a qualificação completa do consignado. Geralmente o consignado é o empregado, pessoa física, devendo ser qualificado como réu se utilizando da regra dos 11 itens: 1. Nome, 2. nacionalidade, 3. estado civil, 4. profissão, 5. nome da mãe, 6. data de nascimento, 7. portador da cédula de identidade RG número..., 8. inscrito no CPF/MF sob o número..., 9. número da CTPS, 10. número do PIS,; 11. endereço completo com CEP, para que receba a notificação.

6. Dos fatos

Nesse tópico o examinando deverá fazer um breve resumo dos fatos ocorridos no problema.

Não é recomendada a cópia *ipsis litteris* do texto do problema. Recomenda-se que o examinando traga a correta compreensão do problema apresentado.

7. Do cabimento da ação de consignação em pagamento

Nesse item o examinando deverá fundamentar a recusa, desconhecimento ou impossibilidade de efetuar o pagamento. Em outras palavras, deverá fundamentar o motivo do ajuizamento da consignação em pagamento (art. 335 do CC), bem como, a discriminação detalhada das verbas rescisórias que serão consignadas.

Importante lembrar que a consignação pode objetivar não somente o depósito de quantia em dinheiro, mas também a consignação de coisa ou bem, art. 539, *caput*, do CPC. Aliás, em seus gabaritos, a banca FGV indicou a necessidade de consignar bens do antigo empregado, como camisetas, fotografias, por exemplo.

O examinando deve ficar atento, pois a elaboração da conta com os valores rescisórios devidos dependerá do tipo de demissão do emprego. Veja no item 1.1.5 o tipo de demissão e as respectivas verbas.

A consignação dos valores referentes a multa do art. 477, § 8º, da CLT dependerá do enunciado trazido pela banca examinadora. Assim, importante ficar atento com datas trazidas pelo enunciado, que podem apontar que a empresa já está em mora, ou seja, foi ultrapassado o prazo de 10 dias contados da extinção do contrato de trabalho, ou se a ação está sendo proposta dentro desse prazo legal.

Outro detalhe importante diz respeito ao pedido de baixa na CTPS do empregado. Assim, caso o enunciado traga a informação de que não foi feita a anotação de baixa na CPTS, deverá o consignante realizar tal pedido.

8. Pedido

O examinando deverá requerer a procedência do pedido para quitação ou extinção da obrigação, nos termos do art. 334 do CC ou art. 546 do CPC.

9. Requerimentos finais

Nos requerimentos finais o examinando deverá fazer o requerimento de depósito das parcelas devidas e citação do consignatário para levantar o depósito ou apresentar resposta no prazo legal.

Deverá requerer a produção de provas, por todos os meios em direito admitidos.

A condenação ao pagamento de honorários advocatícios sucumbenciais, na forma do art. 791-A da CLT.

10. Valor da causa

Indicar valor da causa. O valor da causa na ação de consignação em pagamento corresponde ao valor a ser consignado.

11. Encerramento

Local, data,

Advogado/OAB

1.11.2. Modelo de ação de consignação em pagamento

Início da peça

EXCELENTÍSSIMO SENHOR DOUTOR JUIZ DO TRABALHO DA... VARA DO TRABALHO DE...

NOME DO CONSIGNANTE, pessoa jurídica de direito privado, inscrita no CNPJ/MF sob o nº..., endereço eletrônico, com sede na (endereço completo com CEP), por seu advogado que esta subscreve (procuração anexa), com escritório em (endereço completo com CEP) vem à presença de Vossa Excelência propor, pelo rito especial

AÇÃO DE CONSIGNAÇÃO EM PAGAMENTO

com fulcro no art. 539 e seguintes do CPC/2015, em face de NOME DO CONSIGNADO, nacionalidade, estado civil, profissão, nome da mãe, data de nascimento, portador da cédula de identidade RG número..., inscrito no CPF/MF sob o número..., número da CTPS e série, número do PIS, endereço eletrônico, endereço completo com CEP, pelos motivos de fato e de direito que passa a aduzir.

I – DO CONTRATO DE TRABALHO

O examinando deverá trazer um breve resumo dos fatos ocorridos, sem abordar nenhum fato estranho ao problema. (máximo 5 linhas)

II – DO CABIMENTO DA CONSIGNAÇÃO EM PAGAMENTO

Ao ser dispensado sem justo motivo, o Empregado recebeu aviso prévio indenizado, tendo sido informado de que deveria comparecer à sede da Autora em dez dias, para o recebimento de suas verbas rescisórias.

No entanto, na data estipulada, o Réu não compareceu na empresa. Nos termos do art. 335, II, do Código Civil, a consignação em pagamento tem lugar sempre que o credor não for, nem mandar receber a coisa no lugar, tempo e condição devidos.

Desta forma, requer a consignante sejam consignados os valores referentes às verbas rescisórias discriminadas a seguir: (*discriminar as verbas rescisórias devidas, como por exemplo:*)

Saldo de salário (21 dias)..R$.(valor líquido)
Aviso-prévio indenizado de 33 dias: ....R$ (valor líquido)
Férias proporcionais 5/12 avos, acrescida de 1/3..(valor líquido)
13º salário proporcional de 4/12 avos..R$ (líquido)
Depósito da indenização de 40% sobre o FGTS..R$ (líquido)
Depósito das guias para saque do FGTS OU do TRCT....................................R$ (inestimável)
Depósito dos formulários de seguro desemprego..R$ (inestimável)
Depósito da camisa do clube de futebol..R$ (inestimável)
Depósito das fotografias..R$ (inestimável
Exibição da CTPS para anotação de baixa..R$ (inestimável

Portanto, requer seja a presente conhecida, evitando que se constitua em mora a Autora e impedindo a aplicação da multa do § 8º, do artigo 477, da CLT.

OBS: este último parágrafo somente deverá ser elaborado se o problema apontar que o prazo de 10 dias do art. 477, § 6º, da CLT ainda não foi ultrapassado no ato do ajuizamento da consignação em pagamento.

III – DOS PEDIDOS

Diante do exposto requer a consignante:

a) o depósito das parcelas devidas;

b) exibição da CTPS para anotação de baixa;

c) a citação do consignatário para levantar o depósito ou apresentar contestação no prazo legal;

d) a procedência total do pedido para quitação e extinção da obrigação, na forma do art. 334 do CC e art. 546 do CPC

IV – DOS REQUERIMENTOS

Requer provar o alegado por todos os meios de prova em direito admitido.

Requer, ainda, a notificação postal do Réu para, em querendo, levantar o valor consignado ou apresentar defesa.

A condenação ao pagamento de honorários advocatícios sucumbenciais na forma do art. 791-A da CLT.

Dá-se à causa o valor de R$ ...

Nestes termos,

Pede deferimento.

Local e data

Nome do advogado

OAB/...nº...

Fim da peça

1.11.3. Mandado de Segurança

Previsto no art. 5º, incisos LXIX e LXX, da CF e regulado pela Lei 12.016/2009, trata-se de um remédio constitucional posto à disposição de toda pessoa física ou jurídica, ou mesmo órgão da administração pública com capacidade processual.

Conforme dispõe o art. 1º da Lei 12.016/2009, o mandado de segurança será concedido para proteger direito líquido e certo, não amparado por *habeas corpus* ou *habeas data*, sempre que, ilegalmente ou com abuso de poder, qualquer pessoa física ou jurídica sofrer violação ou houver justo receio de sofrê-la por parte de autoridade, seja de que categoria for e sejam quais forem as funções que exerça.

Equiparam-se às autoridades, os representantes ou órgãos de partidos políticos e os administradores de entidades autárquicas, bem como os dirigentes de pessoas jurídicas ou as pessoas naturais no exercício de atribuições do poder público, somente no que disser respeito a essas atribuições, como por exemplo, o ato do diretor de uma universidade.

Assim, o mandado de segurança será sempre impetrado contra o ATO da autoridade coatora, que poderá ser uma autoridade pública ou um agente privado no exercício de função pública.

Considerando a urgência da impetração e da comunicação da decisão, o art. 4º da Lei nº 12.016/2009 admite o uso de *fax* e de outros meios eletrônicos para a impetração do Mandado de Segurança.

A competência será da Justiça do Trabalho (art. 114, IV, da CF) quando o ato taxado de ilegal for proferido por autoridades da Justiça do Trabalho.

Com relação à competência funcional para o processamento do mandado de segurança, ela poderá ser do Juiz do Trabalho, do TRT – Tribunal Regional do Trabalho e, ainda, do TST – Tribunal Superior do Trabalho.

Assim, será da competência do juiz do trabalho os mandados de segurança impetrados contra ato praticado por autoridade fiscalizadora das relações de trabalho.

A competência funcional será do TRT sempre que a autoridade coatora for as seguintes: a) o juiz da vara do trabalho; b) o diretor da secretaria ou os demais funcionários; c) o juiz de direito, nas hipóteses do art. 112 da CF e, ainda, contra ato de juízes e funcionários do próprio TRT.

Por último, a competência será do TST nos mandados de segurança contra atos do Presidente do Tribunal ou de qualquer dos Ministros.

Nos termos do art. 23 da Lei 12.016/2009, o direito de requerer Mandado de Segurança extinguir-se-á decorridos 120 (cento e vinte) dias, contados da ciência, pelo interessado, do ato impugnado taxado de ilegal ou abusivo.

Como no Mandado de Segurança discute-se um direito líquido e certo, entendido como sendo aquele cujos fatos que o embasam são comprovados de plano, não se admite a produção de provas. O impetrante necessita propor a ação mandamental com toda prova documental existente (prova pré-constituída), em conformidade com a Súmula 415 do TST. Se for necessária dilação probatória, não é cabível o Mandado de Segurança.

O direito líquido e certo é visto como uma condição da ação para o mandado de segurança.

A autoridade coatora será intimada para prestar informações no prazo de dez dias.

A petição inicial do mandado de segurança poderá ter o pedido de liminar, art. 7º, III, da Lei 12.016/2009, necessitando, todavia, que o examinando demonstre a presença do *fumus boni iuris* e do *periculum in mora*. Deverá demonstrar que a autoridade coatora agiu com ilegalidade ou abuso de poder, violando o direito líquido e certo do impetrante.

Dispõe o art. 12 da Lei 12.016/2009 que findo o prazo para a autoridade prestar informações, o Ministério Público do Trabalho deverá opinar sobre o feito no prazo de 10 (dez) dias. Dessa forma, o examinando não poderá deixar de requerer a intimação do Ministério Público do Trabalho para esse fim.

Importante ter em mente que, sendo o ato praticado por um juiz nos autos de um processo em andamento, o impetrante deverá requerer a intimação das partes nos autos para integrar a lide como litisconsorte passivo.

Na Justiça do Trabalho, em razão da regra da irrecorribilidade imediata das decisões interlocutórias, art. 893, § 1º, CLT, o Mandado de Segurança é comumente utilizado para atacar as decisões interlocutórias que violem direito líquido e certo da parte interessada. Também admite-se a impetração do Mandado de Segurança em razão das decisões do Juiz do Trabalho proferidas na execução trabalhista, que violem direito líquido e certo e não admitam a interposição de agravo de petição.

A petição inicial do Mandado de Segurança, não se submete ao art. 840 da CLT, devendo observar os requisitos dos arts. 319 e 320 do CPC/2015, com a indicação do valor da causa, nos termos do art. 291 CPC/2015.

Como vimos, deverá acompanhar a petição os documentos que comprovam a alegação. Isso porque o mandado de segurança não admite a produção de provas, na medida em que os fatos devem ser provados de imediato, mediante prova documental. Isso significa que o direito líquido e certo é condição da ação para a impetração do mandado de segurança.

De acordo com o entendimento majoritário da doutrina e jurisprudência, deverá o impetrante indicar o dispositivo legal violado, tendo em vista que ao Mandado de Segurança não se aplica o princípio *juria novit curia*.

A Lei 12.016/2009 restringe a impetração de Mandado de Segurança quando a decisão, seja ela judicial ou administrativa, for passível de impugnação por meio de recurso. Além disso, caso o ato taxado de ilegal já tiver transitado em julgado não se admitirá a utilização do Mandado de Segurança. Nesse sentido remetemos o leitor a leitura da OJ 99 da SDI 2 do TST.

ATENÇÃO! Nos termos do art. 25 da Lei 12.016/2009 não há condenação em honorários advocatícios.

1.11.3.1. Estrutura do mandado de segurança

Endereçamento

Consiste em saber o juiz a quem a petição inicial é dirigida. Nos domínios do processo do trabalho o mandado de segurança poderá ser de competência funcional:

1) da Vara do Trabalho (Excelentíssimo Senhor Doutor Juiz do Trabalho da ... Vara do Trabalho de...), geralmente quando a autoridade coatora for agente fiscalizador das relações de trabalho;

2) do TRT (Excelentíssimo Senhor Desembargador Presidente do Egrégio Tribunal Regional do Trabalho da... Região), quando a autoridade coatora for o Juiz da Vara do Trabalho; diretor da secretaria ou os demais funcionários; Juiz de Direito, nas hipóteses do art. 112 da CF e, ainda, contra ato de Juízes e funcionários do próprio TRT; e

3) do TST (Excelentíssimo Senhor Ministro Presidente do Tribunal Superior do Trabalho), contra atos do Presidente do Tribunal ou por qualquer dos Ministros.

Qualificação do impetrante

A qualificação completa do Impetrante deverá ser feita abaixo do endereçamento. Recomendamos pular uma linha.

O impetrante deverá ser qualificado nos moldes do art. 319, II, do CPC/2015, mencionando, ainda, o endereço do advogado onde receberá as futuras notificações. Em hipótese alguma o examinando poderá trazer dados das partes que não estejam no problema apresentado.

Indicação do advogado

"por seu advogado que esta subscreve, com escritório em (endereço completo com CEP), onde receberá futuras notificações, vem à presença de Vossa Excelência..."

Identificação da medida processual – nome da peça e fundamentos legais

O examinando deverá identificar a medida processual, indicando seus respectivos fundamentos legais, no caso os arts. 5º, LXIX, e 114, IV, da CF, e a Lei 12.016/2009.

Como vimos, desde que preenchidos os requisitos do *fumus boni iuris* e do *periculum in mora*, admite-se o pedido de medida liminar, art. 7º, III, da Lei 12.016/2009. Nesse caso, o examinando deverá adicionar ao nome do *mandamus* a expressão: "com pedido de liminar", de modo que o nome da ação será: "mandado de segurança com pedido de liminar".

Recomenda-se que o examinando destaque o nome da peça, colocando-o centralizado e com letras maiúsculas e de forma.

Identificação da autoridade coatora (impetrado)

A autoridade coatora não será qualificada como o réu em uma reclamação trabalhista, bastando, nos termos do art. 6º da Lei 12.016/2009, a identificação da autoridade coatora e a indicação da pessoa jurídica que esta integra, à qual se acha vinculada ou da qual exerce atribuições.

Dos fatos

Nesse tópico o examinando deverá fazer um breve resumo dos fatos ocorridos no problema.

Não é recomendada a cópia *ipsis litteris* do texto do problema. Recomenda-se que o examinando traga a correta compreensão do problema apresentado.

Direito líquido e certo violado

Deverá o impetrante indicar o dispositivo legal violado. Por tratar-se de uma condição da ação para o mandado de segurança, o direito líquido e certo deverá ser demonstrado de plano pelo impetrante, mediante a apresentação de provas documentais. Direito líquido e certo é aquele cujos fatos que o embasam são comprovados de plano. Uma vez violado por ato de autoridade, tal direito enseja a propositura do mandado de segurança.

No Exame de Ordem, geralmente o direito líquido e certo violado está na lei, ou seja, o dispositivo legal violado. Dessa forma, deverá o examinando indicar o dispositivo de lei violado, explicando o fundamento daquele dispositivo, ou seja, o examinando deverá interpretar o dispositivo legal tido como violado.

Abuso de poder ou ilegalidade

O abuso de poder ou ilegalidade será a consequência do direito líquido e certo violado, ou seja, uma vez violado o direito líquido e certo surge a ilegalidade praticada pela autoridade coatora. Por exemplo: o direito líquido e certo é a produção de provas, art. 5º, LV, da CF. Não sendo concedida a oportunidade, o direito estará violado e, consequentemente, a ilegalidade estará configurada.

Liminar

O examinando deverá abrir um tópico específico para a demonstração da medida liminar. Deverá, nos termos do art. 7º, III, da Lei 12.016/2009 demonstrar o *fumus boni iuris* e o *periculum in mora*, amoldando-os ao caso apresentado pelo problema.

O *fumus boni iuris* irá representar o próprio direito violado ao passo que o *periculum in mora* nos prejuízos que o direito líquido e certo violado poderá ocasionar ao impetrante.

Pedidos

O examinando deverá pedir a concessão da medida liminar para cessar o ato ilegal praticado pela autoridade coatora.

Posteriormente, deverá requerer a concessão definitiva da segurança, confirmando a medida liminar.

Requerimentos

O examinando deverá requerer a intimação da autoridade coatora para que, no prazo de 10 (dez) dias, preste as devidas informações.

Após a prestação de informações pela autoridade coatora, a intimação do Ministério Público do Trabalho para que apresente sua opinião sobre o feito no prazo de 10 (dez) dias, nos termos do art. 12 da Lei 12.016/2009.

Caso seja necessário, deverá requerer a intimação da parte contrária para que integre a lide como litisconsorte passivo.

Requerer que as intimações sejam feitas em nome do advogado, sob pena de nulidade.

Valor da causa

Para toda causa deve ser atribuído um valor.

No mandado de segurança o examinando deverá apenas fazer menção ao valor da causa, sem quantificar qualquer valor.

Encerramento

Nesse item o examinando irá encerrar a sua peça processual, colocando o local e a data e a assinatura do advogado. Importante lembrar que o examinando não poderá assinar a medida processual, deverá mencionar apenas a expressão "advogado OAB".

1.11.3.2. Modelo de mandado de segurança

Início da peça

EXCELENTÍSSIMO SENHOR DOUTOR DESEMBARGADOR PRESIDENTE DO EGRÉGIO TRIBUNAL REGIONAL DO TRABALHO DA ... REGIÃO.

IMPETRANTE, nacionalidade, profissão, estado civil, portador da cédula de identidade RG n°..., inscrito no CPF/MF sob o n°, número da CTPS, endereço eletrônico, com endereço sito na (endereço completo com CEP), por seu advogado que esta subscreve, endereço completo, onde receberá as futuras intimações vem à presença de Vossa Excelência impetrar

MANDADO DE SEGURANÇA COM PEDIDO LIMINAR

com fulcro no art. 5°, LXIX da CF combinado com os s arts. 319 e 320 do CPC/2015, e as disposições da Lei 12.016/2009, em face do ato proferido pela AUTORIDADE COATORA, pelos motivos de fato e de direito que passa a aduzir.

I – RESUMO DOS FATOS

O examinando deverá fazer um breve relato dos fatos ocorridos, sem abordar nenhum fato estranho ao problema.

II – DIREITO LÍQUIDO E CERTO VIOLADO E DO ATO ABUSIVO

O ilustre magistrado determinou a penhora de valores no valor de R$...

No entanto, os valores penhorados nos autos representam o salário do impetrante, que nos termos do art. 833, IV, do CPC/2015 são impenhoráveis.

Dessa forma, o impetrante possui o direito líquido e certo de não ter penhorado os valores que representam seu salário, verba de natureza alimentar que não poderá ser penhorada.

Pelo exposto, o ato cometido pelo Meritíssimo Juiz impetrado, se mostra ilegal necessitando ser sanado via pelo presente Mandado de Segurança.

III – DA MEDIDA LIMINAR

Demonstrado e direito líquido e certo violado e a evidente ilegalidade no ato praticado pelo meritíssimo juiz, surge a necessidade da concessão da medida liminar, nos termos do art. 7°, III, da Lei 12.016/2009.

O *fumus boni iuris* se caracteriza pelo flagrante desrespeito à norma positivada no art. 833, IV, do CPC/2015 que veda a penhora de salário.

O *periculum in mora* surge na medida em que a penhora de salários do impetrante traz prejuízos irreparáveis, tendo em vista ser sua única fonte de renda, restando o impetrante impossibilitado de cumprir seus compromissos e, ainda, de prover seus alimentos e de sua família.

Dessa forma, demonstrado o *fumus boni iuris* e o *periculum in mora*, deve ser concedida a medida liminar determinando-se a imediata suspensão do ato ilegal, com a consequente liberação dos valores penhorados.

IV – DOS PEDIDOS

Diante do exposto requer o Impetrante:

a) o deferimento da medida liminar para suspender o ato ilegal praticado pelo meritíssimo Juiz da ... Vara do Trabalho de ..., determinando a liberação da penhora;

b) a concessão da segurança em definitivo, confirmando a liminar deferida;

V – DOS REQUERIMENTOS

(Não há produção de provas no Mandado de Segurança, as provas devem ser feitas de plano, portanto não se pede produção de provas, exceto a eventual juntada de documentos).

Requer a intimação da autoridade coatora para que, no prazo de 10 (dez) dias, preste as devidas informações, e a ciência ao órgão de representação judicial da pessoa jurídica da qual faz parte a autoridade coatora para que, querendo, ingresse no feito.

Requer, ainda, que após a prestação de informações pela autoridade coatora, seja feita a intimação do Ministério Público do Trabalho para que apresente sua opinião sobre o feito no prazo de 10 (dez) dias, nos termos do art. 12 da Lei 12.016/2009.

Requer, por fim, que as intimações sejam feitas em nome do advogado, com escritório na (Endereço completo com CEP), sob pena de nulidade.

Dá-se à causa o valor de R$...

Nestes termos,

Pede deferimento.

Local e data: ...

Nome do advogado

OAB/... nº ...

Fim da peça

1.11.4. Ação rescisória

Disciplinada no art. 836 da CLT e com aplicação subsidiária dos arts. 966 e seguintes do CPC/2015, a ação rescisória é uma ação que objetiva o desfazimento dos efeitos de sentença já transitada em julgado, tendo em vista a existência de vícios.

O art. 836 da CLT, com a redação dada pela Lei 11.495/2007, determina que o autor da ação rescisória deverá realizar um depósito prévio de 20% do valor da causa, salvo prova de miserabilidade do autor.

Para a propositura da ação rescisória dois requisitos são necessários:

Decisão de mérito

Nos termos do art. 966 do CPC a decisão de mérito, transitada em julgado, poderá ser objeto de ação rescisória. Por decisão de mérito devemos entender: sentenças, acórdãos e decisões interlocutórias.

Em regra, apenas se pode atacar a decisão de mérito, ou seja, processos extintos com a resolução do mérito, nos termos do art. 487 e incisos do CPC/2015, já transitada em julgado, pois somente tal sentença produz coisa julgada material.

Todavia, o art. 966, § 2º do CPC/2015 admite ser rescindível a decisão transitada em julgado que, embora não seja de mérito, impeça nova propositura de demanda ou de decisão que impeça a admissibilidade do recurso correspondente.

Assim, poderá ser objeto de ação rescisória as decisões interlocutórias de mérito, sentenças e acórdãos, desde que transitados em julgado.

Não poderá ser objeto de ação rescisória as sentenças normativas, em conformidade com a Súmula 397 do TST.

Trânsito em julgado da decisão

A decisão deve ter transitado em julgado, ou seja, não poderá haver a possibilidade do manejo de recurso.

As hipóteses de cabimento estão elencadas de maneira exaustiva no art. 966 do CPC/2015.

A petição inicial será elaborada com observância dos requisitos essenciais do art. 319, devendo o autor cumular o pedido de rescisão com o de novo julgamento da causa, nas hipóteses dos incisos I, III, V, VI, VII, IX e X do art. 966 do CPC/2015. Porém, nas hipóteses dos incisos II e IV, o Tribunal exercerá apenas o juízo rescindente.

Vale lembrar que nos termos do art. 836 da CLT a petição inicial deverá estar acompanhada do comprovante de realização do depósito prévio de 20% do valor dado à causa. O depósito prévio não será exigido da massa falida e quando o autor perceber salário igual ou inferior ao dobro do mínimo legal, ou declarar, sob as penas da lei, que não está em condições de pagar as custas do processo sem prejuízo do sustento próprio ou de sua família.

São partes legítimas para a propositura da ação rescisória as pessoas arroladas no art. 967 do CPC/2015, quais sejam: quem foi parte no processo ou o seu sucessor a título universal ou singular; o terceiro juridicamente interessado ou o Ministério Público do Trabalho caso não tenha sido ouvido no processo, em que era obrigatória sua intervenção ou, ainda, quando a sentença é o efeito de colusão das partes, a fim de fraudar a lei.

Importante frisar que o rol disposto no art. 966 do CPC/2015 é exaustivo, ou seja, trata-se de rol *numerus clausus*.

Nos domínios do processo do trabalho, o termo de conciliação previsto no parágrafo único do art. 831 da CLT somente poderá ser impugnado por ação rescisória, nos termos da Súmula 259 do TST.

A competência funcional para o processamento da ação rescisória será:

a) TRT: quando a decisão rescindenda for de Juiz do Trabalho ou de acórdão do próprio Tribunal.

b) TST: quando a decisão rescindenda for do próprio TST.

De acordo com o art. 975 do CPC/2015 o direito de propor ação rescisória se extingue em 2 (dois) anos, contados do trânsito em julgado da última decisão proferida no processo, seja de mérito ou não.

1.11.4.1. Estrutura da ação rescisória

Endereçamento

Consiste em saber o **juiz a quem a petição inicial é dirigida.** Nos domínios do processo do trabalho a ação rescisória poderá ser distribuída:

1) ao TRT *(Excelentíssimo Senhor Doutor Desembargador Presidente do Tribunal Regional do Trabalho da ... região)* quando a decisão rescindenda for de Juiz do Trabalho ou de acórdão do próprio Tribunal Regional ou

2) dirigida ao TST *(Excelentíssimo Senhor Ministro Presidente do Colendo Tribunal Superior do Trabalho)* quando a decisão rescindenda for do próprio TST.

O endereçamento deve ser feito por extenso e sem conter abreviaturas.

Qualificação do autor
A qualificação completa do Autor deverá ser feita abaixo do endereçamento. Recomendamos pular uma linha.
O autor deverá ser qualificado da mesma maneira que na petição inicial. Em se tratando de pessoa física, a qualificação será da seguinte maneira: nome do autor, nacionalidade, profissão, estado civil, nome da mãe, portador da cédula de identidade RG nº..., inscrito no CPF/MF sob o nº, número da CTPS, endereço eletrônico, com endereço sito na (endereço completo com CEP), por seu advogado... Em se tratando de pessoa jurídica: nome, pessoa jurídica de direito privado, inscrita no CNPJ/MF sob o nº..., endereço eletrônico, com sede na (endereço completo com CEP).

Indicação do advogado
"por seu advogado que esta subscreve, com escritório em (endereço completo com CEP), onde receberá futuras notificações, vem à presença de Vossa Excelência..."

Identificação da medida processual – nome da peça e fundamentos legais
O examinando deverá identificar a medida processual, indicando seus respectivos fundamentos legais. Em se tratando de ação rescisória, o examinando deverá indicar o art. 836 da CLT e art. 966 do CPC/2015. Porém, não basta a mera indicação do art. 966 do CPC/2015. É de suma importância que o examinando indique qual inciso do dispositivo legal fundamenta sua ação.
Recomenda-se que o examinando destaque o nome da peça, colocando-o centralizado e com letras maiúsculas e de forma.

Qualificação do réu
O próximo passo será a qualificação completa do réu, indicando seu endereço para que receba a notificação.

Depósito prévio
Nesse item específico para a ação rescisória é imprescindível, sob pena de indeferimento da medida, a menção à realização do depósito prévio de 20% do valor dado à causa, em conformidade com o art. 836 da CLT.

Dos fatos
Nesse tópico o examinando deverá fazer um breve resumo dos fatos ocorridos no problema.
Não é recomendada a cópia *ipsis litteris* do texto do problema. Recomenda-se que o examinando traga a correta compreensão do problema apresentado.

Do prazo
Nesse tópico deverá o examinando informar que a ação rescisória está sendo proposta dentro do prazo decadencial de 2 (dois) anos, esculpido no art. 975 do CPC/2015.

Cabimento-violação literal da lei
Nesse item o examinando deverá demonstrar o cabimento da ação rescisória, ou seja, deverá apontar o dispositivo de lei violado.
É nesse item que o examinando irá desenvolver a tese de sua ação rescisória. Deverá observar a regra do silogismo. Assim, o examinando demonstrará o cabimento da ação e, em seguida, demonstrará que a sentença ou acórdão rescindendo violou o dispositivo de lei e, que, portanto, merece ser rescindida e rejulgados os pedidos.

Pedido
Na ação rescisória o autor deverá fazer dois pedidos.

a) rescisão do acórdão;

b) o novo julgamento da lide.

Requerimentos finais

Nos requerimentos finais o examinando deverá requerer a citação do réu para contestar a presente ação. Atenção! Não se recomenda falar sobre a revelia e confissão, tendo em vista que na ação rescisória busca-se a anulação de coisa julgada, que é matéria de ordem pública, não se operando, portanto, os efeitos da revelia, nos termos da Súmula 398 do TST.

Deverá o examinando requerer a condenação em honorários advocatícios sucumbenciais, na forma do art. 791-A da CLT.

Deverá requerer a produção de provas, por todos os meios em direito admitidos.

Requerer que as intimações sejam feitas em nome do advogado, sob pena de nulidade.

Valor da causa

O examinando deve conferir valor à causa.

O valor da causa na ação rescisória será, no caso de improcedência, o valor dado à causa do processo originário ou aquele que for fixado pelo Juiz. No caso de procedência, total ou parcial, ao respectivo valor arbitrado à condenação.

Encerramento

Nesse item o examinando irá encerrar a sua peça processual, colocando o local e a data e a assinatura do advogado. Importante lembrar que o examinando não poderá assinar a medida processual.

1.11.4.2. Modelo de ação rescisória

Início da peça

EXCELENTÍSSIMO SENHOR DOUTOR DESEMBARGADOR PRESIDENTE DO EGRÉGIO TRIBUNAL REGIONAL DO TRABALHO DA... REGIÃO.

AUTOR, nacionalidade, estado civil, profissão, nome da mãe, data de nascimento, portador da cédula de identidade RG número..., inscrito no CPF/MF sob o número..., número da CTPS e série, número do PIS, endereço eletrônico, endereço completo com CEP, por seu advogado que esta subscreve, endereço completo, onde receberá as futuras intimações, vem à presença de Vossa Excelência propor

AÇÃO RESCISÓRIA

com fulcro nos artigos 966, V e 319 do CPC/2015, em face de RÉU, pessoa jurídica de direito privado, inscrita no CNPJ/MF sob o nº..., endereço eletrônico, com sede na (endereço completo com CEP), pelos motivos de fato e de direito que passa a aduzir.

– DEPÓSITO PRÉVIO

Informa o autor que procedeu ao recolhimento do depósito prévio no valor de 20% do valor dado à causa em atendimento ao disposto no art. 836 da CLT.

OBS: O depósito não será exigido da massa falida e quando o autor da ação rescisória for beneficiário da assistência judiciária gratuita.

II – RESUMO DO PROCESSO RESCINDENDO

O examinando deverá trazer um resumo dos fatos ocorridos, sem abordar nenhum fato estranho ao problema.

III – DO PRAZO

Informa o autor que o venerando acórdão rescindendo transitou em julgado em .../.../...

Assim, verifica-se que a presente ação está sendo proposta dentro do prazo decadencial de 2 (dois) anos, em conformidade com o art. 975 do CPC/2015, aplicado por força do art. 769 da CLT e art. 15 CPC.

IV – DO CABIMENTO DA AÇÃO RESCISÓRIA

O venerando acórdão rescindendo negou provimento ao recurso de revista interposto pelo autor, onde se buscava a reforma da decisão prolatada em sede de recurso ordinário que julgou improcedente a ação trabalhista proposta em face da ré.

No entanto, não houve a devida atenção ao art. 440 da CLT, pois à época da distribuição da ação trabalhista o autor era menor de 18 (dezoito) anos, não correndo contra ele qualquer prazo prescricional.

Assim, resta clara a não observância da regra de inaplicabilidade da prescrição para o autor haja vista sua condição de menor de idade à época da distribuição da ação.

Evidente, portanto, que o venerando acórdão rescindendo violou literal disposição de lei contida no art. 440 da CLT.

Dessa forma, evidenciada a violação ao art. 440 da CLT, requer o autor a rescisão do julgado e o novo julgamento da lide para que seja considerada a não aplicabilidade da prescrição bienal para o autor.

V – DOS PEDIDOS

Diante do exposto requer o autor:

a) a rescisão do acórdão nº... proferido pelo Colendo Tribunal Superior do Trabalho;

b) o novo julgamento da lide para que seja considerada a não aplicabilidade da prescrição bienal para o autor.

VI – DOS REQUERIMENTOS

Requer provar o alegado por todos os meios de prova em direito admitido.

Requer, ainda, a notificação da empresa ré para, em querendo, apresentar defesa no prazo legal.

A condenação ao pagamento das custas processuais e honorários advocatícios em 15%, na forma do art. 791-A da CLT.

Requer, por fim, que as intimações sejam feitas em nome do advogado, com escritório na (Endereço completo com CEP), sob pena de nulidade.

Requer, por fim, seja a presente ação julgada procedente, com a consequente rescisão do acórdão rescindendo.

Dá-se à causa o valor de R$...

Nestes termos,

Pede deferimento.

Local e data: ...

Nome do advogado

OAB... nº...

Fim da peça

1.11.5. Inquérito judicial para apuração de falta grave

Previsto nos arts. 853 a 855 da CLT, o inquérito judicial para apuração de falta grave é uma ação ajuizada pelo empregador, objetivando a resolução do contrato de trabalho de seu empregado, que não pode ser despedido arbitrariamente por ser detentor de estabilidade, por cometimento de falta grave.

Determina o art. 494 da CLT que o empregado estável que cometer falta grave poderá ser suspenso de suas atividades, mas a dispensa apenas será válida após o processamento do inquérito judicial que apurar falta grave do empregado.

O inquérito judicial para apuração de falta grave se mostra necessário apenas nos seguintes casos de estabilidade:

a) Dirigente sindical, nos termos do art. 8º, VIII, da CF e art. 543, § 3º, da CLT;
b) Empregados eleitos membros de comissão de conciliação prévia, nos termos do art. 625-B, § 1º, da CLT;
c) Empregados membros do Conselho Nacional de Previdência Social – CNPS, nos termos do art. 3º, § 7º da Lei 8.213/1991;
d) Empregados eleitos diretores de sociedades cooperativas, nos termos do art. 55 da Lei 5.764/1971;
e) Representantes dos trabalhadores no Conselho Curador do FGTS, nos termos do art. 3º, § 9º, da Lei 8.036/1990.

Importante lembrar que os casos de falta grave estão elencados no art. 482 da CLT, são eles: ato de improbidade; incontinência de conduta ou mau procedimento; desídia no desempenho das respectivas funções; embriaguez habitual ou em serviço; violação de segredo da empresa; ato de indisciplina ou de insubordinação; e abandono de emprego, dentre outras condutas.

Para os empregados domésticos, as hipóteses de justa causa estão elencadas no art. 27 da LC 150/2015.

Pela própria redação do art. 494 da CLT, a suspensão do empregado acusado de falta grave é faculdade do empregador. Por essa razão o inquérito deverá ser proposto no prazo decadencial de 30 (trinta) dias contados da data da suspensão ou do cometimento da falta grave.

Determina o art. 495 da CLT que, se não for reconhecida a existência de falta grave, o empregador será obrigado a reintegrar o empregado no serviço e a pagar-lhe os salários a que teria direito no período da suspensão. Todavia, comprovada a prática da falta grave pelo empregado, o contrato será considerado rompido desde a data da suspensão do empregado.

No entanto, sendo desaconselhável a reintegração do empregado, devido a incompatibilidade entre os litigantes, poderá o juiz converter a reintegração em indenização dobrada em favor do empregado, nos termos dos arts. 496 e 497 da CLT.

O inquérito judicial deverá ser proposto perante a Vara do Trabalho ou Juiz de Direito (neste caso, nas hipóteses do art. 112 da CF), podendo a parte indicar até 6 (seis) testemunhas.

1.11.5.1. Estrutura do inquérito judicial para apuração de falta grave

Endereçamento

Consiste em saber o juiz a quem a petição inicial é dirigida. O inquérito judicial será endereçado para a Vara do Trabalho ou Juiz de Direito nas hipóteses do art. 112 da CF.

O endereçamento deve ser feito por extenso e sem conter abreviaturas da seguinte forma: "EXCELENTÍSSIMO SENHOR DOUTOR JUIZ DO TRABALHO DA ...VARA DO TRABALHO DE ..."

Qualificação do requerente/autor

A qualificação completa do Autor deverá ser feita abaixo do endereçamento. Recomendamos pular uma linha.

O requerente deverá ser qualificado da mesma maneira que na petição inicial, ou seja, conforme o art. 319, II, do CPC/2015.

Por se tratar de inquérito o requerente será uma pessoa jurídica e deverá ser qualificada da seguinte maneira: pessoa jurídica de direito privado, inscrita no CNPJ/MF sob o n°..., endereço eletrônico, com sede na (endereço completo com CEP).

Indicação do advogado

"por seu advogado que esta subscreve, com escritório em (endereço completo com CEP), onde receberá futuras notificações, vem à presença de Vossa Excelência..."

Identificação da medida processual – nome da peça e fundamentos legais

O examinando deverá identificar a medida processual, indicando seus respectivos fundamentos legais. Em se tratando inquérito judicial, o examinando deverá indicar os arts. 494, se for o caso, e o art. 853, ambos da CLT.

Recomenda-se que o examinando destaque o nome da peça, colocando-o centralizado e com letras maiúsculas e de forma.

Qualificação do requerido/réu

O próximo passo será a qualificação completa do requerido, indicando seu endereço para que receba a notificação.

Como o requerido é uma pessoa física, **a qualificação será da seguinte maneira:** nome do requerido, nacionalidade, profissão, estado civil, nome da mãe, portador da cédula de identidade RG n°..., inscrito no CPF/MF sob o n°, número da CTPS, endereço eletrônico, com endereço sito na (endereço completo com CEP), por seu advogado, com escritório na ..., onde receberá futuras notificações..."

Dos fatos

Nesse tópico o examinando deverá fazer um breve resumo dos fatos ocorridos no problema.

Não é recomendada a cópia *ipsis litteris* do texto do problema. Recomenda-se que o examinando traga a correta compreensão do problema apresentado.

É importante lembrar que o examinando não poderá deixar de indicar qual falta grave o requerido cometeu.

Mérito

Nesse item o examinando irá desenvolver a tese de seu inquérito judicial. Nesse caso a tese será o cometimento da falta grave por parte do empregado.

Recomendamos que nesse tópico o examinando faça o silogismo já apontado. Assim, deverá iniciar falando sobre a estabilidade do requerido; em seguida deverá dizer que aquele que tem estabilidade apenas poderá ser demitido após inquérito judicial. Logo em seguida, o examinando trará a baila a hipótese de falta grave cometida pelo empregado, nunca se esquecendo de explicá-la.

Pedido

Deverá o examinando requerer a procedência total dos pedidos, para o fim de rescindir o contrato de trabalho do requerido desde a data da suspensão ou da falta grave cometida.

Requerimentos finais

Nos requerimentos finais o examinando deverá requerer a notificação do requerido, para que apresente defesa, sob pena de revelia e confissão.

Deverá requerer também a produção de provas, por todos os meios em direito admitidos.

Deverá requerer a condenação em honorários advocatícios.

Deverá requerer, ainda, a intimação em nome do advogado, sob pena de nulidade.

Valor da causa

O examinando deve conferir valor à causa. Deverá o examinando apenas mencionar o valor da causa, de maneira que fique da seguinte forma: "Dá-se à causa o valor de R$..."

Obs.: Veja art. 292, II, do CPC/2015.

Encerramento

Nesse item o examinando irá encerrar a sua peça processual, colocando o local, a data e campo para a assinatura do advogado. Importante lembrar que o examinando não poderá assinar a medida processual deverá mencionar apenas a expressão "advogado OAB".

1.11.5.2. Modelo de inquérito judicial para apuração de falta grave

Início da peça

EXCELENTÍSSIMO SENHOR DOUTOR JUIZ DO TRABALHO DA... VARA DO TRABALHO DE... .

EMPRESA REQUERENTE, pessoa jurídica de direito privado, inscrita no CNPJ/MF sob o nº..., com sede na (endereço completo com CEP), por seu advogado que esta subscreve, endereço completo, onde receberá as futuras intimações, vem à presença de Vossa Excelência propor

INQUÉRITO JUDICIAL PARA APURAÇÃO DE FALTA GRAVE

com fulcro no art. 853 da CLT, combinado com art. 319 do CPC/2015, em face de REQUERIDO, nacionalidade, estado civil, profissão, nome da mãe, data de nascimento, portador da cédula de identidade RG número..., inscrito no CPF/MF sob o número..., número da CTPS e série, número do PIS, endereço eletrônico, endereço completo com CEP, pelos motivos de fato e de direito que passa a aduzir.

I – DO CONTRATO DE TRABALHO

O examinando deverá trazer um resumo dos fatos ocorridos, sem abordar nenhum fato estranho ao problema.

II – DA FALTA GRAVE

O Requerido é portador da estabilidade de (*escrever o tipo de estabilidade*) disposta no artigo (*colocar o dispositivo legal*).

No entanto, (colocar a falta grave, art. 482 da CLT, cometida pelo empregado e sua fundamentação), ocasionando a sua suspensão, nos termos do artigo 853 da CLT, para apuração da falta cometida.

Portanto, é a presente para apurar a falta grave cometida pelo Requerido, justificando, assim, a rescisão por justo motivo de seu contrato de trabalho, que é o que se pretende ao final deste.

III – DOS PEDIDOS

Diante do exposto requer a requerente, se digne Vossa Excelência a reconhecer a rescisão do contrato de trabalho do Requerido, por justa causa, desde a data da suspensão do empregado.

IV – DOS REQUERIMENTOS

Requer provar o alegado por todos os meios de prova em direito admitido.

Requer, ainda, a notificação do requerido para, em querendo, apresentar defesa, sob pena de revelia e confissão.

A condenação ao pagamento das custas processuais e honorários advocatícios em 15%, na forma do art. 791-A da CLT.

Requer, por fim, que as intimações sejam feitas em nome do advogado, com escritório na (Endereço completo com CEP), sob pena de nulidade.

Requer, por fim, seja a presente ação julgada totalmente procedente, condenando o requerido à integralidade dos pedidos.

Dá-se à causa o valor de R$...

Nestes termos,

Pede deferimento.

Local e data

Nome do advogado

OAB/... nº...

Fim da peça

1.11.6. Tutela cautelar antecedente

A tutela cautelar, denominada como ação cautelar no antigo Código de Processo Civil, é tratada pela nova legislação processual civil como espécie do gênero tutelas provisórias de urgência.

Trata-se de uma providência judicial que visa prevenir, conservar, defender ou assegurar a eficácia de um direito. Não objetiva a satisfação de um direito, como é o caso da tutela antecipada.

A tutela cautelar pressupõe a existência de outro pedido, denominado "pedido principal". Assim, as tutelas cautelares podem ser antecedentes, quando intentadas antes da propositura da ação principal, ou incidentais, quando requeridas depois de ajuizada a ação principal, nos termos do art. 294, parágrafo único, do CPC/2015.

Portanto, o CPC/2015 retirou o processo cautelar autônomo, inserindo a tutela cautelar como espécie de tutela de urgência, que é tratada, especificamente, em seus 300 a 302 e 305 a 310.

Pelo sistema do atual CPC não há necessidade de um processo autônomo. Em se tratando de tutela de urgência incidental, basta que a parte interessada apresente no processo que já está em curso uma petição apontando os requisitos e solicitando uma medida de urgência, art. 301 CPC/2015, sem necessidade de pagamento de custas ou juntada de cópias. Em se tratando de tutela cautelar preparatória ou antecedente, deverá ser requerida ao juízo competente para conhecer do pedido principal, nos termos do art. 299 CPC/2015 e seguirá as disposições contidas nos arts. 305 a 310 do CPC/2015.

Procedimento da tutela cautelar requerida em caráter antecedente

A ação cautelar por possuir rito especial não seguirá o procedimento previsto na CLT. Deverá seguir o procedimento previsto no Código de Processo Civil, a teor da IN 27/2005, que em seu art. 1º, ensina:

Art. 1º As ações ajuizadas na Justiça do Trabalho tramitarão pelo rito ordinário ou sumaríssimo, conforme previsto na Consolidação das Leis do Trabalho, excepcionando-se, apenas, as que, por disciplina legal expressa, estejam sujeitas a rito especial, tais como o mandado de segurança, habeas corpus, habeas data, ação rescisória, ação cautelar e ação de consignação em pagamento.

A parte formulará pedido requerendo que se assegure/resguarde o bem da vida objeto do processo. A petição deverá indicar as razões de seu direito com a exposição sumária do direito que se objetiva assegurar, bem como o perigo de dano ou o risco ao resultado útil do processo.

Vale lembrar que o pedido principal pode ser formulado conjuntamente com o pedido de tutela cautelar. Não se trata de obrigatoriedade como no caso de tutela antecipada.

Nesse caso, o pedido de tutela cautelar deverá ser abordado pelo examinando como uma tese no bojo da reclamação trabalhista.

Embora o atual CPC não traduza o que vem a ser e quando será adotada cada uma das espécies de cautelar especificadas no art. 301 do CPC/2015, devemos nos socorrer das técnicas trazidas pelo CPC/1973.

Caso o Juiz entenda que o pedido tem natureza de tutela antecipada e não cautelar, observará o regramento disposto no art. 303 CPC/2015, ou seja, procedimento da tutela antecipada.

Apresentado o pedido de tutela cautelar e sendo ele indeferido, salvo se por motivo de reconhecimento de decadência ou de prescrição, poderá a parte formular o pedido principal.

Concedido o pedido cautelar, o réu será citado para, no prazo de cinco dias, contestar o pedido e indicar as provas que pretende produzir. No entanto, caso o requerido não conteste o pedido, os fatos alegados pelo autor serão presumidos aceitos pelo réu como ocorridos, devendo o juiz decidir a questão em cinco dias.

Uma vez contestado o pedido, observar-se-á o procedimento comum com apresentação de provas, se o Juiz entender necessário, e consequente prolação de decisão.

Uma vez concedida a tutela cautelar, deverá o autor, caso não tenha formulado o pedido principal na petição inaugural, formulá-lo no prazo de 30 dias. O pedido será formulado nos mesmos autos, não estando sujeito ao adiantamento de novas custas processuais.

Apresentado o pedido principal, as partes serão intimadas para a audiência de conciliação, por seus advogados ou pessoalmente, sem necessidade de nova citação do réu.

Não havendo acordo, o juiz abrirá prazo de 15 dias para contestação.

A eficácia da tutela cautelar concedida em caráter antecedente será extinta em três situações:

I – caso o autor não deduza o pedido principal no prazo legal;

II – caso a tutela cautelar não seja efetivada dentro de 30 (trinta) dias; ou

III – se o juiz julgar improcedente o pedido principal formulado pelo autor ou extinguir o processo sem resolução de mérito.

Nesses casos, é vedado à parte renovar o pedido, salvo sob novo fundamento.

1.11.6.1. Estrutura da tutela cautelar antecedente

Inicialmente cumpre salientar que a estrutura e modelo propostos referem-se à tutela cautelar antecedente proposta sem o pedido principal (reclamação trabalhista).

Endereçamento

Consiste em saber o juiz a quem a petição inicial é dirigida. Em se tratando de tutela cautelar antecedente ou preparatória a petição será dirigida ao juiz competente para conhecer da ação principal, devendo o examinando obedecer a regra disposta no art. 651 da CLT.

Qualificação do autor

A qualificação completa do Autor deverá ser feita abaixo do endereçamento. Recomendamos pular uma linha.

As partes deverão ser qualificadas como em uma reclamação trabalhista. Em hipótese alguma o examinando poderá trazer dados das partes que não estejam no problema apresentado.

O autor deverá ser qualificado nos moldes do art. 319, II, do CPC/2015, acrescido do nome da mãe, número da Carteira de Trabalho, mencionando ainda o endereço do advogado onde receberá as futuras notificações.

Em se tratando de autor, pessoa física, será sempre qualificado com *13 itens*, são eles: 1. nome, 2. nacionalidade, 3. estado civil, 4. profissão, 5. nome da mãe, 6. data de nascimento, 7. portador da cédula de identidade RG número..., 8. inscrito no CPF/MF sob o número..., 9. número da CTPS e 10. série, 11. número do PIS, 12. endereço eletrônico; 13. endereço completo com CEP, por seu advogado que esta subscreve, vem à presença de Vossa Excelência..."

Em se tratando de autor pessoa jurídica, a qualificação terá somente *5 itens* a saber: "1. nome da empresa, 2. pessoa jurídica de direito privado, 3. inscrita no CNPJ/MF sob o n°..., 4. endereço eletrônico; 5. com sede na (endereço completo com CEP)."

Indicação do advogado

"por seu advogado que esta subscreve, com escritório em (endereço completo com CEP), onde receberá futuras notificações, vem à presença de Vossa Excelência..."

Identificação da medida processual – nome da peça

O examinando deverá identificar a medida processual, indicando seus respectivos fundamentos legais. A petição inicial da ação que visa à prestação de tutela cautelar em caráter antecedente indicará a lide e seu fundamento, a exposição sumária do direito que se objetiva assegurar e o perigo de dano ou o risco ao resultado útil do processo.

Assim, a petição de ação cautelar deverá indicar além do art. 319 do CPC/2015 também o art. 305 do CPC/2015, apontando, ainda, a modalidade de cautelar prevista no art. 301 CPC, tendo em vista a aplicação subsidiária prevista no art. 769 da CLT e art. 15 CPC/2015.

Recomenda-se que o examinando destaque o nome da peça, colocando-o centralizado e com letras maiúsculas e de forma.

Qualificação do requerido/réu

Qualificação completa do réu, com o endereço, inclusive o eletrônico para que receba a notificação.

Em se tratando de uma pessoa jurídica a qualificação deverá conter *5 itens*, quais sejam: 1. nome da reclamada, 2. pessoa jurídica de direito privado, 3. inscrita no CNPJ/MF sob o n°..., 4. endereço eletrônico; 5. com sede na (endereço completo, com CEP).

Pode ser que seja preciso qualificar como ré uma pessoa física.

Nesse caso a qualificação terá 8 itens: 1. Nome, 2. nacionalidade, 3. estado civil, 4. profissão, 5. portador da cédula de identidade RG número..., 6. inscrito no CPF/MF sob o número..., 7. endereço eletrônico; 8. endereço completo com CEP, por seu advogado que esta subscreve, com endereço completo, onde receberá as futuras intimações, vem à presença de Vossa Excelência...

Dos fatos

Nesse tópico o examinando deverá fazer um breve resumo dos fatos ocorridos no problema.

Não é recomendada a cópia *ipsis litteris* do texto do problema. Recomenda-se que o examinando traga a correta compreensão do problema apresentado.

Mérito

Embora o CPC/2015 tenha relativizado a necessidade de indicação do tipo de tutela cautelar, em razão do poder geral de cautela conferido ao magistrado, art. 301 do CPC, nesse tópico o examinando deverá ficar atento ao tipo de tutela cautelar que estará elaborando. Isso porque sua tese dependerá do tipo de medida a ser tomada.

Recomendamos que o examinando se utilize do silogismo já estudado. Em uma tutela cautelar de arresto, por exemplo, o examinando deverá fazer o seguinte raciocínio:

1º)A empresa ré está alienando seus utensílios imprescindíveis para seu funcionamento;
2º)Com isso o autor tem receio de não haver bens suficientes para pagar os débitos trabalhistas;
3º)Dessa forma, requer o arresto dos bens.

Tutela de urgência

O art. 300 do CPC/2015 ensina que quando houver elementos capazes de evidenciar a probabilidade do direito e o perigo de dano ou o risco ao resultado útil do processo, poderá o juiz conceder a tutela de urgência.

Nessa linha, o art. 305 CPC/2015 determina que o autor indique a exposição sumária do direito que pretende assegurar, bem como o perigo de dano ou risco ao resultado útil do processo. Assim, deverá o examinando abrir um tópico específico para a demonstração do pedido liminar. Deverá demonstrar o *fumus boni iuris* e o *periculum in mora*, amoldando-os ao caso apresentado pelo problema.

O *fumus boni iuris* consiste na probabilidade da existência do direito alegado e o *periculum in mora* representa os danos irreparáveis ou de difícil reparação que a demora na prestação jurisdicional poderá causar ao autor.

Pedidos

O examinando deverá pedir a concessão da tutela cautelar requerida, determinando-se o arresto dos bens do requerido (de acordo com o exemplo acima citado).

Requerimentos

O examinando deverá requerer a produção de provas; a notificação do réu para responder a demanda e a procedência total dos pedidos.

Deverá requerer a condenação em honorários advocatícios.

Deverá requerer, ainda, a intimação em nome do advogado, sob pena de nulidade.

Atenção: Em se tratando de tutela cautelar antecedente o examinando não poderá deixar de informar que, em atendimento ao art. 308 do CPC/2015, ingressará com a reclamação trabalhista no prazo de 30 dias.

Valor da causa

À toda causa deve ser atribuído um valor. Na tutela cautelar antecedente o examinando deverá apenas fazer menção ao valor da causa, sem quantificar qualquer valor.

Encerramento

Nesse item o examinando irá encerrar a sua peça processual, colocando o local, a data e o campo para a assinatura do advogado. É importante lembrar que o examinando não poderá assinar a medida processual, devendo mencionar apenas a expressão "advogado OAB".

1.11.6.2. Modelo de tutela cautelar antecedente

Início da peça

EXCELENTÍSSIMO SENHOR DOUTOR JUIZ DO TRABALHO DA... VARA DO TRABALHO DE...

AUTOR, nacionalidade, estado civil, profissão, nome da mãe, data de nascimento, portador da cédula de identidade RG número..., inscrito no CPF/MF sob o número..., número da CTPS e série, número do PIS, endereço completo com CEP, por seu advogado que esta subscreve, endereço completo, onde receberá as futuras intimações,, vem à presença de Vossa Excelência propor

TUTELA DE URGÊNCIA CAUTELAR ANTECEDENTE DE ARRESTO

com fulcro nos arts. 301 e 319 do CPC/2015, aplicados ao processo do trabalho por força do art. 769 da CLT e art. 15 do CPC, em face de EMPRESA RÉ, pessoa jurídica de direito privado, inscrita no CNPJ/MF sob o nº..., com sede na (endereço completo com CEP), pelos motivos de fato e de direito que passa a aduzir.

I – DOS FATOS

O examinando deverá trazer um resumo dos fatos ocorridos, sem abordar nenhum fato estranho no problema.

II – DA AÇÃO PRINCIPAL

Informa o autor que a presente tutela de urgência de natureza cautelar tem como objetivo assegurar o resultado útil da reclamação trabalhista a ser ajuizada no prazo de 30 dias, nos moldes do art. 308 do CPC/2015, aplicado ao processo do trabalho por força do art. 769 da CLT e art. 15 CPC/2015.

III – DO MÉRITO

Segundo informações dos empregados da empresa ré, verifica-se que ela tem alienado diversos utensílios, computadores e veículos automotores, todos imprescindíveis ao seu regular funcionamento. A empresa ré caminha rumo à insolvência e sinal disto é o suposto desaparecimento dos sócios que se encontram em local incerto e não sabido.

Com isso, em face da dilapidação dolosa de bens praticada pela empresa ré, possui o autor justo receio de que ela esteja sem reserva de bens que garantam o pagamento de débitos trabalhistas, que serão pleiteados em futura ação trabalhista.

Requer, portanto, nos termos do art. 301 do CPC/2015, que Vossa Excelência se digne a conhecer o presente pedido e ordenar o arresto de bens da empresa ré.

IV – DOS PRESSUPOSTOS DA TUTELA DE URGÊNCIA

Nos termos do art. 300 do CPC/2015 são requisitos para a concessão da tutela de urgência a probabilidade do direito e o perigo de dano ou risco ao resultado útil do processo.

Ademais, o art. 305 do mesmo diploma legal ensina que o autor deverá fazer uma exposição sumária do direito que pretende assegurar, bem como o perigo de dano ou risco ao resultado útil do processo.

No caso em estudo, tais pressupostos se encontram presentes, como se observa:

a) Da probabilidade do direito

O autor pretende ajuizar reclamação trabalhista em que pleiteará o recebimento dos salários pelos serviços prestados nos 3 últimos meses e demais verbas trabalhistas, que não foram pagas no prazo legal apesar da ordem de demissão imotivada emitida em .../.../... .

b) Do perigo na demora

Com a dilapidação dolosa dos bens e o suposto desaparecimento dos sócios, há o justo receio de que a empresa se torne insolvente, ficando sem reserva de bens que garantam o pagamento de débitos trabalhistas do autor, configurando o *periculum in mora*.

V – DOS PEDIDOS

Diante do exposto requer o autor seja determinado o arresto dos bens que restam à empresa ré, para garantia de seus direitos, independentemente de audiência prévia e de anterior justificação, nos termos do art. 300 do CPC/2015.

V – DOS REQUERIMENTOS

Requer provar o alegado por todos os meios de prova em direito admitido.

Requer, ainda, a notificação da empresa ré para contestar o pedido no prazo legal, sob pena de revelia e confissão.

A condenação ao pagamento das custas processuais e honorários advocatícios em 15%, na forma do art. 791-A da CLT.

Requer, que as intimações sejam feitas em nome do advogado, com escritório na (Endereço completo com CEP), sob pena de nulidade.

Requer, por fim, a procedência total dos pedidos, nos termos acima expostos.

Em obediência ao disposto no art. 308 do CPC/2015 informa o autor que irá ajuizar reclamação trabalhista no prazo de 30 (trinta) dias a contar da efetivação da tutela

Dá-se à causa o valor de R$ ... (valor por extenso).

Nestes termos,

Pede deferimento.

Local e data:...

Nome do advogado

OAB/...nº ...

Fim da peça

2. Respostas do réu

São quatro as formas de resposta do réu:
a) exceção de incompetência territorial (art. 800 da CLT);
b) contestação (art. 847 da CLT);
c) impedimento ou suspeição (art. 801 da CLT e arts. 144 e 145 do CPC);
d) reconvenção (art. 343 do CPC).

2.1. Exceção de incompetência territorial/relativa

Nos termos do art. 651 da CLT, em regra, a reclamação deverá ser proposta na localidade em que o empregado prestou serviços. As exceções estão dispostas nos parágrafos do referido dispositivo legal.

Contudo, caso o reclamante não obedeça a citada disposição legal, poderá a reclamada nos termos do art. 800 da CLT oferecer exceção de incompetência territorial.

A exceção de incompetência territorial deverá ser apresentada no prazo de cinco dias a contar da notificação, antes da audiência e em peça que sinalize a existência desta exceção, devendo instruí-la com as provas necessárias. Ultrapassado o prazo, a matéria estará preclusa, não podendo o reclamado fazê-lo em audiência. Protocolada a petição, o processo ficará suspenso, ficando suspenso também o prazo prescricional.

A audiência inicialmente designada não irá ocorrer até que se decida a exceção de incompetência.

Apresentada a exceção, os autos serão imediatamente conclusos ao juiz, que intimará o reclamante e, se existentes, os litisconsortes, para manifestação no prazo comum de cinco dias. Caso entender necessária a produção de prova oral, o juízo designará audiência, garantindo o direito de o excipiente e de suas testemunhas serem ouvidos, por carta precatória, no juízo que este houver indicado como competente.

Uma vez decidida a exceção de incompetência territorial, o processo retomará seu curso, com a designação de audiência, a apresentação de defesa e a instrução processual perante o juízo competente.

Dessa forma, rejeitada a exceção de incompetência, o processo continuará com seu curso normal no local de ajuizamento da reclamação trabalhista. Por possuir natureza jurídica de decisão interlocutória não poderá ser objeto de impugnação por meio de recurso, tendo em vista a regra disposta no art. 893, § 1º, da CLT.

Todavia, se acolhida, o processo será remetido ao foro competente para prosseguimento do feito no local correto. Caso a decisão de acolhimento da exceção de incompetência remeta os autos para localidade pertencente a TRT distinto daquele em que foi inicialmente a reclamação foi distribuída, será recorrível de imediato, mediante recurso ordinário, na forma da súmula 214, *c*, do TST. No entanto, caso seja acolhida a medida e os autos remetidos à localidade pertencente ao mesmo TRT, não será cabível a interposição de recurso.

Dessa forma, a estrutura seguinte se prestará apenas para a hipótese de ciência do motivo ensejador da suspeição ou impedimento ocorrer após contestada a ação.

2.1.1. Estrutura da exceção de incompetência territorial

Endereçamento

A exceção de incompetência territorial deverá ser dirigida ao juízo onde a reclamação trabalhista foi proposta, indicando o número da vara e a localidade apenas se o problema trouxer esses dados. Caso contrário, esses dados devem ser substituídos por reticências ou "xxx conforme item 3.5.9 do Edital do Exame de Ordem.". Por exemplo: "Excelentíssimo Senhor Doutor Juiz do Trabalho da ... Vara do Trabalho de ..."

O endereçamento deve ser feito por extenso e sem conter abreviaturas.

Número do processo

Deverá indicar o número do processo abaixo do endereçamento. Recomendamos pular uma linha..

Caso o problema forneça esse dado deverá constar na petição.. Não sendo fornecido esse elemento, o examinando deverá optar por inserir reticências, conforme item 3.5.9 do Edital do Exame de Ordem. Por exemplo: "Processo nº..."

Qualificação do excipiente

O excipiente, autor da exceção, deverá ser qualificado por completo, tendo em vista que esta é a sua primeira manifestação nos autos e muitas vezes a qualificação dada pelo reclamante é imprecisa.

Vale lembrar que o examinando não poderá inserir na qualificação qualquer dado que não esteja no problema, sob pena de identificação da prova e, por consequência, sua anulação.

A excipiente, normalmente será uma empresa e deverá ser qualificada da mesma maneira que na petição inicial, ou seja, conforme o art. 319, II, do CPC.

Sendo a excipiente uma pessoa jurídica a qualificação terá *4 itens*: nome da excipiente, pessoa jurídica de direito privado, inscrita no CNPJ/MF sob o nº..., com sede na (endereço completo com CEP).

Pode ser que seja preciso qualificar a excipiente como uma pessoa física, como por exemplo, uma reclamação trabalhista contra um empregador doméstico.

Nesse caso a qualificação teria *7 itens*: 1. Nome, 2. nacionalidade, 3. estado civil, 4. profissão, 5. portador da cédula de identidade RG número..., 6. inscrito no CPF/MF sob o número..., 7. endereço completo com CEP, por seu advogado que esta subscreve, endereço completo com CEP onde receberá futuras notificações, vem à presença de Vossa Excelência..."

Indicação do advogado

"por seu advogado que esta subscreve, com escritório em (endereço completo com CEP), onde receberá futuras notificações, vem à presença de Vossa Excelência..."

Identificação da medida processual

O examinando deverá identificar a medida processual, indicando seus respectivos fundamentos legais. Em se tratando de exceção de incompetência territorial o examinando deverá ficar atento, pois deverá fundamentar sua petição nos arts. 800 e seguintes da CLT.

Qualificação do excepto

Na exceção de incompetência territorial, o excepto é o autor da reclamação trabalhista. Nesse sentido, não necessita de qualificação, tendo em vista que já foi devidamente qualificado em sua peça inaugural. O examinando deverá se utilizar da seguinte expressão: "excepto, já qualificado nos autos".

Fatos

Nesse tópico o examinando deverá fazer um breve resumo dos fatos ocorridos no problema.

Não é recomendada a cópia *ipsis litteris* do texto do problema. Recomenda-se que o examinando traga a correta compreensão do problema apresentado.

Direito/Fundamentação

Nesse item o examinando irá abordar sua tese de defesa.

Em se tratando de exceção de incompetência territorial o examinando utilizará como tese a regra de competência tratada no caput do art. 651 da CLT ou então as exceções trazidas nos parágrafos do mesmo dispositivo.

Vale lembrar que para melhor desenvolver a fundamentação é necessário que o examinando se utilize do método do silogismo, já apresentado.

Pedido

O examinando deverá pedir o recebimento da exceção de incompetência territorial, com a consequente suspensão do processo, na forma do art. 800, § 1º, da CLT, e, ao final, seu acolhimento determinando a remessa dos autos ao juízo competente, com a designação de audiência e apresentação de defesa.

Requerimentos finais

Nos requerimentos finais o examinando deverá apenas requerer a produção de provas, por todos os meios em direito admitidos.

Intimação do reclamante/excepto e, se existentes, os litisconsortes, para manifestação no prazo comum de 5 dias.

Encerramento

Nesse item o examinando irá encerrar a sua peça processual, colocando o local, a data e o campo para a assinatura do advogado. Importante lembrar que o examinando não poderá assinar a medida processual deverá mencionar apenas a expressão "advogado OAB".

2.1.2. Modelo de exceção de incompetência territorial

Início da peça

EXCELENTÍSSIMO SENHOR DOUTOR JUIZ DO TRABALHO DA... VARA DO TRABALHO DE SÃO PAULO -CAPITAL

Processo nº...

EXCIPIENTE, pessoa jurídica de direito privado, inscrita no CNPJ/MF sob o nº..., com sede na (endereço completo com CEP), por seu advogado que esta subscreve, endereço completo, onde receberá as futuras intimações, vem à presença de Vossa Excelência, nos autos da Reclamação Trabalhista movida por RECLAMANTE, opor

EXCEÇÃO DE INCOMPETÊNCIA TERRITORIAL

com fulcro no art. 800 da CLT, em face de EXCEPTO já qualificado nos autos, pelos motivos de fato e de direito que passa a aduzir.

I – DO RESUMO DA DEMANDA

O examinando deverá trazer um resumo dos fatos ocorridos, sem abordar nenhum fato estranho no problema.

II – DA INCOMPETÊNCIA DO JUÍZO

O reclamante/excepto sempre laborou para a empresa reclamada/excipiente na cidade de São Caetano do Sul/SP, pertencente a 2ª Região. No entanto, distribuiu a presente reclamação na cidade de São Paulo – Capital, também pertencente a 2ª Região.

Ocorre que, nos moldes do art. 651 da CLT a reclamação trabalhista deverá ser proposta na localidade em que o reclamante/empregado prestar serviços. Referido dispositivo legal preserva a regra de competência territorial para o ajuizamento de reclamação trabalhista.

Dessa forma, seja acatada a exceção de incompetência territorial, reconhecendo a incompetência desse juízo, remetendo-se os autos ao juízo competente de São Caetano do Sul – São Paulo.

III – DO PEDIDO

Seja recebida a presente exceção de incompetência territorial, com a consequente suspensão do processo, na forma do art. 800, § 1º, da CLT, e, ao final, seu acolhimento determinando a remessa dos autos ao juízo de São Caetano do Sul – São Paulo.

Requer a intimação do excepto/reclamante para apresentar sua manifestação no prazo legal, na forma do art. 800, § 2º, da CLT.

Nestes termos,
Pede deferimento.
Local e data
Nome do advogado
OAB/... nº...

Fim da peça

2.2. Defesa simplificada da Reclamada

A forma de defesa simplificada tratada pelo CPC/2015 está intimamente ligada com seu fim que é a simplificação dos atos processuais, o que culminará na efetividade da prestação jurisdicional.

Como sabemos, são formas de resposta da reclamada: contestação, exceção de incompetência territorial e a reconvenção. As partes podem, ainda, apresentar exceção de suspeição e exceção de impedimento. O CPC/1973 determinava que cada uma delas fossem apresentadas em peças separadas. No processo trabalhista, em razão do princípio da informalidade, admitia-se a exceção de incompetência territorial no bojo da contestação.

Pela nova regra processual, as exceções de impedimento e suspeição, nos termos do art. 146 do CPC/2015 deverão ser apresentadas no prazo de 15 (quinze) dias, a contar do conhecimento do fato. No processo do trabalho essa norma será interpretada de acordo com a disposição do art. 795 da CLT, ou seja, na primeira oportunidade que a parte terá de se manifestar nos autos ou em audiência, A nova regra permite que elas sejam apresentadas em petição específica dirigida ao juiz do processo, devendo a parte indicar o fundamento da recusa, instruindo a peça com documentos e com rol de testemunhas. Não serão apresentadas em autos apartados.

De acordo com o CPC/2015 a contestação se tornou a única modalidade de defesa do réu. A contestação será apresentada na forma dos arts. 335 a 342 do CPC/2015. O art. 337 traz o rol de matérias que podem ser apresentadas como preliminar.

No art. 343 do CPC/2015 temos a possibilidade de apresentação da reconvenção na própria contestação. Assim, a reconvenção será proposta no corpo da contestação, sem a necessidade de peça autônoma. Essa regra não modificará sua natureza jurídica, que continua sendo de ação.

2.2.1. Contestação

A contestação está prevista no art. 847 da CLT e nos arts. 336 e seguintes do CPC/2015, aplicados de forma subsidiária ao processo do trabalho, por força do art. 769 da CLT e art. 15 do CPC/2015. Trata-se do principal meio de defesa do réu, que exerce seu direito constitucional de defesa e contraditório.

Na contestação deverá ser alegada toda a matéria de defesa, expondo as razões de fato e de direito, com que o direito do autor é impugnado. Dois princípios orientam a contestação: princípio da impugnação especificada e o princípio da eventualidade.

O princípio da impugnação especificada estabelece que o reclamado impugne todos os pedidos formulados pelo reclamante, ou seja, todos os pedidos devem ser impugnados, sob pena de serem tidos como incontroversos. Os valores incontroversos deverão ser pagos pelo reclamado na própria audiência sob pena de multa de 50% sobre o valor incontroverso, nos termos do art. 467 da CLT.

O princípio da eventualidade determina que todos os meios de defesa sejam apresentados em uma única oportunidade, possibilitando ao magistrado, caso não aceite um deles, que reconheça os demais.

2.2.1.1 Matérias arguíveis na contestação

O reclamado deverá apresentar todas suas teses de defesa, mesmo que elas sejam contrárias entre si, pois caso o juiz não acate uma, poderá acatar a outra. Caso o reclamado não atue dessa maneira, sofrerá os efeitos da preclusão.

Na contestação poderão ser apresentadas os seguintes tipos de defesas:

1ª) Preliminares: defesas processuais. Matérias preliminares ao mérito que estão elencadas no art.337 do CPC/2015;

2ª) Prejudiciais de mérito: defesas indiretas de mérito. São elas: prescrição, decadência, compensação e retenção;

3ª) defesas diretas de mérito: réu impugna diretamente os pedidos formulados pelo autor.

Assim, imaginando uma ordem de impugnações, antes de discutir o mérito da ação, compete ao réu apresentar as preliminares, ou seja, alegar vícios processuais, as matérias contidas no art. 337 do CPC/2015, chamadas de "preliminares ao mérito".

As preliminares são defesas processuais, modalidade de defesa indireta, pois atinge questões que não estão intimamente ligadas ao mérito da causa. São vícios processuais que, uma vez constatado, culminará na prolação de sentença sem resolução de mérito, nos termos do art. 485 do CPC/2015.

Vencidas as matérias preliminares do art. 337 do CPC/2015, deverá o reclamado adentrar no mérito dos pedidos.

No mérito poderá se defender de forma indireta, alegando as prejudiciais de mérito: prescrição, decadência, compensação e retenção, que uma vez acatadas pelo juiz, culminará na prolação de sentença com resolução de mérito, nos termos do art. 487 do CPC/2015.

Com relação à prescrição, principal prejudicial de mérito, temos duas regras na Justiça do Trabalho, nos termos do art. 7º, XXIX, CF e art. 11 da CLT.

A prescrição pode ser *bienal*, na qual o empregado terá 2 (dois) anos, contados da data do término do contrato de trabalho, para ingressar com a reclamação trabalhista.

A prescrição pode ser *quinquenal*, ou seja, o obreiro poderá reclamar apenas os 5 (cinco) anos anteriores à data da propositura da ação.

Importante lembrar que ao elaborar a contestação o examinando deverá expressamente indicar o período prescrito.

Ultrapassadas as matérias preliminares e as prejudiciais de mérito, deverá o examinando passar para a defesa direta de mérito, onde se impugna diretamente o pedido do autor.

Assim, no bojo da contestação teríamos a seguinte ordem de impugnação: a) preliminares ao mérito, b) prejudiciais de mérito e c) defesa de mérito.

2.2.2 Reconvenção

Modalidade de resposta do réu, concernente a um ataque, e não a uma defesa. Trata-se de uma ação, sendo esta sua natureza jurídica, proposta pelo réu (chamado de reconvinte), em face do autor (chamado de reconvindo).

Nessa modalidade de resposta o réu não busca defender-se, mas sim atacar, ou seja, formular uma pretensão contra o autor da ação principal.

Deve ser apresentada na própria audiência juntamente com a contestação em seu bojo, art. 343 do CPC, aplicado ao processo do trabalho por força do art. 769 da CLT e art. 15 do CPC Para ser admitida deve preencher os seguintes requisitos:

a) **o juízo da causa principal deve ser absolutamente competente para apreciar, além da ação principal, a matéria proposta na própria reconvenção;**

b) **deve haver compatibilidade entre os procedimentos aplicáveis à ação principal e à reconvenção, art. 327, § 1º, III, do CPC/2015;**

c) **deve haver conexão entre as ações, ou seja, quando lhes for comum o objeto ou a causa de pedir, art. 55 do CPC/2015.**

Podemos concluir lembrando que a reconvenção deverá ser ofertada caso exista pretensão do reclamado em face do reclamante.

Na estrutura da peça a reconvenção vai ser a última tese da contestação.

Geralmente, as teses de reconvenção estão relacionadas com danos, sejam eles patrimoniais art. 462, § 1º, da CLT e arts. 186 e 927 do CC e/ou extrapatrimoniais, arts. 223-A a G da CLT.

No XXV Exame Unificado a banca examinadora exigiu a elaboração de uma tese de reconvenção na contestação. Nessa oportunidade, o caso tratava da situação em que a empregada havia arremessado pedras contra o prédio da empresa, vindo a quebrar vidraças, causando danos de R$ 300,00. Por essa razão, a empresa deveria requerer o ressarcimento do valor de R$ 300,00 relativo ao vidro quebrado.

Importante destacar que, o § 6º do art. 343 do CPC, prevê que a reconvenção pode ser apresentada independente da contestação. Em tal hipótese, será peça autônoma o nome da peça será reconvenção a fundamentação legal será o art. 343 do CPC e a estrutura é semelhante a de uma petição inicial.

Atenção! Por possuir natureza jurídica de ação, nos termos dos arts. 291 e 292 do CPC/2015 à reconvenção também deverá ser atribuído o valor da causa. Outrossim, autoriza o pedido de condenação da parte contrária (reclamante) ao pagamento de honorários advocatícios.

2.2.3. Estrutura da contestação

A presente estrutura se refere a uma contestação com tese de preliminar, prescrição, mérito e reconvenção.

Caso no exercício a ser resolvido não haja uma dessa teses, basta não indicá-la no corpo da peça.

1. Endereçamento

A contestação deverá ser dirigida ao juízo da localidade onde a reclamação trabalhista estiver tramitando, indicando o número da vara e a localidade apenas se o problema trouxer esses dados. Caso contrário, esses dados devem ser substituídos por reticências, conforme item 3.5.9 do Edital do Exame de Ordem. Por exemplo: "Excelentíssimo Senhor Doutor Juiz do Trabalho da ... Vara do Trabalho de ..."

O endereçamento deve ser feito por extenso e sem conter abreviaturas.

2. Número do processo

Deverá indicar o número do processo abaixo do endereçamento. Recomendamos pular uma linha.

Caso o problema forneça esse dado deverá constar na petição. Não sendo fornecido esse elemento, o examinando deverá optar por inserir reticências, conforme item 3.5.9 do Edital do Exame de Ordem. Por exemplo: "Processo nº..."

3. Qualificação do reclamado

O reclamado deverá ser qualificado em sua peça contestatória na medida em que é a sua primeira manifestação nos autos e muitas vezes a qualificação dada pelo reclamante é imprecisa.

Vale lembrar que o examinando não poderá inserir na qualificação qualquer dado que não esteja no problema, sob pena de identificação da prova e, por consequência, sua anulação.

O reclamado, normalmente uma empresa, deverá ser qualificado da mesma maneira que na petição inicial, ou seja, conforme o art. 319, II, do CPC.

Sendo a reclamada uma pessoa jurídica a qualificação terá *4 itens*: (1) nome da reclamada, (2) pessoa jurídica de direito privado, (3) inscrita no CNPJ/MF sob o n°..., , (4) com sede na (endereço completo com CEP).

Pode ser que seja preciso qualificar a reclamada como uma pessoa física, como por exemplo, uma reclamação trabalhista contra um empregador doméstico.

Nesse caso a qualificação teria *7 itens*: 1. Nome, 2. nacionalidade, 3. estado civil, 4. profissão, 5. portador da cédula de identidade RG número..., 6. inscrito no CPF/MF sob o número..., 7. endereço completo com CEP,

4. Indicação do advogado

"por seu advogado que esta subscreve, endereço completo com CEP onde receberá futuras notificações, vem à presença de Vossa Excelência..."

5. Identificação da medida processual e fundamentação legal

O examinando deverá identificar a medida processual, indicando seus respectivos fundamentos legais. Em se tratando de contestação, o examinando deverá indicar o art. 847 da CLT, combinado com os arts. 335 e seguintes do CPC/2015.

Recomenda-se que o examinando destaque o nome da peça, colocando-o centralizado e com letras maiúsculas e de forma.

6. Qualificação do reclamante

O reclamante não necessita de qualificação, tendo em vista que já foi devidamente qualificado em sua peça inaugural. O examinando deverá se utilizar da seguinte expressão: "reclamante, já qualificado nos autos".

7. Fatos

Nesse tópico o examinando deverá fazer um breve resumo dos fatos ocorridos no problema.

Não é recomendada a cópia *ipsis litteris* do texto do problema. Recomenda-se que o examinando traga a correta compreensão do problema apresentado.

8. Preliminares

Nesse item o examinando deverá apresentar sua defesa processual, se for o caso. Assim, antes de impugnar o mérito da demanda, poderá discutir os vícios processuais previstos no art. 337 do CPC.

Ademais, seguindo a nova sistemática processual que prevê a regra da defesa simplificada, bem como o entendimento majoritário que admite as exceções de impedimento e suspeição no bojo da contestação, nesse item o examinando poderá fazer tais arguições.

9. Prejudicial de mérito

Nesse item o examinando deverá abordar as prejudiciais de mérito, como a prescrição, decadência, compensação e retenção.

10. Mérito

Nesse item o examinando deverá esgotar suas teses de defesa. Para orientações sobre como procurar as teses, remetemos o leitor ao item 3.8 – Orientações ao examinando (p. 10).

Ultrapassadas as matérias preliminares previstas no art. 337 do CPC/2015 e as prejudiciais de mérito como prescrição, decadência, compensação e retenção, deverá o examinando impugnar o direito propriamente pleiteado na petição inicial.

Assim, em obediência aos princípios da impugnação especificada/específica e da eventualidade, o examinando deverá impugnar todos os pedidos elaborados na petição inicial.

Recomenda-se que para cada direito rebatido o examinando abra um tópico desenvolvendo dentro dele o silogismo mencionado na fundamentação da petição inicial. Por exemplo:

1º) O Reclamante pleiteia o pagamento de horas suplementares com o respectivo adicional, por laborar acima do limite previsto na Constituição Federal, exercendo seu labor em atividade externa;

2º) No entanto, o art. 62, inciso I, da CLT ensina que as regras de proteção de duração do trabalho não são aplicáveis aos trabalhadores que exercem atividade externa, que torna incompatível a fixação de horários;

3º) Dessa forma, o reclamante não faz jus à percepção de horas suplementares e seu respectivo adicional.

11. Reconvenção

A reconvenção somente deverá ser oferecida caso exista pretensão da reclamada em face do reclamante.

Apontar possibilidade de propor reconvenção no corpo da contestação, art. 343 CPC.

Desenvolver teses. Geralmente, as teses estão relacionadas com danos (patrimoniais e/ou extrapatrimoniais) causados pelo empregado ao empregador. Vide arts. 462, § 1º, CLT, arts. 223-A a G da CLT e arts. 186 e 927 CC.

Concluir a tese pedindo a condenação do empregado ao pagamento dos danos causados.

12. Pedido

Deverá o examinando pedir o acolhimento das preliminares e/ou prejudiciais de mérito, se for o caso. Em seguida, deverá pugnar pela improcedência total dos pedidos elencados na petição inicial e caso haja tese de reconvenção, pedir a procedência da reconvenção.

13. Requerimentos finais

Nos requerimentos finais o examinando deverá requerer:

a) a produção de provas, por todos os meios em direito admitidos.

b) pagamento de custas processuais e honorários advocatícios na ordem de 15%, na forma do art. 791-A da CLT.

c) pagamento de honorários advocatícios na reconvenção, art. 791-A, § 5º, da CLT. (*somente em caso de reconvenção*)

d) intimação do reclamante para apresentar defesa à reconvenção; (*somente em caso de reconvenção*)

e) intimações em nome do advogado, sob pena de nulidade.

14. Valor da causa

"Dá-se à reconvenção o valor da causa de R$...

OBS: somente deve ter valor da causa em se tratando de contestação com reconvenção."

15. Encerramento

Nesse item o examinando irá encerrar a sua peça processual, colocando o local, a data e o campo para a assinatura do advogado. É importante lembrar que o examinando não poderá assinar a medida processual deverá mencionar apenas a expressão "advogado OAB".

2.2.4. Modelo de contestação com reconvenção

Início da peça

EXCELENTÍSSIMO SENHOR DOUTOR JUIZ DO TRABALHO DA... VARA DO TRABALHO DE...

Processo nº ...

RECLAMADA, pessoa jurídica de direito privado, inscrita no CNPJ/MF sob o nº..., endereço eletrônico, com sede na (endereço completo com CEP) por seu advogado que esta ubscreve vem à presença de Vossa Excelência, nos autos da Reclamação Trabalhista que lhe move RECLAMANTE, já qualificado nos autos, apresentar sua

CONTESTAÇÃO

com fulcro no art. 847 da CLT combinado com art. 335 do CPC/2015, pelos motivos de fato e de direito que passa a aduzir.

I – RESUMO DA INICIAL

O examinando deverá trazer um breve resumo de no máximo 5 linhas em relação aos fatos ocorridos, sem abordar nenhum fato estranho ao problema.

II – DAS PRELIMINARES

Será inserida caso o problema traga alguma das hipóteses previstas no art. 337 do CPC/2015. Nesse caso, o examinando atacará vícios processuais, requerendo a extinção do feito sem resolução do mérito.

Seguindo a nova sistemática processual que prevê a regra da defesa simplificada, bem como entendimento majoritário que admite as exceções de impedimento e suspeição no bojo da contestação, nesse item o examinando poderá fazer tais arguições.

III – DAS PREJUDICAIS DE MÉRITO

Esse tópico será inserido apenas se o problema trouxer teses de prescrição e decadência, pedido de compensação ou retenção. Na prejudicial de mérito de prescrição, seja ela bienal ou quinquenal, deverá o examinando informar o período prescrito, bem como requerer a resolução de mérito, nos termos do art. 487, II, CPC/2015.

IV – DO MÉRITO

O examinando deverá abrir um tópico para cada direito impugnado atribuindo um título para cada pedido que se pretende impugnar, desenvolvendo a regra do silogismo.

Exemplo: **DO NÃO CABIMENTO DAS HORAS EXTRAS**

O reclamante pleiteia o recebimento de horas extras e o respectivo adicional por trabalhar como gerente geral de agência bancária, acima do limite previsto na Constituição Federal.

No entanto, dispõe o art. 62, II, da CLT que os gerentes, considerados aqueles que exercem cargo de confiança não estão protegidos pela regra do regime da duração de trabalho, podendo laborar acima do limite previsto em nossa Constituição Federal.

Nesse sentido o TST firmou entendimento cristalizado na Súmula 287 em que ao gerente--geral de agência bancária, presume-se o exercício de encargo de gestão, aplicando-se-lhe a regra disposta no art. 62 da CLT.

Dessa forma, o reclamante não faz jus ao recebimento das horas extras e o respectivo adicional pleiteados.

V – DA RECONVENÇÃO

Nessa tese inicialmente recomenda-se que o examinando aponte a possibilidade de propor reconvenção no corpo da contestação, art. 343 CPC.

Em seguida, deverá desenvolver a tese da reconvenção. Geralmente, a tese se relaciona com danos (patrimoniais e/ou extrapatrimoniais) causados pelo empregado ao empregador. Vide arts. 462, § 1º, CLT, arts. 223-A a G da CLT e arts. 186 e 927 CC.

Concluir a tese pedindo a condenação do empregado ao pagamento dos danos causados.

DOS PEDIDOS

Diante do exposto requer

a) Seja acolhida a preliminar de... (indicar a preliminar alegada), com a consequente extinção do processo sem resolução de mérito, nos termos do art. 485, inciso... (indicar o inciso correspondente);

b) seja reconhecida a prescrição (bienal ou quinquenal), declarando prescritos os créditos.... (indicar o período prescrito;

c) no mérito, sejam os pedidos julgados improcedentes, nos termos da legislação em vigor, conforme fundamentação supra.

d) A reclamada/reconvinte requer, ainda, a procedência da reconvenção, para condenar o autor/reconvindo ao pagamento de R$ 300,00 (trezentos reais) relativos aos vidros quebrados da empresa, acrescida de juros e correção monetária

OBS: *(esse último pedido deve ser feito somente em caso de tese de reconvenção).*

REQUERIMENTOS

Requer, ainda:

a) a produção de provas, por todos os meios em direito admitidos;

b) a condenação do reclamante pagamento de custas processuais;

c) a condenação ao pagamento de honorários advocatícios na ordem de 15%, na ação principal, art. 791-A da CLT

d) condenação ao pagamento de honorários advocatícios na ordem de 15%, na reconvenção, art. 791-A, § 5º, da CLT; *somente em caso de reconvenção)*

e) A intimação do autor/reconvindo para apresentar defesa à reconvenção no prazo legal *(somente em caso de reconvenção)*

f) requer, por fim, que as intimações sejam feitas em nome do advogado, com escritório na (Endereço completo com CEP), sob pena de nulidade.

Dá-se à reconvenção o valor da causa de R$ ... *(somente em caso de reconvenção)*

Nestes termos,

Pede e aguarda deferimento.

Local e data: ...

Advogado

OAB/...nº ...

Fim da peça

2.2.5. Modelo de contestação (peça resolvida)

Início da peça

EXCELENTÍSSIMO SENHOR DOUTOR JUIZ DO TRABALHO DA 1ª VARA DO TRABALHO DE SÃO PAULO/SP

10 linhas

Processo nº ...

MARADONA EMPREENDIMENTOS LTDA., pessoa jurídica de direito privado, inscrita no CNPJ sob o nº ..., endereço completo e CEP, por seu advogado que esta subscreve, (procuração anexa), endereço completo, onde receberá futuras notificações, vem, à presença de Vossa Excelência, com fundamentos nos arts. 847 da CLT combinado com arts. 335 e seguintes do CPC/2015 aplicados por força do art. 769 da CLT e art. 15 CPC/2015, apresentar CONTESTAÇÃO nos autos da Reclamação Trabalhista movida por JOÃO, já qualificado nos autos, pelos fatos e fundamentos jurídicos que passa a expor:

DOS FATOS

O Reclamante laborou para a Reclamada. Não satisfeito, ingressou com a presente reclamação trabalhista.

PRELIMINARMENTE - INÉPCIA DA PETIÇÃO INICIAL

Inicialmente, nos termos do art. 337, IV, do CPC/2015 a Reclamada argui inépcia parcial da petição inicial.

Note que o art. 330, § 1º, I, do CPC/2015, aplicados por força do art. 769 da CLT e art. 15 CPC/2015, ensina ser inepta a petição inicial quando ausentes a causa de pedir ou o pedido. Nessa linha, deixou o reclamante de apontar os conjuntos de fatos capazes de caracterizar seu pedido de equiparação salarial. E, ainda, o reclamante não indicou o nome do paradigma, não permitindo à reclamada a ampla defesa, ferindo o contraditório, disposto no art. 5º, LV, da CF.

Dessa maneira, requer, o indeferimento da petição inicial com base no art. 330, § 1º, I, CPC/2015, colocando fim à fase cognitiva do processo sem resolução do mérito, com fulcro no art. 485, I, CPC/2015, aplicado subsidiariamente ao processo do trabalho por força do disposto no art. 769 da CLT e art. 15 CPC/2015.

PREJUDICIAL DE MÉRITO – PRESCRIÇÃO QUINQUENAL

Em 15 de maio de 2018 o reclamante ajuizou reclamação trabalhista pleiteando, em suma, horas extras e o respectivo adicional., por ter laborado para a empresa reclamada no período de 15 de maio de 2011 a 15 de maio de 2017.

O art. 7º, XXIX, da CF, dispõe que os trabalhadores poderão reclamar os direitos trabalhistas quanto aos créditos resultantes da relação de trabalho, com prazo prescricional de 5 (cinco) anos. De acordo com o dispositivo constitucional, ao ajuizar reclamação trabalhista o obreiro poderá reclamar apenas os créditos dos 5 (cinco) anos que antecedem a propositura da reclamação trabalhista. Nesse mesmo sentido dispõe o art. 11 da CLT

O Tribunal Superior do Trabalho, através do entendimento cristalizado na Súmula 308, item I, do TST, ensina que, respeitado o biênio subsequente à cessação contratual, a prescrição da ação trabalhista concerne às pretensões imediatamente anteriores a cinco anos, contados da data do ajuizamento da reclamação e, não, às anteriores ao quinquênio da data da extinção do contrato.

Dessa forma, requer seja acolhida a prescrição quinquenal, declarando prescritos os créditos anteriores a 15 de maio de 2013, julgando extinta tal pretensão com resolução do mérito, nos termos do art. 487, II, do CPC.

DO NÃO CABIMENTO DAS HORAS EXTRAS

O reclamante pleiteia horas extras e o respectivo adicional sob o argumento de que na condição de teletrabalhador, pelo menos duas vezes na semana iniciava seu labor as 8h, estendendo sua jornada até às 20h.

Razão não assiste ao reclamante, tendo em vista que sua função era de vendedor externo, trabalhando, portanto, exclusivamente em atividade externa, sem nenhum controle de horário.

Preceitua o inciso III do art. 62 da CLT, que não estão abrangidos pelo capítulo da duração de trabalho, consequentemente não são devidas horas extras aos empregados que exercem atividade em regime de teletrabalho, entendido como aquele exercido fora das dependências da empresa.

Dessa forma, o reclamante não faz jus ao pedido de horas extras e adicional formulado na inicial.

DA RECONVENÇÃO

Nos termos do art. 343 do CPC, aplicado ao processo do trabalho por força do art. 769 da CLT e art. 15 do CPC/2015, é lícito à reclamada a apresentação de reconvenção.

Ao ser informada sobre o cumprimento do aviso-prévio, a reclamante adotou uma conduta violenta, gritando, dizendo-se injustiçada. Nesse momento foi solicitado o auxílio dos seguranças da empresa reclamada, momento que a reclamante pegou uma pedra do chão e arremessou contra a vidraça do prédio da empresa, causando danos no importe de R$ 300,00 (trezentos reais) como se observa pelas notas fiscais acostadas aos autos.

Nos termos do art. 462, § 1º, da CLT em caso de dano causado pelo empregado, o desconto será lícito na ocorrência de dolo. Assim, sempre que houver intenção do empregado em causar dano ao empregador, deverá ele reparar o dano, sendo permitido o desconto no salário do obreiro.

Dessa forma, requer a condenação da reclamante ao pagamento do valor de R$ 300,00 (trezentos reais) relativos aos vidros da empresa, nos termos acima expostos.

DOS PEDIDOS

Diante do exposto requer:

a) seja acolhida a preliminar suscitada, indeferindo a petição inicial, considerando-a inepta no que tange ao pedido de equiparação salarial, nos termos do art. 330, § 1º, I, CPC/2015;
b) seja acolhida a prejudicial de mérito de prescrição quinquenal, declarando prescritos os créditos do período anterior a 15 de maio de 2011, julgando extinta a pretensão com resolução do mérito nos termos do art. 487, II, do CPC/2015;
c) no mérito a improcedência dos pedidos nos termos acima aduzidos, com a consequente condenação do reclamante ao pagamento das custas processuais.

d) seja julgada procedente a reconvenção apresentada para condenar o autor/reconvindo ao pagamento do valor de R$ 300,00 (trezentos reais referentes aos danos causados; (*somente em caso de reconvenção*)

e) condenação ao pagamento de honorários advocatícios na ordem de 15%, na ação principal, nos termos do art. 791-A da CLT;

f) condenação ao pagamento de honorários advocatícios sucumbenciais na reconvenção, art. 791-A, § 5º, da CLT. (*somente em caso de reconvenção*)A intimação do autor/reconvindo para apresentar defesa à reconvenção no prazo legal (*somente em caso de reconvenção*)

Requer, por fim, que as intimações sejam feitas em nome do advogado, com escritório na (Endereço completo com CEP), sob pena de nulidade.

g) Protesta provar o alegado por todos os meios em direito admitidos, em especial pelo depoimento pessoal do reclamante ou sua confissão.

Dá-se à reconvenção o valor da causa de R$ (valor por extenso) (*somente em caso de reconvenção*)

Termos em que,

pede deferimento.

Local e data

Advogado

OAB

Fim da peça

2.3. Impedimento e suspeição

Previstas no art. 799 da CLT constituem espécies de defesa que têm como fim atacar a parcialidade do juiz vinculado para processar e julgar a lide.

Dessa forma, poderão ser apresentadas pelo reclamante ou reclamada alegação de impedimento ou suspeição.

Importante destacar que não apenas a reclamada poderá apresentar as alegações de impedimento e suspeição, mas também o reclamante, que fará por meio de petição específica sempre que no curso do processo verificar a ocorrência de um dos motivos de impedimento ou suspeição.

Contudo, como estudado na parte teórica da presente obra, embora alguns autores[1] sustentem a necessidade das alegações serem apresentadas por meio de petição específica, de acordo com a posição majoritária dos TRTs de todo Brasil em razão dos princípios da informalidade, simplicidade e *jus postulandi* da parte, admite-se a apresentação das alegações de impedimento e suspeição por parte do reclamado no bojo da contestação sempre que o motivo ensejador já exista quando da oportunidade de sua apresentação. No entanto, sempre que a ciência do motivo ensejador da suspeição ou impedimento se der após contestada a ação, poderá o réu apresentar as exceções de impedimento e suspeição por petição específica nos próprios autos, na primeira vez em que a parte tiver de falar nos autos ou em audiência, nos termos do art. 795 da CLT.

Por existir previsão parcial na norma consolidada, será aplicável o direito processual civil de forma subsidiária e supletiva, art. 769 da CLT e art. 15 CPC/2015.

---

1. Shiavi, Mauro. *Manual de direito processual do trabalho de acordo com o Novo CPC*. 10. ed. São Paulo: LTr, 2016.

As alegações de suspeição e impedimento são meios processuais para atacar a possível parcialidade do juiz, tendo como finalidade assegurar que o processo seja apreciado por um juiz imparcial.

O impedimento diz respeito à perda de imparcialidade do juiz por critérios objetivos, ou seja, critérios que possam ser demonstrados de forma objetiva como por exemplo: pela apresentação de documentos, como se dá no caso de parentesco por consanguinidade.

Já a suspeição do juiz diz respeito à perda de imparcialidade quando sua causa geradora possua natureza subjetiva, ou seja, necessite de um elemento subjetivo para que possa ser aferida. Por exemplo, quando há alegação de amizade íntima.

As hipóteses de impedimento e suspeição estão disciplinadas no art. 801 da CLT, que traz um rol exemplificativo, devendo ser aplicadas, também, as hipóteses previstas nos arts. 144 e 145 do CPC/2015.

Oferecida a petição de impedimento ou suspeição, o juiz, poderá tomar dois caminhos. Poderá o magistrado reconhecer a causa de impedimento ou suspeição, hipótese em que ordenará a remessa dos autos ao seu substituto legal ou, não se dando por suspeito ou impedido, no prazo de 15 dias, art. 146, § 1º, CPC/2015, dará as suas razões, acompanhadas de documentos e de rol de testemunhas, se houver, ordenando a remessa dos autos ao Tribunal para julgamento.

Assim, admite-se a apresentação de impedimento e suspeição por parte do reclamado no bojo da contestação sempre que o motivo ensejador já exista quando da oportunidade de sua apresentação.

No entanto, sempre que a ciência do motivo ensejador da suspeição ou impedimento se der após contestada a ação, poderá o réu apresentar as exceções de impedimento e suspeição por petição específica nos próprios autos, na primeira vez em que a parte tiver de falar nos autos ou em audiência, nos termos do art. 795 da CLT.

Dessa forma, a estrutura seguinte se prestará apenas para a hipótese de ciência do motivo ensejador da suspeição ou impedimento ocorrer após contestada a ação.

2.3.1. Estrutura das exceções de impedimento ou suspeição

Endereçamento

Deverá ser dirigida ao juízo onde a reclamação trabalhista estiver tramitando, indicando o número da vara e a localidade apenas se o problema trouxer esses dados. Caso contrário, esses dados devem ser substituídos por reticências, conforme item 3.5.9 do Edital do Exame de Ordem. Por exemplo: "Excelentíssimo Senhor Doutor Juiz do Trabalho da ... Vara do Trabalho de ..."

O endereçamento deve ser feito por extenso e sem conter abreviaturas.

Número do processo

Deverá indicar o número do processo abaixo do endereçamento. Recomendamos pular uma linha.

Caso o problema forneça esse dado deverá constar na petição. Não sendo fornecido esse elemento, o examinando deverá optar por inserir reticências, conforme item 3.5.9 do Edital do Exame de Ordem. Por exemplo: "Processo nº..."

Qualificação do requerente/excipiente

O requerente não precisará ser qualificado, tendo em vista que pela nova sistemática processual será feita em petição específica para esse fim, apresentada nos próprios autos, sem a necessidade de processo específico. Portanto, não há necessidade de distribuição por dependência.

Ademais, nesse caso já existe contestação apresentada, sendo certo que a qualificação da parte já foi realizada.

Desse modo, o examinando deverá se utilizar da expressão "requerente, já qualificado nos autos..."

Indicação do advogado

"por seu advogado que esta subscreve, com escritório em (endereço completo com CEP), onde receberá futuras notificações, vem à presença de Vossa Excelência..."

Identificação da medida processual

O examinando deverá identificar a medida processual, indicando seus respectivos fundamentos legais. Em se tratando de impedimento ou suspeição, o examinando deverá ficar atento, pois deverá fundamentar sua petição nos arts. 799 e seguintes da CLT e arts. 144 ou 145 e art. 146 do CPC/2015.

Qualificação do excepto

Na petição de impedimento e suspeição, o excepto não é o autor da reclamação trabalhista, mas sim o juiz da causa. Nesse sentido, ao qualificar a parte contrária, o examinando deverá qualificar o juiz da causa da seguinte maneira: "... em face do Meritíssimo Juiz do Trabalho da ...Vara do Trabalho (nome do Juiz, se o problema indicar)..."

Fatos

Nesse tópico o examinando deverá fazer um breve resumo dos fatos ocorridos no problema.

Não é recomendada a cópia *ipsis litteris* do texto do problema. Recomenda-se que o examinando traga a correta compreensão do problema apresentado.

Fundamentação

Nesse item o examinando irá abordar sua tese de defesa.

Em se tratando de impedimento o examinando utilizará uma das causas indicadas nos incisos do art. 144 CPC/2015; já para suspeição as hipóteses trazidas pelos incisos do art. 145 CPC/2015, casos em que há a perda da imparcialidade do juiz.

Vale lembrar que para melhor desenvolver a fundamentação é necessário que o examinando se utilize do método do silogismo, já apresentado.

Pedido

O examinando deverá pedir o acolhimento do impedimento ou suspeição, para que o juiz se declare suspeito ou impedido, conforme o caso, remetendo-se os autos ao substituto legal ou se assim não entender, que apresente suas razões no prazo de 15 dias, a teor do art. 146, § 1º, CPC/2015, ordenando a remessa do incidente ao Egrégio Tribunal Regional do Trabalho da ... Região para apreciação do pedido.

Requerimentos finais

Nos requerimentos finais o examinando deverá apenas requerer a produção de provas, por todos os meios em direito admitidos.

Encerramento

Nesse item o examinando irá encerrar a sua peça processual, colocando o local, a data e o campo para a assinatura do advogado. Importante lembrar que o examinando não poderá assinar a medida processual deverá mencionar apenas a expressão "advogado OAB".

2.3.2. Modelo de impedimento

Início da peça

EXCELENTÍSSIMO SENHOR DOUTOR JUIZ DO TRABALHO DA... VARA DO TRABALHO DE...

(10 linhas)

Processo n°...

EXCIPIENTE, pessoa jurídica de direito privado, inscrita no CNPJ/MF sob o n°..., com sede na (endereço completo com CEP), por seu advogado que esta subscreve, com escritório em (endereço completo com CEP), onde receberá futuras notificações, vem à presença de Vossa Excelência, nos autos da Reclamação Trabalhista movida por RECLAMANTE, arguir

IMPEDIMENTO

com fulcro no art. 801 da CLT e art. 144, IV, do CPC, em face do MERITÍSSIMO JUIZ DO TRABALHO DA ...VARA DO TRABALHO DE ... (nome do Juiz), pelos motivos de fato e de direito que passa a aduzir.

I – DO RESUMO DA DEMANDA

O examinando deverá trazer um resumo dos fatos ocorridos, sem abordar nenhum fato estranho no problema.

II – DO IMPEDIMENTO DO JUIZ

Verifica-se nos autos que o reclamante é parente colateral, em segundo grau, do Meritíssimo Juiz, conforme documentos que instruem a presente exceção.

Portanto, nos moldes do art. 801, alínea "c", da CLT e art. 144, IV, do CPC, aplicado ao processo do trabalho nos termos do art. 769 da CLT e art. 15 do CPC, o Meritíssimo Juiz Do Trabalho encontra-se proibido de exercer suas funções por ser impedido para apreciar a demanda em foco.

Dessa forma, requer que este Meritíssimo Juiz se declare impedido, remetendo-se os autos ao substituto legal ou se assim não entender, que determine sua remessa ao Egrégio Tribunal Regional do Trabalho da ... Região para julgamento da presente exceção.

III – DO PEDIDO

Seja acatada a exceção de impedimento arguida, reconhecendo o impedimento do Juiz do Trabalho, (nome do Juiz), ordenando a remessa dos autos ao substituto legal, ou, se assim não entender, que preste suas razões no prazo de 15 dias, ordenando em seguida a remessa do incidente ao Egrégio Tribunal Regional do Trabalho da ... Região.

Nestes termos,
Pede deferimento.
Local e data
Nome do advogado
OAB/... n°...

Fim da peça

3. Recursos

3.1. Conceito

Para o ilustre professor Fredie Didier (2009, p. 19) "recurso é o remédio voluntário idôneo a ensejar, dentro do mesmo processo, a reforma, a invalidação, o esclarecimento ou a integração de decisão judicial que se impugna."

3.2. Efeitos dos recursos

3.2.1. Efeito devolutivo

Estabelece o art. 899 da CLT que os recursos trabalhistas serão dotados, em regra, de efeito meramente devolutivo, sendo possível a execução provisória até a penhora.

O efeito devolutivo ensina que a matéria impugnada pelo recorrente será reexaminada pelo órgão superior hierárquico. O efeito devolutivo, portanto, devolve o exame da questão impugnada ao órgão superior hierárquico.

3.2.2. Efeito suspensivo

O efeito suspensivo impede a produção imediata dos efeitos da decisão. Em outras palavras, podemos dizer que, uma vez interposto o recurso, dotado desse efeito, a execução da sentença ficará suspensa.

Recebido um recurso no efeito suspensivo, a decisão impugnada não poderá ser executada, devendo a parte interessada aguardar o julgamento do recurso pela instância superior.

Nos domínios do processo do trabalho poderá ser atribuído efeito suspensivo às decisões das Turmas dos Tribunais do Trabalho, no julgamento em processos coletivos, em conformidade com o art. 7º da Lei 7.701/1988.

Não obstante, em regra, os recursos trabalhistas possuem unicamente o efeito devolutivo, permitindo a execução provisória até a penhora, ou seja, não se admite o efeito suspensivo.

Caso a parte pretenda a obtenção de efeito suspensivo, deverá formular pedido dirigido ao Tribunal, ao relator ou ao Presidente ou Vice-presidente do tribunal recorrido, por aplicação subsidiária do art. 1.029, § 5º, CPC ao processo do trabalho, como ensina a parte final da Súmula 414, I, do TST.

3.3. Juízo de admissibilidade e pressupostos recursais

A admissibilidade da matéria impugnada no recurso está condicionada ao preenchimento de determinados pressupostos, conhecidos como requisitos de admissibilidade. São os pressupostos objetivos ou extrínsecos e os pressupostos subjetivos ou intrínsecos.

O não atendimento a esses pressupostos ensejará na inadmissibilidade ou não conhecimento do recurso, prejudicando a análise do seu mérito, ou seja, a análise da matéria impugnada.

Esse exame de admissibilidade será realizado em dois momentos distintos: perante o juízo *a quo* quando da interposição do recurso e na chegada das contrarrazões recursais e, num segundo momento, perante o juízo *ad quem*, realizado pelo Desembargador relator, quando o recurso for remetido para a instância superior.

3.3.1. Pressupostos subjetivos ou intrínsecos

São eles: legitimidade, capacidade e interesse.

3.3.1.1. Legitimidade

Em conformidade com o estabelecido no art. 996 do CPC/2015 o recurso pode ser apresentado pela parte vencida, qualquer terceiro prejudicado e, ainda, pelo Ministério Público.

3.3.1.2. Capacidade

A parte deve se encontrar no pleno exercício de suas capacidades mentais, em conformidade com os arts. 3º, 4º e 5º do Código Civil.

3.3.1.3. Interesse

Para ter interesse recursal deve o recuso ser útil e necessário à parte, sob pena de não ser conhecido. O interesse não significa mera sucumbência, mas sim o binômio: necessidade e utilidade.

3.3.2. Pressupostos objetivos ou extrínsecos

São eles: representação, recorribilidade do ato, adequação, tempestividade e preparo.

3.3.2.1. Representação

O recurso deve estar assinado pela própria parte, quando estiver fazendo uso do *jus postulandi*, ou por seu advogado, inclusive com mandato tácito.

Nos termos da Súmula 425 do TST, os recursos de competência do Tribunal Superior do Trabalho, não são alcançados pelo *jus postulandi* disposto no art. 791 da CLT.

3.3.2.2. Recorribilidade do ato

O ato deve ser recorrível.

Em regra, apenas as sentenças e acórdãos são recorríveis. No entanto, a Súmula 214 do TST traz em seu bojo algumas exceções em que decisões interlocutórias poderão ser objeto de recursos.

3.3.2.3. Adequação

Não basta que o ato seja recorrível, o recurso utilizado deve estar em conformidade com a decisão, ou seja, para cada ato processual há um recurso adequado e próprio para atacá-lo.

3.3.2.4. Tempestividade

O recurso deve ser interposto no prazo legal sob pena de não ser conhecido. Vale lembrar que em regra os recursos trabalhistas têm prazo unificado de 8 (oito) dias, salvo os embargos de declaração, 5 (cinco) dias, recurso extraordinário para o STF, no prazo de 15 (quinze) dias, Recurso Ordinário Constitucional – ROC, 15 dias e o pedido de revisão do valor da causa, nos dissídios de alçada, cujo prazo é de 48 horas.

3.3.2.5. Preparo

Para o preenchimento desse pressuposto, exige-se que o recorrente recolha as custas e realize o depósito recursal, sob pena do recurso ser considerado deserto.

ATENÇÃO: O depósito recursal não é exigível quando o recorrente for o empregado.

3.3.2.5.1. Custas

As custas correspondem ao pagamento das despesas com porte de remessa e retorno dos autos e as despesas postais e serão pagas pelo vencido após o trânsito em julgado da decisão.

As custas serão pagas pelo recorrente, seja o empregado, seja o empregador.

No caso de empregador recorrente deverá pagar as custas processuais nos casos de decisão de total ou parcial procedência para o autor.

No entanto, ficará dispensado do recolhimento caso tenha o benefício da justiça gratuita, art. 790-A da CLT. Vale lembrar que os benefícios da justiça gratuita podem ser concedidos à pessoa jurídica que comprove dificuldades financeiras, nos termos do art. 98 CPC/2015.[2]

Sendo o *empregado* recorrente, apenas pagará as custas caso a sentença seja de total improcedência ou se o processo for extinto sem resolução do mérito e não for beneficiário da justiça gratuita.

Além dos beneficiários de justiça gratuita, são isentos do pagamento de custas a União, os Estados, o Distrito Federal, os Municípios e as respectivas autarquias e fundações públicas federais, estaduais ou municipais que não explorem atividade econômica e o Ministério Público do Trabalho, art. 790-A da CLT.

O TST consubstanciou entendimento na Súmula 86 no sentido de que não ocorre deserção de recurso da massa falida por falta de pagamento de custas ou de depósito do valor da condenação.

Vale ressaltar, todavia, que essa isenção não alcança as entidades fiscalizadoras do exercício profissional, como por exemplo, a OAB, CREA e, inclusive, às empresas em liquidação extrajudicial, parte final da Súmula 86 do TST.

Os privilégios e isenções não abrangem, ainda, as sociedades de economia mista e as empresas públicas, em conformidade com o art. 173, § 1º, da CF e Súmula 170 do TST.

3.3.2.5.2. Depósito recursal[3]

O depósito recursal possui natureza jurídica de garantia de juízo, ou seja, objetiva garantir o pagamento de uma futura execução promovida pelo empregado, contra o empregador. Consequentemente o depósito recursal apenas será devido pelo empregador que queira interpor recurso. O empregado não efetuará depósito recursal.

Também em razão de sua natureza jurídica somente é exigido quando houver condenação em dinheiro, em conformidade com a Súmula 161 do TST.

O depósito recursal será feito em conta vinculada ao juízo e corrigido com os mesmos índices da poupança, em conformidade com o art. 899, § 4º, da CLT[4] e comprovado seu recolhimento no prazo alusivo ao recurso, nos termos do art. 7º da Lei 5.584/1970 e Súmula 245 do TST.

Importante lembrar que para o agravo de instrumento, em que é exigido depósito recursal de 50% do recurso o qual se pretende destrancar, nos termos do art. 899, § 7º, da CLT o depósito recursal deverá ser feito no ato da interposição do agravo de instrumento, sob pena de deserção.

No entanto, nos termos do § 8º do art. 899 da CLT quando o agravo de instrumento tiver a finalidade de destrancar recurso de revista que se insurge contra decisão que contraria a jurisprudência

---

2. O art. 899, § 10, CLT de acordo com a redação dada pela Lei 13.467/2017 – reforma trabalhista dispõe que os beneficiários da justiça gratuita também serão dispensados do pagamento de depósito recursal.
3. Sobre depósito recursal veja a redação dada pela Lei 13.467/2017 – Reforma Trabalhista:
    § 9º O valor do depósito recursal será reduzido pela metade para entidades sem fins lucrativos, empregadores domésticos, microempreendedores individuais, microempresas e empresas de pequeno porte.
    § 10. São isentos do depósito recursal os beneficiários da justiça gratuita, as entidades filantrópicas e as empresas em recuperação judicial.
    § 11. O depósito recursal poderá ser substituído por fiança bancária ou seguro garantia judicial."
4. Nova redação dada ao art. 899, § 4º, CLT:
    Art. 899, § 4º: "O depósito recursal será feito em conta vinculada ao juízo e corrigido com os mesmos índices da poupança."

uniforme do Tribunal Superior do Trabalho, consubstanciada nas suas súmulas ou em orientação jurisprudencial, não haverá obrigatoriedade de se efetuar o depósito referido.

O valor do depósito recursal será reduzido pela metade para entidades sem fins lucrativos, empregadores domésticos, microempreendedores individuais, microempresas e empresas de pequeno porte, art. 899, § 9º, da CLT.

Importante lembrar que, em conformidade com a OJ 140 da SDI 1 do TST em caso de recolhimento insuficiente das custas processuais ou do depósito recursal, somente haverá deserção do recurso se, concedido o prazo de 5 (cinco) dias previsto no § 2º do art. 1.007 do CPC de 2015, o recorrente não complementar e comprovar o valor devido.

Nos termos do art. 899, § 10 da CLT são isentos do recolhimento do depósito recursal os beneficiários da justiça gratuita, as entidades filantrópicas e as empresas em recuperação judicial.

Por último, importante lembrar que o depósito recursal poderá ser substituído por fiança bancária ou seguro garantia judicial, art. 899, § 11, CLT.

3.4. Noções preliminares

Todos os recursos, com exceção dos embargos de declaração, são compostos de duas peças, são elas: petição de interposição e as razões recursais.

Petição de interposição

A primeira é a petição de interposição do recurso que será dirigida ao juiz prolator da decisão (*juízo a quo*).

Assim, podemos citar como "endereçamento padrão" os seguintes:

a) À Vara do Trabalho: "EXCELENTÍSSIMO SENHOR DOUTOR JUIZ DO TRABALHO DA ... VARA DO TRABALHO DE..."
b) Ao TRT: "EXCELENTÍSSIMO SENHOR DOUTOR DESEMBARGADOR PRESIDENTE DO EGRÉGIO TRIBUNAL REGIONAL DO TRABALHO DA...REGIÃO"
c) Ao TST: "EXCELENTÍSSIMO SENHOR DOUTOR MINISTRO PRESIDENTE DO COLENDO TRIBUNAL SUPERIOR DO TRABALHO"

Nessa petição recomendamos que ao interpor o recurso o examinando se utilize da expressão "tempestivamente", de acordo com os modelos.

Não é necessário qualificar as partes, pois elas já estão qualificadas nos autos.

O examinando deverá mencionar a comprovação do recolhimento das custas e depósito recursal, quando cabíveis.

Vale lembrar que não há depósito recursal para os seguintes recursos: agravo de petição, salvo se houver necessidade de complementação, em conformidade com a Súmula 128, II, do TST, agravo regimental, embargos de declaração e o pedido de revisão.

O examinando deve se lembrar, ainda, de requerer o recebimento e o encaminhamento do recurso para o Tribunal competente. Recomendamos que o examinando aponte o Tribunal competente, por exemplo: *"Requer que o recurso seja recebido com a posterior remessa ao Tribunal Regional do Trabalho da ...Região"* ou: *""Requer que o recurso seja recebido com a posterior remessa ao Tribunal Superior do Trabalho".*

Para encontrar o TRT correspondente ao Estado utilize o art. 674 da CLT.

Por fim, deverá fazer o encerramento da medida, bem como fazer indicação ao nome do advogado e OAB.

Peça de razões recursais

A segunda peça corresponde as razões recursais, petição que será dirigida ao tribunal superior competente.

A peça de "razões recursais" não contém o endereçamento como na petição de interposição. O examinando deve fazer o "encaminhamento padrão" que deverá constar:

a) O nome do recurso: "RAZÕES DE RECURSO ORDINÁRIO"
b) Identificação das partes: "RECORRENTE: xxx
RECORRIDO:xxx"

Na identificação das partes é importante que o examinando aponte quem é o recorrente e quem é o recorrido, utilizando-se sempre apenas de dados existentes no problema ou utilizar-se de reticências ou xxx, conforme item 3.5.9 do Edital do Exame de Ordem.

Dessa forma, o encaminhamento padrão ficaria da seguinte maneira:

"RECORRENTE: A ou José ou Reclamada
RECORRIDO: B ou Maria ou Reclamante"

c) Identificação do processo: "ORIGEM:...
PROCESSO N°..."
d) Saudações: "Egrégio Tribunal
Colenda Turma!
Nobres Julgadores!"

Se o recurso for dirigido ao Tribunal Superior do Trabalho ou ao Supremo Tribunal Federal, apenas substitua "Nobres Julgadores" por "Ínclitos Ministros".

3.4.1. Recurso adesivo

Não há previsão do recurso adesivo na CLT, sendo aplicado subsidiariamente o art. 997, §§ 1° e 2°, CPC/2015, aplicados por força do art. 769 da CLT e art. 15 CPC/2015.

O recurso adesivo será cabível das decisões de procedência parcial, ou seja, sucumbência recíproca.

O recurso adesivo deverá ser interposto no mesmo prazo das contrarrazões ao recurso e ficará vinculado ao recebimento do recurso principal. Assim, caso o recurso principal não seja aceito, o recurso adesivo também não será.

Por último vale lembrar que o recurso adesivo se sujeita ao recolhimento de custas e depósito recursal.

O TST por meio da Súmula 283 entendeu que o recurso adesivo é compatível com o processo do trabalho e cabe, no prazo de oito dias, nas hipóteses de interposição de recurso ordinário, de agravo de petição, de revista e de embargos, sendo desnecessário que a matéria nele veiculada esteja relacionada com a do recurso interposto pela parte contrária.

Assim, admite-se a interposição de recurso adesivo em recurso ordinário, de agravo de petição, de revista e de embargos.

Dessa forma, para elaboração do recurso adesivo, o examinando deverá se utilizar do modelo adequado para a elaboração do recurso.

3.4.2. Contrarrazões ao recurso

Prevista no art. 900 da CLT trata-se da resposta ao recurso interposto. Tem como objetivo impugnar, refutar as alegações de nulidade e/ou reforma feitos pelo recorrente nas razões do recurso interposto.

As contrarrazões estão relacionadas ao recurso ordinário, recurso de revista, agravo de petição etc.

Por ser resposta ao recurso, nas contrarrazões não é necessário o recolhimento de preparo (custas e depósito recursal)

3.5. Recursos em espécie

3.5.1. Embargos de declaração

Previstos no art. 897-A da CLT e nos arts. 1.022 e seguintes do CPC/2015, aplicados subsidiariamente ao processo do trabalho por força do art. 769 da CLT e art. 15 CPC/2015, são cabíveis, no prazo de cinco dias, para impugnar sentenças ou acórdãos quando for verificada a ocorrência de omissão, contradição ou obscuridade. É cabível, também para corrigir erros materiais, ou seja, pequenas inexatidões, erros de grafia, de nome, de valor etc.

O art. 1.023 do CPC/2015 impõe um pressuposto específico para o conhecimento do recurso. Trata-se da obrigatoriedade em indicar o erro, ponto obscuro, contraditório ou omisso.

Dessa forma, uma vez não atendido esse pressuposto específico, será negado seguimento aos embargos de declaração.

Admite-se a oposição de embargos de declaração para a obtenção de efeito modificativo do julgado, em casos de omissão contradição ou, ainda, manifesto equívoco no exame dos pressupostos extrínsecos de admissibilidade dos recursos.

Admite, ainda, a oposição de embargos de declaração para fins de prequestionamento de matéria não apreciada na decisão, objetivando-se futura interposição de recurso de natureza extraordinária. Nesse sentido é a Súmula 98 do STJ.

A oposição de embargos de declaração interrompe o prazo para a propositura de outros recursos para ambas as partes, em conformidade com o art. 897-A, § 3°, da CLT.

Em regra, não há contrarrazões aos embargos de declaração. Porém, caso haja pedido de efeito modificativo o juiz do Tribunal deverá abrir o prazo para oferecimento das contrarrazões, sob pena de nulidade. Nesse sentido dispõe o art. 897-A, § 2°, da CLT e a Orientação Jurisprudencial 142, I, da SDI 1 do TST.

Os embargos de declaração não estão sujeitos ao pagamento de preparo.

3.5.1.1. Estrutura dos embargos de declaração

O examinando deverá ficar atento, na medida em que o recurso de embargos de declaração é o único composto de apenas uma peça.

Endereçamento

Os embargos de declaração deverão ser endereçados ao juiz prolator da decisão impugnada. Podendo ser endereçados para a vara do trabalho, TRT ou TST, devendo ser elaborado em conformidade com o endereçamento padrão.

Indicação do número do processo

Antes da indicação do número do processo, importante lembrar que entre esse e o endereçamento, o examinando deverá deixar um espaço de 10 linhas. Contudo, tendo em vista o limite de linhas para elaboração da peça processual, admite-se que o examinando ao invés de pular as 10 linhas, mencione entre o endereçamento e a qualificação a expressão: "espaço de 10 linhas".

O número do processo deverá ficar após o espaço de 10 (dez) linhas abaixo do endereçamento. Caso o problema forneça esse dado deverá constar no corpo da medida. Não sendo fornecido esse elemento, o examinando deverá optar por inserir reticências ou "xxx", conforme item 3.5.9 do Edital do Exame de Ordem. Por exemplo: "Processo n°..."

Qualificação das partes

Embargante e embargado não necessitam de qualificação, tendo em vista que já estão qualificados nos autos.

O examinando deverá se utilizar da seguinte expressão: "reclamante, já qualificado nos autos".

Indicação do advogado

"por seu advogado que esta subscreve, com escritório em (endereço completo com CEP), onde receberá futuras notificações, vem à presença de Vossa Excelência...

Identificação da medida processual – nome da peça e fundamentos legais

O examinando deverá identificar a medida processual, indicando seus respectivos fundamentos legais. Em se tratando de embargos de declaração o examinando deverá indicar o art. 897-A da CLT combinado com os arts. 1.022 e seguintes do CPC/2015, aplicados por força do art. 769 da CLT e art. 15 CPC/2015.

Recomenda-se que o examinando destaque o nome da peça, colocando-o centralizado e com letras maiúsculas de forma.

Fatos

Nesse tópico o examinando deverá fazer um breve resumo dos fatos ocorridos no problema.

Não é recomendada a cópia *ipsis litteris* do texto do problema. Recomenda-se que o examinando traga a correta compreensão do problema apresentado.

Indicação do erro, ponto omisso, contraditório ou obscuro

Nesse item o examinando deverá destacar os trechos da sentença ou acórdão impugnado, que demonstram o erro, a omissão, a contradição ou obscuridade.

Após destacar os pontos da sentença ou do acórdão, o examinando deverá argumentar o motivo da omissão, a contradição ou obscuridade para em seguida, concluir seu raciocínio.

O examinando deverá se utilizar do seguinte silogismo:

1º) Sentença/acórdão omisso: o examinando deverá apontar os trechos da sentença/acórdão omisso;

2º) Fundamentação: a sentença/acórdão é omisso na medida em que não foram analisados os pedidos contidos na defesa;

3º) Conclusão: desta forma, resta clara a omissão no julgado.

Efeito modificativo

Caso exista possibilidade de efeito modificativo, o examinando deverá abrir um tópico específico para tratar do tema. Veja modelo.

Vide súmula 278 TST e OJ 142 SDI 1 TST.

Pedido

O examinando deverá requerer o conhecimento e provimento do recurso para sanar a omissão, contradição ou obscuridade da sentença/acórdão.

Recomendamos que o examinando requeira a intimação da parte contrária para apresentação de resposta aos embargos de declaração, tendo em vista a possibilidade de efeito modificativo.

Encerramento

Nesse item o examinando irá encerrar o recurso, colocando o local e a data e a assinatura do advogado. Importante lembrar que o examinando não poderá assinar a medida processual deverá mencionar apenas a expressão "advogado OAB".

3.5.2. Modelo de embargos de declaração

Início da peça

EXCELENTÍSSIMO SENHOR DOUTOR JUIZ DO TRABALHO DA... VARA DO TRABALHO DE...

(10 linhas)

Processo nº...

NOME DA RECLAMADA, por seu advogado que esta subscreve, com escritório em (endereço completo com CEP), onde receberá futuras notificações, nos autos da Reclamação Trabalhista que lhe move NOME DA RECLAMANTE, vem, tempestiva e respeitosamente à presença de Vossa Excelência, opor

EMBARGOS DE DECLARAÇÃO

com fulcro no art. 897-A da CLT combinado com art. 1.022, inciso I *ou* II, do CPC/2015, expondo e requerendo o quanto segue:

I – DOS FATOS

O examinando deverá trazer um resumo dos fatos ocorridos, sem abordar nenhum fato estranho no problema.

II – DA OMISSÃO DA DECISÃO

A reclamada aduziu em sua peça contestatória, dentre outros, o pedido de reconhecimento da prescrição bienal disposta no art. 7º, XXIX, da CF.

No entanto, com o devido respeito, a reclamada observa que a respeitável sentença que julgou totalmente procedente o pedido do reclamante foi omissa em relação ao pedido de reconhecimento de prescrição bienal, na medida em que não houve manifestação por parte desse Douto Magistrado acerca da aludida tese prescricional.

Dessa forma, resta clara a omissão no julgado que merece ser corrigido por esse eminente Juiz.

III – DO EFEITO MODIFICATIVO*

O art. 897-A da CLT prevê o efeito modificativo do julgado quando a decisão embargada contiver omissão, contradição ou manifesto equívoco no exame dos pressupostos extrínsecos do recurso.

Nessas hipóteses por representar reforma na decisão, determina o § 2º do art. 897-A da CLT que a intimação da parte adversa para oferecimento de resposta no prazo de 5 dias. Nesse mesmo sentido, ensina a jurisprudência consubstanciada na OJ 142, I, da SDI 1 do TST.

Dessa forma, requer a intimação do reclamante para que no prazo legal ofereça sua resposta.

Atenção! Esse tópico deverá ser utilizado apenas se o problema indicar a possibilidade de efeito modificativo.

IV – CONCLUSÃO

Isto posto, requer a reclamada a intimação do reclamante para que ofereça resposta aos embargos de declaração no prazo legal e que, ao final, sejam os presentes embargos de declaração conhecidos e providos para que seja sanada a omissão apontada na respeitável sentença.

Local e data
Nome do advogado
OAB/... nº...

Fim da peça

3.5.3. Recurso ordinário

Previsto no art. 895 da CLT, o recurso ordinário, em regra, é cabível não somente de sentenças, sendo possível, também, sua interposição contra acórdãos proferidos pelos TRTs em sua competência originária, tanto nos dissídios individuais, ação rescisória, por exemplo; como nos dissídios coletivos.

De acordo com a redação do art. 895 consolidado, o recurso ordinário é cabível das decisões definitivas (processos extintos com resolução do mérito, art. 487 do CPC/2015) e decisões terminativas (extintos sem a resolução do mérito, art. 485 CPC/2015). Assim, havendo indeferimento da petição inicial pela ausência das condições da ação, será possível a interposição de recurso ordinário.

Importante destacar que as decisões interlocutórias terminativas de feito admitem interposição de recurso ordinário. É o que ocorre na decisão do juiz que declara a incompetência absoluta da Justiça do Trabalho e determina a remessa dos autos à Justiça Comum, em conformidade com o art. 799, § 2º, da CLT.

Outra hipótese de interposição de recurso ordinário em face de uma decisão interlocutória encontra-se prevista na Súmula 214, *item c*, do TST que se refere à decisão que acolhe exceção de incompetência territorial, com a remessa dos autos para Tribunal Regional distinto daquele a que se vincula o juízo excepcionado.

O recurso será elaborado por meio de duas peças. A primeira delas é a peça de interposição do recurso que será endereçada ao juízo que proferiu a decisão (juízo *a quo*).

Na peça de interposição do recurso o examinando não poderá deixar de demonstrar o pagamento das custas e depósito recursal, quando necessários, bem como requerer o envio do recurso ao tribunal competente.

3.5.3.1. Teses a serem abordadas em sede de recurso ordinário

Como estudado acima, de acordo com a redação do art. 895 da CLT, o recurso ordinário será interposto em face das decisões definitivas (com resolução de mérito), decisões terminativas (sem resolução de mérito) e, ainda, as outras decisões interlocutórias terminativas de feito, em conformidade com o art. 799, § 2º, CLT e Súmula 214 do TST.

Dessa forma, em grau de recurso ordinário, poderá o examinando impugnar 4 (quatro) importantíssimos pontos, são eles:

I) decisões interlocutórias que não foram impugnadas por força do art. 893, § 1º, CLT

A regra do dispositivo em apreço proíbe a interposição de recurso imediato contra decisões interlocutórias, pela parte que se sentir prejudicada. Ensina o texto de lei que a decisão interlocutória deverá ser impugnada no recurso da decisão definitiva.

Dessa forma, a decisão interlocutória que não pôde ser impugnada oportunamente, será refutada em sede de recurso ordinário. Podemos lembrar como exemplo um caso muito solicitado pelo examinador de Ordem: imaginem um processo em que o juiz indeferiu a oitiva de uma testemunha imprescindível para a parte. Esse indeferimento constitui uma decisão interlocutória, que nos termos do art. 893, § 1º, CLT não poderá ser impugnada de imediato.

Assim, a parte somente poderá impugnar o indeferimento da oitiva da testemunha em recurso ordinário, fundamentando suas razões na tese de cerceamento de defesa, em conformidade com o art. 5º, LV, da CF.

Nesse caso, a tese adotada é de *nulidade da sentença*, com fulcro no cerceamento de defesa. Essa tese deverá ser tratada preliminarmente em relação às demais matérias do recurso, devendo o examinando pedir a anulação da decisão com novo julgamento do processo.

Importante lembrar que, caso a decisão interlocutória fira um direito líquido e certo da parte, como por exemplo: a não concessão de liminar para reintegrar dirigente sindical detentor de estabilidade (art. 8º, VIII, da CF e art. 543, § 3º, da CLT), a medida adequada será a impetração de mandado de segurança.

II) Nulidade da sentença

A sentença é um ato processual que deve preencher alguns requisitos, sendo composta de (três) partes: relatório, fundamentação e decisão ou dispositivo. A inobservância desses requisitos poderá ocasionar a nulidade da decisão.

É na fundamentação da sentença que o juiz explica as razões que o levaram a decidir a lide. A fundamentação é uma garantia prevista no art. 93, IX, da CF e sua ausência gera a nulidade da decisão.

Nessa linha, o magistrado ficará restrito a decidir somente sobre as questões trazidas pelas partes no processo, ou seja, não poderá proferir sentença fora do pedido.

Dessa forma, caso o juiz profira decisão fora do pedido, ou seja, se pronunciar sobre algo que não foi pedido, podemos dizer que a sentença foi *extra petita*. A sentença *extra petita* não se confunde com a decisão *ultra petita*, na qual o juiz aprecia os pedidos e fundamentos, mas concede algo a mais do que o pedido.

Há, ainda, a sentença *citra* ou *infra petita*, na qual o juiz não aprecia os pedidos formulados. Esse vício ocorre com muita frequência em processos em que os pedidos são cumulados.

Havendo qualquer um desses vícios na sentença, deverá o examinando buscar a nulidade da sentença, requerendo novo julgamento da lide.

III) Vícios durante a instrução processual –

Após a propositura da reclamação trabalhista, uma série de atos devem ser observados pelo magistrado, como por exemplo, o oferecimento da proposta de conciliação, oitiva de testemunhas, prazo para apresentação de razões finais etc.

Dessa forma, não obedecido os trâmites processuais na fase de conhecimento, deverá o examinando buscar a nulidade da sentença, requerendo novo julgamento da lide.

IV) Reforma da decisão

Vencidas as teses de nulidade da sentença que acabamos de estudar, deverá o examinando abordar as teses de reforma do julgado.

A tese de reforma do julgado será utilizada pelo examinando, não para apontar/impugnar vícios no julgado como vimos nas teses de nulidades, mas sim quando não concordarmos com o decidido pelo magistrado.

Imaginem, por exemplo, que um empregado de atividade externa pleiteia o recebimento de horas extras. Como se sabe, o trabalhador em atividade externa não faz jus ao recebimento de horas extras por não estar abrangido pelo capítulo da duração do trabalho (art. 62, II, CLT) e, consequentemente, não possui controle de sua jornada de trabalho. Mesmo assim, entende o magistrado em condenar a empresa ao pagamento de horas extras.

Nota-se que não há vício de nulidade da sentença, mas apenas entendimento diverso ao estabelecido em lei.

Nessa hipótese, deverá o examinando requerer a reforma do julgado.

3.5.3.2 Estrutura do recurso ordinário

1 – Petição de interposição

a) Endereçamento

A peça de interposição do recurso ordinário será dirigida ao juiz prolator da decisão impugnada (juízo *a quo*). Assim, será endereçada para a Juiz do Trabalho da Vara do Trabalho nas hipóteses do inciso I do art. 895 da CLT ou ao TRT nas hipóteses do inciso II do mesmo dispositivo, devendo ser elaborado em conformidade com o endereçamento padrão.

Endereçamento ao Juiz do Trabalho da Vara do Trabalho (art. 895, I, CLT)

"EXCELENTÍSSIMO SENHOR DOUTOR JUIZ DO TRABALHO DA ...VARA DO TRABALHO DE ..."

Endereçamento ao Tribunal Regional do Trabalho (art. 895, II, CLT)

"EXCELENTÍSSIMO SENHOR DESEMBARGADOR PRESIDENTE DO EGRÉGIO TRIBUNAL REGIONAL DO TRABALHO DA ...REGIÃO"

b) Indicação do número do processo

Deverá indicar o número do processo abaixo do endereçamento. Recomendamos pular uma linha.

Caso o problema forneça esse dado deverá constar na petição. Não sendo fornecido esse elemento, o examinando deverá optar por inserir reticências ou "xxx", conforme item 3.5.9 do Edital do Exame de Ordem. Por exemplo: "Processo nº..."

c) Qualificação das partes

Recomenda-se que na peça de interposição do recurso que as partes sejam tratadas de acordo com os dados fornecidos no enunciado, considerando recorrente e recorrido

As partes não necessitam de qualificação, tendo em vista já estarem qualificados nos autos.

d) Indicação do advogado

"por seu advogado que esta subscreve, com escritório em (endereço completo com CEP), onde receberá futuras notificações, vem à presença de Vossa Excelência..."

e) Identificação da medida processual – nome da peça e fundamentos legais

O examinando deverá identificar a medida processual, indicando seus respectivos fundamentos legais.

No recurso ordinário o examinando deverá ficar atento para a correta indicação do fundamento legal. Isso porque o recurso poderá ter como fundamento o art. 895, I, da CLT, nos recursos contra decisões proferidas por juízes do Trabalho da Vara do Trabalho ou fundamento no art. 895, II, da CLT, para os recursos interpostos contra as decisões proferidas pelos TRTs nos processos de sua competência originária.

Recomenda-se que o examinando destaque o nome da peça, colocando-o centralizado e com letras maiúsculas de forma.

f) Requerimentos finais

O examinando deverá informar o recolhimento das custas processuais e do depósito recursal, quando forem o caso.

Deverá, ainda, requerer o conhecimento e encaminhamento do recurso ao Tribunal competente. Recomenda-se que o examinando indique o Tribunal competente, seja o TRT, seja o TST, a fim de demonstrar maior conhecimento na matéria.

Para encontrar o TRT competente, verifique o art. 674 CLT.

g) Encerramento

Nesse item o examinando irá encerrar o recurso, colocando o local e a data e a assinatura do advogado. Importante lembrar que o examinando não poderá assinar a medida processual deverá mencionar apenas a expressão "advogado OAB".

2 – Peça de razões do recurso ordinário

Finalizada a peça de interposição, deverá o examinando iniciar a peça de razões recursais.

Importante lembrar que o examinando não precisa fazer as razões recursais em outra página. Recomenda-se que ao terminar a peça de interposição o examinando inicie, diretamente, a peça de razões recursais, de acordo com o modelo proposto.

a) Encaminhamento

O examinando deverá fazer o "encaminhamento padrão":

RAZÕES DE RECURSO ORDINÁRIO

RECORRENTE: xxx...

RECORRIDO: xxx...

ORIGEM: xxx:...

PROCESSO Nº: xxx

Egrégio Tribunal.

Colenda Turma!

Nobres Julgadores!

b) Pressupostos recursais ou Requisitos de admissibilidade recursal.

Mencionar, ainda que de forma sucinta, que no presente recurso estão preenchidos os pressupostos recursais objetivos (extrínsecos) e subjetivos (intrínsecos).

c) Resumo da controvérsia

Nesse tópico o examinando deverá fazer um breve resumo dos fatos ocorridos no problema.

Não é recomendada a cópia *ipsis litteris* do texto do problema. Recomenda-se que o examinando traga a correta compreensão do problema apresentado.

d) Razões – teses

Poderão existir teses de nulidade e/ou de reforma do julgado

1ª Parte: Preliminares – vícios processuais

2ª Parte: Mérito (inconformismo com a sentença)

Nesse item o examinando deverá esgotar suas teses mostrando o inconformismo com a decisão impugnada. Para orientações sobre como procurar as teses, remetemos o leitor ao item 3.8 – Orientações ao examinando (p. 10).

É nesse ponto que o examinando, de fato, impugnará a decisão.

Como estudado no item 3.6.1 (p. 73), o recurso ordinário poderá abordar teses de nulidade da sentença ou de reforma da sentença.

Recomenda-se que para cada tese, ou seja, para cada direito rebatido, o examinando se utilize de um tópico.

Assim, suponha que em uma sentença devam ser impugnados os temas: adicional de insalubridade e férias. Nessa linha, o examinando teria nesse item duas teses que seriam abordadas em tópicos distintos, ou seja, um para o adicional de insalubridade e outro tópico para as férias.

Assim, o examinando deverá relatar os fatos (premissa menor), fazer referência ao direito aplicável (premissa maior) para depois concluir a respeito do direito de seu cliente. Deverá o examinando se valer da regra do silogismo já estudado nas peças profissionais anteriores. Por exemplo:

1º)Fato – premissa menor: a sentença condenou ao pagamento de férias;
2º)Direito – premissa maior: o empregado que tiver percebido da Previdência Social prestações de acidente de trabalho por mais de 6 (seis) meses, embora descontínuos, não tem direito as férias, art. 133, IV, da CLT;
3º)Conclusão: desta forma, deve ser reformada a sentença.

Importante lembrar que se a sua tese for de nulidade por algum vício ocorrido durante a instrução do processo, o pedido deverá ser de anulação e não de reforma da decisão.

e) Conclusão
Nesse item o examinando deverá ficar atento, pois o pedido do recurso dependerá de sua tese.

Assim, caso a tese seja de nulidade, o examinando deverá requerer a declaração de nulidade da sentença ou acórdão, remetendo-se os autos para vara de origem para prolação de nova decisão.

Não existindo tese de nulidade o examinando deverá requerer a reforma da sentença ou acórdão.

Em ambos os casos, o examinando não poderá deixar de pedir o conhecimento e o provimento do recurso, para declarar a nulidade ou reforma da sentença ou acórdão.

f) Encerramento
Nesse item o examinando irá encerrar a sua peça processual, colocando o local e a data e a assinatura do advogado. Importante lembrar que o examinando não poderá assinar a medida processual deverá mencionar apenas a expressão "advogado OAB".

3.5.3.3. Modelo de recurso ordinário com tese de reforma da decisão

Início da peça

EXCELENTÍSSIMO SENHOR DOUTOR JUIZ DO TRABALHO DA... VARA DO TRABALHO DE...

Processo nº ...

RECLAMADA/RECORRENTE, já qualificada nos autos da Reclamação trabalhista que lhe move RECLAMANTE/RECORRIDA, por seu advogado que esta subscreve, com escritório em (endereço completo com CEP), onde receberá futuras notificações vem, tempestiva e respeitosamente, à presença de Vossa Excelência, não se conformando com a respeitável sentença prolatada, interpor

RECURSO ORDINÁRIO

com fulcro no artigo 895, I, da CLT, consubstanciado nas razões em anexo.

Requer seja recebido e remetido ao Egrégio Tribunal Regional do Trabalho da... Região. (Veja a Região no art. 674 CLT)

Outrossim, requer a juntada das guias comprobatórias de recolhimento do depósito recursal e das custas processuais.

Termos em que,
pede deferimento.
Local e data:...
Advogado
OAB/.... n°...

RAZÕES DE RECURSO ORDINÁRIO

Recorrente: NOME DA RECLAMADA
Recorrido: NOME DO RECLAMANTE
Processo n°...
Origem: ...
Egrégio Tribunal
Colenda Turma!
Nobres Julgadores!

I – PRESSUPOSTOS RECURSAIS

Informa o recorrente que o presente recurso preenche todos os seus requisitos de admissibilidade recursais extrínsecos, tais como: a representação, recorribilidade do ato, adequação, tempestividade e preparo, bem como os pressupostos intrínsecos: capacidade, legitimidade e interesse.

Dessa forma, espera o recorrente que o presente recurso seja conhecido e tenha o seu mérito apreciado.

II – RESUMO DA CONTROVÉRSIA

O examinando deverá trazer um resumo dos fatos ocorridos, sem abordar nenhum fato estranho ao problema.

III – DO MÉRITO

Aqui o examinando deverá dar um título para cada ponto que se pretende impugnar.
Exemplo: **DO NÃO CABIMENTO DAS HORAS EXTRAS**

A respeitável sentença proferida pelo Juiz da ....vara do Trabalho de ....entendeu por bem em condenar a recorrente ao pagamento de horas extras ao recorrido. Contudo, não deve a respeitável sentença prosperar, tendo em vista que o empregado exerce cargo de confiança.

Segundo dispõe o art. 62, II, CLT, os empregados que exercem cargo de confiança não estão abrangidos pelo regime da duração do trabalho, podendo laborar acima do limite legal, em razão do cargo que ocupa na empresa

Dessa forma, deve a respeitável sentença ser reformada, para reconhecer a impossibilidade de horas extras, conforme supra aduzido.

IV – CONCLUSÃO

Pelo exposto, aguarda a Recorrente seja o presente recurso conhecido e provido, para reformar a decisão recorrida nos termos da fundamentação supramencionada, julgando totalmente improcedente a demanda.

Local e data: ...
Nome do advogado
OAB/... n° ...

Fim da peça

3.5.3.4. Modelo de recurso ordinário com tese de nulidades

Início da peça

EXCELENTÍSSIMO SENHOR DOUTOR JUIZ DO TRABALHO DA... VARA DO TRABALHO DE...

Processo n° ...

RECLAMADA/RECORRENTE, já qualificada nos autos da Reclamação trabalhista que lhe move RECLAMANTE/RECORRIDA, por seu advogado que esta subscreve, com escritório em (endereço completo com CEP), onde receberá futuras notificações, vem tempestivamente à presença de Vossa Excelência, não se conformando com a respeitável sentença prolatada, interpor

RECURSO ORDINÁRIO

com fulcro no artigo 895, I, da CLT, consubstanciado nas razões em anexo

Requer o mesmo seja recebido e remetido ao Egrégio Tribunal Regional do Trabalho da ...Região.(ver art. 674 CLT)

Informa, outrossim, que junta guias comprobatórias de recolhimento do depósito recursal e das custas processuais.

Termos em que,
Pede deferimento.

Local e data:...
Advogado
OAB/... n° ...

RAZÕES DE RECURSO ORDINÁRIO

Recorrente: NOME DA RECLAMADA
Recorrido: NOME DO RECLAMANTE
Processo n°...
Origem: ...
Egrégio Tribunal
Colenda Turma!
Nobres Julgadores!

I – PRESSUPOSTOS RECURSAIS

Informa o recorrente que o presente recurso preenche todos os seus requisitos de admissibilidade recursais extrínsecos tais como: a representação, recorribilidade do ato, adequação, tempestividade e preparo, bem como os pressupostos intrínsecos: capacidade, legitimidade e interesse.

Dessa forma, espera o recorrente que o presente recurso seja conhecido e tenha o seu mérito apreciado.

II – RESUMO DA CONTROVÉRSIA

Alegando ter trabalhado para a reclamada no período compreendido entre 15.03.2012 a 03.05.2014, o reclamante ajuizou reclamação trabalhista em 07.07.2016, pleiteando o pagamento de horas extras de todo o período laboral.

Em audiência, após o pregão das partes, o Meritíssimo juiz *a quo*, recebeu a contestação da reclamada, sem realizar, contudo, a 1ª proposta de conciliação. Ato contínuo, e sob protesto, a reclamada teve indeferida a oitiva de sua única testemunha.

Encerrada a instrução processual, foram apresentadas razões finais e, de plano, foi proferida a sentença acolhendo integralmente o pedido do reclamante.

III – DA PRESCRIÇÃO BIENAL

Dispõe a Súmula 153 do TST que não se conhece de prescrição não arguida na instância ordinária.

Assim, se extrai que deverá ser suscitada a prejudicial de mérito referente à prescrição até mesmo em grau de recurso ordinário.

Nota-se que o reclamante foi demitido em 03.05.2014, ajuizando a reclamação somente em 07.07.2016, ou seja, após o decurso do prazo prescricional esculpido no art. 7º, XXIX, da CF e art. 11, I, da CLT, que determinam o ajuizamento da reclamação em até 2 anos após a extinção do pacto laboral. Nesse mesmo sentido informa a Súmula 308, I, do TST.

Dessa forma, requer seja reconhecida a prescrição bienal, julgando extintas as pretensões de todo período laboral, apreciando o mérito, nos termos do art. 487, II, CPC/2015.

IV – DA NULIDADE DA SENTENÇA – AUSÊNCIA DE CONCILIAÇÃO

Em audiência inaugural, após o pregão das partes, o juiz *a quo* não realizou a 1ª proposta de conciliação. Ato contínuo, também de efetuar a 2ª proposta de conciliação ao proferir a sentença após a apresentação de razões finais.

Todavia, determina o art. 846 da CLT que aberta a audiência, o juiz proporá a conciliação. Trata-se de um dever do magistrado em obediência ao princípio conciliatório próprio da justiça laboral.

Não bastasse, o Excelentíssimo Juiz *a quo*, também não observou a regra da 2ª tentativa de conciliação, disposta no art. 850 da CLT que determina que encerrada a instrução processual, após a apresentação de razões finais, deverá o magistrado renovar a proposta de conciliação.

Flagrante é o desrespeito ao princípio da conciliação e aos dispositivos do texto consolidado que prezam pela conciliação.

Dessa forma, requer seja declarada a nulidade da sentença *a quo*, determinando-se o retorno dos autos ao Meritíssimo Juiz da Vara de origem, para que seja designada nova audiência com a devida notificação das partes, em que deverão ser efetuadas as propostas de conciliação, nos termos dos arts. 846 e 850 da CLT.

V – DO CERCEAMENTO DE DEFESA

Sob protesto, a reclamada teve indeferida a oitiva de sua única testemunha pelo Magistrado *a quo*.

Em seu art. 5º inciso LV, a Constituição Federal, assegura aos litigantes o direito ao contraditório e à ampla defesa, com os meios e recursos a ela inerentes. Dentre esses meios está inclui-se a produção de provas.

O indeferimento ao pedido em audiência para a oitiva de sua única testemunha que seria essencial para esclarecer o ponto crucial sobre a inexistência da excessiva sobrejornada, viola o direito de defesa garantido pela Constituição Federal.

Dessa forma, requer seja declarada a nulidade da sentença, face ao cerceamento de defesa, devendo os autos retornarem à vara de origem para a regular oitiva da testemunha, proferindo-se nova decisão, como se entender de direito.

VI – CONCLUSÃO

Diante do exposto, requer o conhecimento e provimento do presente recurso, para reformar a sentença e acolher a prescrição bienal arguida, declarando extinta a pretensão quanto aos créditos reclamados, apreciando o mérito da demanda, nos termos do art. 487, II, CPC/2015.

Caso assim, não entenda, que seja declarada a nulidade da sentença *a quo*, determinando-se o retorno dos autos ao Meritíssimo Juiz Vara de origem, para que, com a devida notificação das partes, seja designada nova audiência em que deverão ser feitas as propostas de conciliação, bem como seja realizada a oitiva da testemunha, os termos expostos.

Local e data

Nome do advogado

OAB/... nº ...

Fim da peça

3.5.4. Contrarrazões ao recurso ordinário

Prevista no art. 900 da CLT, trata-se da resposta ao recurso interposto e tem como objetivo refutar as alegações de nulidade e/ou reforma feitos pelo recorrente nas razões do recurso ordinário interposto.

3.5.4.1 Estrutura das contrarrazões ao recurso ordinário

1 – Petição de interposição

a) Endereçamento

A peça de interposição das contrarrazões ao recurso ordinário será dirigida ao juiz prolator da decisão impugnada (juízo *a quo*).

b) Indicação do número do processo

Deverá indicar o número do processo abaixo do endereçamento. Recomendamos pular uma linha.

Caso o problema forneça esse dado deverá constar na petição. Não sendo fornecido esse elemento, o examinando deverá optar por inserir reticências ou "xxx", conforme item 3.5.9 do Edital do Exame de Ordem. Por exemplo: "Processo n°..."

c) Qualificação das partes

Recomenda-se que na peça de interposição do recurso que as partes sejam tratadas de acordo com os dados fornecidos no enunciado, considerando recorrente e recorrido.

As partes não necessitam de qualificação, tendo em vista já estarem qualificados nos autos.

Atenção! Nessa peça você figura como advogado do recorrido. Portanto, a qualificação deverá começar por ele.

d) Indicação do advogado

"por seu advogado que esta subscreve, com escritório em (endereço completo com CEP), onde receberá futuras notificações, vem à presença de Vossa Excelência..."

e) Identificação da medida processual – nome da peça e fundamentos legais

O examinando deverá identificar a medida processual, indicando seus respectivos fundamentos legais.

Nas contrarrazões ao recurso ordinário o examinando deverá ficar atento para a correta indicação do fundamento legal. Isso porque o recurso poderá ter como fundamento o art. 900 da CLT.

Recomenda-se que o examinando destaque o nome da peça, colocando-o centralizado e com letras maiúsculas de forma.

f) Requerimentos finais

Deverá, ainda, requerer o recebimento e encaminhamento do recurso ao Tribunal competente. Recomenda-se que o examinando indique o Tribunal competente, seja o TRT, seja o TST, a fim de demonstrar maior conhecimento na matéria.

Para encontrar o TRT competente, verifique o art. 674 CLT.

Atenção! Por ser resposta ao recurso, não há pagamento de custas e depósito recursal.

g) Encerramento

Nesse item o examinando irá encerrar o recurso, colocando o local e a data e a assinatura do advogado. Importante lembrar que o examinando não poderá assinar a medida processual, deverá mencionar apenas a expressão "advogado OAB".

2 – Peça de contrarrazões do recurso ordinário

Finalizada a peça de interposição, deverá o examinando iniciar a peça de razões recursais.

Importante lembrar que o examinando não precisa fazer as razões recursais em outra página. Recomenda-se que ao terminar a peça de interposição o examinando inicie, diretamente, a peça de razões recursais, de acordo com o modelo proposto.

a) Encaminhamento

O examinando deverá fazer o "encaminhamento padrão":

CONTRARRAZÕES AO RECURSO ORDINÁRIO
RECORRIDO: xxx...
RECORRENTE: xxx...
ORIGEM: xxx:...
PROCESSO N°: xxx
Egrégio Tribunal.
Colenda Turma!

Nobres Julgadores!

b) Resumo da controvérsia

Nesse tópico o examinando deverá fazer um breve resumo dos fatos ocorridos no problema. Não é recomendada a cópia *ipsis litteris* do texto do problema. Recomenda-se que o examinando traga a correta compreensão do problema apresentado.

d) Razões – teses

Nas contrarrazões as teses poderão estar ligadas com o não preenchimento do pressupostos recursais por parte do recorrente, tais como: intempestividade, recolhimento de custas e/ou depósito recursal, quando forem o caso. Dessa forma, é importante fazer uma análise acerca do preenchimento de tais pressupostos pelo recorrente.

Ademais, o examinando deverá rebater/impugnar todas os pedidos de nulidade e/ou reforma da sentença eventualmente feitos pelo recorrente. Iniciando-se, preferencialmente pelas teses de nulidade e em seguida, as teses de reforma.

e) Conclusão

Deverá requerer o acolhimento das preliminares.

No mérito o examinando deverá requerer que a sentença seja mantida na íntegra.

Em ambos os casos, o examinando deverá pedir que o recurso ordinário interposto não seja conhecido e no mérito a manutenção integral da sentença.

f) Encerramento

Nesse item o examinando irá encerrar a sua peça processual, colocando o local e a data e a assinatura do advogado. Importante lembrar que o examinando não poderá assinar a medida processual, deverá mencionar apenas a expressão "advogado OAB".

3.5.3.3. Modelo de contrarrazões ao recurso ordinário

Início da peça

EXCELENTÍSSIMO SENHOR DOUTOR JUIZ DO TRABALHO DA... VARA DO TRABALHO DE...

Processo nº ...

RECORRIDA, já qualificada nos autos da Reclamação trabalhista que lhe move RECORRENTE, por seu advogado que esta subscreve, com escritório em (endereço completo com CEP), onde receberá futuras notificações vem, tempestiva e respeitosamente, à presença de Vossa Excelência, oferecer

CONTRARRAZÕES AO RECURSO ORDINÁRIO

com fulcro no artigo 900 da CLT, consubstanciado nas razões anexas.

Requer seja recebido e remetido ao Egrégio Tribunal Regional do Trabalho da... Região. (Veja a Região no art. 674 CLT)

Termos em que,

pede deferimento.

Local e data:...

Advogado

OAB/... . nº ...

CONTRARRAZÕES DE RECURSO ORDINÁRIO

Recorrida: NOME DA RECLAMADA
Recorrente: NOME DO RECLAMANTE
Processo nº ...
Origem: ...

Egrégio Tribunal
Colenda Turma!
Nobres Julgadores!

II – RESUMO DA CONTROVÉRSIA

O examinando deverá trazer um resumo dos fatos ocorridos, sem abordar nenhum fato estranho ao problema.

III – PRELIMINARMENTE – DA INTEMPESTIVIDADE DO RECURSO

Nos termos do art. 895, I, da CLT combinado com o art. 775 da CLT o recurso ordinário deverá ser interposto no prazo de 8 dias úteis.

Contudo, verifica-se que o recorrente não observou tal regra, na medida em que o recurso foi interposto 25 dias após a publicação da sentença, se mostrando intempestivo.

Dessa forma, requer seja acolhida a preliminar, reconhecendo a intempestividade do recurso interposto, para que ele não seja admitido e tenha negado o seu seguimento.

IV – DO MÉRITO

Aqui o examinando deverá dar um título para cada ponto que se pretende impugnar.
Exemplo: **DO NÃO CABIMENTO DAS HORAS EXTRAS**

O recorrente pleiteia a reforma da sentença que reconheceu o teletrabalho exercido pelo Recorrente e julgou improcedente o pedido de horas extras.

Segundo dispõe o art. 62, III, CLT, os empregados que exercem suas atividades em teletrabalho não estão abrangidos pelo regime da duração do trabalho, podendo laborar acima do limite legal.

Dessa forma, deve a respeitável sentença ser mantida para julgar improcedente o pedido de horas extras.

IV – CONCLUSÃO

Pelo exposto, requer a recorrida o acolhimento da preliminar suscitada, para o não recebimento do recurso interposto por ser intempestivo. Caso o presente recurso seja recebido, requer que seja negado o provimento para que a sentença seja mantida na íntegra.

Local e data: ...
Nome do advogado
OAB/... nº ...

3.5.5. Agravo de instrumento

Previsto no art. 897, *b*, da CLT, o agravo de instrumento é cabível, no prazo de 8 (oito) dias, para impugnar os as decisões proferidas pelo juízo *a quo*, no 1º juízo de admissibilidade recursal, que negarem seguimento a recursos.

Assim, cabe agravo de instrumento em face de decisões que negarem seguimento a recurso ordinário, recurso de revista, recurso adesivo, agravo de petição, recurso extraordinário e, inclusive, ao próprio agravo de instrumento, sempre no 1º juízo de admissibilidade.

Atenção! Negado seguimento ao recurso de embargos no TST não será cabível agravo de instrumento, mas sim agravo regimental.

O agravo de instrumento existente no direito processual do trabalho em nada se confunde com aquele agravo de instrumento do direito processual civil. Isso porque, nos domínios do processo do trabalho o agravo de instrumento se presta, unicamente, para destrancar recursos e não para atacar decisões interlocutórias como no processo civil, nas hipóteses do art. 1.015 CPC/2015, haja vista que para o processo do trabalho as decisões interlocutórias são irrecorríveis de imediato, nos termos do art. 893, § 1º, da CLT.

O agravo de instrumento será processado em autos apartados, sendo composto pela peça de interposição e pelas razões recursais.

O agravo de instrumento será interposto no juízo prolator da decisão que indeferiu o recurso, admitindo-se o juízo de retratação e julgado pelo Tribunal que seria competente para conhecer do recurso trancado, em conformidade com o art. 897§ 4º, da CLT.

As partes, agravante e agravado, deverão instruir a petição do agravo de instrumento e suas contrarrazões com as peças necessárias para o julgamento de ambos os recursos.

Nos termos do art. 897, § 5º, da CLT, sob pena de não conhecimento, as partes promoverão a formação do instrumento do agravo de modo a possibilitar, caso provido, o imediato julgamento do recurso denegado, instruindo a petição de interposição obrigatoriamente com as seguintes peças: cópias da decisão agravada, da certidão da respectiva intimação, das procurações outorgadas aos advogados do agravante e do agravado, da petição inicial, da contestação, da decisão originária, da comprovação do depósito recursal e do recolhimento das custas e facultativamente, com aquelas peças que entender necessárias para o julgamento do apelo.

A obrigatoriedade em formar o instrumento não se aplica, todavia, ao agravo de instrumento dirigido ao Tribunal Superior do Trabalho.

Vale ressaltar que de acordo com a edição da Lei 12.275/2010 que incluiu o § 7º ao art. 899 da CLT, no ato da interposição do recurso, o agravante deverá efetuar depósito recursal correspondente a 50% (cinquenta por cento) do valor do depósito do recurso ao qual se pretende destrancar.

No entanto, nos termos do § 8º do art. 899 da CLT quando o agravo de instrumento tiver a finalidade de destrancar recurso de revista que se insurge contra decisão que contraria a jurisprudência uniforme do Tribunal Superior do Trabalho, consubstanciada nas suas súmulas ou em orientação jurisprudencial, não haverá obrigatoriedade de se efetuar o depósito referido.

3.5.5.1. Estrutura do agravo de instrumento

1 – Petição de interposição

Inicialmente o examinando deverá elaborar a petição de interposição do recurso de agravo de instrumento.

a) Endereçamento

A peça de interposição do agravo de instrumento será dirigida ao juiz prolator da decisão impugnada, podendo ser endereçada para a Vara do Trabalho, TRT ou TST, devendo ser elaborado em conformidade com o endereçamento padrão.

Endereçamento ao Juiz do Trabalho da Vara do Trabalho:
"EXCELENTÍSSIMO SENHOR DOUTOR JUIZ DO TRABALHO DA ...VARA DO TRABALHO DE ..."

Endereçamento ao Tribunal Regional do Trabalho
"EXCELENTÍSSIMO SENHOR DESEMBARGADOR PRESIDENTE DO EGRÉGIO TRIBUNAL REGIONAL DO TRABALHO DA ...REGIÃO"

Endereçamento ao Tribunal Superior do Trabalho
"EXCELENTÍSSIMO SENHOR MINISTRO PRESIDENTE DO COLENDO TRIBUNAL SUPERIOR DO TRABALHO"

b) Indicação do número do processo

Deverá indicar o número do processo abaixo do endereçamento. Recomendamos pular uma linha.

Caso o problema forneça esse dado deverá constar na petição. Não sendo fornecido esse elemento, o examinando deverá optar por inserir reticências, conforme item 3.5.9 do Edital do Exame de Ordem. Por exemplo: "Processo nº..."

c) Qualificação das partes

Agravante e agravado não necessitam de qualificação, tendo em vista já estarem qualificados nos autos.

d) Indicação do advogado

"por seu advogado que esta subscreve, com escritório em (endereço completo com CEP), onde receberá futuras notificações, vem à presença de Vossa Excelência..."

e) Identificação da medida processual – nome da peça e fundamentos legais

O examinando deverá identificar a medida processual, indicando seus respectivos fundamentos legais.

No agravo de instrumento o examinando deverá se utilizar do art. 897, "b", da CLT.

Recomenda-se que o examinando destaque o nome da peça, colocando-o centralizado e com letras maiúsculas de forma.

f) Cópias para formação do instrumento

Nesse item o examinando deverá informar a juntada das peças necessárias para formação do instrumento, elencadas no art. 897, § 5º, da CLT.

g) Realização do depósito recursal

Nesse item o examinando deverá comprovar o recolhimento do depósito recursal correspondente a 50% (cinquenta por cento) do valor do depósito do recurso ao qual se pretende destrancar, nos termos do art. 899, § 7º, da CLT.

h) Requerimentos finais

Deverá requerer o conhecimento do agravo de instrumento, reconsiderando-se a decisão que negou seguimento ao recurso ou, sucessivamente, o encaminhamento do agravo de instrumento ao Tribunal competente. Recomenda-se que o examinando indique o Tribunal competente, seja o TRT, seja o TST, a fim de demonstrar maior conhecimento na matéria.

i) Encerramento

Nesse item o examinando irá encerrar o recurso, colocando o local e a data e a assinatura do advogado. Importante lembrar que o examinando não poderá assinar a medida processual deverá mencionar apenas a expressão "advogado OAB".

2 – Razões do agravo de instrumento

Após encerrar a petição de interposição, o examinando deverá elaborar a petição de razões recursais.

Importante lembrar que o examinando não precisa fazer as razões recursais em outra página. Recomenda-se que ao terminar a peça de interposição o examinando inicie, diretamente, a peça de razões recursais.

a) Encaminhamento

O examinando deverá fazer o "encaminhamento padrão":

RAZÕES DO AGRAVO DE INSTRUMENTO

AGRAVANTE: xxx

AGRAVADO: xxx

ORIGEM: xxx

PROCESSO Nº xxx

Egrégio Tribunal.

Colenda Turma!

Nobres Julgadores!

b) Pressupostos recursais ou Requisitos de admissibilidade recursal.

Mencionar, ainda que de forma sucinta, que no presente recurso estão preenchidos os pressupostos recursais objetivos (extrínsecos) e subjetivos (intrínsecos).

c) Resumo da controvérsia

Nesse tópico o examinando deverá fazer um breve resumo dos fatos ocorridos no problema.

Não é recomendada a cópia *ipsis litteris* do texto do problema. Recomenda-se que o examinando traga a correta compreensão do problema apresentado.

d) Não seguimento do recurso

Nesse item o examinando deve estar atento para o mérito do agravo de instrumento que se limita ao seguimento do recurso trancado, ou seja, limita-se à invalidade da decisão denegatória do recurso.

Dessa forma, a tese do embargante ficará limitada ao seguimento do recurso que foi trancado (negado seguimento) por ausência de um dos pressupostos recursais subjetivos/ intrínsecos, como a capacidade, legitimidade ou interesse ou pela ausência de pressupostos objetivos/ extrínsecos, quais sejam: recorribilidade do ato, representação, adequação, tempestividade e preparo.

O examinando deverá nesse tópico demonstrar os motivos pelos quais o recurso que teve o seguimento negado, deve ser destrancado e apreciado pelo Tribunal, ou seja, deverá apontar o preenchimento dos pressupostos recursais.

e) Pedido

Nesse item o examinando deverá requerer o conhecimento e provimento do presente agravo de instrumento, conhecendo do recurso trancado, determinando-se a apreciação de seu mérito.

f) Encerramento

Nesse item o examinando irá encerrar a sua peça processual, colocando o local e a data e a assinatura do advogado. Importante lembrar que o examinando não poderá assinar a medida processual deverá mencionar apenas a expressão "advogado OAB".

3.5.5.2. Modelo de agravo de instrumento

Início da peça

EXCELENTÍSSIMO SENHOR DOUTOR JUIZ DO TRABALHO DA... VARA DO TRABALHO DE...

Processo n°...

NOME DA RECLAMADA/AGRAVANTE, , já qualificada nos autos da Reclamação trabalhista que lhe move RECLAMANTE/AGRAVADO, por seu advogado que esta subscreve, com escritório em (endereço completo com CEP), onde receberá futuras notificações, vem, tempestiva e respeitosamente, à presença de Vossa Excelência, interpor

AGRAVO DE INSTRUMENTO

com fulcro no artigo 897, alínea "b", da CLT, não se conformando com a respeitável decisão que denegou seguimento ao recurso (informar qual o recurso trancado), conforme razões anexas.

Informa o agravante que nesse ato traz as cópias das peças necessárias à formação do instrumento quais sejam:

1) Decisão agravada;
2) Certidão da respectiva intimação;
3) Procurações outorgadas aos advogados do agravante e do agravado;
4) Petição inicial;
5) Contestação;
6) Decisão originária;
7) Comprovante de recolhimento do depósito recursal *(se realizado)*;
8) Comprovante de recolhimento das custas processuais *(se realizado);*
9) Peças facultativas.

Nos termos do art. 899, § 7°, da CLT, o agravante comprova nesse ato o recolhimento do depósito recursal correspondente a 50% (cinquenta por cento) do recurso ... (recurso que pretende destrancar).

Diante do exposto requer o conhecimento do presente agravo de instrumento, reconsiderando-se a decisão que negou seguimento ao recurso... *(colocar o nome do recurso trancado)* trancado ou caso não seja esse o entendimento de Vossa Excelência, requer o encaminhamento do presente recurso ao Tribunal Regional do Trabalho da ... Região.

Termos em que,
Pede deferimento.
Local e data:...
Nome do advogado
OAB/... n°...

RAZÕES DE AGRAVO DE INSTRUMENTO

Agravante: NOME DA RECLAMADA
Agravado: NOME DO RECLAMANTE

Processo nº...
Origem:...
Egrégio Tribunal!
Colenda Turma!
Nobres Julgadores!

I – PRESSUPOSTOS RECURSAIS

Informa o recorrente que o presente recurso preenche todos os seus requisitos de admissibilidade recursal extrínsecos, tais como a representação, recorribilidade do ato, adequação, tempestividade e preparo, bem como os pressupostos intrínsecos, capacidade, legitimidade e interesse.

Dessa forma, espera o recorrente que o presente recurso seja conhecido e tenha o seu mérito apreciado.

II – BREVE SÍNTESE DA CONTROVÉRSIA

O examinando deverá trazer um resumo dos fatos ocorridos, sem abordar nenhum fato estranho no problema.

III – DO RECOLHIMENTO DO DEPÓSITO RECURSAL

O agravante informa que efetuou o depósito recursal correspondente a 50% (cinquenta por cento) do recurso... (informar o recurso que se pretende destrancar), em cumprimento ao disposto no art. 899, § 7º, da CLT.

IV – DA REFORMA DA DECISÃO

Proferida a respeitável sentença em 30 de agosto de..., embora interposto no prazo legal, o recurso ordinário não foi conhecido pelo ilustre juízo *a quo,* por ter sido considerado intempestivo.

No entanto, verifica-se que o recurso foi interposto dentro do prazo legal. Isso porque o oitavo e último dia do prazo recursal coincidiu com a data de 07 de setembro, feriado nacional em que se comemora a Independência do Brasil, alargando o prazo final para o primeiro dia útil seguinte, ou seja, dia 08 de setembro de ..., data em que o recurso ordinário trancado foi interposto.

Nos termos do art. 775, parágrafo único, da CLT os prazos que tenham vencimento em dia de feriado terminarão no primeiro dia útil seguinte. Em outras palavras, o prazo será considera prorrogado para o primeiro dia útil seguinte.

Portanto, equivocada a respeitável decisão que não conheceu do recurso ordinário interposto pelo agravante, na medida em que foi interposto dentro do prazo legal de oito dias, em conformidade com o art. 897 da CLT.

V – CONCLUSÃO

Diante do exposto, uma vez demonstrado o preenchimento de todos os pressupostos de admissibilidade do recurso ordinário interposto, requer o conhecimento e provimento do presente agravo de instrumento, para conhecer o recurso trancado, determinando-se a apreciação de seu mérito.

Local e data...
Nome do advogado
OAB/... nº...

Fim da peça

3.5.6. Agravo de petição

Previsto no art. 897, *a*, da CLT, o agravo de petição é o recurso cabível, no prazo de 8 (oito) dias, em face das decisões do Juiz do Trabalho proferidas na fase de execução de sentença. Dessa forma, não existe agravo de petição na fase de conhecimento.

O art. 897, § 1º, da CLT traz um requisito especial para a admissibilidade do agravo de petição. Trata-se da delimitação de matérias e valores.

Para que o recurso seja admitido deverá o agravante delimitar as matérias impugnadas e os valores controversos, a fim de que se proceda à execução definitiva da parte não impugnada.

Deverá ser interposto no prazo de 8 (oito) dias perante o juiz da vara do trabalho em que estiver tramitando a execução.

Para sua interposição não há o requisito do preparo, na medida em que as custas serão pagas apenas ao final do processo, nos termos do art. 789-A, IV, da CLT e o depósito recursal somente será exigido caso a execução não esteja devidamente garantida, nos termos da Súmula 128, II, do TST.

Importante lembrar que, nos termos do art. 855-A, § 1º, II, da CLT será cabível a interposição de agravo de petição contra a decisão interlocutória que acolher ou rejeitar o incidente de desconsideração da personalidade jurídica, na fase de execução.

3.5.6.1. Estrutura do agravo de petição

1 – Petição de interposição

Inicialmente o examinando deverá elaborar a petição de interposição do recurso de agravo de petição.

a) Endereçamento

A peça de interposição do agravo de petição será dirigida ao juízo em que estiver tramitando a execução, podendo ser dirigida à Vara do Trabalho ou ao TRT. Assim, se a execução estiver em curso na Vara do Trabalho, a peça de interposição será dirigida ao Juiz da Vara do Trabalho. Caso a execução tramite junto ao TRT, a petição deverá ser dirigida ao Desembargador Presidente do Tribunal, devendo ser elaborado em conformidade com o endereçamento padrão.

Endereçamento ao Juiz do Trabalho da Vara do Trabalho:
"EXCELENTÍSSIMO SENHOR DOUTOR JUIZ DO TRABALHO DA ...VARA DO TRABALHO DE ..."

Endereçamento ao Tribunal Regional do Trabalho
"EXCELENTÍSSIMO SENHOR DESEMBARGADOR PRESIDENTE DO EGRÉGIO TRIBUNAL REGIONAL DO TRABALHO DA ...REGIÃO"

b) Indicação do número do processo

Deverá indicar o número do processo abaixo do endereçamento. Recomendamos pular uma linha. Caso o problema forneça esse dado deverá constar na petição. Não sendo fornecido esse elemento, o examinando deverá optar por inserir reticências, conforme item 3.5.9 do Edital do Exame de Ordem. Por exemplo: "Processo nº..."

c) Qualificação das partes

Recomenda-se que na peça de interposição do recurso as partes sejam tratadas de acordo com os dados fornecidos na peça.

As partes não necessitam de qualificação, tendo em vista que já estão qualificados nos autos.

d) Identificação da medida processual – nome da peça e fundamentos legais

O examinando deverá identificar a medida processual, indicando seus respectivos fundamentos legais.

O agravo de petição deverá ser fundamentado de acordo com o art. 897, *a*, da CLT.

Recomenda-se que o examinando destaque o nome da peça, colocando-o centralizado e com letras maiúsculas de forma.

e) Delimitação de matérias e valores

Em atendimento ao disposto art. 897, § 1º, da CLT, deverá o examinando delimitar as matérias e valores impugnados, sob pena de não conhecimento do recurso.

Basta a indicação de que se impugna o valor "xx" no que diz respeito à determinada matéria/direito impugnado.

f) Requerimentos finais

O agravo de petição NÃO está sujeito ao preparo, razão pela qual o examinando não deverá mencionar a juntada das guias comprobatórias de custas processuais e do depósito recursal.

Obs.: veja a Súmula 128, II, do TST

Recomenda-se que o examinando se utilize da seguinte expressão: "Informa o agravante que deixa de juntar as guias de recolhimento de custas, pois estas serão pagas ao final pelo Executado, nos termos do art. 789-A da CLT. Deixa de efetuar o Depósito Recursal, pois já garantido o juízo, conforme súmula 128, item II do TST".

Deverá, no entanto, requerer o conhecimento e encaminhamento do recurso ao Tribunal competente. Recomenda-se que o examinando indique o Tribunal competente.

g) Encerramento

Nesse item o examinando irá encerrar o recurso, colocando o local e a data e a assinatura do advogado. Importante lembrar que o examinando não poderá assinar a medida processual deverá mencionar apenas a expressão "advogado OAB".

2 – Petição de razões do agravo de petição

Após encerrar a petição de interposição, o examinando deverá elaborar a petição de razões recursais.

Importante lembrar que o examinando não precisa fazer as razões recursais em outra página. Recomenda-se que ao terminar a peça de interposição o examinando inicie, diretamente, a peça de razões recursais.

a) Encaminhamento

O examinando deverá fazer o "encaminhamento padrão":

RAZÕES DE AGRAVO DE PETIÇÃO

AGRAVANTE: xxx

AGRAVADO xxx

ORIGEM:...

PROCESSO Nº:...

Egrégio Tribunal.

Colenda Turma!

Nobres Julgadores!

b) Pressupostos recursais ou Requisitos de admissibilidade recursal.

Mencionar, ainda que de forma sucinta, que no presente recurso estão preenchidos os pressupostos recursais objetivos (extrínsecos) e subjetivos (intrínsecos).

c) Resumo da controvérsia

Nesse tópico o examinando deverá fazer um breve resumo dos fatos ocorridos no problema.

Não é recomendada a cópia *ipsis litteris* do texto do problema. Recomenda-se que o examinando traga a correta compreensão do problema apresentado.

d) Delimitação de matérias e valores

Nesse item o examinando deverá indicar os valores e matérias impugnadas, apresentando as razões de seu inconformismo.

Assim, o examinando deverá indicar os valores e matérias impugnadas, em seguida fazer referência ao direito aplicável, demonstrando suas razões e, posteriormente, concluir o raciocínio quanto a aplicação ou não do direito.

e) Conclusão

Nesse item o examinando deverá pedir o conhecimento e o provimento do recurso, para reformar a decisão no que se refere ao... (direito impugnado).

f) Encerramento

Nesse item o examinando irá encerrar a sua peça processual, colocando o local e a data e a assinatura do advogado. Importante lembrar que o examinando não poderá assinar a medida processual deverá mencionar apenas a expressão "advogado OAB".

3.5.6.2. Modelo de agravo de petição

Início da peça

EXCELENTÍSSIMO SENHOR DOUTOR JUIZ DO TRABALHO DA... VARA DO TRABALHO DE...

(10 linhas)

Processo n°...

NOME DA EXECUTADA/AGRAVANTE, já qualificada nos autos da Reclamação trabalhista, em fase de execução, que lhe move EXEQUENTE/AGRAVADO, por seu advogado que esta subscreve, com escritório em (endereço completo com CEP), onde receberá futuras notificações, vem, tempestiva e respeitosamente, à presença de Vossa Excelência, não se conformando com a respeitável sentença prolatada, interpor

AGRAVO DE PETIÇÃO

com fulcro no art. 897, *a*, da CLT, consubstanciado nas razões em anexo.

Nos termos do art. 897, § 1°, da CLT, informa a executada que o presente agravo de petição, tem como objeto da discordância o valor de R$... (valor por extenso), referente ao pedido de ... (inserir a matéria impugnada, por exemplo: índice de correção monetária).

Informa o agravante que deixa de juntar as guias de recolhimento de custas, pois estas serão pagas ao final pelo Executado, nos termos do art. 789-A da CLT. Deixa de efetuar o Depósito Recursal, pois já garantido o juízo, conforme súmula 128, item II do TST.

Requer o conhecimento e encaminhamento do presente recurso ao Egrégio Tribunal Regional do Trabalho da ... Região.

Termos em que,

Pede deferimento.

Local e data:...

Nome do advogado

OAB/... n°...

RAZÕES DE AGRAVO DE PETIÇÃO

AGRAVANTE: Nome da executada
AGRAVADO: Nome do exequente
Processo nº...
Origem:...
Egrégio Tribunal!
Colenda Turma!
Nobres Julgadores!

I – PRESSUPOSTOS RECURSAIS

Informa o recorrente que o presente recurso preenche todos os seus requisitos de admissibilidade recursais extrínsecos, tais como a representação, recorribilidade do ato, adequação, tempestividade e preparo, bem como os pressupostos intrínsecos: capacidade, legitimidade e interesse.

Dessa forma, espera o recorrente que o presente recurso seja conhecido e tenha o seu mérito apreciado.

II – RESUMO DA CONTROVÉRSIA

O examinando deverá trazer um resumo dos fatos ocorridos, sem abordar nenhum fato estranho no problema.

III – DAS MATÉRIAS E VALORES IMPUGNADOS

O presente agravo de petição tem como objeto de discordância o valor de R$... (valor por extenso), referente ao pedido de ... (inserir a matéria impugnada, por exemplo: índice de correção monetária).

Ao decidir embargos à execução, o Meritíssimo Juiz do Trabalho entendeu por bem em rejeitar a aplicação dos índices de correção monetária a partir do mês de competência.

Ocorre que, a correção monetária deve observar a época em que a verba se tornou devida. Estabelecendo o art. 459, § 1º, da CLT, que o empregador deve pagar o salário até o quinto dia útil do mês subsequente, a correção monetária deve ser feita a partir desse período e, se ultrapassada, incidirá o índice da correção monetária do mês subsequente ao da prestação dos serviços, a partir do dia 1º. Nesse sentido o TST editou a Súmula 381.

Dessa forma, deve ser aplicada a correção monetária do mês subsequente ao da prestação dos serviços, a partir do dia 1º.

IV – CONCLUSÃO

Diante do exposto, requer a agravante seja conhecido e provido o presente recurso, reformando a respeitável sentença recorrida no que se refere ao índice de correção monetária, conforme aduzido.

Local e data:...
Nome do advogado
OAB/... nº ...

Fim da peça

3.5.7. Agravo regimental

O agravo regimental encontra-se previsto no art. 709, § 1º, da CLT, na Lei 7.701/1988 e, ainda, nos regimentos internos dos Tribunais Regionais e do Tribunal Superior do Trabalho, arts. 235 e 236 do Regimento Interno do TST.

O agravo regimental é cabível em face das decisões monocráticas dos juízes relatores dos Tribunais Regionais ou do Tribunal Superior do Trabalho que negarem seguimento a recursos no 2º juízo de admissibilidade. Admite-se, outrossim, a interposição do agravo regimental para atacar decisão monocrática do Presidente do TST que negar seguimento ao recurso de embargos previsto no art. 894 da CLT.

A dica para identificar o agravo regimental é a palavra "decisão monocrática."

O prazo para interposição do agravo regimental varia de acordo com o regimento interno de cada Tribunal, que, de modo geral, fixam o prazo de 8 (oito) dias para sua interposição. No TST, de acordo com o art. 243 de seu regimento interno, o prazo é de 8 (oito) dias para a interposição do agravo regimental para o Pleno do TST. No TRT da 2ª Região está esculpido nos arts. 175 e 176 com prazo de 8 (oito) dias

O agravo regimental deverá ser interposto perante o Desembargador ou Ministro relator que prolatou a decisão, devendo o agravante requerer sua reconsideração ou, sucessivamente, o encaminhamento ao órgão competente para a apreciação do agravo, qual seja a Turma ou o Pleno do Tribunal, a depender do respectivo regimento interno, não havendo oportunidade para apresentação de contrarrazões, tampouco sustentação oral.

Caso não haja disposição no regimento interno do tribunal sobre a necessidade da formação do instrumento, não há necessidade de o agravante trazer cópias dos autos principais para a formação do instrumento, como ocorre no agravo de instrumento.

Vale ressaltar que o agravo regimental não está sujeito ao recolhimento de custas e depósito recursal, não havendo, portanto, o pressuposto extrínseco do preparo.

3.5.7.1. Estrutura do agravo regimental

1 – Petição de interposição

Inicialmente o examinando deverá elaborar a petição de interposição do recurso de agravo regimental.

a) Endereçamento

A peça de interposição do agravo regimental será dirigida ao Desembargador ou Ministro prolator da decisão impugnada, COM INDICAÇÃO DE SEU NOME E RELATOR DO RECURSO (que pretende impugnar), podendo ser endereçada ao TRT ou ao TST. Deverá ser elaborado em conformidade com o endereçamento padrão.

Endereçamento ao Tribunal Regional do Trabalho

"EXCELENTÍSSIMO SENHOR DESEMBARGADOR FULANO DE TAL DO EGRÉGIO TRIBUNAL REGIONAL DO TRABALHO DA ...REGIÃO RELATOR DO RECURSO TAL..."

Endereçamento ao Tribunal Superior do Trabalho

"EXCELENTÍSSIMO SENHOR MINISTRO FULANO DE TAL DO COLENDO TRIBUNAL SUPERIOR DO TRABALHO RELATOR DO RECURSO TAL..."

b) Indicação do número do processo

Antes da indicação do número do processo, importante lembrar que entre esse e o endereçamento, o examinando deverá deixar um espaço de 10 (dez) linhas. Contudo, tendo em vista o limite de linhas para elaboração da peça processual, admite-se que o examinando, ao invés de pular as 10 (dez) linhas, mencione entre o endereçamento e a qualificação a expressão: "espaço de 10 (dez) linhas".

O número do processo deverá ficar após o espaço de 10 (dez) linhas abaixo do endereçamento. Caso o problema forneça esse dado, deverá constar no corpo da medida. Não sendo fornecido esse elemento, o examinando deverá optar por inserir reticências ou "xxx", conforme item 3.5.9 do Edital do Exame de Ordem. Por exemplo: "Processo nº..."

c) Qualificação das partes

Recomenda-se que na peça de interposição do recurso que as partes sejam tratadas de acordo com os dados fornecidos na peça, *não se utilizando das expressões "agravante e agravado"* que serão utilizadas nas razões do recurso.

Recorrente e recorrido não necessitam de qualificação, tendo em vista que já estão qualificados nos autos.

O examinando deverá se utilizar da seguinte expressão: "reclamante, já qualificado nos autos".

d) Identificação da medida processual

O examinando deverá identificar a medida processual, indicando seus respectivos fundamentos legais.

Em se tratando de agravo regimental para o TST, o examinando deverá fundamentar sua medida no art. 709, § 1º, da CLT ou nos termos do art. 235 do Regimento Interno do TST.

Recomenda-se que o examinando destaque o nome da peça, colocando-o centralizado e com letras maiúsculas de forma.

e) Requerimentos finais

O agravo regimental NÃO está sujeito ao preparo, razão pela qual o examinando não deverá mencionar a juntada das guias comprobatórias de custas processuais e do depósito recursal.

Deverá requerer o conhecimento do recurso, reconsiderando-se o despacho ou, sucessivamente, o encaminhamento do recurso ao órgão competente para a apreciação do agravo, que poderá ser a Turma ou o Pleno do Tribunal, a depender do respectivo regimento interno.

f) Encerramento

Nesse item o examinando irá encerrar o recurso, colocando o local e a data e a assinatura do advogado. Importante lembrar que o examinando não poderá assinar a medida processual deverá mencionar apenas a expressão "advogado OAB".

2 – Razões do agravo regimental

Após encerrar a petição de interposição, o examinando deverá elaborar a petição de razões recursais.

Importante lembrar que o examinando não precisa elaborar as razões recursais em outra página. Recomenda-se que ao terminar a peça de interposição, o examinando inicie, diretamente, a peça de razões recursais.

a) Encaminhamento

O examinando deverá fazer o "encaminhamento padrão":
RAZÕES DE AGRAVO REGIMENTAL
AGRAVANTE:...
AGRAVADO:...
ORIGEM:...
PROCESSO Nº:...
Egrégio Tribunal.
Colenda Turma!

Nobres Julgadores!

b) Pressupostos recursais ou Requisitos de admissibilidade recursal.

Mencionar, ainda que de forma sucinta, que no presente recurso estão preenchidos os pressupostos recursais objetivos (extrínsecos) e subjetivos (intrínsecos).

c) Resumo da controvérsia

Nesse tópico o examinando deverá fazer um breve resumo dos fatos ocorridos no problema.

Não é recomendada a cópia *ipsis litteris* do texto do problema. Recomenda-se que o examinando traga a correta compreensão do problema apresentado.

d) Reforma da decisão

Nesse item o examinando deverá informar as razões da reforma da decisão, utilizando-se do silogismo.

e) Conclusão

Nesse item o examinando deverá pedir o conhecimento e provimento do recurso para ... (por exemplo, conferir seguimento ao recurso trancado).

f) Encerramento

Nesse item o examinando irá encerrar a sua peça processual, colocando o local e a data e assinatura do advogado. Importante lembrar que o examinando não poderá assinar a medida processual deverá mencionar apenas a expressão "advogado OAB".

3.5.8. Recurso de revista

Previsto no art. 896 da CLT, é um recurso de natureza extraordinária que visa atacar decisões proferidas pelos TRTs em dissídios individuais em grau de recurso ordinário.

Tem como objetivo uniformizar a interpretação jurisprudencial dos Tribunais acerca da legislação constitucional, federal e estadual e, ainda, a aplicabilidade de determinados instrumentos normativos como: acordo coletivo, convenção coletiva, sentença normativa e regulamento de empresa.

Por possuir natureza extraordinária, o recurso de revista não se admite o reexame de matéria fática e probatória, em conformidade com a Súmula 126 do TST.

3.5.8.1. Hipóteses de cabimento

3.5.8.1.1. Procedimento ordinário

No procedimento ordinário o recurso de revista é cabível nas hipóteses trazidas nas alíneas *a*, *b* e *c* do art. 896 da CLT.

Alínea *a*:

A alínea "a" do art. 896 da CLT prevê duas hipóteses de cabimento do recurso de revista, quais sejam: **I.** divergência jurisprudencial na interpretação de lei federal e **II.** contrariedade à súmula ou OJs do TST ou entre súmula vinculante do STF.

I. Divergência na interpretação de lei federal:

A divergência capaz de ensejar o cabimento do recurso de revista deve ser oriunda dos órgãos da Justiça do Trabalho.

Além disso, deve ser atual, não se considerando como tal a ultrapassada por súmula do TST ou do STF, ou superada por iterativa e notória jurisprudência do TST, nos termos do art. 896, § 7º, da CLT.

Assim, caberá recurso de revista com fulcro na primeira parte da alínea "a" do art. 896 da CLT sempre que o acórdão guerreado interpretar uma lei federal de forma diversa à interpretação dada ao mesmo dispositivo de lei federal por outro Tribunal Regional do Trabalho, por meio de suas decisões, súmulas ou tese jurídica prevalecente, ou pela Seção de Dissídios Individuais do TST.

Portanto, em outras palavras, estamos diante de uma hipótese de divergência jurisprudencial na interpretação de lei federal, entre o acórdão recorrido, proferido por um TRT no julgamento de um recurso ordinário e decisões, inclusive de tese jurídica prevalecente ou súmulas de TRT distinto àquele que proferiu a decisão recorrida; divergência entre o acórdão recorrido e decisão da SDI (Seção de Dissídios Individuais) do TST.

II. Contrariedade entre súmula ou orientação jurisprudencial do TST ou entre súmula vinculante do STF;

A 2ª parte da alínea "a" do art. 896 da CLT prevê a possibilidade de manejo do recurso de revista por contrariedade entre o acórdão recorrido e súmula ou orientação jurisprudencial do TST ou ainda entre súmula vinculante do STF.

Nessa hipótese, a interposição do recurso de revista se justifica tendo em vista que o acórdão recorrido contém fundamentação que contraria súmula ou orientação jurisprudencial do TST ou, ainda, se o acórdão recorrido contrariar súmula vinculante do STF.

Nos termos do art. 896, § 1º-A, II, da CLT a parte deverá indicar, de forma explícita e fundamentada, contrariedade a dispositivo de lei, súmula ou orientação jurisprudencial do Tribunal Superior do Trabalho que conflite com a decisão regional, sob pena de não conhecimento do recurso.

Alínea *b*:

A alínea b prevê a hipótese de cabimento do recurso de revista por divergência na interpretação de lei estadual, convenção coletiva, sentença normativa ou regulamento de empresa.

Nessa hipótese a divergência que dá ensejo ao recurso de revista ocorre na interpretação de lei estadual, convenção coletiva, sentença normativa ou regulamento de empresa. Assim, caso o acórdão interprete uma dessas espécies normativas de forma diversa à interpretação dada ao mesmo dispositivo de lei federal, por outro Tribunal Regional do Trabalho; pela SDI, por meio de suas orientações jurisprudenciais ou súmula do TST, caberá o recurso de revista com fulcro na alínea *b*.

Alínea *c*:

A alínea "c" prevê a hipótese de cabimento de recurso de revista por violação de literal dispositivo de lei federal ou da Constituição Federal

Nessa hipótese o acórdão guerreado viola diretamente dispositivo de lei federal ou afronta direta a CF. Nessa hipótese não há divergência jurisprudencial, mas sim violação à lei federal ou CF.

A decisão recorrida deve tratar da matéria explicitamente, surgindo assim a necessidade do prequestionamento. Importante lembrar que admite-se os embargos de declaração com fins de prequestionamento, de acordo com a Súmula 98 do STJ.

3.5.8.1.2. Procedimento sumaríssimo

Nos termos do art. 896, § 9º, da CLT, nas causas sujeitas ao procedimento sumaríssimo, somente será admitido recurso de revista por contrariedade a súmula de jurisprudência uniforme do Tribunal Superior do Trabalho ou a súmula vinculante do Supremo Tribunal Federal e por violação direta da Constituição Federal.

Vale lembrar que no procedimento sumaríssimo não se admite recurso de revista por contrariedade à orientação jurisprudencial, em conformidade com a Súmula 442 do TST.

3.5.8.1.3. Fase de execução de sentença

A atual legislação permite a interposição do recurso de revista, nas execuções em geral, das decisões que ofenderem a Constituição Federal, nos termos do § 2º do art. 896 da CLT.

Ademais, nas execuções fiscais e nas outras controvérsias de execução que envolvam a Certidão Negativa de Débitos Trabalhistas – CNDT – (documento obrigatório desde 4 de janeiro de 2012 para participação em licitações públicas e também uma importante ferramenta nas negociações imobiliárias) o recurso de revista é admitido por violação à lei federal, por divergência jurisprudencial e por ofensa à Constituição Federal.

3.5.9. Requisitos especiais

Ao interpor o recurso de revista, além dos pressupostos gerais de admissibilidade dos recursos, o examinando deverá, ainda, preencher mais três pressupostos especiais, a saber: a) transcendência, b) prequestionamento e c) exposições dispostas no art. 896, § 1º-A, na CLT.

- **a)** Prequestionamento: diz-se prequestionada a matéria ou questão quando na decisão impugnada tivera sido adotada, explicitamente, tese a respeito. Se não houve o expresso enfrentamento da matéria, exige-se que oposição de embargos de declaração com fins de prequestionamento, nos termos da Súmula 297, I, do TST.

  Nos termos do art. 896, § 1º-A, I, da CLT deve ser indicado trecho da decisão recorrida que consubstancia o prequestionamento, seja, por exemplo, por meio de transcrição de parte da decisão ou sinalizando o número de página e parágrafo do acórdão do Tribunal Regional que se encontra o trecho da matéria impugnada.

- **b)** Transcendência: nos remete a repercussão, ou seja, a questão debatida no recurso deverá ter repercussão nos aspectos econômicos, jurídicos, políticos e social. Sem o preenchimento desses pressupostos o recurso não será conhecido.

O art. 896-A traz em seu § 1º os indicadores de transcendência, a saber:
Art. 896-A.
§ 1º São indicadores de transcendência, entre outros:
I – econômica, o elevado valor da causa;
II – política, o desrespeito da instância recorrida à jurisprudência sumulada do Tribunal Superior do Trabalho ou do Supremo Tribunal Federal;
III – social, a postulação, por reclamante-recorrente, de direito social constitucionalmente assegurado;
IV – jurídica, a existência de questão nova em torno da interpretação da legislação trabalhista.

- **c)** exposições do art. 896, § 1º-A, da CLT – sob pena de não conhecimento do recurso o recorrente deverá:[5]
  - **I.** indicar o trecho da decisão que está devidamente prequestionada;
  - **II.** indicar de forma explícita e fundamentada a contrariedade do dispositivo de lei, súmula ou OJ do TST que conflite com a decisão impugnada/recorrida;
  - **III.** expor as suas razões de reforma impugnando todos os fundamentos jurídicos com demonstração precisa do dispositivo de lei, CF súmula ou OJ do qual apontar a contrariedade.
  - **IV.** transcrever na peça recursal, no caso de suscitar preliminar de nulidade de julgado por negativa de prestação jurisdicional, o trecho dos embargos declaratórios em que foi pedido o pronunciamento do tribunal sobre questão veiculada no recurso ordinário e o trecho da decisão regional que rejeitou os embargos quanto ao pedido, para cotejo e verificação, de plano, da ocorrência da omissão. (Inciso inserido pela Lei 13.467/2017)

---

5. A Lei 13.467/2017 – Reforma Trabalhista – inseriu ao art. 896, § 1º-A, da CLT o inciso IV:
Art. 896, § 1º-A, IV, CLT: "transcrever na peça recursal, no caso de suscitar preliminar de nulidade de julgado por negativa de prestação jurisdicional, o trecho dos embargos declaratórios em que foi pedido o pronunciamento do tribunal sobre questão veiculada no recurso ordinário e o trecho da decisão regional que rejeitou os embargos quanto ao pedido, para cotejo e verificação, de plano, da ocorrência da omissão."

ESTRUTURAS BÁSICAS E MODELOS DE PEÇAS

Importante destacar que o pressuposto do prequestionamento deverá constar tanto na petição de interposição, pois o primeiro juízo de admissibilidade analisa o preenchimento de tal pressuposto, como na petição de razões recursais.

A transcendência, por sua vez, deverá constar somente na petição de razões recursais, pois somente o juízo *ad quem* analisa tal pressuposto.

3.5.9.1. Estrutura do recurso de revista

1 – Petição de interposição

Inicialmente o examinando deverá elaborar a petição de interposição do recurso de revista.

a) Endereçamento

A peça de interposição do recurso de revista será dirigida ao Juiz Presidente do Tribunal Regional recorrido, ou seja, ao Desembargador Presidente do TRT, devendo ser elaborado em conformidade com o endereçamento padrão.

Endereçamento ao Tribunal Regional do Trabalho

"EXCELENTÍSSIMO SENHOR DESEMBARGADOR PRESIDENTE DO EGRÉGIO TRIBUNAL REGIONAL DO TRABALHO DA ...REGIÃO"

b) Indicação do número do processo

Deverá indicar o número do processo abaixo do endereçamento. Recomendamos pular uma linha.

Caso o problema forneça esse dado deverá constar na petição. Não sendo fornecido esse elemento, o examinando deverá optar por inserir reticências, conforme item 3.5.9 do Edital do Exame de Ordem. Por exemplo: "Processo nº..."

c) Qualificação das partes

Recomenda-se que na peça de interposição do recurso que as partes sejam tratadas de acordo com os dados fornecidos na peça. As partes não necessitam de qualificação, tendo em vista que já estão qualificadas nos autos.

Indicação do advogado

"por seu advogado que esta subscreve, com escritório em (endereço completo com CEP), onde receberá futuras notificações, vem à presença de Vossa Excelência..."

d) Identificação da medida processual – nome da peça e fundamentos legais

O examinando deverá identificar a medida processual, indicando seus respectivos fundamentos legais.

No recurso de revista o examinando deverá ficar atento para a correta indicação do fundamento legal. Isso porque o recurso poderá ter como fundamento as alíneas *a*, *b* ou *c* do art. 896 da CLT, para as causas de procedimento ordinário. Poderá, também, ter como fundamento o § 9º do art. 896 da CLT, para as causas de procedimento sumaríssimo, ou ainda, o § 2º ou 10 do art. 896 da CLT, caso a ação esteja em fase de execução de sentença.

Recomenda-se que o examinando destaque o nome da peça, colocando-o centralizado e com letras maiúsculas de forma.

e) Prequestionamento

Deverá informar que a matéria está prequestionada. Fazer indicação do trecho da decisão. Ver súmula 297 TST e art. 896, § 1º-A, I, da CLT

f) Requerimentos

O examinando não poderá deixar de informar o recolhimento das custas processuais e do depósito recursal, quando necessários.

Deverá, ainda, requerer o conhecimento e encaminhamento do recurso ao Tribunal Superior do Trabalho.

g) Encerramento

Nesse item o examinando irá encerrar o recurso, colocando o local e a data e a assinatura do advogado. Importante lembrar que o examinando não poderá assinar a medida processual, devendo mencionar apenas a expressão "advogado OAB".

2 – Razões do recurso de revista

Após encerrar a petição de interposição, o examinando deverá elaborar a petição de razões recursais.

É importante lembrar que o examinando não precisa fazer as razões recursais em outra página. Recomenda-se que ao terminar a peça de interposição o examinando inicie, diretamente, a peça de razões recursais.

a) Encaminhamento

O examinando deverá fazer o "encaminhamento padrão":

RAZÕES DE RECURSO DE REVISTA
RECORRENTE:...
RECORRIDO:...
ORIGEM:...
PROCESSO Nº:...
Egrégio Tribunal.
Colenda Turma!
Ínclitos Ministros!

b) Pressupostos recursais ou Requisitos de admissibilidade recursal.

Mencionar, ainda que de forma sucinta, que no presente recurso estão preenchidos os pressupostos recursais objetivos (extrínsecos) e subjetivos (intrínsecos).

c) Resumo da controvérsia

Nesse tópico o examinando deverá fazer um breve resumo dos fatos ocorridos no problema.

Não é recomendada a cópia *ipsis litteris* do texto do problema. Recomenda-se que o examinando traga a correta compreensão do problema apresentado.

d) Transcendência

Recomenda-se que o examinando abra um tópico específico apenas para informar que a matéria impugnada oferece transcendência. Veja art. 896-A da CLT.

O examinando deverá, ainda, ajustar a hipótese de transcendência a uma das hipóteses trazidas nos incisos do § 1º do art. 896-A da CLT.

e) Prequestionamento

Como no item anterior, recomenda-se que o examinando abra um tópico específico apenas para informar que a matéria está devidamente prequestionada.

Indicar trecho do acórdão recorrido que consubstancia o prequestionamento da controvérsia objeto do recurso de revista.

f) Cabimento do recurso

Esse item deverá ser nomeado pelo examinando de acordo com a hipótese de cabimento do recurso que estiver elaborando. O examinando que, por exemplo, for elaborar um recurso de revista que tenha como fundamento a alínea "c" do art. 896 consolidado, deverá dar como nome ao tópico: "Da afronta direta à Constituição Federal".

Caso o recurso tenha como fundamento duas alíneas, recomendamos que o examinando se utilize de tópicos distintos para cada uma delas.

Atenção! Em atendimento ao art. 896, § 1º-A da CLT, o examinando deverá transcrever nas razões recursais, as ementas e/ou trechos dos acórdãos trazidos à configuração da divergência ou violação.

O examinando deverá se utilizar do silogismo. Assim, deverá relatar os fatos (premissa menor), fazer referência ao direito aplicável (premissa maior) para depois concluir. Por exemplo:

1º)Fato – o acórdão afronta diretamente a CF (não se esqueça de transcrever o acórdão ou trecho da decisão, apenas com dados oferecidos pelo problema). Nesse 1º passo não basta a transcrição, deve o examinando explicar a razão da decisão;

2º)Direito – o art. "x" da CF assegura o seguinte direito (explicar o dispositivo em debate);

3º)Conclusão: desta forma, o acórdão deve ser reformado/anulado.

Importante lembrar que se a sua tese for de nulidade por algum vício ocorrido durante o processo, o pedido deverá ser de anulação e não de reforma da decisão.

g) Conclusão

Nesse item o examinando deverá ficar atento, pois o pedido do recurso dependerá de sua tese.

Assim, caso a tese seja de nulidade, o examinando deverá requerer a declaração de nulidade do acórdão, remetendo-se os autos para vara de origem para prolação de nova decisão.

Não existindo tese de nulidade o examinando deverá requerer a reforma da sentença ou acórdão.

Em ambos os casos, o examinando não poderá deixar de pedir o conhecimento e o provimento do recurso, para declarar a nulidade ou reforma do acórdão.

h) Encerramento

Nesse item o examinando irá encerrar a sua peça processual, colocando o local e a data e a assinatura do advogado. Importante lembrar que o examinando não poderá assinar a medida processual deverá mencionar apenas a expressão "advogado OAB".

3.5.9.2. Modelo de recurso de revista

Início da peça

EXCELENTÍSSIMO SENHOR DOUTOR DESEMBARGADOR PRESIDENTE DO EGRÉGIO TRIBUNAL REGIONAL DO TRABALHO DA 8ª REGIÃO – AMAPÁ.

(10 linhas)

Processo nº...

RECLAMADA/RECORRENTE, já qualificada nos autos da Reclamação trabalhista que lhe move RECLAMANTE/RECORRIDA, por seu advogado que esta subscreve, com escritório em (endereço completo com CEP), onde receberá futuras notificações, vem, tempestiva e respeitosamente, à presença de Vossa Excelência, não se conformando com o venerando acórdão prolatado, interpor

RECURSO DE REVISTA

com fulcro no artigo 896, alíneas "a" e "c" da CLT, consubstanciado nas razões em anexo.

Nos termos do art. 896, § 1ºA, I, da CLT o recorrente indica o trecho do acórdão que consubstancia o prequestionamento da controvérsia objeto do recurso de revista. Dispõe o venerando acórdão: "copiar trecho do acórdão trazido pelo problema".

Informa, por fim, que junta guias comprobatórias de recolhimento do depósito recursal e das custas processuais.

Requer o mesmo seja conhecido, processado e encaminhado ao Colendo Tribunal Superior do Trabalho.

Termos em que,
Pede e aguarda deferimento.
Local e data:...
Nome do advogado
OAB/... nº ...

RAZÕES DE RECURSO DE REVISTA

Recorrente: RECLAMADA

Recorrido: RECLAMANTE

Processo nº...

Origem:...

Egrégio Tribunal!

Colenda Turma!

Ínclitos Ministros!

I – PRESSUPOSTOS RECURSAIS

Informa o recorrente que o presente recurso preenche todos os seus requisitos de admissibilidade recursais extrínsecos, tais como a representação, recorribilidade do ato, adequação, tempestividade e preparo, bem como os pressupostos intrínsecos: capacidade, legitimidade e interesse.

Dessa forma, espera o recorrente que o presente recurso seja conhecido e tenha o seu mérito apreciado.

II – RESUMO DA CONTROVÉRSIA

O examinando deverá trazer um resumo dos fatos ocorridos, sem abordar nenhum fato estranho ao problema.

III – DA TRANSCENDÊNCIA

Nos termos do art. 896-A, § 1º, IV, da CLT, a causa submetida a reexame à mais alta Corte dessa Justiça Especializada oferece transcendência com relação aos reflexos gerais de natureza jurídica, na medida em que traz questão nova em torno da interpretação da legislação trabalhista, em especial o art. 192 da CLT.

IV – DO PRESQUESTIONAMENTO

Informa o recorrente que a questão matéria trazida a reexame foi expressamente ventilada no acórdão recorrido, restando atendido o pressuposto especial do prequestionamento, a ensejar a admissibilidade e o conhecimento do presente recurso.

Visando atender o disposto no art. 896, § 1ºA, I, da CLT o recorrente indica o trecho do acórdão que consubstancia o prequestionamento da controvérsia objeto do recurso de revista.

Dispõe o venerando acórdão:

"copiar trecho do acórdão trazido pelo problema"

V – DO MÉRITO

Não merece prosperar o venerando acórdão prolatado pelas razões a seguir declinadas.

VI – DO CABIMENTO DO RECURSO DE REVISTA POR DIVERGÊNCIA JURISPRUDENCIAL

O presente recurso comporta cabimento com fundamento na alínea "a" do artigo 896 da CLT, vez que a decisão recorrida, baseada na Súmula 12 desse Egrégio TRT da 8ª Região – Pará e Amapá, foi proferida em total divergência à Súmula 16 do Colendo TRT da 2ª Região – São Paulo, Capital, evidenciando, assim, notório dissenso interpretativo sobre a aplicação do art. 192 da CLT.

O acórdão recorrido foi baseado na seguinte fundamentação:

(transcrever trecho o acórdão recorrido que demonstre o prequestionamento)

Exemplo: "adicional de insalubridade será calculado sobre o salário contratual, tendo em vista que o salário mínimo não pode servir como indexador para nenhum direito do trabalhador."

"Verifica-se que a decisão recorrida entendeu *(explicar a decisão recorrida, colocar uma síntese da parte que pretende ver reformada, como por exemplo)*: que o adicional de insalubridade deverá ser calculado sobre o salário contratual do reclamante e não sobre o salário mínimo.

Todavia, esse não foi o entendimento proferido pelo Emérito TRT da 2ª Região na Súmula 16, que se transcreve:

(transcrever a súmula do Tribunal paradigma, tese jurídica prevalecente no Tribunal ou trecho de decisão do TRT paradigma).

"Examinando a tese definida na Súmula 16 do TRT da 2ª região podemos perceber que o adicional de insalubridade deverá ser calculado sobre o salário mínimo, divergindo, portanto, da tese adotada pela decisão recorrida.

Nota-se, portanto, evidente divergência na interpretação do art. 192 da CLT *(explicar o dispositivo de lei federal em debate)* que determina a percepção do referido adicional calculado sobre o salário mínimo.

Isto posto, o acórdão recorrido merece ser reformado, determinando a aplicação do salário mínimo para o cálculo do adicional de insalubridade.

VII – DO CABIMENTO DO RECURSO DE REVISTA POR VIOLAÇÃO DE LEI FEDERAL

O presente recurso comporta cabimento com fundamento na alínea "c" do artigo 896 da CLT, vez que a decisão recorrida foi proferida violou literalmente disposição contida no art. 130, I, da CLT.

O acórdão recorrido foi baseado na seguinte fundamentação:

(transcrever o acórdão recorrido ou trecho que demonstre o prequestionamento)

"Nota-se que *(explicar a decisão recorrida, uma síntese da parte que pretende ver reformada)* ao não conferir ao recorrente o direito às férias por ter se ausentado do trabalho injustificadamente por apenas 1 (um) dia, evidente que a decisão guerreada violou expressamente o art. 130, I, da CLT que prevê férias para o empregado que tiver até 5 (cinco) faltas injustificadas.

Ante a expressa violação à norma estabelecida no art. 130, I, da CLT, requer a reforma do venerando acórdão, conferindo o direito às férias ao recorrente.

VIII – CONCLUSÃO

Pelo exposto, a recorrente requer o conhecimento e provimento ao presente recurso de revista, reformando o venerando acórdão recorrido no que se refere ao..., conforme supra aduzido, uniformizando, assim, a jurisprudência, para que se faça a mais lídima e costumeira Justiça!

Local e data: ...

Nome do advogado

OAB/... n°...

Fim da peça

3.5.10. Embargos no TST

O recurso de embargos no TST trata do gênero, do qual são espécies os embargos infringentes e os embargos de divergência, de acordo com a redação do art. 894 da CLT dada pela Lei 11.496/2007e as inovações da Lei 13.015/2014.

Sobre a natureza do recurso, importante ressaltar que os embargos infringentes possuem natureza ordinária, podendo ser apreciadas matérias fáticas e jurídicas. Já os embargos de divergência que objetivam a uniformização da jurisprudência interna do TST, possuem natureza extraordinária, não se sujeitando, portanto, à apreciação de matéria fática nas linhas da Súmula 126 do TST, necessitando, ainda, que a matéria esteja prequestionada.

3.5.10.1. Embargos infringentes

Previstos no art. 894, I, *a,* da CLT, são cabíveis das decisões não unânimes proferidas pela seção especializada em dissídios coletivos, no prazo de 8 (oito) dias, contados da publicação do acórdão, nos processos de dissídios coletivos de competência originária do tribunal.

Os embargos infringentes objetivam atacar decisões não unânimes proferidas em dissídio coletivo de competência originária do TST.

3.5.10.2. Embargos de divergência

Previstos no art. 894, II, da CLT cabem embargos, por divergência jurisprudencial, das decisões das Turmas do Tribunal, no prazo de 8 (oito) dias, contados de sua publicação.

Serão cabíveis embargos de divergência em quatro situações:

a) das decisões das Turmas do Tribunal Superior do Trabalho que divergirem entre si;

b) se houver divergência entre decisões de uma Turma e a Seção Especializada em Dissídios Individuais;

c) se houver divergência entre uma Turma do Tribunal Superior do Trabalho e súmula ou orientação jurisprudencial do próprio Tribunal Superior do Trabalho;

d) se houver divergência entre uma Turma do Tribunal Superior do Trabalho e súmula vinculante do STF.

Antes do Exame de Ordem ser unificado para todo o Brasil, os Embargos de Divergência foi cobrado pelo Examinador de Ordem em São Paulo, especificamente no 3º Exame de 2008 (Exame 137). Veja link: http://www.oabsp.org.br/exame-da-ordem/exame-no-137/gabaritos-2a-fase/OABSP_137_PADRAO_TRABALHO.pdf

3.5.10.3. Interposição

Os embargos deverão ser opostos no prazo de 8 (oito) dias, ao Presidente da SDC em se tratando de embargos infringentes e ao Presidente da SDI 1 em se tratando de embargos de divergência, em petição acompanhada das razões recursais.

Imprescindível que o recorrente demonstre em seus embargos a divergência jurisprudencial existente entre as turmas do TST.

O recurso de embargos no TST está sujeito ao pagamento de custas e depósito recursal.

3.5.10.4. Estrutura dos embargos no TST

A presente estrutura poderá ser utilizada como base para as duas espécies de embargos no TST.

1 – Petição de interposição

Inicialmente o examinando deverá elaborar a petição de interposição do recurso.

Endereçamento

A petição de interposição dos embargos infringentes deverá ser dirigida ao Presidente da Turma (Excelentíssimo Senhor Doutor Ministro Presidente da Turma da Seção de Dissídios Coletivo do Colendo Tribunal Superior do Trabalho).

Já os embargos de divergência deverão ser endereçados ao Presidente da Turma que julgou o recurso de revista: "Excelentíssimo Senhor Doutor Ministro Presidente da Turma Seção de Dissídios Individual 1 do Colendo Tribunal Superior do Trabalho".

Indicação do número do processo

Antes da indicação do número do processo, importante lembrar que entre esse e o endereçamento, o examinando deverá deixar um espaço de 10 (dez) linhas. Contudo, tendo em vista o limite de linhas para elaboração da peça processual, admite-se que o examinando ao invés de pular as 10 (dez) linhas, mencione entre o endereçamento e a qualificação a expressão: "espaço de 10 (dez) linhas".

O número do processo deverá ficar após o espaço de 10 (dez) linhas abaixo do endereçamento. Caso o problema forneça esse dado deverá constar no corpo da medida. Não sendo fornecido esse elemento, o examinando deverá optar por inserir reticências ou "xxx", conforme item 3.5.9 do Edital do Exame de Ordem. Por exemplo: "Processo nº..."

Qualificação das partes

Recomenda-se que na peça de interposição do recurso as partes sejam tratadas de acordo com os dados fornecidos na peça, não se utilizando das expressões "embargante e embargado" que serão utilizadas nas razões do recurso.

Embargante e embargado não necessitam de qualificação, tendo em vista que já estão qualificados nos autos.

O examinando deverá se utilizar da seguinte expressão: "reclamante, já qualificado nos autos".

Identificação da medida processual

O examinando deverá identificar a medida processual, indicando seus respectivos fundamentos legais.

No recurso de embargos ao TST o examinando deverá ficar atento para a correta indicação do fundamento legal. Isso porque os embargos infringentes deverão ter como fundamento legal o art. 894, I, *a,* da CLT. Já os embargos de divergência terão como fundamento o art. 894, II, da CLT.

Recomenda-se que o examinando destaque o nome da peça, colocando-o centralizado e com letras maiúsculas de forma.

Prequestionamento

O prequestionamento é exigido apenas nos embargos de divergência. Assim, recomendamos que o examinando informe que o recurso está devidamente prequestionado.

Caso o examinando esteja elaborando embargos infringentes não há necessidade dessa indicação.

Requerimento

O examinando não poderá deixar de informar o recolhimento das custas processuais e do depósito recursal, quando necessários.

Em se tratando de embargos de divergência, nos termos do art. 71, II, *a*, do Regimento Interno do TST, o examinando deverá requerer o conhecimento e encaminhamento do recurso à Subseção 1 da Seção Especializada em Dissídios Individuais do Tribunal Superior do Trabalho.

No caso de embargos infringentes, nos termos do art. 70, II, *c*, do Regimento Interno do TST, deverá ser feito o pedido de encaminhamento à Seção Especializada em Dissídios Coletivos.

Encerramento

Nesse item o examinando irá encerrar o recurso, colocando o local e a data e a assinatura do advogado. Importante lembrar que o examinando não poderá assinar a medida processual deverá mencionar apenas a expressão "advogado OAB".

2 – Razões dos embargos

Após encerrar a petição de interposição, o examinando deverá elaborar a petição de razões recursais.

Importante lembrar que o examinando não precisa fazer as razões recursais em outra página. Recomenda-se que ao terminar a peça de interposição o examinando inicie, diretamente, a peça de razões recursais.

Encaminhamento

O examinando deverá fazer o "encaminhamento padrão":

RAZÕES DOS EMBARGOS DE (DIVERGÊNCIA OU INFRINGENTES)
EMBARGANTE: xxx
EMBARGADO xxx
ORIGEM:...
PROCESSO Nº:...
Egrégio Tribunal.
Colenda Turma!
Ínclitos Ministros!

Pressupostos recursais ou Requisitos de admissibilidade recursal

Mencionar, ainda que de forma sucinta, que no presente recurso estão preenchidos os pressupostos recursais objetivos (extrínsecos) e subjetivos (intrínsecos).

Resumo da controvérsia

Nesse tópico o examinando deverá fazer um breve resumo dos fatos ocorridos no problema.

Não é recomendada a cópia *ipsis litteris* do texto do problema. Recomenda-se que o examinando traga a correta compreensão do problema apresentado.

Prequestionamento

Em se tratando de embargos de divergência, recomenda-se que o examinando abra um tópico específico apenas para informar que a matéria está devidamente prequestionada.

Divergência jurisprudencial

O examinando deverá demonstrar a divergência havida entre as turmas do TST. A divergência poderá ocorrer entre o acórdão recorrido e uma decisão de OUTRA turma; entre o acórdão recorrido e uma orientação jurisprudencial ou, ainda, divergência à súmula do TST.

Atenção! Recomendamos ao examinando que transcreva nas razões recursais, as ementas e/ou trechos do acórdão recorrido trazido à configuração da divergência, bem como a transcrição do acórdão de outra turma, da orientação jurisprudencial ou da súmula divergente. O examinando deverá se utilizar do silogismo.

Pedido

O examinando deverá pedir o conhecimento e provimento do recurso unificando a interpretação jurisprudencial do TST.

Encerramento

Nesse item o examinando irá encerrar a sua peça processual, colocando o local e a data e a assinatura do advogado. Importante lembrar que o examinando não poderá assinar a medida processual deverá mencionar apenas a expressão "advogado OAB".

3.5.10.5. Modelo de embargos de divergência

Início da peça

EXCELENTÍSSIMO SENHOR DOUTOR MINISTRO PRESIDENTE DA ...TURMA DO COLENDO TRIBUNAL SUPERIOR DO TRABALHO

(10 linhas)

Processo nº...

RECLAMADA, por seu advogado, que esta subscreve, nos autos da reclamação trabalhista que lhe move RECLAMANTE, vem, tempestiva e respeitosamente, à presença de Vossa Excelência, não se conformando com o venerando acórdão que julgou o recurso de revista, interpor

EMBARGOS DE DIVERGÊNCIA

com fulcro no art. 894, II, da CLT, consubstanciado nas razões em anexo.

Informa, outrossim, que junta guias comprobatórias de recolhimento do depósito recursal e das custas processuais.

Requer o mesmo seja conhecido e encaminhado à Subseção 1 da Seção Especializada em Dissídios Individuais do Tribunal Superior do Trabalho.

Termos em que,
Pede deferimento.
Local e data:...
Nome do advogado
OAB/...nº...

RAZÕES DOS EMBARGOS DE DIVERGÊNCIA

EMBARGANTE: Nome da reclamada
EMBARGADO: Nome do reclamante

Processo n°...
Origem:...
Egrégio Tribunal!
Colenda Turma!
Ínclitos Ministros!

I – PRESSUPOSTOS RECURSAIS

Informa o recorrente que o presente recurso preenche todos os seus requisitos de admissibilidade recursais extrínsecos, tais como a representação, recorribilidade do ato, adequação, tempestividade e preparo, bem como os pressupostos intrínsecos: capacidade, legitimidade e interesse.

Dessa forma, espera o recorrente que o presente recurso seja conhecido e tenha o seu mérito apreciado.

II – RESUMO DA CONTROVÉRSIA

O examinando deverá trazer um resumo dos fatos ocorridos, sem abordar nenhum fato estranho no problema.

III – PREQUESTIONAMENTO

Informa o embargante que a questão trazida a exame nessa sede recursal foi expressamente debatida no acórdão recorrido, na medida em que foi explicitamente adotada tese a respeito da questão ora impugnada, restando atendido o pressuposto específico do prequestionamento, a ensejar a admissibilidade e o conhecimento do presente recurso.

IV – DA DIVERGÊNCIA JURISPRUDENCIAL

O acórdão ora guerreado proferido pela 1ª Turma do Colendo Tribunal Superior do Trabalho confirmou o entendimento proferido pela sentença de 1° e 2° graus, que determinou o pagamento do salário correspondente ao cargo exercido bem como o seu reenquadramento na função que passou a desempenhar companhia de saneamento básico, sociedade de economia mista.

Dispõe o acórdão:

(inserir trecho do acórdão guerreado).

A jurisprudência do TST segue orientação do Supremo Tribunal Federal a respeito da matéria, no sentido de ser clara a determinação constitucional quanto à necessidade de submissão a concurso público para que se tenha acesso a cargo ou a emprego público, nos termos do art. 37, II, da CF, não sendo possível que se interprete a referida condição como exigível apenas no ingresso na carreira.

Ocorre que a jurisprudência desse Colendo Tribunal Superior do Trabalho consubstanciada na Orientação Jurisprudencial 125 da SDI 1 do TST ensina que:

Orientação Jurisprudencial 125 da SDI 1 do TST – DESVIO DE FUNÇÃO. QUADRO DE CARREIRA.

O simples desvio funcional do empregado não gera direito a novo enquadramento, mas apenas às diferenças salariais respectivas, mesmo que o desvio de função haja iniciado antes da vigência da CF/1988.

Dessa forma, resta clara a divergência jurisprudencial existente entre o acórdão guerreado proferido pela 1ª Turma do Colendo Tribunal Superior do Trabalho e a Orientação Jurisprudencial 125 da SDI 1 do TST com relação ao reenquadramento do reclamante ora embargado.

V – CONCLUSÃO

Diante do exposto, requer o embargante o conhecimento e provimento do recurso de embargos de divergência, unificando a interpretação jurisprudencial do TST, acerca da matéria ora discutida.

Local e data:...
Nome do advogado
OAB/... nº ...

Fim da peça

3.5.11. Recurso extraordinário

O recurso extraordinário está previsto no art. 102, III, da CF que assim dispõe:

Art. 102. Compete ao Supremo Tribunal Federal, precipuamente, a guarda da Constituição, cabendo-lhe:
III – julgar, mediante recurso extraordinário, as causas decididas em única ou última instância, quando a decisão recorrida:
a) contrariar dispositivo desta Constituição;
b) declarar a inconstitucionalidade de tratado ou lei federal;
c) julgar válida lei ou ato de governo local contestado em face desta Constituição;
d) julgar válida lei local contestada em face de lei federal.

O recurso extraordinário vem esculpido nos arts. 1.029 e seguintes do CPC/2015.

No processo do trabalho somente se admitirá o recurso extraordinário de decisões do TST em grau de embargos ou de sentenças da Vara do Trabalho em procedimento sumário (Lei 5.584/1970), desde que as decisões violem literalmente norma da Constituição Federal.

Tem por objetivo o interesse público e não os interesses das partes que estão em litígio, pois visa assegurar o primado da CF e a unidade de interpretação do direito material e processual em todo território nacional.

O STF já firmou posicionamento no sentido de que somente as decisões que contrariarem a CF são impugnáveis via recurso extraordinário, nos termos da Súmula 505 do STF.

Por possuir natureza extraordinária, não se admite a interposição de recurso extraordinário para o reexame de provas, nos termos da Súmula 279 do STF.

3.5.11.1. Processamento

Deverá ser interposto no prazo de 15 dias perante o juízo que proferiu a decisão.

Serão dirigidos ao Presidente do TST os recursos interpostos em grau de embargos e ao Juiz da Vara do Trabalho nas hipóteses de recurso interposto no dissídio de alçada previsto na Lei 5.584/70 e, em ambos os casos, as razões recursais serão dirigidas ao Supremo Tribunal Federal.

Importante ressaltar que nesse momento processual não se admite o *jus postulandi* da parte (art. 791 da CLT) que se esgota no TRT em sede de recurso ordinário, nos termos da Súmula 425 do TST, necessitando que a parte constitua um advogado para a interposição do recurso extraordinário.

O recurso extraordinário se submete a dois juízos de admissibilidade. O primeiro será exercido pelo Presidente do Tribunal ou Juiz da Vara do Trabalho, juízo *a quo,* que poderá admitir ou negar seguimento ao recurso. Sendo negado seguimento ao recurso poderá a parte interessada interpor agravo de instrumento, visando seu destrancamento. O segundo juízo de admissibilidade é exercido pelo próprio STF, juízo *ad quem*. Nesse momento processual, caso seja negado seguimento ao recurso, por decisão monocrática proferida pelo relator, o recurso adequado será o agravo regimental.

No exame de admissibilidade além dos pressupostos genéricos o recorrente deve observar, ainda, os seguintes pressupostos específicos:

a) existência de uma causa: deve haver uma questão submetida à decisão judicial;
b) decisão de única ou última instância: no sentido de não é cabível nenhum outro recurso, desde que trate de matéria constitucional

Decisões de última instância são aquelas proferidas pelo TST por meio de suas seções especializadas ou órgão especial. Já as decisões de única instância são aquelas proferidas pelo TST em casos de sua competência originária, que não forem passíveis de embargos. Também são decisões de única instância aquelas proferidas nos dissídios de alçada, lei 5.584/70, admitindo, portanto, a interposição de recurso extraordinário.

O recurso extraordinário exige que a matéria esteja prequestionada, que pode ser entendida como sendo aquela matéria que foi amplamente debatida no processo. Dessa forma, deve existir no acórdão impugnado tese explícita acerca da matéria debatida, sob pena de não ficar configurado o prequestionamento, possibilitando à parte, nesse caso, a oposição de embargos de declaração com o fim de prequestionar a matéria.

O recorrente deve, por último, demonstrar repercussão geral das questões constitucionais discutidas no processo. Significa dizer que a decisão deve conter em seu bojo relevância geral, ou seja, por meio desse requisito a Suprema Corte passará analisar decisões que não se limite aos interesses dos litigantes, transcendendo esses interesses, repercutindo nos interesses da coletividade de um modo geral.

Os art. 1.035 do CPC/2015, regulamenta a questão da repercussão geral no recurso extraordinário.

Por fim, vale dizer que o recurso extraordinário será recebido no efeito devolutivo, permitindo-se a execução provisória da sentença até o julgamento dos embargos à execução.

3.5.11.2. Estrutura do recurso extraordinário

1 – Petição de interposição

Inicialmente o examinando deverá elaborar a petição de interposição do recurso.

Endereçamento

A peça de interposição do recurso extraordinário será dirigida ao Ministro Presidente do Colendo Tribunal Superior do Trabalho.

Indicação do número do processo

Antes da indicação do número do processo, importante lembrar que entre esse e o endereçamento, o examinando deverá deixar um espaço de 10 (dez) linhas. Contudo, tendo em vista o limite de linhas para elaboração da peça processual, admite-se que o examinando ao invés de pular as 10 (dez) linhas, mencione entre o endereçamento e a qualificação a expressão: "espaço de 10 (dez) linhas".

O número do processo deverá ficar após o espaço de 10 (dez) linhas abaixo do endereçamento. Caso o problema forneça esse dado deverá constar no corpo da medida. Não sendo fornecido esse elemento, o examinando deverá optar por inserir reticências ou "xxx", conforme item 3.5.9 do Edital do Exame de Ordem. Por exemplo: "Processo nº..."

Qualificação das partes

Recomenda-se que na peça de interposição do recurso que as partes sejam tratadas de acordo com os dados fornecidos na peça, não se utilizando das expressões "recorrente e recorrido" que serão utilizadas nas razões do recurso.

Recorrente e recorrido não necessitam de qualificação, tendo em vista que já estão qualificados nos autos.

O examinando deverá se utilizar da seguinte expressão: "reclamante, já qualificado nos autos".

Identificação da medida processual – nome da peça e fundamentos legais

O examinando deverá identificar a medida processual, indicando seus respectivos fundamentos legais.

No recurso extraordinário o examinando deverá ficar atento para a correta indicação do fundamento legal. Isso porque o recurso poderá ter como fundamento as alíneas *a*, *b* ou *c* do art. 102, III, da CF. A petição deve ter como fundamento, ainda, o art. 1.029 do CPC/2015.

Recomenda-se que o examinando destaque o nome da peça, colocando-o centralizado e com letras maiúsculas de forma.

Requerimentos

O examinando não poderá deixar de informar o recolhimento das custas processuais e do depósito recursal, quando necessários.

Deverá, ainda, requerer o conhecimento e encaminhamento do recurso ao Supremo Tribunal Federal.

Encerramento

Nesse item o examinando irá encerrar o recurso, colocando o local e a data e a assinatura do advogado. Importante lembrar que o examinando não poderá assinar a medida processual, devendo mencionar apenas a expressão "advogado OAB".

2 – Razões do recurso extraordinário

Após encerrar a petição de interposição, o examinando deverá elaborar a petição de razões recursais. Importante lembrar que o examinando não precisa fazer as razões recursais em outra página. Recomenda-se que ao terminar a peça de interposição o examinando inicie, diretamente, a peça de razões recursais.

Encaminhamento

O examinando deverá fazer o "encaminhamento padrão":

RAZÕES DE RECURSO EXTRAORDINÁRIO
RECORRENTE: xxx
RECORRIDO: xxx
ORIGEM: ...
PROCESSO Nº :...
Excelso Supremo Tribunal Federal
Ínclitos Ministros!

Pressupostos recursais ou Requisitos de admissibilidade recursal

Mencionar, ainda que de forma sucinta, que no presente recurso estão preenchidos os pressupostos recursais objetivos (extrínsecos) e subjetivos (intrínsecos).

Resumo da controvérsia

Nesse tópico o examinando deverá fazer um breve resumo dos fatos ocorridos no problema.

Não é recomendada a cópia *ipsis litteris* do texto do problema. Recomenda-se que o examinando traga a correta compreensão do problema apresentado.

Repercussão geral

Recomenda-se que o examinando abra um tópico específico apenas para informar que a matéria impugnada oferece repercussão geral nos termos dos arts. 1.035 e 1.036 do CPC/2015.

Prequestionamento

Como no item anterior, recomenda-se que o examinando abra um tópico específico apenas para informar que a matéria está devidamente prequestionada.

Mérito

Esse item deverá ser nomeado pelo examinando de acordo com o cabimento do recurso que estiver elaborando. O examinando que, por exemplo, for elaborar um recurso extraordinário com fundamento na alínea "a" do art. 102, III, da CF, deverá dar como nome ao tópico: "Da violação direta à Constituição Federal".

Caso o recurso tenha como fundamento duas alíneas, recomendamos que o examinando se utilize de tópicos distintos para cada uma delas.

O examinando deverá se utilizar do silogismo. Assim, deverá relatar os fatos (premissa menor), fazer referência ao direito aplicável (premissa maior) para depois concluir. Por exemplo:

1º)Fato – o acórdão afronta diretamente a CF (não se esqueça de transcrever o acórdão ou trecho da decisão, apenas com dados oferecidos pelo problema). Nesse 1º passo não basta a transcrição, deve o examinando explicar a razão da decisão;

2º)Direito – o art. "x" da CF assegura o seguinte direito (explicar o dispositivo em debate);

3º)Conclusão: desta forma, o acórdão deve ser reformado/anulado.

Importante lembrar que se a sua tese for de nulidade por algum vício ocorrido durante o processo, o pedido deverá ser de anulação e não de reforma da decisão.

Conclusão

Nesse item o examinando deverá ficar atento, pois o pedido do recurso dependerá de sua tese.

Assim, caso a tese seja de nulidade, o examinando deverá requerer a declaração de nulidade do acórdão, remetendo-se os autos para vara de origem para prolação de nova decisão.

Não existindo tese de nulidade o examinando deverá requerer a reforma do acórdão.

O examinando não poderá deixar de pedir o conhecimento e o provimento do recurso, para declarar a nulidade ou reforma do acórdão.

Encerramento

Nesse item o examinando irá encerrar a sua peça processual, colocando o local e a data e a assinatura do advogado. Importante lembrar que o examinando não poderá assinar a medida processual deverá mencionar apenas a expressão "advogado OAB".

3.5.11.3. Modelo de recurso extraordinário

Início da peça

EXCELENTÍSSIMO SENHOR DOUTOR MINISTRO PRESIDENTE DO COLENDO TRIBUNAL SUPERIOR DO TRABALHO.

Espaço de 10 linhas

Processo nº...

RECLAMADA, por seu advogado, que esta subscreve, nos autos da reclamação trabalhista que lhe move RECLAMANTE, vem, tempestiva e respeitosamente, à presença de Vossa Excelência, não se conformando com o venerando acórdão prolatado, interpor

RECURSO EXTRAORDINÁRIO

com fulcro no art. 102, III, alínea a, da CF, combinado com o art. 1029 e seguintes do CPC/2015, conforme razões anexas.

Informa, a reclamada que, nos termos dos art. 1.035 CPC/2015 a matéria objeto do presente recurso encontra-se prequestionada, bem como a questão oferece repercussão geral.

Requer o conhecimento e encaminhamento ao Excelso Supremo Tribunal Federal as presentes razões para que sejam apreciadas.

Informa, outrossim, que junta guias comprobatórias de recolhimento do depósito recursal e das custas complementares.

Termos em que,
Pede deferimento.
Local, data.
Nome do advogado
OAB/...n°...

RAZÕES DE RECURSO EXTRAORDINÁRIO

RECORRENTE: Reclamada
RECORRIDO: Reclamante
Processo n°...
Origem:...
Excelso Supremo Tribunal Federal
Ínclitos Ministros

I – PRESSUPOSTOS RECURSAIS

Informa o recorrente que o presente recurso preenche todos os seus requisitos de admissibilidade recursais extrínsecos, tais como a representação, recorribilidade do ato, adequação, tempestividade e preparo, bem como os pressupostos intrínsecos: capacidade, legitimidade e interesse.

Dessa forma, espera o recorrente que o presente recurso seja conhecido e tenha o seu mérito apreciado.

II – BREVE SÍNTESE DA CONTROVÉRSIA

O examinando deverá trazer um resumo dos fatos ocorridos, sem abordar nenhum fato estranho no problema.

Após ter sido aprovado em concurso público, o reclamante foi contratado pela reclamada, companhia de saneamento básico, sociedade de economia mista, para exercer o cargo de auxiliar técnico.

Ao iniciar suas atividades na empresa, passou a exercer as atribuições de cargo hierarquicamente superior ao daquele para o qual fora contratado.

Ingressa com reclamação trabalhista, pleiteando o pagamento do salário correspondente ao cargo exercido bem como o seu reenquadramento na função que passou a desempenhar.

Os pedidos foram julgados TOTALMENTE procedentes.

Sem razão, contudo. Senão, vejamos:

III – DA REPERCUSSÃO GERAL

Informa a recorrente que, em obediência ao disposto no art. 1.035 do CPC/2015, as questões discutidas no presente recurso ultrapassam os interesses subjetivos da causa sob o ponto de vista econômico, político, social ou jurídico.

IV – DO PREQUESTIONAMENTO

Informa o recorrente que a questão trazida a exame nessa sede recursal foi expressamente debatida no acórdão recorrido, na medida em que foi explicitamente adotada tese a respeito da questão ora impugnada, restando atendido o pressuposto específico do prequestionamento, a ensejar a admissibilidade e o conhecimento do presente recurso.

V – DA VIOLAÇÃO À CONSTITUIÇÃO FEDERAL

A reclamação trabalhista proposta por Fulano de Tal, empregado de sociedade de economia mista, foi julgada totalmente procedente em primeira instância, o que foi confirmado pelo Tribunal Regional do Trabalho da ... Região, bem como pelo Tribunal Superior do Trabalho, por sua ...Turma, condenando a recorrente, ao reenquadramento de função e pagamento das diferenças salariais.

Ocorre que, o venerando acórdão recorrido afronta diretamente o art. 37, II, da CF. Dispõe o acórdão:

(transcrever trecho do acórdão)

O acórdão em debate conferiu ao recorrido, empregado de sociedade de economia mista, reenquadramento na nova função que passou a desempenhar e pagamento às diferenças salarias.

Ao conferir ao recorrido o direito ao reenquadramento na nova função, o venerando acórdão, viola diretamente o texto constitucional previsto no art. 37, II, da CF, que determina a necessidade de submissão a concurso público para que se tenha acesso a cargo ou emprego público.

VI – CONCLUSÃO

Diante do exposto, requer a reforma do venerando acórdão, para reconhecer a impossibilidade de reenquadramento funcional do recorrido, como medida da mais lídima e costumeira

JUSTIÇA!

Local, data.

Nome do advogado

OAB/...n°...

Fim da peça

4. Execução

As sentenças na esfera laboral estão sujeitas a fase de execução, diferentemente do processo comum em que se tem a fase de cumprimento da sentença.

Na fase de conhecimento, nas lacunas da norma consolidada aplicamos o Código de Processo Civil, em conformidade com o art. 769 da CLT. Na fase de execução a aplicação é diversa. Isso porque devemos aplicar a CLT, havendo omissão da norma consolidada aplica-se a Lei 5.584/1970, persistindo a omissão aplicaremos a lei de execução fiscal, Lei 6.830/1980, sendo esta também omissa aplicar-se-á o CPC.

4.1. Legitimidade

4.1.1. Legitimidade ativa

A legitimidade ativa vem disposta no art. 878 da CLT, segundo o qual a execução será promovida pelas partes, permitida a execução de ofício pelo juiz ou pelo Presidente do Tribunal apenas nos casos em que as partes não estiverem representadas por advogado.

Dessa forma, a execução se iniciará de ofício pelo juiz somente quando as partes não estiverem representadas por advogado, ou seja, fazendo uso do jus postulandi. *No entanto, estando as partes representadas por advogado, deverão elas dar início à execução.*

4.1.2. Legitimidade passiva

Poderá figurar no polo passivo da execução tanto empregador, o que é mais comum, como empregado, por exemplo nas hipóteses em que este causou dano ao seu empregador.

Podem figurar como sujeito passivo na execução o espólio, herdeiros e sucessores; fiador; novo devedor que assumiu a dívida, desde que com consentimento do credor e o responsável tributário.

4.2. Títulos executivos

O processo do trabalho admite os seguintes títulos executivos:

4.2.1. Títulos executivos judiciais

a) sentenças ou acórdãos transitados em julgado;
b) sentenças ou acórdãos condenatórios transitados em julgado ou que tenham sido impugnados com recurso no efeito devolutivo;
c) decisões que homologam acordo entre as partes;
d) sentença penal condenatória, transitada em julgado (art. 515, VI, CPC/2015).

Importante lembrar que nos termos do art. 884, § 5º, da CLT é considerado inexigível o título judicial fundado em Lei ou ato normativo declarados inconstitucionais pelo Supremo Tribunal Federal ou em aplicação ou interpretação tidas por incompatíveis com a Constituição Federal.

4.2.2. Títulos executivos extrajudiciais

a) os termos de compromisso de ajuste de conduta com conteúdo obrigacional firmados perante o MPT;
b) os termos de conciliação celebrados perante a Comissão de Conciliação Prévia;
c) certidão de inscrição na dívida ativa da União, referente às penalidades impostas ao empregador pelos órgãos de fiscalização do trabalho, art. 114, VII, CF.
d) cheques e a notas promissórias emitidos em reconhecimento de dívida inequivocamente de natureza trabalhista – art. 13 da IN 39/2016.

4.3. Execução contra devedor solvente

Tem por objetivo expropriar bens do devedor, a fim de satisfazer o direito do credor.

Inicia-se com a expedição do mandado e citação. A citação deve ser pessoal e não apenas mera notificação como funciona na fase de conhecimento.

O executado será citado para no prazo de 48 (quarenta e oito) horas pegar ou nomear bens à penhora, sob pena de serem penhorados seus bens. Não encontrado por duas vezes, far-se-á a citação por edital.

Não pagando, não nomeando bens à penhora, nem depositando em juízo a importância executada, serão penhorados seus bens. Tantos quanto bastarem para a garantia da execução.

4.4. Penhora

A penhora deve obedecer a regra de nomeação imposta no art. 835 do CPC/2015 e será tida como ineficaz aquela que não obedecer a essa ordem, art. 848 do CPC/2015.

O exequente deve ser intimado para manifestar sua concordância ou não com o bem eventualmente oferecido à penhora. A não aceitação deverá ser fundamentada.

4.4.1. Bens impenhoráveis

São impenhoráveis os bens elencados no art. 833 do CPC/2015. Também são impenhoráveis os bens públicos.

Pela regra contida no art.834 do CPC/2015 na falta de outros bens, os frutos e rendimentos dos bens inalienáveis, salvo se destinados à satisfação de prestação alimentícia.

Também é impenhorável o bem de família, previstos na Lei 8.009/90, não se considerando como tal os veículos de transporte, obras de arte e os adornos suntuosos, ou seja, bens considerados de ostentação, desnecessários para sobrevivência da pessoa.

4.5. Embargos à execução

Possui natureza de ação em que o executado é autor e o exequente é réu. Visa, portanto, extinguir total ou parcialmente a execução, atacando o próprio conteúdo do título.

4.5.1. Matérias arguíveis

As matérias arguíveis por meio dos embargos à execução estão elencadas no art. 884, § 1º, da CLT.

Contudo, esse rol não é exaustivo, aplicando-se subsidiariamente as matérias elencadas no art. 525, § 1º, do CPC/2015 e, ainda, aquelas matérias apontadas no art. 917 do CPC/2015.

4.5.2. Processamento

Devem ser opostos no prazo de 5 (cinco) dias, contados da ciência da formalização da penhora. Assim, é condição *sine qua non* para a apresentação dos embargos à execução a prévia garantia do juízo, exceção feita à Fazenda Pública.

A Lei 13.467/2017 inseriu o § 6º no art. 884 da CLT para ensinar que a exigência da garantia ou penhora não se aplica às entidades filantrópicas e/ou àqueles que compõem ou compuseram a diretoria dessas instituições.

Os embargos à execução serão processados nos mesmos autos e serão liminarmente indeferidos nas hipóteses do art. 918 do CPC/2015: quando intempestivos; nos casos de indeferimento da petição inicial e de improcedência liminar do pedido; ou, ainda, quando manifestamente protelatórios.

Os embargos à execução, em regra, serão recebidos com efeito suspensivo. Entretanto, poderá o juiz, a requerimento do embargante, atribuir efeito suspensivo aos embargos quando, sendo relevantes seus fundamentos, o prosseguimento da execução manifestamente possa causar ao executado grave dano de difícil ou incerta reparação, e desde que a execução já esteja garantida por penhora, depósito ou caução suficientes.

4.5.3. Estrutura dos embargos à execução

Endereçamento

Os embargos à execução serão dirigidos ao juízo onde estiver tramitando a execução, devendo indicar o número da vara e a localidade apenas se o problema trouxer esses dados. Caso contrário, esses dados devem ser substituídos por reticências ou "xxx", conforme item 3.5.9 do Edital do Exame de Ordem. Por exemplo: "Excelentíssimo Senhor Doutor Juiz do Trabalho da ... Vara do Trabalho de ...".

O endereçamento deve ser feito por extenso e sem conter abreviaturas.

Número do processo

Antes da indicação do número do processo, importante lembrar que entre esse e o endereçamento, o examinando deverá deixar um espaço de 10 (dez) linhas. Contudo, tendo em vista o limite de linhas para elaboração da peça processual, admite-se que o examinando ao invés de pular as 10 (dez) linhas, mencione entre o endereçamento e a qualificação a expressão: "espaço de 10 (dez) linhas".

O número do processo deverá ficar após o espaço de 10 (dez) linhas abaixo do endereçamento. Caso o problema forneça esse dado deverá constar no corpo da medida. Não sendo fornecido esse elemento, o examinando deverá optar por inserir reticências, conforme item 3.5.9 do Edital do Exame de Ordem. Por exemplo: "Processo n°...".

Qualificação das partes

Em geral, o embargante é uma pessoa jurídica. Nesse caso a qualificação terá *5 itens* a saber: "1. nome da embargante, 2. pessoa jurídica de direito privado, 3. inscrita no CNPJ/MF sob o n°..., 4. endereço eletrônico; 5. com sede na (endereço completo com CEP)."

O embargado não precisará ser qualificado.

Identificação da medida processual

O examinando deverá identificar a medida processual, indicando seus respectivos fundamentos legais. Em se tratando de embargos à execução, o examinando deverá indicar o art. 884, *caput*, da CLT.

Recomenda-se que o examinando destaque o nome da peça, colocando-o centralizado e com letras maiúsculas de forma.

Fatos

Nesse tópico o examinando deverá fazer um breve resumo dos fatos ocorridos no problema.

Não é recomendada a cópia *ipsis litteris* do texto do problema. Recomenda-se que o examinando traga a correta compreensão do problema apresentado.

Garantia do juízo

Nesse item o examinando deverá informar que o juízo está devidamente garantido, seja por penhora, seja por algum bem indicado à penhora, ou, ainda, por depósito do valor discutido.

Mérito

Nesse item o examinando deverá esgotar suas teses de defesa. As teses de defesa nos embargos à execução ficarão restritas as hipóteses do art. 884, § 1°, da CLT, art. 525, § 1°, do CPC/2015 e, ainda, aquelas matérias apontadas no art. 917 do CPC/2015.

Caso o examinando tenha mais de uma tese de defesa, recomenda-se que para cada uma delas seja utilizado um tópico, adotando o silogismo já estudado. Por exemplo:

1º) foi penhorada a residência do embargante;
2º) a Lei 8.009/1990 considera impenhorável a residência;
3º) logo não pode prosperar a penhora.

Pedido
Deverá o examinando pedir que seja declarada nula e insubsistente a penhora realizada, liberando-se o bem penhorado indevidamente.

Requerimentos finais
Nos requerimentos finais o examinando deverá apenas requerer a produção de provas, por todos os meios em direito admitidos.

Encerramento
Nesse item o examinando irá encerrar a sua peça processual, colocando o local e a data e a assinatura do advogado. Importante lembrar que o examinando não poderá assinar a medida processual deverá mencionar apenas a expressão "advogado OAB".

Valor da causa
Se o embargante busca afastar a execução por inteira, o valor da causa dos embargos deve corresponder ao valor da execução, mas se os embargos atacam apenas parte da execução, o valor da causa deve corresponder a essa parte embargada.

4.5.4. Modelo de embargos à execução

Início da peça

EXCELENTÍSSIMO SENHOR DOUTOR JUIZ DO TRABALHO DA... VARA DO TRABALHO DE...

Espaço de 10 linhas

Processo nº...
EMBARGANTE, pessoa jurídica de direito privado, inscrita no CNPJ sob o nº..., com endereço completo com CEP, endereço eletrônico, por seu advogado que esta subscreve, com endereço completo com CEP, onde receberá futuras notificações vem à presença de Vossa Excelência, nos autos da Reclamação trabalhista proposta por EMBARGADO/EXEQUENTE, opor

EMBARGOS À EXECUÇÃO

com fulcro no art. 884 da CLT, combinado com o art. 319 do CPC/2015, pelas razões de fato e de direito aduzidas a seguir.

I – RESUMO DO FEITO
O examinando deverá trazer um resumo dos fatos ocorridos, sem abordar nenhum fato estranho no problema

II – DA GARANTIA DO JUÍZO
Informa a embargante que, nos termos do art. 883 da CLT, foi penhorado o bem imóvel descrito na matrícula nº 12.345, de propriedade do executado, estando devidamente garantida a execução em favor do embargado.

III – DO BEM IMPENHORÁVEL

Visando a satisfação de seu crédito reconhecido na presente reclamação trabalhista, o exequente cuidou de iniciar o processo de execução.

Como não foram indicados bens o exequente, ora embargado, requereu a penhora do bem imóvel descrito na matrícula 12345, de propriedade do embargante.

Ocorre que, o imóvel indicado à penhora constitui bem de família, o que nos termos do art. 1º da Lei 8.009/1990 torna-se impenhorável.

Dessa forma, não pode prosperar a penhora realizada no bem imóvel descrito na matrícula 12.345, devendo a mesma ser declarada nula e insubsistente.

IV – DOS PEDIDOS

Diante do exposto requer seja declarada nula e insubsistente a penhora realizada, liberando-se o bem penhorado indevidamente.

V – REQUERIMENTOS

Requer o embargante provar o alegado por todos os meios de prova em direito admitido.

Requer, ainda, a intimação do embargado para, em querendo, impugnar os presentes embargos e que, ao final, o acolhimento dos presentes embargos à execução.

Dá-se à causa o valor de R$...

Termos em que,

Pede deferimento.

Local e data:...

Nome do advogado

OAB/... nº...

Fim da peça

4.6. Embargos de terceiro

Os embargos de terceiro, previstos nos arts. 674 a 681 do CPC/2015 podem ser opostos tanto no processo de conhecimento, a qualquer tempo antes do trânsito em julgado da sentença ou acórdão, como no processo de execução, até 5 (cinco) dias após a lavratura do termo de penhora com a assinatura do termo de compromisso. Uma vez opostos os embargos de terceiro, a execução será suspensa.

Serão utilizados para aquele que, não sendo parte no processo, sofrer turbação ou esbulho na posse de seus bens, por determinação judicial.

Objetivam, portanto, a proteção da posse ou a propriedade dos bens do terceiro que não é parte no processo.

Vale lembrar que, equipara-se a terceiro a parte que, posto figure no processo, defende bens que, pelo título de sua aquisição ou pela qualidade em que os possuir, não podem ser atingidos pela apreensão judicial. Considera-se também terceiro o cônjuge quando defende a posse de bens dotais, próprios, reservados ou de sua meação.

Por possuir natureza de ação incidental, serão distribuídos por dependência aos autos do processo de onde se originou o ato de constrição e por este será apreciado.

Com relação aos embargos de terceiros realizados via carta precatória poderão ser oferecidos no juízo deprecante ou no juízo deprecado, mas a competência para julgá-los é do juízo deprecante, salvo se versarem, unicamente, sobre vícios ou irregularidades da penhora, avaliação ou alienação dos bens, praticados pelo juízo deprecado, em que a competência será deste último, nos termos da Súmula 419 do TST.

Os embargos de terceiro podem ser opostos tanto no processo de conhecimento, desde que não transitada em julgado a decisão, como na fase de execução, que somente poderão ser opostos até 5 (cinco) dias após a arrematação, adjudicação ou remição, antes da assinatura da respectiva carta.

A decisão proferida nos embargos de terceiro poderá ser impugnada via agravo de petição, art. 897, *a*, da CLT.

4.6.1. Estrutura dos embargos de terceiro

Endereçamento

Os embargos de terceiro, serão distribuídos por dependência ao processo principal. Assim, deverá ser endereçado ao juízo da causa principal, devendo indicar o número da vara e a localidade apenas se o problema trouxer esses dados. Caso contrário, esses dados devem ser substituídos por reticências, conforme item 3.5.9 do Edital do Exame de Ordem. Por exemplo: "Excelentíssimo Senhor Doutor Juiz do Trabalho da ... Vara do Trabalho de ..."

O endereçamento deve ser feito por extenso e sem conter abreviaturas.

Número do processo

Antes da indicação do número do processo, importante lembrar que entre esse e o endereçamento, o examinando deverá deixar um espaço de 10 (dez) linhas. Contudo, tendo em vista o limite de linhas para elaboração da peça processual, admite-se que o examinando ao invés de pular as 10 (dez) linhas, mencione entre o endereçamento e a qualificação a expressão: "espaço de 10 (dez) linhas".

O número do processo deverá ficar após o espaço de 10 (dez) linhas abaixo do endereçamento. Caso o problema forneça esse dado deverá constar no corpo da medida. Não sendo fornecido esse elemento, o examinando deverá optar por inserir reticências, conforme item 3.5.9 do Edital do Exame de Ordem. Por exemplo: "Processo n°..."

Nos embargos de terceiro recomenda-se que o examinando indique a distribuição por dependência, de maneira que ficará da seguinte forma: "Distribuição por dependência ao processo n°..."

Qualificação das partes/embargante e embargado

Embargante pessoa física, será sempre qualificado com *8 itens*, são eles: 1. Nome, 2. nacionalidade, 3. estado civil, 4. profissão, 5. portador da cédula de identidade RG número..., 6. inscrito no CPF/MF sob o número..., 7. endereço eletrônico; 8. endereço completo com CEP, por seu advogado que esta subscreve com endereço completo onde receberá futuras notificações, vem à presença de Vossa Excelência..."

Em se tratando de embargante pessoa jurídica a qualificação terá somente *5 itens* a saber: "1. nome da empresa, 2. pessoa jurídica de direito privado, 3. inscrita no CNPJ/MF sob o n°..., 4. endereço eletrônico; 5. com sede na (endereço completo com CEP), por seu advogado que esta subscreve com endereço completo onde receberá futuras notificações, vem à presença de Vossa Excelência..." Da mesma forma, o embargado/exequente deverá ser qualificado.

Identificação da medida processual

O examinando deverá identificar a medida processual, indicando seus respectivos fundamentos legais. Em se tratando de embargos de terceiro, o examinando deverá indicar os arts. 319 e 674 e seguintes do CPC/2015, aplicados subsidiariamente por força do art. 769 da CLT e art. 15 CPC/2015.

Recomenda-se que o examinando destaque o nome da peça, colocando-o centralizado e com letras maiúsculas de forma.

Fatos

Nesse tópico o examinando deverá fazer um breve resumo dos fatos ocorridos no problema. Não é recomendada a cópia *ipsis litteris* do texto do problema. Recomenda-se que o examinando traga a correta compreensão do problema apresentado.

Mérito

Nesse item o examinando deverá esgotar suas teses de defesa.

As teses de defesa nos embargos de terceiro estarão relacionadas com a perda da posse ou propriedade por parte do terceiro.

O examinando deverá fazer prova robusta, demonstrando que não é parte no processo e, por isso a penhora não poderá prosperar. Por exemplo:

1º) foi determinada a penhorada do bem do embargante;
2º) o embargante deixou de pertencer ao quadro societário da empresa há 10 anos;
3º) logo deve ser desconstituída a penhora realizada.

Pedido

Deverá o examinando pedir o deferimento dos embargos de terceiro, nos termos do art. 678 do CPC/2015, expedindo-se o competente mandado de restituição de posse em favor do embargante; desconstituindo a penhora realizada.

Requerimentos finais

Deverá requerer a citação do embargado para que no prazo legal de 15 (quinze) dias, art. 679 do CPC/2015, apresente resposta, sob pena dos efeitos da revelia.

Outrossim, deverá requerer a produção de provas, por todos os meios em direito admitidos.

Valor da causa

O examinando deverá atribuir um valor à causa, que será o valor do bem penhorado indevidamente. Caso o problema traga informações acerca do valor do bem, recomendamos que seja utilizado esse valor como valor da causa. Caso contrário o examinando deverá se utilizar da expressão "valor do bem constrito", de maneira que fique da seguinte maneira: "Dá-se à causa o valor de R$... (valor do bem constrito)."

Encerramento

Nesse item o examinando irá encerrar a sua peça processual, colocando o local e a data e a assinatura do advogado. Importante lembrar que o examinando não poderá assinar a medida processual deverá mencionar apenas a expressão "advogado OAB".

4.6.2. Modelo de embargos de terceiro

Início da peça

EXCELENTÍSSIMO SENHOR DOUTOR JUIZ DO TRABALHO DA... VARA DO TRABALHO DE...

Espaço de 10 linhas

Distribuição por dependência a reclamação trabalhista nº...

NOME DO TERCEIRO, nacionalidade, profissão, estado civil, portador da cédula de identidade RG nº..., inscrito no CPF/MF sob o nº, endereço completo com CEP, endereço eletrônico, por seu advogado que esta subscreve, com endereço completo onde receberá futuras notificações, vem à presença de Vossa Excelência, opor

EMBARGOS DE TERCEIRO

com fulcro nos arts. 319 e 674 e seguintes do CPC/2015, em face de NOME DO EXEQUENTE, nacionalidade, profissão, estado civil, portador da cédula de identidade RG n°..., inscrito no CPF/MF sob o n° endereço completo com CEP, endereço eletrônico, pelas razões de fato e de direito aduzidas a seguir.

I – DOS FATOS

O examinando deverá trazer um resumo dos fatos ocorridos, sem abordar nenhum fato estranho no problema.

II – DO CABIMENTO DOS EMBARGOS DE TERCEIRO

Nos autos da presente reclamação trabalhista foi determinada a penhora do bem: *(descrever o bem)* de propriedade do embargante.

Ocorre que, o embargante não é parte na presente reclamação, na medida em que se desligou do quadro de sócios da empresa executada há cerca de 10 anos, não havendo, portanto, qualquer responsabilidade por parte do embargante.

Nesse sentido, ensina o art. 1.032 do Código Civil, aplicado por força do art. 8°, da CLT, que a retirada, exclusão ou a morte do sócio, não o exime, ou a seus herdeiros, da responsabilidade pelas obrigações sociais anteriores, até dois anos após averbada a resolução da sociedade.

Dessa forma, por não pertencerem ao quadro societário da empresa executada, requer o embargante seja desconstituída a penhora realizada.

III – DOS PEDIDOS

Diante do exposto, requer a embargante a distribuição por dependência ao processo n°..., para que, nos termos do art.678 do CPC/2015, seja deferido o presente embargo de terceiro, expedindo-se o competente mandado de manutenção ou restituição *(a depender do problema)* da posse.

IV – DOS REQUERIMENTOS

Requer a citação do embargado para que responda ao presente embargo de terceiro no prazo de 15 dias, na forma do art. 679 do CPC/2015, sob pena de revelia e confissão.

Requer, ainda, provar o alegado por todos os meios de prova em direito admitido.

Requer, por fim, seja o presente embargo de terceiro julgado totalmente procedente.

Dá-se à causa o valor de R$... (valor do bem constrito).

Nestes termos,

Pede deferimento.

Local e data:...

Nome do advogado

OAB/... n°...

Fim da peça

4.7. Execução de título executivo extrajudicial

4.7.1. Considerações preliminares

No processo de conhecimento ao ter reconhecido seu crédito e tornado líquido, deverá o credor promover a execução do julgado, nos termos do arts. 880 e seguintes da CLT, denominada de execução judicial.

Por outro lado, admite-se na seara trabalhista, em algumas hipóteses, que o credor promova a cobrança do seu crédito imediatamente, ou seja, sem a necessidade de um processo para que se conheça seu crédito – processo de conhecimento. Nesses casos, o credor poderá promover a execução de título executivo extrajudicial, que pressupõe processo autônomo, com citação do devedor para cumprimento da obrigação.

Parte da doutrina corrente restritiva sustenta que na Justiça do Trabalho as hipóteses de execução de título executivo extrajudicial ficarão restritas a: a) termos de ajustamento de conduta firmados perante o Ministério Público do Trabalho; b) termos de conciliação firmados perante a comissão de conciliação prévia, nos termos do art. 876 da CLT, c) cheques e notas promissórias emitidos em reconhecimento de dívida inequivocamente de natureza trabalhista – art. 13 da IN 39/2016.

Dessa forma, desde que o título contenha os requisitos da liquidez, certeza e exigibilidade, serão passíveis de execução fundada em título executivo extrajudicial.

4.7.2. Processamento

Importante lembrar que nos termos do art. 889 da CLT aos trâmites e incidentes do processo da execução são aplicáveis, naquilo em que não violarem os princípios processuais trabalhistas, os preceitos que regem o processo de execução fiscal, disposto na Lei 6.830/1980. O Código de Processo Civil será aplicado apenas na omissão da Lei de executivos fiscais.

A competência territorial será determinada de acordo com a regra estabelecida no art. 877-A da CLT, ou seja, o juiz que teria competência para o processo de conhecimento relativo à matéria.

Dessa forma, nos termos do art. 6º da Lei 6.830/1980 a petição inicial deverá ser instruída com o título executivo extrajudicial, devendo indicar o Juiz a quem é dirigida, o pedido e, por último, o requerimento de citação do devedor, para, no prazo de 5 (cinco) dias, pagar a dívida ou garanti-la, sob pena de penhora.

Feita a citação o devedor poderá adotar 4 condutas: a) efetuar o pagamento do valor executado, hipótese em que a execução se encerrará, art. 924, II, CPC/2015; b) depositar o valor em juízo, informando que irá apresentar embargos à execução; c) oferecer bens à penhora para garantia do juízo e apresentar embargos à execução; d) não efetuar o pagamento, nem garantir a dívida, hipótese em que se procederá a penhora.

Nas execuções de título executivo extrajudicial, o executado poderá alegar como matérias de defesa a inexequibilidade do título ou inexigibilidade da obrigação, nulidade da execução, por não ser executivo o título apresentado; penhora incorreta ou avaliação errônea; excesso de execução ou cumulação indevida de execuções; retenção por benfeitorias necessárias ou úteis, nos casos de título para entrega de coisa certa; qualquer matéria que lhe seria lícito deduzir como defesa em processo de conhecimento, art. 917 do CPC/2015.

4.7.3. Estrutura da ação de execução de título extrajudicial

Antes de começar a redigir sua peça processual fixe margens à esquerda, a fim de que se faça a paragrafação.

Endereçamento

Consiste em saber o juiz a quem a petição é dirigida. A ação de execução será de competência da Vara do Trabalho, nos termos do art. 877-A da CLT.

O endereçamento deve ser feito por extenso e sem conter abreviaturas.

Endereçamento ao Juiz do Trabalho da Vara do Trabalho:

"EXCELENTÍSSIMO SENHOR DOUTOR JUIZ DO TRABALHO DA ...VARA DO TRABALHO DE ..."

Qualificação do autor

Antes de iniciar a qualificação do autor, importante mencionar que entre o endereçamento e o início da qualificação, o examinando deverá deixar um espaço de 10 linhas. Contudo, tendo em vista o limite de linhas para elaboração da peça processual, admite-se que o examinando ao invés de pular as 10 linhas, mencione entre o endereçamento e a qualificação a expressão: "espaço de 10 linhas".

Em se tratando de petição inicial, as partes deverão ser qualificadas. Em hipótese alguma o examinando poderá trazer dados das partes que não estejam no problema apresentado.

O autor deverá ser qualificado nos moldes do art. 319, II, do CPC/2015, acrescido do nome da mãe, número da Carteira de Trabalho, mencionando ainda o endereço do advogado onde receberá as futuras notificações.

Para sua melhor memorização, lembre que em uma reclamação trabalhista o autor, pessoa física, será sempre qualificado com *13 itens*, são eles: 1. Nome, 2. nacionalidade, 3. estado civil, 4. profissão, 5. nome da mãe, 6. data de nascimento, 7. portador da cédula de identidade RG número..., 8. inscrito no CPF/MF sob o número..., 9. número da CTPS e 10. série, 11. número do PIS, 12. endereço eletrônico; 13. endereço completo com CEP, por seu advogado que esta subscreve, com endereço completo com CEP, vem à presença de Vossa Excelência..."

Identificação da medida processual – nome da peça e fundamentos legais

O examinando deverá identificar a medida processual, indicando seus respectivos fundamentos legais. A ação de execução deverá ser fundamentada com base nos arts. 876 e seguintes da CLT, art. 6º da Lei 6830/1980 aplicados por força do art. 889 da CLT e art. 15 do CPC/2015.

Recomenda-se que o examinando destaque o nome da peça, colocando-o centralizado e com letras maiúsculas de forma.

Qualificação do réu

O próximo passo será a qualificação completa do executado, com o endereço, inclusive o eletrônico para que receba a notificação.

Em se tratando de uma pessoa jurídica a qualificação deverá conter *5 itens*, quais sejam: 1. nome da reclamada, 2. pessoa jurídica de direito privado, 3. inscrita no CNPJ/MF sob o nº..., 4. endereço eletrônico; 5. com sede na (endereço completo, com CEP).

Dos fatos

Nesse tópico o examinando deverá fazer um breve resumo dos fatos ocorridos no problema.

Não é recomendada a cópia *ipsis litteris* do texto do problema. Recomenda-se que o examinando traga a correta compreensão do problema apresentado.

Fundamentos legais – do direito

Nesse item o examinando necessita abordar suas teses. É nesse campo que o examinando desenvolve as teses dos direitos violados trazidos pelo problema. Recomenda-se que para cada tese, ou seja, para cada direito tratado, o examinando se utilize de um tópico.

A ação de execução extrajudicial é bem simples, basta que o exequente demonstre o inadimplemento do devedor. O objeto da fundamentação será o título executivo extrajudicial. Assim, basta que o examinando indique quais são os títulos executivos, informando o descumprimento do prazo para pagamento. Ao final, requer o pagamento integral do valor devidamente atualizado.

Pedido

O examinando deverá elaborar seus pedidos observando sempre os fundamentos legais de sua peça. Assim, todos os pontos que foram atacados na fundamentação farão parte dos pedidos. Cada tese alegada na petição deverá fazer parte dos pedidos, sob pena de não serem conhecidos.

Requerimentos finais

O examinando deverá fazer os seguintes pedidos:

a) citação do executado para que, no prazo de cinco dias, pague o valor principal devidamente atualizado ou nomeie bens à penhora, tantos quantos forem necessários à garantia do Juízo, ou ainda querendo, apresente embargos à execução;

b) a procedência total dos pedidos, condenado o executado ao pagamento de todas verbas pleiteadas e, por último,

c) provar o alegado por todos os meios de prova em direito admitido.

Valor da causa

Por se tratar de uma espécie de petição inicial, o examinando deve conferir um valor à causa. Na ação de execução extrajudicial o valor da causa será o valor do título executivo extrajudicial.

Recomenda-se que o examinando use a expressão: "Dá-se à causa o valor de R$... (valor da dívida constante do título)."

Encerramento

Nesse item o examinando irá encerrar a sua peça processual, colocando o local e a data e a assinatura do advogado. Importante lembrar que o examinando não poderá assinar a medida processual, deverá mencionar apenas a expressão "advogado OAB".

4.7.4. Modelo de ação de execução de título extrajudicial

Início da peça

EXCELENTÍSSIMO SENHOR DOUTOR JUIZ DO TRABALHO DA... VARA DO TRABALHO DE...

espaço de 10 (dez) linhas

EXEQUENTE, nacionalidade, estado civil, profissão, nome da mãe, data de nascimento, portador da cédula de identidade RG número..., inscrito no CPF/MF sob o número..., número da CTPS e série, número do PIS, endereço eletrônico, endereço completo com CEP, por seu advogado que esta subscreve, com endereço completo com CEP, onde receberá futuras notificações vem à presença de Vossa Excelência propor

AÇÃO DE EXECUÇÃO DE TÍTULO EXTRAJUDICIAL

com fundamento nos arts. 876 e seguintes da CLT, art. 6º da Lei 6830/1980 aplicados por força do art. 889 da CLT e art. 15 do CPC/2015, em face de EXECUTADO, pessoa jurídica de direito privado, inscrita no CNPJ/MF sob o nº..., com sede na (endereço completo com CEP), endereço eletrônico pelos motivos de fato e de direito que passa a aduzir

I – DOS FATOS

O examinando deverá trazer um resumo dos fatos ocorridos, sem abordar nenhum fato estranho ao problema.

II – DO INADIMPLEMENTO

O exequente é credor do executado da importância líquida, certa e exigível de R$... (valor por extenso), importância essa expressa pelo cheque nº..., banco..., emitido pelo próprio executado no dia..., em pagamento dos salários relativos aos meses de... e... do ano de...

Ocorre que, na data aprazada o executado não honrou com o compromisso assumido através do cheque supracitado, se revelando inadimplente.

Dessa forma, face a emissão da ordem de pagamento, representada pelo cheque e tendo em vista o inadimplemento do executado, requer sua condenação ao pagamento do valor devidamente atualizado.

III – DOS PEDIDOS

Diante do exposto requer o exequente:

a) a citação do executado para que, no prazo de 5 (cinco) dias, pague o valor principal devidamente atualizado ou nomeie bens à penhora, tantos quantos forem necessários à garantia do Juízo, ou ainda querendo, apresente embargos à execução

b) sejam os pedidos julgados totalmente procedentes, condenados o executado ao pagamento de todos as verbas pleiteadas.

c) provar o alegado por todos os meios de prova em direito admitido.

Dá-se à causa o valor de R$ ... (valor da dívida constante do título).

Nestes termos,

Pede deferimento.

Local e data: ...

Advogado

OAB/...

Fim da peça

5. AÇÕES ESPECIAIS

5.1. Ação monitória

5.1.1. Noções preliminares

Prevista nos arts. 700 a 702 do CPC/2015, a ação monitória é admitida no processo do trabalho por força do art. 769 da CLT e art. 15 CPC/2015.

Dispõe o art. 700 CPC/2015:

> Art. 700. A ação monitória pode ser proposta por aquele que afirmar, com base em prova escrita sem eficácia de título executivo, ter direito de exigir do devedor capaz:
> I – o pagamento de quantia em dinheiro;
> II – a entrega de coisa fungível ou infungível ou de bem móvel ou imóvel;
> III – o adimplemento de obrigação de fazer ou de não fazer.

A ação monitória é, portanto, uma ação de rito especial que objetiva propiciar a quem pretender baseado em prova escrita sem eficácia de título executivo extrajudicial, exigir o pagamento de quantia em dinheiro, entrega de coisa fungível ou infungível, móvel ou imóvel ou o adimplemento de uma obrigação de fazer ou não fazer.

A competência material da ação monitória da Justiça do Trabalho será fixada caso o documento escrito emitido seja decorrente da relação de trabalho, nos termos do art. 114 da CF. Com relação à competência territorial deve ser observada a regra do art. 651 da CLT, sendo a regra geral de competência o local da prestação de serviços.

Podemos citar como exemplo de ação monitória na Justiça do Trabalho a hipótese do termo de acordo extrajudicial firmado entre empregado e empregador. O acordo extrajudicial não está inserido do rol dos títulos executivos previstos no art. 876 da CLT e por essa razão não pode ser executado na Justiça do Trabalho. Assim, por não possuir eficácia executiva, o termo de acordo extrajudicial poderá ser exigido via ação monitória.

A ação monitória constitui uma via processual mais célere, que tem como objetivo antecipar a formação do título exequendo e agilizar a prestação jurisdicional, posta à disposição do credor que detém prova escrita, porém sem eficácia de título executivo. Contudo, é uma faculdade do credor que, não obstante preenchidos os requisitos do art. 700 CPC/2015, poderá optar pelo procedimento comum, propondo uma reclamação trabalhista.

5.1.2. Processamento

A ação monitória deverá ser proposta na Vara do Trabalho ou Juiz de Direito nas hipóteses do art. 112 da CF.

O autor deverá instruir a petição inicial observando as regras do art. 840, § 1º, da CLT e arts. 319 e 700 do CPC/2015, observando especialmente o disposto no § 2º do dispositivo, devendo obrigatoriamente juntar o título, ou seja, a prova escrita sem eficácia de título executivo. Apresentada a inicial o Juiz do Trabalho poderá determinar ou não a expedição do mandado monitório, nos termos do art. 701 do CPC/2015. Caso o Juiz indefira de plano a petição inicial, caberá recurso ordinário, com base no art. 895, I, da CLT, no prazo de oito dias.

Caso o Juiz opte pela expedição do mandado, registrará um prazo de 15 (quinze) dias para seu cumprimento.

Caso o réu satisfaça a obrigação, nos termos do art. 701, § 1º, do CPC/2015 ficará isento dos pagamentos de custas processuais e honorários advocatícios. Nesse caso, o processo será extinto com resolução do mérito.

Por outro lado, poderá o réu, sem prévia garantia do juízo, apresentar embargos monitórios que suspenderão a eficácia do mandado judicial. Nesse caso, deverá o Juiz do Trabalho designar audiência de conciliação e julgamento, em obediência ao princípio conciliatório.

Sendo rejeitados os embargos monitórios ou se não forem apresentados, o Juiz do Trabalho proferirá sentença, reconhecendo a executoriedade do título.

5.1.3. Estrutura da ação monitória

Antes de começar a redigir sua peça processual fixe margens à esquerda, a fim de que se faça a paragrafação.

Endereçamento

Consiste em saber o juiz a quem a petição é dirigida. A ação monitória é de competência da Vara do Trabalho e deverá seguir a regra do art. 651 da CLT. Nas localidades em que não houver Vara do Trabalho deverá ser endereçada ao Juiz de Direito, nos termos do art. 112 da CF.

O endereçamento deve ser feito por extenso e sem conter abreviaturas.

Qualificação do autor

Antes de iniciar a qualificação do autor, importante mencionar que entre o endereçamento e o início da qualificação o examinando deverá deixar um espaço de 10 linhas. Contudo, tendo em vista o limite de linhas para elaboração da peça processual, admite-se que o examinando ao invés de pular as 10 linhas, mencione entre o endereçamento e a qualificação a expressão: "espaço de 10 linhas".

Por se tratar de uma petição inicial, as partes deverão ser qualificadas. Em hipótese alguma o examinando poderá trazer dados das partes que não estejam no problema apresentado.

O autor deverá ser qualificado nos moldes do art. 319, II, do CPC/2015, acrescido do nome da mãe, número da Carteira de Trabalho, mencionando ainda o endereço do advogado onde receberá as futuras notificações.

Para sua melhor memorização, lembre que o autor, pessoa física, será qualificado com *13 itens*, são eles: 1. Nome, 2. nacionalidade, 3. estado civil, 4. profissão, 5. nome da mãe, 6. data de nascimento, 7. portador da cédula de identidade RG número..., 8. inscrito no CPF/MF sob o número..., 9. número da CTPS e 10. série, 11. número do PIS, 12. endereço eletrônico; 13. endereço completo com CEP, por seu advogado que esta subscreve, com endereço completo com CEP, onde receberá futuras notificações, vem à presença de Vossa Excelência..."

Identificação da medida processual

O examinando deverá identificar a medida processual, indicando seus respectivos fundamentos legais. Para a ação monitória o examinando deverá se utilizar dos arts. 319 e 700 e seguintes do CPC/2015, aplicados subsidiariamente por força do art. 769 da CLT e art. 15 CPC/2015.

Recomenda-se que o examinando destaque o nome da peça, colocando-o centralizado e com letras maiúsculas de forma.

Qualificação do réu

O próximo passo será a qualificação completa do réu, com o endereço para que receba a notificação. Em se tratando de uma pessoa jurídica, deverá ser qualificada como: "pessoa jurídica de direito privado, inscrita no CNPJ/MF sob o nº..., endereço eletrônico, com sede na (endereço completo com CEP)."

Dos fatos

Nesse tópico o examinando deverá fazer um breve resumo dos fatos ocorridos no problema.

Não é recomendada a cópia *ipsis litteris* do texto do problema. Recomenda-se que o examinando traga a correta compreensão do problema apresentado.

Prova escrita sem eficácia executiva

Recomenda-se que o examinando abra um tópico específico para informar que traz a prova escrita sem eficácia de título executivo, em atendimento ao disposto no art. 700, *caput*, CPC/2015.

Fundamentos legais – do direito

Nesse item o examinando necessita abordar suas teses. É nesse campo que o examinando desenvolverá as teses dos direitos violados trazidos pelo problema. Recomenda-se que para cada tese, ou seja, para cada direito tratado, o examinando se utilize de um tópico.

Na ação monitória a tese estará ligada com o documento prescrito sem eficácia executiva e o disposto nos incisos do art. 700 CPC/2015

Assim, o examinando deverá desenvolver raciocínio explicando a natureza do documento juntado como prova escrita e logo em seguida, indicar o art. 700 do CPC/2015, explicando suas razões. Por fim, deverá o examinando concluir o raciocínio, requerendo que seja constituído o título judicial, com a consequente condenação do réu ao pagamento do valor devido.

Pedido/Requerimentos

O examinando deverá elaborar seus pedidos observando sempre os fundamentos legais de sua peça. Todas as teses abordadas em "fundamentos legais" deverão ser observadas no pedido.

Na ação monitória o examinando deverá requerer expedição do mandado de pagamento ou de entrega da coisa (a depender do caso apresentado) no prazo de 15 (quinze) dias ou ofereça embargos monitórios.

Deverá requerer, também, nos termos do art. 702, § 8º, CPC/2015 que caso os embargos não forem opostos ou se forem rejeitados, a constituição de pleno direito do título executivo judicial, convertendo-se o mandado inicial em mandado executivo com o prosseguimento da ação de acordo com as regras dispostas nos arts. 880 e seguintes da CLT.

Ao final, deverá requerer a procedência total dos pedidos, condenando o réu ao pagamento dos valores descritos no título.

Requer a produção de provas por todos os meios admitidos em direito.

Valor da causa

O examinando deve conferir um valor à causa.

Na ação monitória o valor da causa será o valor da dívida ou valor do bem.

O examinando deverá utilizar-se da seguinte expressão: "Dá-se à causa o valor de R$... (valor da dívida ou valor do bem)."

Encerramento

Nesse item o examinando irá encerrar a sua peça processual, colocando o local e a data e a assinatura do advogado. Importante lembrar que o examinando não poderá assinar a medida processual, deverá mencionar apenas a expressão "advogado OAB".

5.1.4. Modelo de Ação Monitória

Início da peça

EXCELENTÍSSIMO SENHOR DOUTOR JUIZ DO TRABALHO DA ... VARA DO TRABALHO DE...

espaço de 10 (dez) linhas

AUTOR, nacionalidade, estado civil, profissão, nome da mãe, data de nascimento, portador da cédula de identidade RG número..., inscrito no CPF/MF sob o número..., número da CTPS e série, número do PIS, endereço eletrônico, endereço completo com CEP, por seu advogado que esta subscreve, com endereço completo com CEP, onde receberá futuras notificações vem à presença de Vossa Excelência propor

AÇÃO MONITÓRIA

com fulcro nos arts. 319, 700 e seguintes do CPC/2015, aplicados por força do art. 769 da CLT e art. 15 CPC em face de RÉU, pessoa jurídica de direito privado, inscrita no CNPJ/MF sob o nº..., endereço eletrônico, com sede na (endereço completo com CEP), pelos motivos de fato e de direito que passa a aduzir.

I – DOS FATOS

O examinando deverá trazer um resumo dos fatos ocorridos, sem abordar nenhum fato estranho ao problema.

II – DA PROVA ESCRITA – TERMO DE ACORDO EXTRAJUDICIAL

Informa o autor que a presente ação se baseia no termo de acordo extrajudicial firmado entre as partes, o qual é trazido aos autos como prova escrita nos termos do art. 700, *caput*, do CPC/2015, aplicados ao processo do trabalho por força do art. 769 da CLT e art. 15 CPC/2015.

III – DO DIREITO

A ré firmou acordo extrajudicial com o autor, reconhecendo expressamente a dívida no valor de R$ ... (valor por extenso), nos termos consignados e acordados no referido documento.

Todavia, na data acordada para o pagamento dos valores consignados, o réu não honrou os termos da avença, descumprindo o acordo extrajudicial pactuado.

O termo de acordo extrajudicial representa a confissão de dívida admitida pela empresa ré.

Dispõe o art. 700 do CPC/2015 que a ação monitória compete a quem pretender baseado em prova escrita sem eficácia de título executivo extrajudicial, exigir o pagamento de quantia em dinheiro, entrega de coisa fungível ou infungível, móvel ou imóvel ou o adimplemento de uma obrigação de fazer ou não fazer.

Dessa forma, requer o autor seja constituído o título judicial, condenando o réu ao pagamento da dívida expressamente reconhecida.

IV – DO PEDIDO

Diante do exposto requer o autor:

a) a expedição do mandado de pagamento no valor de R$... (valor por extenso), no prazo de quinze dias, ou ofereça embargos monitórios,

b) não sendo opostos embargos, requer a constituição de pleno direito o título executivo judicial, convertendo-se o mandado inicial em mandado executivo com o prosseguimento da ação de acordo com as regras dispostas nos arts. 880 e seguintes da CLT.

c) a procedência total dos pedidos, condenando o réu ao pagamento dos valores descritos no título.

d) requer provar o alegado por todos os meios admitidos em direito.

Dá-se à causa o valor de R$...(valor da dívida)

Nestes termos,

Pede deferimento.

Local e data: ...

Advogado

OAB/...

Fim da peça

5.2. Ação de cumprimento

5.2.1. Considerações iniciais

Disposta no art. 872 da CLT, a ação de cumprimento é o meio processual que visa o cumprimento das normas estabelecidas em sentença normativa, convenção ou acordo coletivo.

Como sabemos, acordo coletivo de trabalho é o pacto entre uma ou mais empresas com o sindicato da categoria profissional, em que são estabelecidas condições de trabalho, aplicáveis às empresas envolvidas. Convenção coletiva de trabalho é o acordo de caráter normativo, entre um ou mais sindicatos de empregados e de empregadores, de modo a definir condições de trabalho que deverão ser observadas em relação a todos os trabalhadores dessas empresas. Ambas possuem prazo máximo de duração de 2 (dois) anos.

Dessa forma, não sendo observadas as condições de trabalho estabelecidas no instrumento, surge o interesse na propositura da ação de cumprimento.

Sentença normativa é a decisão proferida em dissídio coletivo que estabelece normas gerais e abstratas de conduta, de observância obrigatória para as categorias profissionais e econômicas abrangidas pela decisão (poder normativo da Justiça do Trabalho). Por não possuir conteúdo condenatório, uma vez que apenas estabelece direitos a serem concedidos que, caso não cumpridos, serão pleiteados via ação de cumprimento, nos termos do art. 872 da CLT.

A ação de cumprimento poderá ser proposta pelos próprios trabalhadores, hipótese em que é denominada ação individual de cumprimento (simples ou plúrima). Poderá, também, ser proposta pelo sindicato da categoria profissional, como substituto processual, quando é denominada ação coletiva de cumprimento.

Embora o texto consolidado do art. 872 estabelece que para a propositura da ação de cumprimento é necessário o trânsito em julgado da decisão, a Súmula 246 do TST ensina ser dispensável o trânsito em julgado da decisão para a propositura da ação.

A competência para processar e julgar a ação de cumprimento pertence às Varas do Trabalho, nos termos do art. 872, parágrafo único, da CLT e deverá ser distribuída no local da prestação dos serviços, em conformidade com o art. 651 da CLT.

A petição inicial deverá ser instruída com cópia da sentença normativa ou, em se tratando de ação de cumprimento de cláusulas de convenção ou acordo coletivo, com os respectivos instrumentos, sob pena de indeferimento da petição.

5.2.2. Estrutura da ação de cumprimento

Antes de começar a redigir sua peça processual fixe margens à esquerda, a fim de que se faça a paragrafação.

Endereçamento

Consiste em saber o **juiz a quem a petição é dirigida. A ação de cumprimento é de competência da Vara do Trabalho, nos termos dos arts. 872, parágrafo único e 651 da CLT.** Nas localidades em que não houver Vara do Trabalho deverá ser endereçada ao Juiz de Direito, nos termos do art. 112 da CF.

O endereçamento deve ser feito por extenso e sem conter abreviaturas.

Qualificação do autor

Antes de iniciar a qualificação do autor, importante mencionar que entre o endereçamento e o início da qualificação, o examinando deverá deixar um espaço de 10 linhas. Contudo, tendo em vista o limite de linhas para elaboração da peça processual, admite-se que o examinando ao invés de pular as 10 linhas, mencione entre o endereçamento e a qualificação a expressão: "espaço de 10 linhas".

Por se tratar de uma petição inicial, as partes deverão ser qualificadas. Em hipótese alguma o examinando poderá trazer dados das partes que não estejam no problema apresentado.

O autor deverá ser qualificado nos moldes do art. 319, II, do CPC/2015, acrescido do nome da mãe, número da Carteira de Trabalho, mencionando ainda o endereço do advogado onde receberá as futuras notificações.

Para sua melhor memorização, lembre que o autor, pessoa física, será qualificado com *13 itens*, são eles: 1. Nome, 2. nacionalidade, 3. estado civil, 4. profissão, 5. nome da mãe, 6. data de nascimento, 7. portador da cédula de identidade RG número..., 8. inscrito no CPF/MF sob o número..., 9. número da CTPS e 10. série, 11. número do PIS, 12. endereço eletrônico; 13. endereço completo com CEP, por seu advogado que esta subscreve, com endereço completo com CEP, onde receberá futuras notificações, vem à presença de Vossa Excelência..." Em se tratando de ação proposta por sindicatos, devemos lembrar que ingressarão na lide na condição de substitutos processuais, devendo essa condição ser expressa na qualificação. Ademais, são pessoas jurídicas de direito privado, com número de CNPJ e Inscrição Sindical.

Dessa forma, a qualificação do sindicato deverá ser: SINDICATO..., pessoa jurídica de direito privado, inscrito no CNPJ/MF sob o n°..., Inscrição Sindical n°..., na condição de substituto processual, com sede na (endereço completo com CEP".

Identificação da medida processual

O examinando deverá identificar a medida processual, indicando seus respectivos fundamentos legais. A ação de cumprimento deverá ser fundamentada com base no arts. 319 do CPC e 872 da CLT.

Recomenda-se que o examinando destaque o nome da peça, colocando-o centralizado e com letras maiúsculas de forma.

Qualificação do réu

O próximo passo será a qualificação completa do réu, com seu endereço para que receba a notificação. Em se tratando de uma pessoa jurídica, deverá ser qualificada como: "pessoa jurídica de direito privado, inscrita no CNPJ/MF sob o n°..., endereço eletrônico, com sede na (endereço completo com CEP).

Dos fatos

Nesse tópico o examinando deverá fazer um breve resumo dos fatos ocorridos no problema.

Não é recomendada a cópia *ipsis litteris* do texto do problema. Recomenda-se que o examinando traga a correta compreensão do problema apresentado.

Cópia do instrumento normativo

Nesse tópico deverá o examinando indicar que traz cópia da instrução normativa, ou seja, cópia da sentença normativa, acordo coletivo ou convenção coletiva.

Fundamentos legais – do direito

Nesse item o examinando necessita abordar suas teses. É nesse campo que o examinando desenvolve as teses dos direitos violados trazidos pelo problema. Recomenda-se que para cada tese, ou seja, para cada direito tratado, o examinando se utilize de um tópico.

Na ação de cumprimento, o objeto da fundamentação será o descumprimento de alguma ou algumas cláusulas constantes do instrumento normativo. Assim, basta que o examinando aponte a cláusula não cumprida, alegando qual direito não foi cumprido e, ao final, requeira o cumprimento de tal cláusula.

Pedido/Requerimentos finais

O examinando deverá elaborar seus pedidos observando sempre os fundamentos legais de sua peça. Assim, todos os pontos que foram impugnados na fundamentação farão parte dos pedidos. Cada tese alegada na petição deverá fazer parte dos pedidos, sob pena de não serem conhecidos.

Dessa forma, na ação de cumprimento, o examinando deverá fazer os seguintes pedidos:

a) procedência total dos pedidos, impondo ao réu o dever de cumprir a cláusula do instrumento (indicar a cláusula), condenando ao pagamento dos direitos previsto na cláusula;

b) a notificação do réu para contestar o feito sob pena de revelia;

c) condenação em honorários advocatícios em 20% sobre o valor da condenação, nos termos da Súmula 219, III e V, TST.

d) provar o alegado por todos os meios de prova em direito admitido.

Valor da causa

Por se tratar de uma espécie de petição inicial, o examinando deve conferir um valor à causa.

Recomenda-se que o examinando não mensure valor algum, de modo que coloque apenas a expressão: "Dá-se à causa o valor de R$..."

Encerramento

Nesse item o examinando irá encerrar a sua peça processual, colocando o local e a data e a assinatura do advogado. Importante lembrar que o examinando não poderá assinar a medida processual, deverá mencionar apenas a expressão "advogado OAB".

5.2.3. Modelo de ação de cumprimento

Início da peça

EXCELENTÍSSIMO SENHOR DOUTOR JUIZ DO TRABALHO DA ... VARA DO TRABALHO DE...

espaço de 10 (dez) linhas

SINDICATO, pessoa jurídica de direito privado, inscrita no CNPJ/MF sob o n°..., Inscrição Sindical n°..., na condição de substituto processual, endereço eletrônico, com sede na (endereço completo com CEP), por seu advogado que esta subscreve, com endereço completo com CEP, onde receberá futuras notificações, vem à presença de Vossa Excelência propor

AÇÃO DE CUMPRIMENTO

com fulcro no art. 319 do CPC/2015 e art. 872 da CLT, em face de RÉU, pessoa jurídica de direito privado, inscrita no CNPJ/MF sob o n°..., endereço eletrônico, com sede na (endereço completo com CEP), pelos motivos de fato e de direito que passa a aduzir.

I – DOS FATOS

O examinando deverá trazer um resumo dos fatos ocorridos, sem abordar nenhum fato estranho ao problema.

II – DA SENTENÇA NORMATIVA (ou outro instrumento normativo)

Nos termos do art. 872 da CLT, informa o autor que junta nessa oportunidade íntegra da sentença normativa proferida nos autos do dissídio coletivo n°..., em trâmite perante o Egrégio Tribunal Regional do Trabalho da ... Região.

III – DO DIREITO

Ajuizado Dissídio Coletivo perante o Tribunal Regional do Trabalho da ... Região foi determinado, conforme cláusula ... da sentença normativa, que a classe representada teria um aumento salarial para o valor de R$... (valor por extenso), além do aumento da porcentagem do adicional de insalubridade de 10% para 20%.

A reclamada, contudo, desde proferida a sentença normativa em questão, não cumpriu o determinado, desrespeitando o instrumento normativo e prejudicando a classe operária.

Dessa forma, requer o autor, na condição de substituto processual, o cumprimento da cláusula ... da sentença normativa que determinou majoração salarial e aumento da percentagem do adicional de insalubridade.

IV – DOS PEDIDOS

Diante de todo o exposto requer o autor:

a) a procedência total dos pedidos, compelindo o réu a cumprir a cláusula ...da sentença normativa, condenando ao pagamento do aumento salarial para o valor de R$... (valor por extenso), além do pagamento do aumento da porcentagem do adicional de insalubridade de 20%.

b) a notificação do réu para contestar o feito sob pena de revelia;

c) **condenação em honorários advocatícios em 20% sobre o valor da condenação, nos termos da Súmula 219, III e V, TST.**

d) requer provar o alegado por todos os meios de prova em direito admitido.

Dá-se à causa o valor de R$... (valor por extenso)

Nestes termos,

Pede deferimento.

Local e data: ...

Advogado

OAB/...

Fim da peça

PEÇAS PRÁTICO-PROFISSIONAIS

(OAB/Exame Unificado XXXIII – 2ª fase) Sheila Melodia procura você, na condição de advogado(a), em 27/08/2021, relatando que é empregada da sociedade empresária Solução Ltda. desde 15/10/2019, recebendo 1 salário-mínimo por mês, estando com o contrato em vigor. Sheila informa que desde o início do contrato de trabalho atua como auxiliar de manutenção terceirizada nas dependências da sociedade empresária Tecnologia Ltda., localizada em Campinas/SP, pois existe contrato de prestação de serviços entre ambas as empresas. A empregada informa que jamais assinou qualquer documento ou autorização, sendo aprovada em processo seletivo para, logo após, ter a CTPS anotada. Diz que trabalha de 2ª a 6ª feira, das 9h às 15 horas, com intervalo de 15 minutos para refeição, e aos sábados, das 8h às 14 horas sem intervalo, marcando corretamente os cartões de ponto. Sheila explica que o supervisor da empregadora, alocado junto à sociedade empresária Tecnologia Ltda. para controlar a qualidade dos serviços, foi substituído há 2 meses, e o novo supervisor, de nome Carlos, tem o estranho e constrangedor hábito de enfileirar as empregadas no início do expediente e exigir que cada trabalhadora lhe dê um beijo no rosto. Carlos justifica esse procedimento dizendo que é uma forma de melhorar a relação da chefia com as subordinadas, e afirma que quem se negar sofrerá punição. Com receio de sofrer algo, Sheila se submete à vontade de Carlos, mesmo contrariada. Sheila lhe apresenta um extrato atual do FGTS, no qual se verifica um único depósito referente à competência de novembro de 2019, a certidão de nascimento do seu único filho, que tem 20 anos de idade, uma fotografia na qual aparece com o uniforme da sociedade empresária Solução Ltda., a cópia da ata de audiência de um processo anterior que ela ajuizou contra as empresas, com as mesmas pretensões, e que foi extinta sem resolução do mérito (arquivada) pela ausência da trabalhadora à 1ª audiência, tendo ela pago as custas processuais, com grande sacrifício (reclamação número 0100217-58.2021.5.15.0170, que tramitou perante a 170ª Vara do Trabalho de Campinas), os contracheques de todo o período, nos quais consta, na parte de créditos, o salário-mínimo e, na parte de descontos, a dedução de INSS, sendo que, no mês de março de 2020 consta uma dedução da contribuição sindical de R$ 40,00, sendo que Sheila nem sabia que havia um sindicato que a representava. A empregada afirma que, diante das irregularidades que sofre, não deseja continuar o contrato de trabalho, mas decidiu não pedir demissão porque foi alertada por familiares que, nesse caso, perderia vários direitos. Por fim, diz que sua situação financeira é periclitante, e não tem recurso financeiro para ajuizar a ação, caso seja necessário adiantar alguma quantia. Elabore, na condição de advogado(a), a peça prático-profissional que melhor defenda os interesses de Sheila, sem usar dados ou informações que não estejam no enunciado. (Valor: 5,00)

Obs: a peça deve abranger todos os fundamentos de Direito que possam ser utilizados para dar respaldo à pretensão. A simples menção ou transcrição do dispositivo legal não confere pontuação.

Nos casos em que a lei exigir liquidação de valores, não será necessário que o examinando a apresente, admitindo-se que o escritório possui setor próprio ou contratado especificamente para tal fim.

PRÁTICA TRABALHISTA – 9ª EDIÇÃO

GABARITO COMENTADO

O(a) examinando(a) deve elaborar uma peça no formato de Petição Inicial, dirigida ao juízo da 170ª Vara do Trabalho de Campinas, com a devida qualificação das partes envolvidas, incluindo o tomador dos serviços (contratante).

Deverá requerer a distribuição à 170ª VT de Campinas em razão da prevenção, com base no Art. 286, inciso II, do CPC.

Deverá requerer a gratuidade de justiça com base no artigo 790, §§ 3º e 4º, da CLT, pois a trabalhadora relata insuficiência financeira e aufere salário inferior a 40% do limite máximo dos benefícios do Regime Geral de Previdência Social.

Deverá requerer o pagamento de 15 minutos diários pelo intervalo desrespeitado nos sábados, com adicional de 50%, na forma do Art. 71, § 4º, da CLT.

Deverá requerer a devolução da contribuição sindical descontada, porque a autora não era sindicalizada e não autorizou o desconto, sendo então indevido, na forma do Art. 579 da CLT.

Deverá requerer a diferença de FGTS não depositado, conforme o Art. 15 da Lei nº 8.036/90.

Deverá requerer indenização por dano moral pela conduta do supervisor, na forma do Art. 223-B e do Art. 223-C, ambos da CLT.

Deverá requerer a resolução ou despedida indireta ou "rescisão indireta" do contrato, diante das irregularidades cometidas pelo empregador, conforme o Art. 483, alíneas d ou e, da CLT.

Deverá requerer as verbas do aviso-prévio, do 13º salário proporcional, das férias proporcionais + 1/3, acesso ao FGTS, indenização de 40% sobre o FGTS e acesso ao seguro-desemprego. Deverá requerer a responsabilidade subsidiária do tomador/contratante, conforme a Súmula 331, inciso IV, do TST e o Art. 5º-A, § 5º, da Lei nº 6.019/74.

Deverá requerer honorários advocatícios, com base no Art. 791-A da CLT.

Deverá requerer ao final a procedência dos pedidos, indicar as provas que pretende produzir e o valor da causa ou indicar a expressão econômica de cada pedido.

Fechamento com indicação de local, data, advogado e inscrição na OAB.

(OAB/Exame Unificado XXXII – 2ª fase) Érica Grama Verde trabalhou para a sociedade empresária Auditoria Pente Fino S.A. de 29/09/2011 a 07/01/2020, exercendo, desde a admissão, a função de gerente do setor de auditoria de médias empresas. Na condição de gerente, Érica comandava 25 auditores, designando suas atividades junto aos clientes do empregador, bem como fiscalizando e validando as auditorias por eles realizadas. Érica recebia salário mensal de R$ 20.000,00 (vinte mil reais), acrescido de gratificação de função de R$ 10.000,00 (dez mil reais). Érica pediu demissão, em 07/01/2020, e ajuizou reclamação trabalhista em 30/01/2020, na qual postulou o pagamento de horas extras, alegando que trabalhava de segunda-feira a sábado, das 8h às 20h, com intervalo de 1 hora para refeição, sendo que não marcava folha de ponto. Érica requereu o pagamento da indenização de 40% sobre o FGTS, que não foi depositada na sua conta vinculada, conforme extrato analítico do FGTS, que juntou com a inicial. Ela afirmou, ainda, que a empresa não efetuou o recolhimento do INSS nos anos de 2018 e 2019, fazendo comprovação disso por meio do seu Cadastro Nacional de Informações Sociais (CNIS), juntado com a petição inicial, no qual se constata que, nos anos citados, não houve recolhimento previdenciário, pelo que requereu que a empresa fosse condenada a regularizar a situação. Érica explicou e comprovou com os contracheques que, a partir de 2018, passou a receber prêmios em pecúnia, em valores variados, pelo que requereu a integração do valor desses prêmios à sua remuneração, com reflexos nas demais verbas salariais e rescisórias, inclusive FGTS, e o pagamento das diferenças daí decorrentes. Érica informou que, desde o início de seu contrato, realizava as mesmas atividades que Silvana Céu Azul, outra gerente do setor de auditoria de médias empresas, admitida na Auditoria Pente Fino S.A. em 15/01/2009, já na função de gerente, mas que ganhava salário 10% superior ao da reclamante, conforme contracheques que foram juntados com a petição inicial e evidenciam o salário superior da modelo. Uma vez que as atividades de Érica eram desenvolvidas em prédio da sociedade empresária localizado ao lado de uma comunidade muito violenta, tendo a empregada ouvido diversas vezes disparos de arma de fogo e assistido, da janela de sua sala de trabalho, a várias operações policiais que combatiam o tráfico de drogas no local, requereu o pagamento de adicional de periculosidade. Por fim, Érica requereu o pagamento de honorários advocatícios de 20% sobre o valor da condenação, conforme o Art. 85, § 2º, do CPC. Diante da situação, você, como advogado(a) da sociedade empresária, deve elaborar a peça processual adequada à defesa dos interesses de seu cliente, sabendo que a demanda foi proposta perante a 200ª Vara do Trabalho de São Paulo sob o número 0101010-50.2020.5.02.0200. (Valor: 5,00)

Obs.: a peça deve abranger todos os fundamentos de Direito que possam ser utilizados para dar respaldo à pretensão. A simples menção ou transcrição do dispositivo legal não confere pontuação.

Nos casos em que a lei exigir liquidação de valores, não será necessário que o(a) examinando(a) a apresente, admitindo-se que o escritório possui setor próprio ou contratado especificamente para tal fim.

GABARITO COMENTADO

O examinando deve apresentar uma peça no formato de contestação, digirida ao Juízo da 200ª Vara do Trabalho de São Paulo, com base no Art. 847 da CLT, identificando as partes envolvidas.

Deverá suscitar preliminar de incompetência material em relação ao recolhimento do INSS, na forma da Súmula Vinculante 53 do STF, Súmula 368, inciso I, do TST e art. 876, parágrafo único, da CLT.

Deverá suscitar preliminar de inépcia em relação à equiparação salarial porque há causa de pedir sem pedido, conforme Art. 330, § 1º, II, do CPC.

Deverá ser arguida a prejudicial de mérito de prescrição parcial, para ver declarado prescrito todo e qualquer suposto direito anterior a 30/01/2015 ou anteriores a cinco anos do ajuizamento da ação, conforme o Art. 7º, inciso XXIX, da CRFB/88, o Art. 11 da CLT e a Súmula 308, inciso I, do TST.

Deverá ser contestado o pedido de horas extras porque sendo a autora gerente e, efetivamente, tendo poder de gestão e salário diferenciado, com gratificação de função superior a 40%, ocupa cargo de confiança e, assim, não tem direito a limite de jornada. Consequentemente, não tem direito ao pagamento de horas extras, conforme o Art. 62, inciso II, da CLT.

Deverá ser sustentado que não há direito à indenização de 40% sobre o FGTS porque a autora pediu demissão, o que impede a pretensão, porque essa hipótese não é prevista na norma cogente, na forma do Art. 18, § 1º, da Lei nº 8.036/90 e Art. 9º, § 1º, do Decreto 99.684/90.

Deverá ser contestado o pedido de integração dos prêmios porque, ainda que habituais, eles não integram a remuneração conforme previsão legal expressa no Art. 457, § 2º, da CLT.

Deverá ser contestado, em razão princípio da eventualidade, o pedido de equiparação salarial porque a modelo tem mais de 2 anos na função, não implementando uma das condições legais, na forma do Art. 461, § 1º, da CLT.

Deverá ser contestado o pedido de periculosidade porque a situação retratada na petição inicial não autoriza tecnicamente o pagamento do adicional, pois a empregada não laborava em atividade ou operações perigosas segundo o Art. 193 da CLT.

Deverá ser contestado o pedido de honorários advocatícios porque limitam-se a 15%, além de postulados honorários sucumbenciais, na forma do Art. 791-A da CLT.

Por fim, o fechamento, indicando local, data, nome e inscrição OAB.

Distribuição dos Pontos

ITEM	PONTUAÇÃO
Endereçamento	
1. Contestação dirigida ao juízo da 200ª Vara do Trabalho de São Paulo (0,10)	0,00/0,10
2. Qualificação das partes: identificação do réu (0,10) e da autora (0,10)	0,00/0,10/0,20
3. Indicação Art. 847, CLT (0,10) 0,00/0,10	0,00/0,10
Preliminar	
4. Incompetência material quanto ao recolhimento do INSS (0,20). Indicação Art. 114, VIII, CF/88 ou Súmula Vinculante 53 STF ou Súmula 368, I, TST ou art. 876, p. único, CLT (0,10)	0,00/0,20/0,30
5. Inépcia da equiparação porque não há pedido (0,20). Indicação Art. 330, § 1º, I, CPC (0,10)	0,00/0,20/0,30
Prescrição parcial	
6. Prescrição das pretensões anteriores a 30/01/2015 ou prescrição das pretensões anteriores a cinco anos do ajuizamento da ação (0,40). Indicação Art. 7º, XXIX, CF/88, ou Art. 11, CLT ou Súmula 308, I, TST (0,10)	0,00/0,40/0,50
Horas extras	
7. Indevida hora extra porque a autora ocupava cargo de confiança (0,40). Indicação Art. 62, II, CLT (0,10)	0,00/0,40/0,50
40% FGTS	
8. Indevida a indenização de 40% sobre o FGTS porque a autora pediu demissão (0,40). Indicação Art. 18, § 1º, Lei 8.036/90 OU art. 9º, § 1º, Decreto 99.684/90 (0,10)	0,00/0,40/0,50
Prêmios	
9. Os prêmios, ainda que habituais, não integram a remuneração (0,40). Indicação Art. 457, § 2º, CLT (0,10)	0,00/0,40/0,50
Equiparação salarial	
10. Pelo princípio da eventualidade, inviável a equiparação porque a modelo tem mais de 2 anos na função (0,30). Indicação Art. 461, § 1º, CLT (0,10)	0,00/0,30/0,40
Adicional de periculosidade	
11. Indevido porque a situação não autoriza o pagamento da periculosidade OU porque a empregada não laborava em atividade ou operações perigosas (0,40). Indicação Art. 193, CLT (0,10)	0,00/0,40/0,50
Honorários	
12. Os honorários limitam-se a 15% (0,20). Pedido de honorários sucumbenciais (0,20). Indicação Art. 791-A, CLT (0,10)	0,00/0,20/0,30/0,40/0,50
Encerramento	
13. Renovação da(s) preliminar(es) (0,10) 0,00/0,10	0,00/0,10
14. Renovação da prejudicial de prescrição parcial (0,10) 0,00/0,10	0,00/0,10
15. Requerimento de improcedência dos pedidos (0,20) e indicação das provas a serem produzidas (0,10)	0,00/0,10/0,20/0,30
Fechamento Peça	
16. Data, local, advogado(a) e OAB (0,10)	0,00/0,10

(OAB/Exame Unificado XXXI – 2020.1 – 2ª fase) Débora Pimenta trabalhou como auxiliar de coveiro na sociedade empresária *Morada Eterna Ltda.*, de 30/03/2018 a 07/01/2019, quando foi dispensada sem justa causa, recebendo, por último, o salário de R$ 1.250,00 mensais, conforme anotado na CTPS. Em razão disso, ela ajuizou reclamação trabalhista em face da sociedade empresária. A ação foi distribuída ao juízo da 90ª Vara do Trabalho de Teresina/PI, recebendo o número 0050000-80.2019.5.22.0090.

Débora formulou vários pedidos, que assim foram julgados: o juízo declarou a incompetência material da Justiça do Trabalho para apreciar o pedido de recolhimento do INSS do período trabalhado; foi reconhecido que a jornada se desenvolvia de 2ª a 6ª feira, das 10 às 16 horas, com intervalo de 10 minutos para refeição, conforme confessado pelo preposto em interrogatório, sendo, então, deferido o pagamento de 15 minutos com adicional de 50%, em razão do intervalo desrespeitado, e reflexos nas demais verbas salariais; não foi reconhecido o salário oficioso de mais R$ 2.000,00 alegado na petição inicial, já que o julgador entendeu não haver prova de qualquer pagamento "por fora"; foi deferido o pagamento de horas extras pelos feriados, conforme requerido pela trabalhadora na inicial, que pediu extraordinário em "todo e qualquer feriado brasileiro", sendo rejeitada a preliminar suscitada na defesa contra a forma desse pedido; foi deferida indenização de R$ 6.000,00 a título de dano moral por acidente do trabalho em razão de doença degenerativa da qual a trabalhadora foi vítima, conforme laudos médicos juntados aos autos; foi indeferido o pagamento de adicional noturno, já que a autora não comprovou que houvesse enterro, ou preparação para tal fim, no período compreendido entre 22 e 5 horas; foi deferido o pagamento do vale-transporte em todo o período trabalhado, sendo que, na instrução, o magistrado indeferiu a oitiva de duas testemunhas trazidas pela sociedade empresária, que seriam ouvidas para provar que ela entregava o valor da passagem em espécie diariamente à trabalhadora; foi julgado procedente o pedido de devolução em dobro, como requerido na exordial, de 5 dias de faltas justificadas por atestados médicos, pois a preposta reconheceu que a empresa se negou a aceitar os atestados porque não continham CID (*Classificação Internacional de Doenças*); foi deferido o pagamento correspondente a 1 cesta básica mensal, porque sua entrega era prevista na convenção coletiva que vigorou no ano anterior (de janeiro de 2017 a janeiro de 2018) e, no entendimento do julgador, uma vez que não houve estipulação de uma nova norma coletiva, a anterior foi, automaticamente, prorrogada no tempo; foram deferidos honorários advocatícios em favor do advogado da autora na razão de 20% da liquidação e, em favor do advogado da ré, no importe de 10% em relação aos pedidos julgados improcedentes.

Diante disso, na condição de advogado da ré, **redija a peça prático-profissional para a defesa dos interesses da sua cliente em juízo, ciente de que, na sentença, não havia vício ou falha estrutural que comprometesse sua integridade. (Valor: 5,00)**

Obs.: a peça deve abranger todos os fundamentos de Direito que possam ser utilizados para dar respaldo à pretensão. A simples menção ou transcrição do dispositivo legal não confere pontuação.

Nos casos em que a lei exigir liquidação de valores, não será necessário que o examinando a apresente, admitindo-se que o escritório possui setor próprio ou contratado especificamente para tal fim.

GABARITO COMENTADO

O(A) examinando(a) deverá apresentar um *recurso ordinário* por parte da sociedade empresária, elaborando a petição de interposição ao juízo da 90ª Vara do Trabalho de Teresina/PI e as razões recursais, ao TRT. Deverá indicar as partes
(recorrente e recorrido), citar o Art. 895, inciso I, da CLT, e indicar o recolhimento das custas e do depósito recursal.
Deverá ser apresentada preliminar de cerceamento de defesa pelo indeferimento da oitiva das testemunhas da empresa, com a consequente anulação do processo e retorno à Vara de origem para oitiva delas e prolação de nova sentença, conforme o Art. 5º, inciso LV, da CRFB/88.
Deverá ser renovada a preliminar de inépcia em relação aos feriados, porque indicados de forma genérica, aplicando-se o Art. 330, inciso I, **ou** o Art. 330, § 1º, inciso II, do CPC, **ou** o Art. 840, § 1º, da CLT.
Em relação à pausa alimentar, deve ser sustentado ser indevido o pagamento integral do intervalo, mas apenas do tempo suprimido, e, ainda assim, com caráter indenizatório, sem repercussão em outras parcelas, na forma do Art. 71, § 4º, da CLT.
Sobre a indenização por dano extrapatrimonial, deve ser sustentado que doença degenerativa não é considerada doença do trabalho, conforme previsto no Art. 20, § 1º, alínea *a*, da Lei nº 8.213/91, não gerando responsabilidade do empregador.
Quanto à devolução dos descontos em dobro, o candidato deverá se insurgir contra a determinação da dobra porque não existe previsão legal na CLT para tanto, sendo então de se observar o princípio da legalidade previsto no Art. 5º, inciso II, da CRFB/88.
Em relação à cesta básica, deve ser sustentado que a norma coletiva não tem ultratividade, na forma do Art. 614, § 3º, da CLT, daí porque ser indevida para a autora, pois ela foi admitida após o término da convenção coletiva anterior.
Em relação aos honorários advocatícios, deve ser sustentado que o percentual deferido em favor do advogado da autora suplanta o limite legal, que é de 15%, conforme o Art. 791-A, da CLT, pelo que deve ser reduzido.
Requerimentos finais pela admissibilidade do recurso, renovação das preliminares e, no mérito, pelo provimento do recurso.
Fechamento.

Distribuição dos Pontos

ITEM	PONTUAÇÃO
Estrutura	
1. Petição com formato de recurso ordinário interposto perante o juízo da 90ª Vara do Trabalho de Teresina/PI (0,10) e com razões recursais ao TRT (0,10)	0,00/0,10/0,20
2. Indicação do Art. 895, I, CLT (0,10)	0,00/0,10
Partes	
3. Indicação da recorrente – a sociedade empresária (0,10) e da recorrida – a empregada (0,10)	0,00/0,10/0,20
Preparo	
4. Indicação do recolhimento das custas e do depósito recursal (0,10)	0,00/0,10
Preliminares	
5. Nulidade da sentença por cerceamento de defesa em relação às testemunhas (0,20). Indicação Art. 5º, LV, CRFB/88 OU Art. 369 CPC (0,10)	0,00/0,20/0,30
6. Inépcia porque não identificados os feriados trabalhados OU por ser o pedido de feriados genérico (0,20). Indicação Art. 330, inciso I, OU Art. 330, § 1º, II, CPC OU Art. 840, § 1º, CLT (0,10)	0,00/0,20/0,30
Mérito	
Intervalo	
7. Indevido o pagamento integral do intervalo, mas apenas do tempo suprimido (0,50)	0,00/0,50

ITEM	PONTUAÇÃO
8. Indevidos os reflexos pela natureza indenizatória do tempo suprimido (0,40)	0,00/0,40
9. Indicação Art. 71, § 4º, CLT (0,10), OBS.: pontuação condicionada à indicação correta dos itens 7 ou 8.	0,00/0,10
Indenização dano extrapatrimonial	
10. Indevida porque doença degenerativa não é considerada doença do trabalho (0,50). Indicação Art. 20, § 1º, "a", Lei 8.213/91 (0,10)	0,00/0,50/0,60
Devolução desconto	
11. Não há previsão legal para devolução em dobro de descontos efetuados (0,50). Indicação Art. 5º, II, CRFB/88 (0,10)	0,00/0,50/0,60
Cesta básica	
12. Indevida porque a norma coletiva não tem ultratividade OU não mais vigorava quando da admissão da autora (0,50). Indicação Art. 614, § 3º, CLT (0,10)	0,00/0,50/0,60
Honorários advocatícios	
13. Indevidos os 20%, porque a Lei limita a 15% (0,50). Indicação Art. 791-A da CLT (0,10)	0,00/0,50/0,60
Requerimentos finais	
14. Requerimento de admissibilidade/conhecimento do recurso (0,10)	0,00/0,10
15. Requerimento de acolhimento das preliminares (0,10) e provimento/reforma da decisão (0,10)	0,00/0,10/0,20
Fechamento Peça	
16. Data, local, advogado(a) e OAB (0,10)	0,00/0,10

(OAB/Exame Unificado XXX – 2019.3 – 2ª fase) Após juntar durante alguns anos suas economias e auxiliado por seus familiares, Tito comprou uma motocicleta e começou a trabalhar em 15/12/2018 como motoboy na Pizzaria Gourmet Ltda., localizada no Município de Parauapebas, Estado do Pará, realizando a entrega em domicílio de pizzas e outros tipos de massas aos clientes do empregador. A carteira de trabalho de Tito foi devidamente assinada, com o valor de 1 salário mínimo mensal. Em razão da atividade desempenhada, Tito poderia escolher diariamente um item do cardápio para se alimentar no próprio estabelecimento, sem precisar pagar pelo produto. Tito fazia em média 10 entregas em seu turno de trabalho, e normalmente recebia R$ 1,00 (um real) de bonificação espontânea de cada cliente, gerando uma média de R$ 260,00 (duzentos e sessenta reais) mensais. Tito exercia suas funções durante seis dias na semana, com folga na 2ª feira, sendo que, uma vez por mês, a folga era em um domingo. A jornada cumprida ia das 18h às 3h30, com intervalo de 40 minutos para refeição. No mês de agosto de 2019, Tito fez a entrega de uma pizza na casa de um cliente. Ocorre que o cozinheiro da pizzaria se confundiu no preparo e assou uma pizza de calabresa, sendo que o cliente era alérgico a esse produto (linguiça). Ao ver a pizza errada, o cliente foi tomado de fúria incontrolável, começou a xingar e a ameaçar Tito, e terminou por soltar seus cães de guarda, dando ordem para atacar o entregador. Tito correu desesperadamente, mas foi mordido e arranhado pelos animais, sendo lesionado gravemente. Em razão disso, ele precisou se afastar por 30 dias para recuperação, recebendo o benefício previdenciário pertinente do INSS. Tito gastou R$ 30,00 na compra de vacina antirrábica, que por recomendação médica foi obrigado a tomar, porque não sabia se os cachorros eram vacinados. Em 20 de setembro de 2019, após obter alta do INSS, Tito retornou à empresa e foi dispensado, recebendo as verbas rescisórias. Nos contracheques de Tito, constam, mensalmente, o pagamento do salário mínimo nacional na coluna de créditos e o desconto de INSS na coluna de descontos, sendo que no mês de março de 2019 houve ainda dedução de R$ 31,80 (trinta e um reais e oitenta centavos) a título de contribuição sindical, sem que tivesse autorizado o desconto. Tito foi à CEF e solicitou seu extrato analítico, onde consta depósito de FGTS durante todo o contrato de trabalho.

Considerando que, em outubro de 2019, Tito procurou você, como advogado(a), para pleitear os direitos lesados, informando que continua desempregado, elabore a peça processual pertinente. (Valor: 5,00)

Obs.: a peça deve abranger todos os fundamentos de Direito que possam ser utilizados para dar respaldo à pretensão. A simples menção ou transcrição do dispositivo legal não confere pontuação.

Nos casos em que a lei exigir liquidação de valores, não será necessário que o examinando a apresente, admitindo-se que o escritório possui setor próprio ou contratado especificamente para tal fim.

GABARITO COMENTADO

O examinando deverá formular uma petição Inicial de reclamação trabalhista dirigida ao juízo da Vara do Trabalho de Parauapebas /PA, qualificando as partes envolvidas. Deverá requerer gratuidade de justiça, pois está desempregado atualmente, na forma do Art. 790, § 3º, da CLT. Deverá postular a integração das gorjetas espontaneamente concedidas pelos clientes à remuneração, na forma do Art. 457 da CLT e Súmula 354 TST. Deverá requerer a retificação de sua carteira profissional para que conste a média das gorjetas recebidas, conforme prevê o Art. 29, § 1º, da CLT. Deverá requerer a devolução do desconto de contribuição sindical efetuado no mês de março, porque não autorizado pelo trabalhador, em violação aos artigos 545, 578, 579 e 582, todos da CLT. Deverá requerer o pagamento de horas extras pelo excesso das 8 horas diárias ou 44 horas semanais previstas no Art. 7º, inciso XIII, da CRFB/88 e no Art. 58 da CLT. Deverá requerer o pagamento de 20 minutos diários pela pausa alimentar concedida parcialmente, conforme o Art. 71, § 4º, da CLT. Deverá requerer o pagamento do adicional noturno na jornada realizada a partir das 22.00h, conforme o Art. 73 da CLT. Deverá requerer a reintegração no emprego pela estabilidade não observada em razão do acidente do trabalho, conforme o Art. 118 e o Art. 21, inciso II, alínea a, ambos da Lei nº 8.213/91, e Súmula 378, I e II, do TST. Deverá requerer a tutela de urgência ou evidência ou provisória para a reintegração imediata do trabalhador, na forma do art. 294 ou 300 ou 311 CPC. Deverá requerer o pagamento de indenização pelo gasto com a vacina antirrábica (dano emergente), conforme o Art. 186, Art. 927 e 949, do CC. Deverá requerer o pagamento de indenização por dano moral pelo acidente do trabalho, conforme os artigos 186 e 927 do CC e os artigos 223-B, 223-C e 223-G, todos da CLT. Deverá requerer o pagamento do adicional de periculosidade por trabalhar com motocicleta, na forma do Art. 193, § 4º, da CLT. Deverá requerer o pagamento de honorários advocatícios, conforme Art. 791-A da CLT. Formular o encerramento da peça, reiterando a tutela de urgência ou evidência ou provisória para a reintegração imediata do trabalhador e a procedência dos pedidos, com indicação de data, local, advogado(a) e OAB.

Distribuição dos Pontos

ITEM	PONTUAÇÃO
Endereçamento e cabimento	
1. Reclamação trabalhista com endereçamento ao juízo da Vara do Trabalho de Parauapebas/PA (0,10). Indicação do Art. 840, § 1º, CLT (0,10).	0,00/0,10/0,20
Partes	
2. Qualificação do reclamante (0,10) e da reclamada (0,10).	0,00/0,10/0,20
Gratuidade de justiça	
3. Requerer gratuidade de justiça (0,20). Indicação Art. 790, § 3º **OU** § 4º, CLT (0,10).	0,00/0,20/0,30
Pedidos	
4. integração das gorjetas recebidas (0,30). Indicação Art. 457 CLT **OU** Súmula 354 TST (0,10).	0,00/0,30/0,40

ITEM	PONTUAÇÃO
5. devolução do desconto de contribuição sindical porque não autorizado (0,30). Indicação Art. 545 **OU** 578 **OU** 579 **OU** 582 **OU** 462, da CLT (0,10)	0,00/0,30/0,40
6. pagamento de horas extras pelo excesso de carga horária diária ou semanal (0,30). Indicação Art. 7º, XIII, CRFB/88 **OU** Art. 58, CLT (0,10)	0,00/0,30/0,40
7. pagamento de 20 minutos diários pela pausa concedida parcialmente (0,30). Indicação Art. 71, § 4º, CLT (0,10)	0,00/0,30/0,40
8. pagamento de adicional noturno a partir das 22.00h (0,30). Indicação Art. 73 da CLT (0,10)	0,00/0,30/0,40
9. reintegração pela estabilidade em razão do acidente do trabalho (0,30). Indicação Art. 118 **OU** Art. 21, II, "a", Lei nº 8.213/91 **OU** Súmula 378, I **ou** II, TST (0,10)	0,00/0,30/0,40
10. concessão de tutela de urgência ou evidência ou provisória para a reintegração imediata (0,20). Indicação art. 294 **ou** 300 **ou** 311 CPC (0,10)	0,00/0,20/0,30
11. indenização pelo gasto com a vacina antirrábica (0,20). Indicação Art. 186 **OU** 927 **OU** 949, CC (0,10)	0,00/0,20/0,30
12. Indenização por dano moral pelo acidente do trabalho (0,20). Indicação Art. 223-B ou 223-C ou 223-G, da CLT **OU** Art. 186 **OU** 927 do CC (0,10)	0,00/0,20/0,30
13. pagamento de adicional de periculosidade (0,30). Indicação Art. 193, § 4º, CLT (0,10)	0,00/0,30/0,40
Honorários	
14. Requerer honorários advocatícios (0,20). Indicação Art. 791-A, CLT (0,10)	0,00/0,20/0,30
Encerramento	
15. Reiterar o pedido de tutela de urgência ou evidência ou provisória (0,10) e procedência dos pedidos (0,10)	0,00/0,10/0,20
Fechamento Peça	
16. Data, local, advogado(a) e OAB (0,10)	0,00/0,10

(OAB/Exame Unificado XXIX – 2019.2 – 2ª fase) A sociedade empresária Ômega S.A., estabelecida em Campinas, dedica-se à construção civil. Ela contratou o empregado João da Silva, em 05/01/2018, para exercer a função de pedreiro. Contudo, diante da necessidade de redução do seu quadro de pessoal, concedeu-lhe aviso prévio, em 10/10/2018, na forma indenizada. João ficou muito triste com a situação e ainda tentou apelar junto à direção da sociedade empresária para que não fosse dispensado, pois tinha esposa e dois filhos menores para criar. Porém, não só motivado pela crise, mas também porque o trabalho de João não se mostrava de boa qualidade, a sociedade empresária manteve a extinção, tal qual havia manifestado originalmente. Foi marcado, então, o dia 15/10/2018 para o pagamento das verbas rescisórias devidas e a entrega dos documentos hábeis para o requerimento de outros direitos, no próprio local de trabalho, oportunidade na qual o trabalhador faria, também, a retirada dos seus pertences pessoais. Ocorre que, nesse dia, a sociedade empresária não tinha em caixa o dinheiro suficiente para realizar a quitação do devido e, por isso, pediu desculpas a João, anotou a dispensa na sua CTPS e solicitou que ele retornasse 60 dias após, para que fossem feitos o pagamento e a retirada dos pertences. No dia marcado, João não compareceu. A sociedade empresária tentou contato telefônico e foram enviados dois telegramas para o endereço informado por ele na ficha de registro de empregados, mas tudo em vão. Até mesmo os ex-colegas de trabalho enviaram mensagens para o Facebook de João, na tentativa de fazê-lo ir à sociedade empresária para o acerto de contas, mas igualmente não houve sucesso. Sabe-se, contudo, que João continua desempregado. No vestiário da sociedade empresária, no armário anteriormente usado por João, foram encontradas algumas fotografias dele com a esposa e uma camisa do seu time de futebol. Diante disso, a sociedade empresária procura você para, na condição de advogado(a), adotar as medidas judiciais cabíveis para a espécie.

Observando o tempo já decorrido, elabore a peça necessária à defesa dos interesses da sociedade empresária, considerando todos os direitos previstos na legislação trabalhista. (Valor: 5,00)

Obs.: a peça deve abranger todos os fundamentos de Direito que possam ser utilizados para dar respaldo à pretensão. A simples menção ou transcrição do dispositivo legal não confere pontuação.

Nos casos em que a lei exigir liquidação de valores, não será necessário que o examinando a apresente, admitindo-se que o escritório possui setor próprio ou contratado especificamente para tal fim.

GABARITO COMENTADO

O candidato deverá confeccionar uma petição inicial de ação de Consignação em Pagamento, com base no Art. 539 do CPC, identificando consignante, consignatário e oferecendo os direitos devidos ao ex-empregado: saldo salarial de 10 dias, aviso prévio, 13º salário proporcional, férias proporcionais acrescidas de 1/3, entrega das guias para saque do FGTS (ou o TRCT), indenização de 40% sobre o FGTS (ou a juntada do comprovante do depósito da indenização de 40%), entrega dos formulários de seguro-desemprego, multa prevista no Art. 477, § 8º, da CLT, no valor de um salário do empregado, em razão do atraso no pagamento e consignação das fotografias e da camisa do clube de futebol. Em relação às verbas pecuniárias, deverá requerer o depósito da quantia devida e, encerrando, o requerimento de citação, procedência do pedido para se conferir quitação judicial à consignante, honorários advocatícios, indicação das provas e valor da causa.

Distribuição dos Pontos

ITEM	PONTUAÇÃO
Endereçamento	
1. Petição inicial dirigida a uma das Varas do Trabalho de Campinas (0,10)	0,00/0,10
2. Qualificação das partes: identificação da consignante (Ômega S.A) (0,10) e do consignatário (João da Silva) (0,10)	0,00/0,10/0,20
3. Indicação do Art. 539 CPC (0,10)	0,00/0,10
Direitos devidos ao trabalhador	
4. Depósito do saldo salarial (0,40)	0,00/0,40
5. Depósito do aviso prévio (0,40)	0,00/0,40
6. Depósito do 13º salário **proporcional** (0,40)	0,00/0,40
7. Depósito das férias **proporcionais** (0,20), acrescidas de 1/3 (0,20)	0,00/0,20/0,40
8. Depósito das guias para saque do FGTS **OU** do TRCT (0,40)	0,00/0,40
9. Depósito da indenização de 40% sobre o FGTS (0,40)	0,00/0,40
10. Depósito dos formulários de seguro desemprego (0,40)	0,00/0,40
11. Depósito da multa pelo atraso na quitação da rescisão (0,30). Indicação do Art. 477, § 8º, CLT (0,10)	0,00/0,30/0,40
12. Consignação ou depósito da camisa do clube de futebol e das fotografias (0,40)	0,00/0,40
Requerimentos	
13. Requerimento de depósito das parcelas devidas (0,10) e citação do consignatário para levantar o depósito (0,10)	0,00/0,10/0,20

14. Requerimento de procedência do pedido para quitação ou extinção da obrigação (0,20). Indicação Art. 334 CC **OU** Art. 546 CPC (0,10)	0,00/0,20/0,30
15. Honorários advocatícios (0,10). Indicação Art. 791-A CLT (0,10)	0,00/0,10/0,20
16. Indicação das provas a serem produzidas (0,10)	0,00/0,10
17. Indicação do valor da causa (0,10)	0,00/0,10
Fechamento	
18. Local, data, advogado e OAB (0,10)	0,00/0,10

(OAB/Exame Unificado XXVIII – 2019.1 – 2ª fase) A sociedade empresária Tecelagem Fio de Ouro S.A. procura você, como advogado(a), afirmando que Joana da Silva, que foi empregada da Tecelagem de 10/05/2008 a 29/09/2018, ajuizou reclamação trabalhista em face da sociedade empresária, em 15/10/2018, com pedido certo, determinado e com indicação de seu valor. O processo tramita na 80ª Vara do Trabalho de Cuiabá, sob o número 1000/2018. Joana requereu da ex-empregadora o pagamento de indenização por dano moral, alegando ser vítima de doença profissional, já que o mobiliário da empresa, segundo diz, não respeitava as normas de ergonomia. Disse, ainda, que a empresa fornecia plano odontológico gratuitamente, requerendo, então, a sua integração, para todos os fins, como salário utilidade. Afirma que, nos últimos dois anos, a sociedade empresária fornecia, a todos os empregados, uma cesta básica mensal, suprimida a partir de 1º de agosto de 2018, violando direito adquirido, pelo que requer o seu pagamento nos meses de agosto e setembro de 2018. Relata que, no ano de 2018, permanecia, duas vezes na semana, por mais uma hora na sede da sociedade empresária para participar de um culto ecumênico, caracterizando tempo à disposição do empregador, que deve ser remunerado como hora extra, o que requereu. Joana afirma que foi coagida moralmente a pedir demissão, pois, se não o fizesse, a sociedade empresária alegaria dispensa por justa causa, apesar de ela nada ter feito de errado. Assim, requer a anulação do pedido de demissão e o pagamento dos direitos como sendo uma dispensa sem justa causa. Ela reclama que foi contratada como cozinheira, mas que era obrigada, desde o início do contrato, após preparar os alimentos, a colocá-los em uma bandeja e levar a refeição para os 5 empregados do setor. Esse procedimento caracterizaria acúmulo funcional com a atividade de garçom, pelo que ela requer o pagamento de um plus salarial de 30% sobre o valor do seu salário. Por fim, formulou um pedido de adicional de periculosidade, mas não o fundamentou na causa de pedir. Joana juntou, com a petição inicial, os laudos de ressonância magnética da coluna vertebral, com o diagnóstico de doença degenerativa, e a cópia do cartão do plano odontológico, que lhe foi entregue pela empresa na admissão. Juntou, ainda, a cópia da convenção coletiva, que vigorou de julho de 2016 a julho de 2018, na qual consta a obrigação de os empregadores fornecerem uma cesta básica aos seus colaboradores a cada mês, e, como não foi entabulada nova convenção desde então, advoga que a anterior prorrogou-se automaticamente. Por fim, juntou a circular da empresa que informava a todos os empregados que eles poderiam participar de um culto na empresa, que ocorreria todos os dias ao fim do expediente. A ex-empregadora entregou a você o pedido de demissão escrito de próprio punho pela autora e o documento com a quitação dos direitos da ruptura considerando um pedido de demissão.

Diante da situação, elabore a peça processual adequada à defesa dos interesses de seu cliente. (Valor: 5,00)

Obs.: a peça deve abranger todos os fundamentos de Direito que possam ser utilizados para dar respaldo à pretensão. A simples menção ou transcrição do dispositivo legal não confere pontuação.

Nos casos em que a lei exigir liquidação de valores, não será necessário que o examinando a apresente, admitindo-se que o escritório possui setor próprio ou contratado especificamente para tal fim.

GABARITO COMENTADO

O candidato deve apresentar uma contestação dirigida ao Juízo da 80ª Vara do Trabalho de Cuiabá, com base no Art. 847 da CLT, identificando as partes envolvidas. Deverá suscitar preliminar de inépcia em relação ao pedido de adicional de periculosidade, com a extinção do processo sem resolução do mérito em relação a esse pleito, na forma do Art. 330, § 1°, inciso I, e do Art. 485, inciso I, ambos do CPC/15. Deverá ser arguida a prejudicial de mérito de prescrição parcial, para ver declarado prescrito todo e qualquer suposto direito anterior a 15/10/2013, conforme o Art. 7°, inciso XXIX, da CRFB/88, OU o Art. 11, da CLT OU a Súmula 308, inciso I, do TST. Deverá ser contestado o pedido de indenização por dano moral porque doença degenerativa não é considerada doença profissional nem doença do trabalho, na forma do Art. 20, § 1°, alínea a, da Lei n° 8.213/91. Deverá ser sustentado que o plano odontológico não caracteriza salário utilidade por expressa vedação legal, na forma do Art. 458, § 2°, inciso IV e § 5°, da CLT, daí porque não poderá ser integrado ao salário. Deverá ser contestado o pedido de cesta básica porque a norma coletiva juntada findou em julho de 2018 e não possui ultratividade, na forma do Art. 614, § 3°, da CLT. Deverá ser contestado o pedido de tempo à disposição porque a participação voluntária do empregado em práticas religiosas dentro da empresa não o caracteriza, por explícita vedação legal, na forma do Art. 4°, § 2°, inciso I, da CLT. Deverá ser negada a coação no pedido de demissão e advogar que o ônus de provar o alegado vício de consentimento pertence à autora, na forma do Art. 818, inciso I, da CLT e do Art. 373, inciso I, do CPC/15. Alternativamente, será aceita a tese de negar a prática de qualquer ato ilícito capaz de provocar dano, conforme Artigos 186 e 927 CCB. Deverá ser contestado o pedido de acúmulo funcional porque a atividade desempenhada pela autora era compatível com a sua condição pessoal e profissional, na forma do Art. 456, parágrafo único, da CLT. Por fim, o fechamento, indicando local, data, nome e inscrição OAB.

Distribuição de Pontos

ITEM	PONTUAÇÃO
Estrutura da peça	
1. Peça com formato de contestação dirigida ao juízo da 80ª Vara do Trabalho de Cuiabá (0,10).	0,00/0,10
2. Qualificação das partes: identificação do réu (0,10) e da autora (0,10).	0,00/0,10/0,20
3. Indicação do Art. 847, CLT (0,10).	0,00/0,10
Preliminar	
4. De inépcia quanto ao pedido de adicional de periculosidade (0,40). Indicação Art. 330, § 1°, inciso I, **OU** Art. 485, I, ambos do CPC (0,10).	0,00/0,40/0,50
Prescrição parcial	
5. Prescrição das pretensões anteriores a 15/10/2013 **OU** prescrição das pretensões anteriores a cinco anos do ajuizamento da ação (0,40). Indicação Art. 7°, XXIX, CRFB/88, **OU** Art. 11, CLT **OU** Súmula 308, I, TST (0,10).	0,00/0,40/0,50
Indenização doença profissional	
6. Indevida porque doença degenerativa não é considerada doença profissional ou do trabalho (0,50). Indicação Art. 20, § 1°, "a", Lei 8.213/91 (0,10).	0,00/0,50/0,60
Salário *in natura*	
7. Plano odontológico não integra o salário por vedação legal (0,40). Indicação Art. 458, § 2°, IV ou § 5°, CLT (0,10).	0,00/0,40/0,50
Ultratividade norma coletiva	
8. Cesta básica é indevida porque a norma coletiva não tem ultratividade (0,40). Indicação Art. 614, § 3°, CLT **OU** suspensão da súmula 277 do TST. (0,10).	0,00/0,40/0,50

Tempo à disposição	
9. Período dedicado a culto não é considerado tempo à disposição por vedação legal (0,40). Indicação Art. 4°, § 2°, I, CLT (0,10).	0,00/0,40/0,50
Pedido de demissão	
10. Negar a existência de prova da coação, cujo ônus pertence à autora (0,40). Indicação Art. 818, I, CLT **OU** Art. 373, I, CPC (0,10). **OU** Negar a prática de qualquer ato ilícito capaz de provocar dano (0,40). Indicação Art. 186 ou 927 CCB (0,10).	0,00/0,40/0,50
Acúmulo funcional	
11. Indevido o *plus* salarial porque a atividade é compatível com a sua condição pessoal (0,40). Indicação Art. 456, parágrafo único, CLT (0,10).	0,00/0,40/0,50
Encerramento	
12. Renovação da preliminar de inépcia (0,10).	0,00/0,10
13. Renovação da prejudicial de prescrição parcial (0,10)	0,00/0,10
14. Requerimento de improcedência dos pedidos do autor (0,10) e indicação das provas a serem produzidas (0,10).	0,00/0,10/0,20
Fechamento	
15. Data, local, advogado e OAB (0,10).	0,00/0,10

(OAB/Exame Unificado XXVII – 2018.3 – 2ª fase) Nelson Aviz procura você, como advogado(a), afirmando que foi empregado da sociedade empresária Alfa Ltda. na sede desta, localizada em Sete Lagoas/MG, de 17/12/2017 a 28/04/2018, tendo exercido, na prática, a função de técnico de informática.

Nelson informa que foi despedido por justa causa, apesar de não ter feito nada de errado, não recebendo qualquer indenização, mas apenas o saldo salarial do último mês; que a empresa não integrava, para fim algum, o salário-família que Nelson recebia; que trabalhava de segunda-feira a sábado, das 20h às 5h, com intervalo de 20 minutos para refeição; que o local de trabalho era de difícil acesso e não servido por transporte público regular, pelo que a empresa fornecia o transporte para ir ao trabalho e voltar dele, de forma que Nelson demorava uma hora no trajeto de ida e outra uma hora no de volta; que realizou exame médico na admissão; que Nelson tem uma irmã que trabalha na mesma sociedade empresária, exercendo a função de programadora de jogos digitais. O trabalhador exibe cópias dos contracheques, nos quais há, na parte de crédito, salário de R$ 1.200,00 e uma cota de salário-família; já na parte de descontos, há INSS, vale-transporte e FGTS. Nelson ainda exibiu sua CTPS, na qual consta admissão em 17/12/2017 e saída em 28/04/2018, na função de auxiliar de serviços gerais; na parte de anotações gerais, há anotação de que o empregado foi dispensado por justa causa em razão de conduta inadequada. Em pesquisa pela Internet, você localiza a convenção coletiva da categoria de Nelson, com os pisos normativos para todas as funções desempenhadas na sociedade empresária Alfa, dentre elas as seguintes: auxiliar de serviços gerais: R$ 1.200,00; técnico em informática: R$ 1.800,00; programador: R$ 3.500,00; e engenheiro de computação: R$ 6.000,00.

Elabore a peça prático-profissional que melhor defenda os interesses de Nelson, sem usar dados ou informações que não estejam no enunciado. **(Valor: 5,00)**

Obs.: a peça deve abranger todos os fundamentos de Direito que possam ser utilizados para dar respaldo à pretensão. A simples menção ou transcrição do dispositivo legal não confere pontuação.

Nos casos em que a lei exigir liquidação de valores, não será necessário que o examinando a apresente, admitindo-se que o escritório possui setor próprio ou contratado especificamente para tal fim.

GABARITO COMENTADO

Deverá ser redigida uma *Petição Inicial de Reclamação Trabalhista* endereçada ao juízo do Trabalho de Sete Lagoas/MG.

As partes deverão ser qualificadas. Deverá ser requerida a anulação da justa causa porque o trabalhador não cometeu nenhuma das irregularidades previstas no Art. 482 da CLT, sendo da empresa o ônus de comprovar a falta grave praticada pelo empregado, conforme Arts. 818, II, da CLT e 373, II, do CPC e, consequentemente, deve ser postulado o pagamento das verbas resilitórias típicas: aviso prévio, 13º salário proporcional, férias proporcionais acrescidas de 1/3, formulários para saque do FGTS e indenização de 40% sobre o FGTS. Deverá ser requerido o pagamento de horas extras com adicional de 50% pelo excesso de jornada, das 20.00 às 5.00 h, conforme os Arts. 7º, inciso XIII, da CRFB/88 e 58 da CLT. Deverá ser requerido o pagamento de 40 minutos diários com adicional de 50% pelo intervalo intrajornada desrespeitado, conforme o Art. 71, § 4º, da CLT. Deverá ser requerido o pagamento do adicional noturno de 20% sobre a jornada cumprida a partir das 22.00h, conforme o Art. 73 da CLT. Deverá ser requerida a retificação da CTPS para constar a verdadeira função exercida, conforme o Art. 29 da CLT e o Precedente Normativo 105 do TST, além da diferença salarial entre as funções de técnico de informática e auxiliar de serviços gerais, conforme previsto na norma coletiva da categoria. Deverá ser requerida indenização por dano moral pela anotação de penalidade na CTPS do autor, conforme o Arts. 29, § 4º, da CLT, 223-C, CLT e 8º da Portaria 41 do Ministério do Trabalho. Deverá ser requerida a devolução do desconto de FGTS, pois se trata de obrigação do empregador, conforme os Arts. 15 da Lei nº 8.036/90, 27 Decreto 99.684/90 e 7º, inciso III, da CRFB/88. Deverá ser requerido o pagamento de honorários advocatícios, conforme o Art. 791-A da CLT. Deverá ser requerida a procedência dos pedidos, a indicação das provas que a parte pretende produzir e o valor atribuído à causa. Fechamento.

Distribuição dos Pontos

ITEM	PONTUAÇÃO
Endereçamento	
1. Juízo do Trabalho de Sete Lagoas/MG (0,10)	0,00/0,10
2. Qualificação do autor (0,10) e do réu (0,10)	0,00/0,10/0,20
Fundamentos e Pedidos	
3. Anulação da dispensa por justa causa porque o autor não praticou falta grave prevista em Lei (0,30). Indicação Art. 482, CLT (0,10) Ou O ônus de provar a falta grave (justa causa) é do empregador (0,30). Indicação art. 818, II, CLT OU 373, II, CPC (0,10) Ou Pelo princípio da continuidade da relação de emprego, o ônus da prova da justa causa é do empregador (0,30). Indicação Súmula, 212 TST (0,10)	0,00/0,30/0,40
4. Verbas resilitórias: aviso prévio (0,10), 13º salário proporcional (0,10), férias proporcionais + 1/3 (0,10), formulários para saque do FGTS (0,10), indenização de 40% sobre o FGTS (0,10)	0,00/0,10/0,20/ 0,30/0,40/0,50
5. Horas extras com adicional de 50% pelo excesso de jornada (0,40). Indicação do Art. 7º, XIII, CRFB/88 OU Art. 58, CLT (0,10)	0,00/0,40/0,50
6. 40 minutos diários pelo intervalo desrespeitado, com adicional de 50% (0,40). Indicação Art. 71, § 4º, CLT (0,10)	0,00/0,40/0,50

ITEM	PONTUAÇÃO
7. Adicional noturno sobre a jornada cumprida a partir das 22.00 h (0,40). Indicação Art. 73, CLT (0,10)	0,00/0,40/0,50
8. Retificação da CTPS para constar a verdadeira função (0,20). Indicação Art. 29, CLT ou PN 105, TST (0,10)	0,00/0,20/0,30
9. Pagamento da diferença salarial pelo piso da função exercida (0,20). Indicação da Convenção Coletiva (0,10)	0,00/0,20/0,30
10. Indenização por dano moral pela anotação de penalidade na CTPS do autor (0,40). Indicação Art. 29, § 4º, CLT **OU** Art. 223-C, CLT, **OU** Art. 8º Portaria 41 do Ministério do Trabalho (0,10)	0,00/0,40/0,50
11. Devolução do desconto de FGTS, pois se trata de obrigação do empregador (0,30). Indicação Art. 15 da Lei nº 8.036/90 **OU** Art. 7º, III, CRFB/88 **OU** art. 27 Decreto 99684/90 (0,10)	0,00/0,30/0,40
12. Requerimento de honorários advocatícios (0,30). Indicação Art. 791-A, CLT (0,10)	0,00/0,30/0,40
13. Requerimento de procedência dos pedidos (0,10)	0,00/0,10
14. Indicação das provas que pretende produzir (0,10)	0,00/0,10
15. Indicação do valor da causa **OU** dos valores de cada pedido (0,10)	0,00/0,10
Fechamento	
16. Local, data, advogado e inscrição OAB (0,10)	0,00/0,10

(OAB/Exame Unificado XXVI – 2018.2 – 2ª fase) A sociedade empresária Ômega procura você, exibindo sentença prolatada em reclamação trabalhista movida por Fabiano que tramita perante a 100ª Vara do Trabalho de Maceió/AL. Nela, o magistrado, em síntese, rejeitou preliminar suscitada pela empresa e determinou o recolhimento do INSS relativo ao período trabalhado mês a mês, para fins de aposentadoria, já que restou comprovado que a empresa descontava a cota previdenciária, mas não a repassava ao INSS; rejeitou preliminar suscitada e desconsiderou que a empresa havia feito um acordo em outro processo movido pelo mesmo empregado, homologado em juízo, no qual pagou o prêmio de assiduidade, condenando-a novamente ao pagamento dessa parcela; rejeitou preliminar suscitada pela empresa e desconsiderou que em relação às diárias postuladas, o autor tinha, comprovadamente, outra ação em curso com o mesmo tema, que se encontrava em grau de recurso; extinguiu o feito sem resolução do mérito em relação a um pedido de devolução de desconto, porque não havia causa de pedir; não acolheu a prescrição parcial porque ela foi suscitada pelo advogado em razões finais, afirmando o magistrado que deveria sê-lo apenas na contestação, tendo ocorrido preclusão; deferiu a reintegração do ex-empregado, Fabiano, porque ele foi eleito presidente da Associação de Leitura dos empregados da empresa, entidade criada pelos próprios empregados, sendo que a dispensa ocorreu em dezembro de 2017, no decorrer do mandato do reclamante; indeferiu o pedido de vale-transporte, porque o reclamante se deslocava para o trabalho e dele retornava a pé; deferiu indenização por dano moral, porque, pelo confessado atraso no pagamento dos salários dos últimos 3 meses do contrato de trabalho, o empregado teve seu nome inscrito em cadastro restritivo de crédito, conforme certidão do Serasa juntada pelo reclamante demonstrando a inserção do nome do empregado no rol de maus pagadores em novembro de 2015; deferiu a entrega de uma carta de referência para facilitar o autor na obtenção de nova colocação, caso, no futuro, ele viesse a querer se empregar em outro lugar; indeferiu a integração da alimentação concedida ao empregado, porque a empresa aderira ao Programa de Alimentação do Trabalhador durante todo o contrato de trabalho; deferiu o pagamento da participação nos lucros prevista na convenção coletiva da categoria, nos anos de 2012 e 2013, pois confessadamente não havia sido paga; indeferiu o pedido de anuênio, porque não havia previsão legal nem no instrumento da categoria do autor; deferiu o pagamento da diferença de férias, porque o empregado não fruiu 30 dias úteis no ano de 2016, como garante a Lei. A sociedade empresária apresenta a ficha de registro de empregados do reclamante, na qual se verifica que ele havia trabalhado de 08/07/2007 a 20/10/2017, sendo que, nos anos de 2012 a 2014, permaneceu afastado em benefício previdenciário de auxílio-doença comum (código B-31); a ficha financeira mostra que o empregado ganhava 2 salários mínimos mensais e exercia a função de auxiliar de manutenção de equipamentos, fazendo eventuais viagens para verificação de equipamentos em filiais da empresa. Diante disso, como advogado(a) da ré, redija a peça prático-profissional pertinente ao caso para a defesa dos interesses do seu cliente em juízo, ciente de que a ação foi ajuizada em 30/10/2017 e que, na sentença, não havia vício ou falha estrutural que comprometesse sua integridade. (Valor: 5,00)

Obs.: a peça deve abranger todos os fundamentos de Direito que possam ser utilizados para dar respaldo à pretensão. A simples menção ou transcrição do dispositivo legal não confere pontuação.

GABARITO COMENTADO

O(A) examinando(a) deverá apresentar um Recurso Ordinário, elaborando a petição de interposição e as razões recursais. Deverá indicar as partes, citar o Art. 895, inciso I, da CLT, e indicar o recolhimento das custas e o depósito recursal.

Deverá ser renovada a preliminar de incompetência absoluta em relação ao recolhimento do INSS porque naquele aspecto a sentença não tem cunho condenatório, de modo que a Justiça do Trabalho não tem competência material, conforme a Súmula Vinculante 53 do STF e a Súmula 368, inciso I, do TST.

Deverá ser renovada a preliminar de coisa julgada, porque o prêmio assiduidade foi objeto de acordo devidamente homologado em outro processo, pelo que tem a força de decisão irrecorrível, conforme o Art. 831, parágrafo único, da CLT.

Deverá ser renovada a preliminar de litispendência quanto às diárias porque este pedido já está sendo apreciado pelo Poder Judiciário em outro processo, pelo que não pode ser novamente julgado, conforme o Art. 337, inciso VI, do CPC.

Em relação à prescrição, deverá ser sustentado que o instituto pode ser alegado, com sucesso, em razões finais, já que o processo ainda se encontra em instância ordinária, conforme preconiza a Súmula 153 do TST.

Quanto à reintegração, deve ser sustentado que ela é indevida porque o autor não foi eleito dirigente de sindicato, mas de associação interna da empresa, o que não lhe assegura estabilidade, conforme o Art. 543, § 3º, da CLT.

Em relação ao dano moral, deve ser sustentado que ele é indevido. A análise do período, que vai do atraso salarial até a inserção do nome no cadastro, mostra que a negativação é muito anterior, não havendo então o nexo causal a justificar a responsabilidade desejada, na forma do Art. 186 e do Art. 927, ambos do Código Civil.

Sobre a carta de referência, deve ser sustentado que é indevida a sua entrega porque isso não é obrigação prevista em Lei, daí porque o empregador não se vincula ao desejo do empregado, conforme o Art. 5º, inciso II, da CRFB/88.

Deve ser sustentado, ainda, que a participação nos lucros é indevida, porque o contrato de trabalho, no período que gerou o direito à PL (2012 e 2013), estava suspenso por doença, de modo que o empregado não colaborou com a lucratividade, devendo ser indicado o Art. 476 da CLT OU o Art. 1º da Lei nº 10.101/00.

Quanto às férias, por Lei elas não são contadas em dias úteis, mas corridos, conforme o Art. 130 da CLT.

Fechamento.

(OAB/Exame Unificado XXV – 2018.1 – 2ª fase – reaplicação Porto Alegre/RS) Raíssa trabalhou como técnica de segurança do trabalho para a sociedade empresária Mineradora Dinamite Ltda., de 10/09/2009 a 18/03/2017, quando foi dispensada sem justa causa e recebeu a indenização devida pela ruptura do pacto laboral, tudo antes da reforma trabalhista (Lei nº 13.467/2017). A empregada em questão sempre recebeu salário equivalente a três mínimos mensais. Contudo, Raíssa achava que diversos dos seus direitos haviam sido desrespeitados ao longo do contrato, motivo pelo qual ajuizou, em 15/05/2017, reclamação trabalhista contra o ex-empregador e a Mineradora TNT Ltda., do mesmo grupo econômico, requerendo diversas parcelas. A demanda foi distribuída para a 90ª Vara do Trabalho de Curitiba, recebeu o número 121314, foi devidamente contestada e instruída. Na sentença, haja vista a prejudicial de prescrição parcial, o juiz declarou prescritos os direitos anteriores a 15/05/2013 e, no mérito, analisando os pedidos formulados, julgou procedente o pedido de hora *in itinere*, deferiu adicional de periculosidade na razão de 30% sobre o salário mínimo, indeferiu a reintegração postulada porque a autora, confessadamente, era membro indicado da CIPA, deferiu o adicional de transferência na razão de 20% do salário no período de cinco meses, nos quais a trabalhadora foi deslocada para outra unidade da empresa e teve de mudar seu domicílio. Julgou procedente o pedido de dobra das férias, porque não fruídas no período concessivo, indeferiu a retificação da anotação de dispensa para computar o aviso-prévio porque ele foi indenizado e, assim, não seria considerado para este fim específico. Reconheceu, ainda, que a trabalhadora somente fruiu de 20 minutos para refeição, quando o correto seria uma hora diante da jornada cumprida, daí porque deferiu o pagamento de 40 minutos de horas extras com adicional de 50%, mas sem integrações, diante da sua natureza indenizatória. Foram indeferidas, ainda, a verba quinquênio, porque não prevista na norma coletiva da categoria da autora, a devolução do valor do EPI cobrado parcialmente da empregada no contracheque, porque isso beneficia o obreiro e não há vedação legal desta cobrança, o pagamento do vale transporte porque a empresa afirmou que a trabalhadora não pretendia fazer uso desse direito e o ônus da prova que, segundo ele, convergiu para a reclamante, que dele não se desvencilhou com sucesso. Por fim, reconheceu a existência de grupo econômico e condenou a sociedade empresária Mineradora TNT Ltda. de forma subsidiária, na forma da Súmula 331 do TST. Considerando que a sentença não possui vícios nem omissões, como advogado(a) contratado(a) pela trabalhadora, elabore a peça jurídica em defesa dos interesses dela. (Valor: 5,00)

Obs.: a peça deve abranger todos os fundamentos de Direito que possam ser utilizados para dar respaldo à pretensão. A simples menção ou transcrição do dispositivo legal não confere pontuação

GABARITO COMENTADO

O examinando deverá apresentar um Recurso Ordinário, com petição de interposição ao juízo de 1º grau e as razões recursais ao TRT, sustentando o seguinte: 1. Que o marco prescricional foi fixado equivocadamente, pois deve ser de 5 anos anteriores ao ajuizamento da ação, conforme o Art. 7º, inciso XXIX, da CRFB/88, o Art. 11 da CLT e a Súmula 308, inciso I, do TST.

2. Que a periculosidade deve incidir sobre o salário básico, e não sobre o salário mínimo, conforme o Art. 193, § 1º, da CLT. 3. Que o adicional de transferência se dá na razão de 25% do salário – e não 20% como objeto de condenação – conforme o Art. 469, § 3º, da CLT. 4. Que o aviso-prévio, mesmo indenizado, é computado para todos os fins, inclusive anotação de dispensa na CTPS, conforme o Art. 487, § 1º, da CLT e a OJ 82 do TST. 5. Que o intervalo descumprido gera o pagamento da hora integral, e não apenas da diferença, conforme a Súmula 437, inciso I, do TST. 6. Que o Intervalo indenizado tem natureza salarial, daí porque deve ser integrado para todos os fins, conforme a Súmula 437, inciso III, do TST. 7. Que o EPI não pode ser cobrado do empregado por se tratar de obrigação do empregador, conforme o Art. 166 da CLT. 8. Que compete ao empregador comprovar que o empregado não pretendia fazer uso do vale transporte, por se tratar de fato impeditivo ao direito, conforme a Súmula 460 do TST e o Art. 373, inciso II, do CPC/15. 9. Que havendo grupo econômico a responsabilidade é solidária – e não subsidiária –, conforme o Art. 2º, § 2º, da CLT. Por fim, os requerimentos finais e o fechamento.

DISTRIBUIÇÃO DOS PONTOS

ITEM	PONTUAÇÃO
1 – Petição de interposição ao juízo de 1º grau (0,10) e razões recursais ao TRT (0,10)	0,00/0,10/0,
2 – Indicação Art. 895, I, OU 893, II, CLT (0,10).	0,00/0,10
3 – Partes: Indicação da recorrente – a trabalhadora Raíssa (0,10) e dos recorridos – Mineradora TNT Ltda. E Mineradora Dinamite Ltda. (0,10).	0,00/0,10/0,20
4. Prescrição – retificação do marco para 15/05/2012 OU 5 anos anteriores ao ajuizamento da ação (0,30). Indicação do Art. 7º, inciso XXIX, CRFB/88, OU do Art. 11, CLT OU da Súmula 308, inciso I, TST (0,10).	0,00/0,30/0,40
5. Periculosidade deve incidir sobre o salário básico (0,40). Indicação do Art. 193, § 1º, CLT OU Súmula 191, TST (0,10).	0,00/0,40/0,50
6. Adicional de transferência deve ser na razão de 25% do salário (0,40). Indicação do Art. 469, § 3º, CLT (0,10).	0,00/0,40/0,50
7. Aviso prévio, mesmo indenizado, é computado para todos os fins, inclusive anotação de dispensa na CTPS (0,40). Indicação do Art. 487, § 1º, CLT OU OJ 82, TST (0,10).	0,00/0,40/0,50
8. Intervalo descumprido gera o pagamento da hora integral, e não apenas da diferença (0,40). Indicação da Súmula 437, inciso I, TST OU Art. 71, §4º, CLT (na redação anterior à Lei 13.467/2017 OU Reforma Trabalhista) (0,10).	0,00/0,40/0,50
9. Intervalo indenizado tem natureza salarial, daí porque deve ser integrado para todos os fins (0,30). Indicação da Súmula 437, inciso III, TST (0,10).	0,00/0,30/0,40
10. EPI não pode ser cobrado por se tratar de obrigação do empregador (0,40). Indicação do Art. 166, CLT (0,10).	0,00/0,40/0,50
11. Compete ao empregador comprovar que o empregado não pretendia fazer uso do vale transporte (0,30). Indicação da Súmula 460, TST OU do Art. 373, inciso II, CPC/15 (0,10).	0,00/0,30/0,40
12. Havendo grupo econômico a responsabilidade é solidária (0,40). Indicação do Art. 2º, § 2º, CLT (0,10).	0,00/0,40/0,50
13. Requerimento de admissibilidade/conhecimento do recurso (0,10).	0,00/0,10
14. Requerimento de provimento/reforma da decisão (0,10).	0,00/0,10
15 – Local, data e advogado(a) (0,10).	0,00/0,10

(OAB/Exame Unificado XXV – 2018.1 – 2ª fase) Você foi contratado(a) pela Floricultura Flores Belas Ltda., que recebeu citação de uma reclamação trabalhista com pedido certo, determinado e com indicação do valor, movida em 27/02/2018 pela ex-empregada Estela, que tramita perante o juízo da 50ª Vara do Trabalho de João Pessoa/PB e recebeu o número 98.765. Estela foi floricultora na empresa em questão de 25/10/2012 a 29/12/2017 e ganhava mensalmente o valor correspondente a dois salários mínimos. Na demanda, requereu os seguintes itens: – a aplicação da penalidade criminal cominada no Art. 49 da CLT contra os sócios da ré, uma vez que eles haviam cometido a infração prevista na referido diploma legal; – o pagamento de adicional de penosidade, na razão de 30% sobre o salário-base, porque, no exercício da sua atividade, era constantemente furada pelos espinhos das flores que manipulava; – o pagamento de horas extras com adição de 50%, explicando que cumpria a extensa jornada de segunda a sexta-feira, das 10h às 20h, com intervalo de duas horas para refeição, e aos sábados, das 16h às 20h, sem intervalo; – o pagamento da multa do Art. 477, § 8º, da CLT, porque o valor das verbas resilitórias somente foi creditado na sua conta 20 dias após a comunicação do aviso-prévio, concedido na forma indenizada, extrapolando o prazo legal. Afirmou, ainda, que foi obrigada a aderir ao desconto para o plano de saúde, tendo assinado na admissão, contra a sua vontade, um documento autorizando a subtração mensal. A sociedade empresária informou que, assim que foi cientificada do aviso-prévio, Estela teve uma reação violenta, gritando e dizendo-se injustiçada com a atitude do empregador. A situação chegou a tal ponto que a segurança terceirizada precisou ser chamada para conter a trabalhadora e acompanhá-la até a porta de saída. Contudo, quando deixava o portão principal, Estela começou a correr, pegou uma pedra do chão e a arremessou violentamente contra o prédio da empresa, vindo a quebrar uma das vidraças. A empresa informa que gastou R$ 300,00 na recolocação do vidro atingido, conforme nota fiscal que exibiu, além de apresentar a guia da RAIS comprovando possuir 7 empregados, os contracheques da autora e o documento assinado pela empregada autorizando o desconto de plano de saúde. Diante dessa narrativa, apresente a peça pertinente na melhor defesa dos interesses da reclamada. (Valor: 5,00)

Obs.: a peça deve abranger todos os fundamentos de Direito que possam ser utilizados para dar respaldo à pretensão. A simples menção ou transcrição do dispositivo legal não confere pontuação.

GABARITO COMENTADO

Deverá ser confeccionada uma resposta na forma unificada de contestação e reconvenção, dirigida ao juízo da 50ª Vara do Trabalho de João Pessoa/PB. Na contestação, deverão ser abordados os seguintes tópicos: Ser suscitada preliminar de incompetência absoluta da Justiça do Trabalho para apreciação e condenação criminal referente ao Art. 49 da CLT, conforme o Art. 114, inciso IX, da CRFB/88. Ser arguida a prescrição das pretensões anteriores a 27/02/2013, conforme o Art. 7º, inciso XXIX, da CRFB/88, o Art. 11, inciso I, da CLT e a Súmula 308, inciso I, do TST. Advogar que o vício de vontade em relação à assinatura da autorização para desconto deve ser provado pela autora, conforme o Art. 818, inciso I, da CLT ou o Art. 373, inciso I, do CPC ou a Súmula 342 do TST, já que é válida a autorização de desconto feita no momento da admissão, conforme OJ 160 do TST. Sustentar que o adicional de penosidade não foi regulamentado, estando previsto apenas no Art. 7º, inciso XXIII, da CRFB/88. Negar as horas extras porque pela própria narrativa da petição inicial se verifica que o módulo constitucional não foi ultrapassado, conforme o Art. 7º, inciso XIII, da CRFB/88 e o Art. 58 da CLT. Sustentar ser indevida a multa do Art. 477, porque o pagamento das verbas devidas foi feito no prazo legal, observado o Art. 477, § 6º, da CLT. Na reconvenção, deverá ser requerido o valor de R$ 300,00, relativo ao vidro quebrado pela autora, com indicação do Art. 343 do CPC, do Art. 186 do CC e do Art. 927 do CC. Requerer honorários advocatícios na ação principal e na reconvenção, conforme o Art. 791-A e § 5º, da CLT. Encerramento com renovação da preliminar, da prejudicial de mérito, da procedência da reconvenção e indicação das provas a serem produzidas.

DISTRIBUIÇÃO DOS PONTOS

ITEM	PONTUAÇÃO
1 – Endereçamento. Resposta dirigida ao juízo da 50ª Vara do Trabalho de João Pessoa/PB (0,10).	0,00/0,10,
1.1. Qualificação das partes: identificação do autor (Estela) (0,10) e do réu (Floricultura Flores Belas Ltda.) (0,10)	0,00/0,10/0,20
1.2. Indicação Art. 847, CLT (0,10).	0,00/0,10
2. Preliminar. Incompetência da Justiça do Trabalho para condenação criminal (0,40). Indicação Art. 114, inciso IX, CRFB/88 OU Súmula 62 STJ (0,10).	0,00/0,40/0,50

ITEM	PONTUAÇÃO
2.1. Prescrição das pretensões anteriores a 27.02.2013 OU prescrição das pretensões anteriores a cinco anos do ajuizamento da ação (0,40). Indicação Art. 7º, inciso XXIX, CRFB/88, OU Art. 11, caput, CLT OU Súmula 308, inciso I, TST (0,10)	0,00/0,40/0,50
2.2. Adicional de penosidade não foi regulamentado (0,40). Indicação Art. 7º, inciso XXIII, CRFB/88 (0,10)	0,00/0,40/0,50
2.3. Horas extras indevidas porque o módulo constitucional não foi ultrapassado (0,40). Indicação Art. 7º, inciso XIII, CRFB/88 OU Art. 58, CLT (0,10)	0,00/0,40/0,50
2.4. Indevida a multa do Art. 477 porque o pagamento foi feito no prazo legal (0,40). Indicação Art. 477, § 6º, CLT (0,10).	0,00/0,40/0,50
2.5. Vício de vontade deve ser provado pela autora (0,40). Indicação Art. 818, inciso I, CLT OU Art. 373, inciso I, CPC OU Súmula 342, TST, OU OJ SDI-I 160, TST (0,10). OU Arguição de inépcia da petição inicial por falta de pedido (0,40). Indicação Art. 840, § 1º, CLT OU Art. 330, I, CPC, OU Art. 330, § 1º, I, CPC (0,10)	0,00/0,40/0,50
2.6. Reconvenção, requerendo o valor de R$ 300,00 relativo ao vidro quebrado (0,40). Indicação Art. 186, CC OU Art. 927, caput, CC OU Art. 462, § 1º, CLT (0,10).	0,00/0,40/0,50
2.7. Honorários advocatícios na ação principal (0,20) e na reconvenção (0,20). Indicação do Art. 791-A, CLT (0,10).	0,00/0,20/0,30/ 0,40/0,50
2.8. Renovação da(s) preliminar(es) (0,10).	0,00/0,10
2.9. Renovação da prejudicial de prescrição parcial (0,10).	0,00/0,10
2.10. Requerimento de improcedência dos pedidos (0,10).	0,00/0,10
2.11. Procedência da reconvenção (0,10).	0,00/0,10
2.12. Indicação das provas a serem produzidas (0,10).	0,00/0,10
3. Fechamento. Data, local, advogado, OAB ... (0,10).	0,00/0,10

(OAB/Exame Unificado XXIV – 2017.3 – 2ª fase) Foi prolatada sentença nos autos da ação 9.876, movida por Maria das Graças em face da sociedade empresária Editora Legal Ltda., que tramita perante a 100ª Vara do Trabalho de Goiânia/GO. Na demanda, a reclamante informou ter sido empregada da ré de agosto de 2015 a janeiro de 2017, quando pediu demissão. Houve regular contestação e instrução. Na sentença, o juiz julgou improcedente o pedido de dano existencial pela extensa jornada alegadamente cumprida e procedente o pedido de uma hora extra com adicional de 80% pelo intervalo intrajornada violado, uma vez que a sociedade empresária concedia apenas 30 minutos e que, a despeito de haver nos autos autorização do Ministério do Trabalho para a redução, isso não seria previsto em lei. Julgou, ainda, improcedente o pedido de horas de prontidão, porque a trabalhadora não permanecia nas instalações da empresa fora do horário de trabalho, e procedente o pedido de reintegração, porque a empregada comprovou documentalmente que, por ocasião da ruptura do contrato, estava grávida. O juiz julgou procedente o pedido de horas de sobreaviso, porque a trabalhadora permanecia com celular da empresa permanentemente ligado, inclusive fora do horário de serviço, e deferiu adicional de insalubridade em grau médio (30% sobre o salário mínimo), porque ficou comprovado por perícia que a autora manuseava produtos químicos na editora para realizar as impressões. O magistrado julgou procedente o pedido de recolhimento do INSS do período trabalhado, que não foi feito pelo empregador, conforme comprovado pelo Cadastro Nacional de Informações Sociais (CNIS) e julgou improcedente o pedido de adicional de transferência, porque a alteração de local de trabalho não gerou mudança de domicílio da autora. Na sentença, publicada em setembro de 2017, o juiz ainda julgou procedente em parte o pedido de adicional noturno porque comprovado, pelo depoimento do preposto, que a autora trabalhava das 16.00h às 23.00h, motivo pelo qual condenou a ré a pagar o adicional de 25% entre 22.00h e 23.00h. O magistrado também deferiu a integração ao salário do valor do plano dental concedido gratuitamente à reclamante, com as repercussões daí advindas, ao argumento de que isso não poderia ser confundido com plano de saúde (este sim, que não sofreria integração). Documentos juntados pelas partes: contracheques, cartões de ponto, TRCT, autorização do Ministério do Trabalho para a redução do intervalo e CNIS. Como advogado(a) contratado(a) pela sociedade empresária e considerando que a sentença não possui vícios nem omissões, elabore a peça jurídica em defesa dos interesses dela. (Valor: 5,00)

GABARITO COMENTADO

O candidato deverá apresentar um Recurso Ordinário, com petição de interposição ao juízo da 100ª Vara do Trabalho de Goiânia, requerendo a admissibilidade do recurso, e as razões recursais ao TRT, com indicação de realização do preparo, sustentando o seguinte:

1. a incompetência da Justiça do Trabalho para determinar recolhimento de INSS de período trabalhado, por não se basear em decisão condenatória, conforme Súmula Vinculante 53 do STF, Súmula 368, inciso I, do TST e Art. 114, VIII, CRFB/88. 2. que a hora-extra é indevida, porque há autorização do Ministério do Trabalho, conforme previsto no Art. 71, § 3º, da CLT e art. 1º, § 3º, da Portaria 1095/10 do Ministério do Trabalho. Pelo princípio da eventualidade, se a condenação em sobrejornada for mantida, deverá ser requerido que o adicional seja reduzido para 50%, conforme o Art. 7º, inciso XVI, da CRFB/88, por inexistir norma coletiva prevendo percentual superior. 3. que a reintegração é indevida porque não houve dispensa sem justa causa, mas pedido de demissão, não tendo sido violado o Art. 10, inciso II, alínea "b", do ADCT. 4. que o simples porte de telefone celular, por si só, não caracteriza sobreaviso, conforme previsto na Súmula 428, inciso I, do TST ou que a empregada em questão não estava submetida a regime de plantão, conforme Súmula 428, II, do TST. 5. que o percentual da insalubridade deve ser reduzido para 20% por ser o grau médio, conforme o Art. 192 da CLT, com manutenção da base de cálculo determinado na sentença. 6. que o percentual da hora noturna deve ser reduzido para 20%, conforme o Art. 73 e 381, § 1º da CLT. 7. que o plano odontológico não é integrado ao salário por disposição legal expressa, na forma do Art. 458, § 2º, inciso IV, da CLT. Por fim, os requerimentos finais e o fechamento.

DISTRIBUIÇÃO DOS PONTOS

ITEM	PONTUAÇÃO
1 – Petição de interposição ao juízo de 1º grau (0,10) e razões recursais ao TRT (0,10)	0,00/0,10/0,
2 – Indicação Art. 895, I, OU 893, II, CLT (0,10).	0,00/0,10
3 – Partes: indicação da recorrente – a empresa (0,10) e do recorrido (0,10).	0,00/0,10/0,20
4 – Indicação do recolhimento das custas E depósito recursal (0,20).	0,00/0,20
5 – Requerimento de admissibilidade na petição de interposição (0,10).	0,00/0,10
Preliminar 6 – Incompetência da Justiça do Trabalho para determinar recolhimento de INSS de período trabalhado (0,30). Indicação da Súmula Vinculante 53 STF OU da Súmula 368, inciso I, TST OU do Art. 114, VIII, CRFB/88 (0,10).	0,00/0,30/0,40
7 – Hora extra indevida, porque a autorização do Ministério do Trabalho para redução é prevista em Lei (0,40). Indicação do Art. 71, § 3º, CLT OU art. 1º, § 3º, Portaria 1095/10 do MT (0,10).	0,00/0,40/0,50

ITEM	PONTUAÇÃO
8 – Se mantida a hora extra, o adicional deverá ser reduzido para 50% por inexistir norma coletiva prevendo percentual superior (0,40). Indicação do Art. 7º, inciso XVI, CRFB/88 (0,10).	0,00/0,40/0,50
9 – Reintegração indevida porque pediu demissão OU não houve dispensa sem justa causa (0,40). Indicação do Art. 10, inciso II, alínea "b", ADCT (0,10).	0,00/0,40/0,50
10 – O porte de celular, por si só, não caracteriza sobreaviso (0,40). Indicação da Súmula 428, inciso I, TST (0,10). OU A empregada não estava submetida a regime de plantão (0,40). Indicação da Súmula 428, inciso II, TST (0,10).	0,00/0,40/0,50
11 – Percentual da Insalubridade deve ser reduzido para 20% por ser o grau médio (0,40). Indicação do Art. 192, CLT (0,10).	0,00/0,40/0,50
12 – Percentual da hora noturna deve ser reduzida para 20% (0,40). Indicação do Art. 73, CLT OU 381, § 1º, CLT (0,10)	0,00/0,40/0,50
13 – Plano odontológico não é integrado ao salário por disposição legal expressa (0,40). Indicação do Art. 458, § 2º, inciso IV, CLT (0,10).	0,00/0,40/0,50
14 – Requerimento de conhecimento (0,10) E provimento OU reforma da decisão (0,10).	0,00/0,10/0,20
15 – Local, data e advogado(a) (0,10).	0,00/0,10

(OAB/Exame Unificado XXIII – 2017.2 – 2ª fase) Em 30 de abril de 2017, Hamilton ajuizou reclamação trabalhista em face da sociedade empresária Loteria Alfa Ltda., distribuída para a 50ª Vara de João Pessoa, sob o número 1234. Hamilton afirma que trabalhou na empresa de 13 de janeiro de 2010 a 25 de março de 2017, quando foi dispensado sem justa causa. Afirma, ainda, que trabalhava de 2ª a 6ª feira, das 7h às 14h, com intervalo de uma hora para refeição. Ele relata que sempre foi cumpridor de suas tarefas e prestativo para com os prepostos da empresa, e que, duas semanas após receber o aviso prévio, decidiu inscrever-se numa chapa como candidato a presidente do sindicato dos empregados em lotéricas, para lutar por melhorias para a sua categoria. Hamilton afirma que, além de processar os jogos feitos pelos clientes, também realizava atividade bancária referente a saques de até R$ 100,00 e o pagamento de contas de serviços públicos (água, luz, gás e telefone), bem como de boletos bancários de até R$ 200,00. Ele confirma que, dentre os clientes do empregador, estava uma companhia de energia elétrica da cidade, daí porque, uma vez por semana, tinha que ir até essa empresa para pegar, de uma só vez, as apostas de todos os seus empregados, o que fidelizava esses clientes; contudo, nesse dia, ele permanecia em área de risco (subestação de energia) por 10 minutos. Hamilton relata que, durante o período em que trabalhou na Loteria Alfa, faltou algumas vezes ao serviço e que teve essas faltas descontadas; diz, ainda, que substituiu o gerente da loteria, quando este se afastou por auxílio doença, pelo período de três meses, mas que não teve qualquer alteração de salário. Ele afirma que existe o benefício de ticket-alimentação, previsto em acordo coletivo assinado pela sociedade empresária Beta Ltda., mas que jamais recebeu esse benefício durante todo o contrato. O empregado em questão informa que adquiriu empréstimo bancário, consignado em folha de pagamento, e que por três meses, quando houve sensível diminuição do movimento em razão da crise econômica, realizou serviço do seu próprio domicílio (home office), conferindo as planilhas de jogos, mas que não recebeu vale-transporte; ainda informa que não trabalhava nos feriados e que recebia vale-cultura do empregador no valor de R$ 30,00 mensais. Na reclamação trabalhista, Hamilton requer adicional de periculosidade, vantagens previstas na norma coletiva dos bancários, reintegração ao emprego, horas extras, horas de sobreaviso, ticket previsto na norma coletiva, vale-transporte pelo período em que trabalhou em home office e integração do vale-cultura ao seu salário. Foram juntados os contracheques, cópia da CTPS, comprovante de residência, acordo coletivo assinado pela sociedade empresária Loteria Beta Ltda. e norma coletiva dos bancários de 2010 a 2017. Contratado(a) pela sociedade empresária Loteria Alfa Ltda., você deve apresentar a peça judicial adequada aos interesses da ré. (Valor: 5,00)

GABARITO COMENTADO

O candidato deverá apresentar uma Contestação, dirigida ao Juiz da 50ª Vara do Trabalho de João Pessoa, com indicação das partes e sustentando o seguinte: Inépcia do pedido de horas de sobreaviso porque não há causa de pedir acerca deste tema, mas apenas pedido, o que viola a norma de regência (Art. 330, inciso I, ou § 1°, I e Art. 485, inciso I, ambos do CPC). Prescrição das pretensões anteriores a 30/04/2012 ou das pretensões anteriores a cinco anos do ajuizamento da ação, conforme o Art. 7°, inciso XXIX, da CRFB/88, Art. 11 da CLT e Súmula 308, inciso I, do TST. Sustentar que a periculosidade é indevida porque o tempo que o empregado passava em situação de risco de morte era extremamente reduzido (10 minutos a cada semana), o que não lhe assegura direito ao adicional almejado, conforme Súmula 364, I, do TST. Sustentar que o autor não é bancário porque o seu empregador não explora atividade bancária, mas sim de loteria, daí não fazer jus aos benefícios desta categoria, conforme o Art. 511 da CLT. Sustentar ser indevida a reintegração porque a candidatura ocorreu no decorrer do aviso prévio, não sendo assegurada a garantia, conforme prevê a Súmula 369, inciso V, do TST. Sustentar que a jornada cumprida não excede o módulo constitucional, seja o semanal seja o diário, de modo que são indevidas as horas extras postuladas, conforme o Art. 7°, inciso XIII, da CRFB/88 e o Art. 58 da CLT. Sustentar ser indevido o ticket, porque o acordo coletivo juntado não foi assinado pelo empregador, daí porque ele não está obrigado a respeitá-lo, conforme o Art. 611, § 1°, da CLT. Sustentar que o vale transporte é indevido porque, no trabalho em domicílio, o empregado não utiliza transporte público, daí porque não faz jus a esse direito, não atendendo aos requisitos previstos no Art. 1° da Lei n° 7.418/85 e no Art. 2° do Decreto n° 95.247/87. A integração do vale cultura é indevida por expressa disposição legal, conforme Art. 458, § 2°, inciso VIII, da CLT.

DISTRIBUIÇÃO DOS PONTOS

ITEM	PONTUAÇÃO
Contestação dirigida ao juízo da 50ª Vara do Trabalho de João Pessoa (0,10)	0,00/0,10
Qualificação das partes: identificação do autor (0,10) e do réu (0,10).	0,00/0,10/0,20
Indicação Art. 847 CLT (0,10).	0,00/0,10
Inépcia do pedido de horas de sobreaviso porque não há causa de pedir (0,40). Indicação do Art. 330, I OU § 1°, I, CPC OU Art. 485, I, CPC (0,10).	0,00/0,40/0,50
Prescrição das pretensões anteriores a 30/04/2012 OU prescrição das pretensões anteriores a cinco anos do ajuizamento da ação (0,40). Indicação Art. 7°, XXIX, CF/88, OU Art. 11 CLT OU Súmula 308, I, TST (0,10).	0,00/0,40/0,50
Periculosidade indevida porque a exposição a risco ocorre em tempo extremamente reduzido (0,40). Indicação Súmula 364, I, TST (0,10).	0,00/0,40/0,50
Autor não é bancário porque o seu empregador não explora atividade bancária, daí não fazer jus aos benefícios dessa categoria (0,40). Indicação Art. 511 da CLT (0,10).	0,00/0,40/0,50
Indevida a reintegração porque a candidatura ocorreu no decorrer do aviso-prévio (0,40). Indicação Súmula 369, V, TST (0,10).	0,00/0,40/0,50
Indevidas as horas extras porque a jornada não excede o módulo constitucional (0,30). Indicação Art. 7°, XIII, CF/88, OU Art. 58 CLT (0,10).	0,00/0,30/0,40
Ticket indevido porque o acordo coletivo não foi assinado pelo empregador (0,30). Indicação Art. 611, § 1°, CLT (0,10)	0,00/0,30/0,40

Vale transporte indevido porque no trabalho em domicílio o empregado não tem gasto com transporte público (0,30). Indicação Art. 1º Lei 7.418/85 OU Art. 2º Decreto 95.247/87 (0,10).	0,00/0,30/0,40
Integração do vale cultura indevida, por disposição legal expressa (0,30). Indicação Art. 458, § 2º, VIII, CLT OU Art. 11 I, Lei 12.761/12 OU Art. 22, I, Decreto 8084/13 (0,10).	0,00/0,30/0,40
Renovação da preliminar de inépcia (0,10) e da prejudicial de prescrição parcial (0,10).	0,00/0,10/0,20
Requerimento de improcedência dos pedidos (0,10) e indicação das provas a serem produzidas (0,10).	0,00/0,10/0,20
Fechamento da Peça Data, local, advogado, OAB ... (0,10).	0,00/0,10

(OAB/Exame Unificado XXII – 2017.1 – 2ª fase) Marina Ribeiro, brasileira, casada, desempregada, filha de Laura Santos, portadora da identidade 855, CPF 909, residente e domiciliada na Rua Coronel Saturnino, casa 28 – São Paulo-SP – CEP 4444, trabalhou para a sociedade empresária Malharia Fina Ltda., localizada na capital paulista, como auxiliar de produção, de 20/09/2014 a 30/12/2016, quando foi dispensada sem justa causa, recebendo as verbas da ruptura contratual. Atualmente Marina está desempregada, mas, na época em que atuava na Malharia Fina, ganhava 1 salário mínimo mensal. Marina é presidente do seu sindicato de classe, ao qual está filiada desde a admissão, tendo sido eleita e empossada no dia 20/06/2015 para um mandato de 2 anos, bem como cientificada a empregadora do fato por email, exibido ao advogado. Marina recebeu uniforme e EPI da empresa, jamais sofrendo descontos no seu salário em razão disso. Recebia, também, alimentação (almoço e lanche) gratuitamente e trabalhava de 2ª a 6ª feira das 13.30h às 22.30h, com intervalo de 1 hora, e aos sábados, das 8.00h às 12.00h, sem intervalo. Após o horário informado, gastava 20 minutos para tirar o uniforme, comer o lanche oferecido pela empresa e escovar os dentes. Marina recebeu a participação proporcional nos lucros de 2014 e integral em 2015 e 2016. Marina tem três filhos saudáveis, com idades de 12, 10 e 8 anos, conforme certidões de nascimento que apresentou. Ela, no ano de 2015, comprovadamente, doou sangue em duas ocasiões, faltou ao emprego em ambas e foi descontada a título de falta. Já em 2016, ela foi descontada em três dias, quando se ausentou para viajar para o Nordeste e comparecer ao enterro de um primo, que falecera em acidente de trânsito. Hugo, o superior imediato de Marina, era chefe do setor de produção. Duas vezes na semana, no mínimo, dizia que ela tinha um belo sorriso. Por educação, Marina agradecia o elogio. Em 2016, em razão de doença, Hugo ficou afastado do serviço por 90 dias e ela o substituiu até o seu retorno. Por ocasião do exame demissional, o setor médico da empresa informou que Marina estava apta para a dispensa. Nos seus contracheques, em todos os meses desde a admissão, havia o lançamento de crédito de um salário mínimo e de duas cotas de salário-família, além de descontos de INSS, do vale-transporte, da contribuição assistencial e da confederativa. Marina ainda informou que tinha ajuizado uma ação anteriormente e que, como perdera a confiança no antigo advogado, não compareceu à audiência para a qual fora intimada. Essa ação havia sido distribuída à 250ª Vara do Trabalho de São Paulo e, em consulta pela Internet, foi verificado o seu arquivamento. Com base nos dados apresentados, formule a peça (rito ordinário) de defesa dos interesses de Marina em juízo. (Valor: 5,00) Obs.: a peça deve abranger todos os fundamentos de Direito que possam ser utilizados para dar respaldo à pretensão. A simples menção ou transcrição do dispositivo legal não confere pontuação.

GABARITO COMENTADO

O candidato deverá elaborar uma Petição Inicial, dirigida ao juízo do Trabalho de São Paulo-SP, com identificação das partes. Diante do ajuizamento da ação anterior, deverá ser requerida a distribuição à 250ª Vara do Trabalho de São Paulo, em razão da prevenção daquele juízo. Considerando a conduta antissindical de dispensar uma dirigente sindical com mandato em vigor, deverá ser requerida a sua reintegração (Art. 8º, inciso VIII, da CRFB/88 e Art. 543, § 3º, da CLT) e, considerando que a autora encontra-se desempregada, a tutela de urgência ou medida liminar para retorno imediato, conforme o Art. 300 do CPC/15 e o Art. 659, inciso X, da CLT. Deverá ser requerida a integração ao salário da alimentação graciosamente recebida (salário in natura), na razão de 20% do salário, com pagamento das diferenças respectivas, conforme o Art. 458 da CLT e a Súmula 241 do TST. Deverá ser requerido, como hora extra adicionada de 50%, o tempo de 20 minutos despendido após a jornada normal de trabalho na troca de uniforme, alimentação e higiene pessoal, conforme a Súmula 366 do TST ou o Art. 4º da CLT.[1] Deverá ser requerido o pagamento do adicional noturno sobre a jornada realizada após 22:00h de 2ª a 6ª feira, na forma do Art. 73, caput e § 2º, da CLT. Deverá ser requerida uma cota de salário – família faltante, pois a situação jurídica da autora (baixa renda salarial e 3 filhos com idade inferior a 14 anos) a torna credora desse benefício na ordem de três cotas – e não apenas as duas já pagas pela empresa. Deverá ser requerida a devolução de um dos dias nos quais comprovadamente Marina doou sangue, conforme o Art. 473, inciso IV, da CLT. Deverá ser requerida a diferença salarial em razão da substituição do chefe do setor, conforme Súmula 159, inciso I, do TST.

DISTRIBUIÇÃO DOS PONTOS

ITEM	PONTUAÇÃO
Endereçamento Petição inicial com endereçamento ao juízo da 250ª Vara do Trabalho de São Paulo (0,10)	0,00/0,10
Partes Nome e qualificação da reclamante (0,10) e do reclamado (0,10)	0,00/0,10/0,20
Prevenção Distribuição por dependência OU prevenção à 250ª VT/SP (0,20). Indicação Art. 286, II, CPC (0,10)	0,00/0,20/0,30
Justiça gratuita Requerimento de assistência judiciária gratuita (0,20)	0,00/0,20
Estabilidade Reintegração porque a autora é dirigente sindical, tendo estabilidade no emprego OU sendo vedada sua dispensa (0,50). Indicação do Art. 8º, VIII, da CF/88 OU Art. 543, § 3º, CLT (0,10)	0,00/0,50/0,60
Tutela de urgência Pedido de tutela de urgência ou medida liminar ou antecipação de tutela para imediato retorno (0,20). Indicação Art. 300 CPC OU Art. 659, X, CLT (0,10)	0,00/0,20/0,30
Salário utilidade Integração da alimentação ao salário (0,30). Indicação Art. 458 CLT OU Art. 458 § 3º CLT OU Súmula 241 TST (0,10)	0,00/0,30/0,40
Hora extra Minutos excedentes da jornada normal por ser tempo à disposição (0,30), com adicional de 50% (0,10). Indicação Súmula 366 TST OU Art. 4º CLT OU Art. 58, § 1º CLT (0,10)	0,00/0,30/0,40/0,50
Intervalo entre jornadas Horas extras pela inobservância do intervalo mínimo entre a jornada de sexta-feira e sábado (0,10). Indicação Art. 66 CLT OU OJ 355 TST OU art. 382 CLT (0,10)	0,00/0,10/0,20
Adicional noturno Adicional noturno sobre a jornada realizada após 22:00h (0,50). Indicação Art. 73 OU Art. 73, § 2º, da CLT (0,10)	0,00/0,50/0,60

---

1. Veja art. 4º, VIII, da CLT de acordo com a Lei 13.467/2017.

Salário família (cota faltante) 1 (uma) cota de salário família faltante (0,40). Indicação Art. 66 Lei 8213/91 OU Art. 83 Decreto 3.048/99 OU Art. 7º, XII, CF/88 OU Art. 2º Lei 4266/63 OU Art. 4º Decreto 53.153/63 (0,10)	0,00/0,40/0,50
Devolução desconto Devolução de 1 (um) dia de doação de sangue em que a falta é justificada (0,30). Indicação Art. 473, IV, CLT (0,10)	0,00/0,30/0,40
Substituição Diferença salarial em razão da substituição do chefe do setor (0,30). Indicação Súmula 159, I, TST OU Art. 5º CLT OU Art. 450 CLT OU Art. 5º, caput, CF/88 OU Art. 7º, XXX CF/88 (0,10)	0,00/0,30/0,40
Procedência dos pedidos (0,20)	0,00/0,20
Fechamento: Data, local, advogado(a), OAB ...nº... (0,10)	0,00/0,10

(OAB/Exame Unificado XXI – 2016.3 – 2ª fase) Paulo foi empregado da microempresa Tudo Limpo Ltda. de 22/02/15 a 15/03/16. Trabalhava como auxiliar de serviços gerais, atuando na limpeza de parte da pista de um aeroporto de pequeno porte. Durante todo o contrato, prestou serviços na Aeroduto – Empresa Pública de Gerenciamento de Aeroportos. Ao ser dispensado e receber as verbas rescisórias, ajuizou reclamação trabalhista em face da empregadora e da tomadora dos serviços, pretendendo adicional de insalubridade porque trabalhava em local de barulho, bem como a incidência de correção monetária sobre o valor dos salários, vez que recebia sempre até o quinto dia útil do mês subsequente ao vencido. Logo, tendo mudado o mês de competência, deveria haver a correção monetária, dado o momento, na época, de inflação galopante. A ação foi distribuída para a 99ª Vara de Trabalho de Salvador. No dia da audiência, a primeira ré, empregadora, fez-se representar pelo seu contador, assistido por advogado. A segunda ré, por preposto empregado e advogado. Foram entregues defesas e prova documental, sendo que, pela segunda ré, foi juntada toda a documentação relacionada à fiscalização do contrato entre as rés, o qual ainda se encontra em vigor, bem como exames médicos de rotina realizados nos empregados, inclusive o autor, os quais não demonstravam nenhuma alteração de saúde ao longo de todo o contrato, além dos recibos do autor de fornecimento de EPI para audição. Superada a possibilidade de acordo, o juiz indeferiu os requerimentos da segunda ré para a produção de provas testemunhal e pericial, consignando em ata os protestos da segunda ré, pois visava, com isso, comprovar que o EPI eliminava a insalubridade. O processo seguiu concluso para a sentença, a qual decretou a revelia e confissão da primeira ré por não estar representada regularmente. Julgou procedentes os pedidos de pagamento de adicional de insalubridade em grau máximo, bem como de incidência de correção monetária sobre o valor do salário mensal pago após a "virada do mês". Outrossim, condenou a segunda ré, subsidiariamente, em todos os pedidos, fundamentando a procedência na revelia e confissão da 1ª ré. Diante disso, como advogado(a) da 2ª ré, redija a peça prático-profissional pertinente ao caso. (Valor: 5,00) Obs.: a peça deve abranger todos os fundamentos de Direito que possam ser utilizados para dar respaldo à pretensão. A simples menção ou transcrição do dispositivo legal não confere pontuação.

GABARITO COMENTADO

O(A) examinando(a) deverá apresentar um Recurso Ordinário, elaborando a petição de interposição e as razões recursais. Deverá indicar as partes, citar o Art. 895, inciso I, da CLT e indicar o recolhimento das custas e o depósito recursal. Deverá ser arguida preliminar por cerceamento de defesa, em razão do indeferimento da prova testemunhal, conforme o Art. 5º, inciso LV, da CRFB/88. Deverá ser arguida preliminar por cerceamento de defesa, em razão do indeferimento da prova pericial. Deverá ser sustentado que não houve a revelia da 1ª ré, pois, tratando-se de microempresa, a representação foi correta, nos termos da Súmula 377 do TST[2]. Deverá ser sustentado que, tratando-se de empresa pública que fiscalizou a íntegra do contrato, não há que se falar em responsabilidade subsidiária, nos termos da Súmula 331, inciso V, do TST. Deverá ser sustentada a reforma do julgado quanto ao adicional de insalubridade, pois o trabalho, nas condições do autor, teve a insalubridade neutralizada pelo EPI fornecido, nos termos da Súmula 80 do TST. Deverá ser sustentado que o juiz não pode fixar o grau de insalubridade mesmo na revelia, conforme o Art. 195, § 2º, da CLT, que exige perícia. Deverá ser sustentada a reforma da sentença quanto à incidência de correção monetária, nos termos da Súmula 381 do TST. Encerramento.

DISTRIBUIÇÃO DOS PONTOS

ITEM	PONTUAÇÃO
Estrutura Petição de interposição ao juiz de 1º grau (0,10) e razões recursais ao TRT (0,10) Citação Art. 895, I, CLT (0,10)	0,00 / 0,10 / 0,20 / 0,30
Partes Indicação da recorrente – a empresa tomadora ou 2ª ré (0,10) e do recorrido (0,10)	0,00 / 0,10 / 0,20
Preparo Indicação do recolhimento das custas e depósito recursal (0,20)	0,00 / 0,20
Fundamentação Cerceamento de defesa: Pelo indeferimento da prova testemunhal (0,30) Pelo indeferimento da perícia (0,30) Citação Art. 5º, LV, CF/88 OU Art. 845 CLT (0,10)	0,00 / 0,30 / 0,40 / 0,60 / 0,70
Insalubridade: Alegação de obrigatoriedade da perícia (0,40). Citação Art. 195, § 2º, CLT OU Art. 156 CPC OU OJ 278 (0,10).	0,00 / 0,40 / 0,50
EPI: Prova da neutralização da insalubridade por EPI (0,40). Citação Súmula 80 TST OU Art. 191, II, CLT (0,10).	0,00 / 0,40 / 0,50
Revelia: Inexistência da revelia porque microempresa pode se fazer representar por alguém que não seja empregado (0,60). Citação Súmula 377 TST[3] OU Art. 54 LC 123/06 (0,10);	0,00 / 0,60 / 0,70
Responsabilidade subsidiária: Inexistência de responsabilidade subsidiária em razão da fiscalização contratual (0,60). Indicação Súmula 331, V, TST (0,10);	0,00 / 0,60 / 0,70
Correção monetária: Improcedência da correção monetária porque o pagamento respeitou a norma (0,60). Indicação Súmula 381 TST OU Art. 459 § 1º CLT (0,10).	0,00 / 0,60 / 0,70
Fechamento/requerimentos finais Requerimento de nulidade da sentença pelo indeferimento da prova testemunhal (0,10).	0,00 / 0,10
Requerimento de nulidade da sentença pelo indeferimento da prova pericial (0,10)	0,00 / 0,10
Requerimento de admissibilidade/conhecimento do recurso (0,10) 0,00 / 0,10	0,00 / 0,10
Requerimento de provimento/reforma da decisão (0,10)	0,00 / 0,10
Local, data e advogado(a) (0,10)	0,00 / 0,10

---

2. Nos termos do art. 843, § 3º da CLT de acordo com a redação dada pela Lei 13.467/2017 o preposto não precisa ser empregado da parte reclamada.

(OAB/Exame Unificado XX – 2016.2 – 2ª fase – Reaplicação Porto Velho/RO) Renato trabalhou como motorista para o Restaurante Amargo Ltda., tendo sempre recebido salário fixo no valor de R$ 1.600,00 mensais. Diariamente dirigia o veículo com as refeições solicitadas pelos clientes, as quais eram entregues por um ajudante. Foi dispensado imotivadamente após dois anos de serviço. Ajuizou ação trabalhista distribuída à 99ª Vara do Trabalho de Teresina/PI pleiteando diferenças salariais decorrentes da aplicação do piso salarial estipulado para os funcionários em bares e restaurantes, conforme a convenção coletiva firmada pelo sindicato dos bares e restaurantes com o sindicato dos garçons e ajudantes em bares e restaurantes, ambos do estado do Piauí. Pleiteou o pagamento extraordinário pelo tempo de duração da viagem de ida e volta ao trabalho, pois ficava com o carro da empresa que dirigia e que ficava sob sua guarda. Alegou que de sua residência para o local de trabalho havia apenas três linhas diretas de ônibus com tarifa modal em cada horário, sendo o transporte insuficiente. Pleiteou salário *in natura* pelo uso de veículo do empregador, o qual ficava com Renato ao longo da semana útil, devendo deixá-lo na garagem do empregador durante o fim de semana de folga, bem como nas férias. Pleiteou, ainda, a integração de diárias para viagem, recebidas no valor de R$ 400,00 por cada viagem ocorrida, relatando que ao longo do contrato viajou a serviço por três ocasiões, em três diferentes meses. Por último pleiteou diferenças salariais decorrentes de equiparação salarial com outro motorista, o qual inicialmente trabalhava como maitre, mas por força de decisão do INSS, por limitação física, teve sua função alterada, quando percebia R$ 2.000,00 mensais. Na audiência, após a apresentação de defesa com documentos, foram dispensados os depoimentos pessoais. A parte autora declarou não ter outras provas. A parte ré requereu a oitiva de uma testemunha, a qual foi indeferida pelo juiz, gerando o inconformismo da parte ré, registrado em ata de audiência. Dez dias após o encerramento normal da audiência, o juiz prolatou sentença de improcedência total dos pedidos, com custas fixadas em R$ 500,00. Inconformado, Renato, 15 dias após haver sido notificado da decisão de improcedência dos pedidos, apresentou a medida jurídica cabível para tentar revertê-la, em juntar qualquer documento. Você foi notificado como advogado(a) da empresa para apresentar a peça prático-profissional em nome de seu cliente. Redija a mesma apresentando os argumentos pertinentes. (Valor: 5,00) Obs.: o examinando deve fundamentar suas respostas. A mera citação do dispositivo legal não confere pontuação.

GABARITO COMENTADO

Deverá ser apresentada contrarrazões ao recurso ordinário interposto pela parte autora.

A peça deverá ter petição de endereçamento ao juiz do trabalho da 99ª Vara do Trabalho de Teresina/PI; bem como razões endereçadas ao TRT/PI.

Deverá ser suscitada preliminares de intempestividade do recurso, pois o prazo é de 08 dias, enquanto o mesmo só foi interposto com 15 dias, bem como de deserção, já que não recolhidas as custas.

Deverá ser suscitada preliminar de cerceamento de defesa caso acolhido o recurso ordinário do autor, já que foi indeferida a oitiva de testemunha da ré.

Deverá ser defendida a manutenção da sentença quanto ao indeferimento do pedido de diferenças salariais pela aplicação de norma coletiva, pois o autor, como motorista, é categoria diferenciada. Logo, na forma do Art. 511 da CLT, o regramento da norma coletiva geral não se aplica a ele.

Deverá ser defendida a manutenção da sentença de improcedência do pedido de horas *in itinere*, pois na forma da Súmula 90, inciso III, do TST, a mera insuficiência do transporte público regular não gera o direito pretendido.

Deverá ser requerida a manutenção da decisão de improcedência do pedido de salário *in natura*, pois conforme o Art. 458, *caput* e[3] inciso III, da CLT, o autor não usava o veículo para fins privados, mas apenas para o trabalho, afastando o caráter contraprestacional da verba.

---

3. Verificar o § 2º do artigo 458 da CLT

Deverá ser defendida a manutenção da decisão de improcedência da integração das diárias para viagem, pois não excederam 50% do salário mensal, conforme Art. 457, § 2º, da CLT. [4]

Deverá ser defendida a sentença de improcedência de diferenças salariais por equiparação salarial, porque o modelo era readaptado, não servindo como paradigma, conforme Art. 461, § 4º, da CLT.

Encerramento: Deverá ser renovado o requerimento de acolhimento das preliminares de não recebimento do recurso do autor por intempestivo e de cerceamento de defesa caso acolhido o recurso do autor. Deverá ser renovado o requerimento de manutenção da sentença. Data, OAB, Advogado.

(OAB/Exame Unificado XX – 2016.2 – 2ª fase) Suzana trabalhou na residência da família Moraes de 15/06/2015 a 15/09/2015, data na qual teve baixa em sua CTPS. A família do ex-empregador vive em Natal/RN. Suzana foi contratada a título de experiência por 45 dias, findos os quais nada foi tratado e Suzana continuou trabalhando normalmente. Suzana realizava todas as atividades do lar, iniciando o trabalho às 7h e saindo às 16 h, de segunda à sexta-feira, com trinta minutos de intervalo. Suzana tinha descontado do seu salário 10% referente ao vale-transporte, além de sua cota-parte do INSS e 25% do valor da alimentação consumida no emprego. Suzana fazia a limpeza dos 3 banheiros existentes na residência mas não recebia qualquer adicional. Em determinada ocasião, Suzana viajou com a família por 4 dias úteis para Gramado/RS. Nessa ocasião, trabalhou como babá das 8h às 17h, desfrutando de uma hora de almoço. Na data da dispensa, Suzana recebeu as seguintes verbas: férias proporcionais de 3/12 avos acrescidas de 1/3 e 13º salário proporcional de 3/12 avos. Você foi procurado por Suzana para, na condição de advogado(a), redigir a peça prático-profissional pertinente em defesa dos interesses da trabalhadora, sem criar dados ou fatos não informados. (Valor: 5,00) Obs.: A peça deve abranger todos os fundamentos de Direito que possam ser utilizados para dar respaldo à pretensão. A simples menção ou transcrição do dispositivo legal não pontua.

GABARITO COMENTADO

Deverá ser redigida uma Petição Inicial endereçada ao Juiz do Trabalho da Vara do Trabalho de Natal/RN.

Deverá ser considerado pelo examinando o reconhecimento do trabalho como sendo um contrato por prazo indeterminado e a desconstituição de contrato de experiência, pois não tendo havido prorrogação expressa do contrato de experiência, o contrato se transmudou em por prazo indeterminado, na forma do Art. 5º, § 2º, da LC 150/15.

Em decorrência disso, deverá ser pretendido o pagamento de aviso prévio de 30 dias e os reflexos disso nas férias + 1/3 e 13º salário, conforme o Art. 23, § 1º, da LC 150/15.

Deverá ser requerida a devolução do desconto de 25% da alimentação, pois vedado pelo Art. 18, da LC 150/15, e o excesso do desconto do vale transporte, que é de 6% do salário base do trabalhador, conforme parágrafo único do artigo 4º da Lei 7.418/85.

Deverá ser pretendida uma hora extra diária, em razão da supressão do intervalo de uma hora, nos termos do Art. 13 da LC 150/15 e Súmula 437 do TST.

Deverá ser exigida, ainda, 30 minutos diários de hora extra, já que a jornada diária da empregada era de 8:30 hs, sem qualquer referência a acordo escrito para compensação, conforme exigido pelo art. 2º, § 4º, da LC 150/15.

Deverá ser requerido o pagamento de 25% por hora trabalhada em viagem, percentual que deverá incidir sobre 32 horas, conforme o Art. 11, § 2º, da LC 150/15. Encerramento.

---

4. A Lei 13.467/2019 deu nova redação ao art. 457, § 2º, da CLT: "As importâncias, ainda que habituais, pagas a título de ajuda de custo, auxílio-alimentação, vedado seu pagamento em dinheiro, diárias para viagem, prêmios e abonos não integram a remuneração do empregado, não se incorporam ao contrato de trabalho e não constituem base de incidência de qualquer encargo trabalhista e previdenciário."

(OAB/Exame Unificado XIX – 2016.1 – 2ª fase) Você foi contratado(a) como advogado(a) pela sociedade empresária Sandália Feliz Ltda., que lhe exibe cópia de sentença prolatada pelo juízo da 50ª Vara do Trabalho de Vitória/ES (processo 123, movido por Valentino Garrido, brasileiro, solteiro, auxiliar de estoque) e publicada no dia anterior, na qual o juiz reconheceu que, após o pagamento das verbas resilitórias, houve acordo e outro pagamento de R$ 2.000,00 perante uma Comissão de Conciliação Prévia (CCP) criada na empresa, sem ressalva, mas rejeitou a preliminar suscitada pela ré, compreendendo que a realização do acordo na CCP geraria como efeito único a dedução do valor pago ao trabalhador.⁵

Sobre o pedido de duas horas extras diárias, o juiz as deferiu porque foi confessada a sobrejornada pelo preposto, determinando, ainda, a sua integração nas demais verbas (13º salário, férias, FGTS e repouso semanal remunerado), e, em relação ao repouso semanal majorado pelas horas extras deferidas, sua integração no 13º salário e nas férias.

O juiz deferiu outros 15 minutos de horas extras pela violação a artigo da CLT, que garante esse intervalo antes do início de sobrejornada.

O juiz deferiu indenização por dano estético de R$ 5.000,00 porque o trabalhador caiu de uma alta escada existente no estoque e, com o violento impacto sofrido na queda, teve a perda funcional de um dos rins, conforme Comunicação de Acidente do Trabalho (CAT) emitida.

O magistrado determinou que os juros observassem a Taxa Selic, conforme requerido na prefacial.

Diante do que foi exposto, elabore a medida judicial adequada para a defesa dos interesses da sociedade empresária. As custas foram fixadas em R$ 200,00 sobre o valor arbitrado à condenação de R$ 10.000,00. (Valor: 5,00)

Obs.: O examinando deve fundamentar suas respostas. A mera citação do dispositivo legal não confere pontuação.

Obs.: O examinando deve indicar todos os fundamentos e dispositivos legais cabíveis. A mera citação do dispositivo legal não confere pontuação.

GABARITO COMENTADO

Elaboração de um Recurso Ordinário Interposto pela Reclamada, com direcionamento do recurso ao juiz de 1º grau e destinação das razões recursais ao TRT, indicando o recolhimento das custas e o depósito recursal.

Da quitação – deverá ser renovada a preliminar – que é de quitação –, sustentando que ela é geral, na medida em que não houve ressalva, conforme dispõe o Art. 625-E, parágrafo único, da CLT.

Do repouso semanal – deverá ser refutada a integração do repouso majorado pelas horas extras nas férias e no 13º salário, porque significaria *bis in idem*, gerando enriquecimento sem causa, vedado pelo TST na OJ 394.

Do dano estético – indevido porque a perda funcional de um órgão não gera alteração morfológica, na harmonia física do trabalhador. Assim sendo, ausentes os requisitos da responsabilidade civil presentes no Art. 186 do CC.

Dos juros – não se aplica a taxa Selic porque há lei própria regulando a matéria, conforme o Art. 39 da Lei 8.177/1991.

---

5. Nos termos do art. 843, § 3º da CLT de acordo com a redação dada pela Lei 13.467/2017 o preposto não precisa ser empregado da parte reclamada.

DISTRIBUIÇÃO DOS PONTOS

ITEM	PONTUAÇÃO
Direcionamento do recurso ao Juiz de 1º grau (0,10)	0,00 / 0,10
Destinação das razões recursais ao TRT (0,10)	0,00 / 0,10
Interposição de recurso ordinário e indicação das partes (0,10) com base no Art. 895, inciso I, da CLT (0,10). Obs.: a simples menção ao dispositivo não pontua	0,0 / 0,10 / 0,20
Indicação do recolhimento de custas E depósito recursal (0,10)	0,0 / 0,10
Quitação (eficácia liberatória geral) – renovar sustentando que ela é geral, pois não houve ressalva (0,70). Indicação Art. 625-E, parágrafo único, da CLT (0,10).	0,0 / 0,70 / 0,80
Repouso semanal – sua integração, majorado pelas horas extras, às férias e ao 13º salário significaria *bis in idem* (0,70). Indicação OJ 394 TST (0,10).	0,00 /0,70 / 0,80
Dano estético – perda funcional de um órgão não gera alteração na harmonia física ou na aparência (0,70). Ausentes requisitos do Art. 186 do CC (0,10).	0,0 / 0,70 / 0,80
Juros – inaplicável a taxa Selic porque há lei própria regulando a matéria (0,70). Indicação do Art. 39 da Lei 8.177/1991 (0,10).	0,0 / 0,70 / 0,80
Requerimentos finais Conhecimento/admissão (0,20) e provimento do recurso (0,20).	0,00 / 0,20 / 0,40
Fechamento da Peça (0,10) Data, Local, Advogado, OAB ... nº...	0,00 / 0,10

(OAB/Exame Unificado XVIII – 2015.3 – 2ª fase) Nos autos da reclamação trabalhista 1234, movida por Gilson Reis em face da sociedade empresária Transporte Rápido Ltda., em trâmite perante a 15ª Vara do Trabalho do Recife/PE, a dinâmica dos fatos e os pedidos foram articulados da seguinte maneira:

O trabalhador foi admitido em 13/05/2009, recebeu aviso-prévio em 09/11/2014, para ser trabalhado, e ajuizou a demanda em 20/04/2015.

Exercia a função de auxiliar de serviços gerais.

Requereu sua reintegração porque, em 20/11/2014, apresentou candidatura ao cargo de dirigente sindical da sua categoria, informando o fato ao empregador por e-mail, o que lhe garante o emprego na forma do Art. 543, § 3º, da CLT, não respeitada pelo ex-empregador.

Que trabalhava de segunda a sexta-feira das 5:00h às 15:00h, com intervalo de duas horas para refeição, jamais recebendo horas extras nem adicional noturno, o que postula na demanda.

Que o intervalo interjornada não era observado, daí porque deseja que isso seja remunerado como hora extra.

Contratado como advogado (a), você deve apresentar a medida processual adequada à defesa dos interesses da sociedade empresária Transporte Rápido Ltda., sem criar dados ou fatos não informados. (Valor: 5,00)

Obs.: A peça deve abranger todos os fundamentos de Direito que possam ser utilizados para dar respaldo à pretensão. A simples menção ou transcrição do dispositivo legal não pontua.

GABARITO COMENTADO

O candidato deverá apresentar uma Contestação, dirigida ao Juiz da 15ª Vara do Trabalho do Recife, com indicação das partes e sustentando o seguinte:
Prescrição das pretensões anteriores a 20/04/2010.

Ser indevida a reintegração porque a candidatura ocorreu no decorrer do aviso-prévio, não sendo assegurada a garantia, conforme Súmula 369, V, do TST.

Que a jornada cumprida não excede o módulo constitucional, seja o semanal seja o diário, de modo que são indevidas as horas extras. Indicação do Art. 7º, XIII, da CRFB/1988 e do Art. 58 da CLT.

Que não havia trabalho no período compreendido entre 22.00h e 5.00h, de forma que não há direito a adicional noturno. Indicação do Art. 73, § 2º, da CLT.

Que o intervalo interjornada é de onze horas e, na hipótese, era respeitado, porque havia um interregno de catorze horas entre as jornadas. Indicação do Art. 66 da CLT.

DISTRIBUIÇÃO DOS PONTOS

ITEM	PONTUAÇÃO
Contestação dirigida ao Juiz da 15ª Vara do Trabalho do Recife (0,10)	0,00 / 0,10
Qualificação das partes Identificação de autor (0,10) e réu (0,10).	0,00 / 0,10 / 0,20
Indicação art. 847, CLT (0,10)	0,00 / 0,10
Prescrição das pretensões anteriores a 20/04/2010 OU prescrição das pretensões anteriores a 5 anos do ajuizamento da ação (0,70). Indicação do Art. 7º, XXIX, CRFB/1988, OU Art. 11, I, CLT OU Súmula 308, I, TST (0,10).	0,00 / 0,70 / 0,80
Indevida a reintegração porque a candidatura ocorreu no decorrer do aviso-prévio (0,80). Indicação da Súmula 369, V, TST (0,10).	0,00 / 0,80 / 0,90
A jornada não excede o módulo constitucional, sendo indevidas as horas extras (0,70). Indicação do Art. 7º, XIII, CRFB/1988, OU Art. 58, CLT (0,10).	0,00 /0,70 / 0,80
Indevido adicional noturno por não haver trabalho entre 22.00h e 5.00h (0,70). Indicação do Art. 73, § 2º, CLT (0,10).	0,00 / 0,70 / 0,80
O intervalo interjornada é de onze horas e, na hipótese, era respeitado porque havia um interregno de catorze horas entre as jornadas (0,70). Indicação do Art. 66, CLT (0,10).	0,00 / 0,70 / 0,80
Requerimento de improcedência dos pedidos (0,20) e indicação das provas a serem produzidas (0,20).	0,00 / 0,20 / 0,40
Fechamento da Peça. Data, Local, Advogado, OAB ...nº... (0,10).	0,00 / 0,10

(**OAB/Exame Unificado XVII – 2015.2 – 2ª fase**) Você foi procurado pelo Banco Dinheiro Bom S/A, em razão de ação trabalhista nº XX, distribuída para a 99ª VT de Belém/PA, ajuizada pela ex-funcionária Paula, que foi gerente geral de agência de pequeno porte por 4 anos, período total em que trabalhou para o banco. Sua agência atendia apenas a clientes pessoa física. Paula era responsável por controlar o desempenho profissional e a jornada de trabalho dos funcionários da agência, além do desempenho comercial desta. Na ação, Paula aduziu que ganhava R$ 8.000,00 mensais, além da gratificação de função no percentual de 50% a mais que o cargo efetivo. Porém, seu salário era menor que o de João Petrônio, que percebia R$ 10.000,00, sendo gerente de agência de grande porte atendendo contas de pessoas físicas e jurídicas. Requer as diferenças salariais e reflexos. Paula afirma que trabalhava das 8h às 20h, de segunda a sexta-feira, com intervalo de 20 minutos. Requer horas extras e reflexos. Paula foi transferida de São Paulo para Belém, após um ano de serviço, tendo lá fixado residência com sua família. Por isso, ela requer o pagamento de adicional de transferência. Paula requer a devolução dos descontos relativos ao plano de saúde, que assinou no ato da admissão, tendo indicado dependentes. Requer, ainda, multa prevista no Art. 477 da CLT, pois foi notificada da dispensa em 02/03/2015, uma segunda-feira, e a empresa só pagou as verbas rescisórias e efetuou a homologação da dispensa em 12/03/2015, um dia após o prazo, segundo sua alegação. Redija a peça prático-profissional pertinente ao caso. (Valor: 5,00) Obs.: o examinando deve fundamentar suas respostas. A mera citação do dispositivo legal não confere pontuação.

GABARITO COMENTADO

Deverá ser apresentada a peça jurídica denominada Contestação, na defesa dos interesses do Banco Dinheiro Bom S.A. em face da reclamação trabalhista ajuizada por Paula, com base no artigo 847 da CLT, dirigida ao Juiz do Trabalho da 99ª Vara do Trabalho de Belém, com indicação das partes e do número do processo.

Deverá ser contestado o pedido de horas extras porque a autora ocupava cargo de confiança de gerente geral, sendo autoridade máxima no local, possuindo poder de gestão e recebendo gratificação de função superior a 40%, inserindo-a então na exceção prevista no Art. 62, II e parágrafo único da CLT, ratificado pela Súmula 287 TST. Por conseguinte, não faz jus a sobrejornada, já que não possui limite de jornada.

Deverá ser rechaçado o pedido de equiparação salarial porque as funções eram diferentes, pois a paragonada era gerente de pessoa física enquanto o modelo cuidava de carteira de pessoas físicas e jurídicas, não atendendo ao disposto no Art. 461, caput, CLT e Súmula 6, III TST. Será também aceita a tese de que os trabalhos de Paula e de João Petrônio não tinham o mesmo valor, por terem produtividade distinta, em razão da diferença no porte entre as agências, ensejando a tese de que a produtividade do modelo era superior, conforme Art. 461, § 1º, CLT.

Deverá ser contestado o pedido de adicional de transferência, pois essa foi definitiva, não ensejando o adicional desejado, conforme Art. 469, § 3º, da CLT e OJ 113 do TST.

Deverá ser rechaçado o pedido de devolução de descontos, uma vez que foi escrita a autorização para a subtração e não há prova de vício de consentimento, havendo inclusive indicação de beneficiários, o que impede a restituição, conforme OJ 160, da SDI I do TST, Súmula 342 do TST e Art. 462 da CLT.

Deverá ser rechaçado o pedido de multa do Art. 477 da CLT porque houve pagamento e homologação tempestivos, no prazo de 10 dias, pois a contagem deve excluir o dia do começo e incluir o do vencimento, conforme OJ 162, da SDI I do TST, Art. 132, CCB e Art. 477, § 6º, CLT.

DISTRIBUIÇÃO DOS PONTOS

ITEM	PONTUAÇÃO
Contestação endereçada ao Juiz do Trabalho da 99ª VT/Belém (0,10) com indicação do número do processo (0,10). Indicação do autor (0,10) e indicação ou qualificação do Réu (0,10). Indicação do art. 847 CLT (0,10)	0,00 / 0,10 / 0,20 / 0,30 /0,40 / 0,50
Hora extra indevida porque a autora ocupava cargo de confiança, sendo autoridade máxima no local OU sendo possuidor poder de gestão (0,50) e recebia gratificação de função superior a 40% (0,20). Indicação do Art. 62, II ou parágrafo único da CLT OU Súmula 287 TST (0,10).	0,00 / 0,20 / 0,30/ 0,50 /0,60/ 0,70 / 0,80
Equiparação salarial indevida porque a produtividade do modelo era superior (0,70). Indicação do Art. 461, § 1º, CLT (0,10). OU Equiparação salarial indevida porque as funções eram diferentes (0,70). Indicação do Art. 461, caput, CLT OU Súmula 6, III TST (0,10)	0,00 / 0,70 / 0,80
Adicional de transferência indevido porque a transferência foi definitiva (0,70). Indicação do Art. 469, § 3º, CLT OU OJ 113 TST (0,10)	0,00 / 0,70 / 0,80
Devolução de desconto indevida porque autorizada por escrito OU porque não houve vício de consentimento (0,70). Indicação da OJ 160 SDI TST OU Súmula 342 TST OU Art. 462 CLT (0,10).	0,00 / 0,70 / 0,80
Multa do Art. 477 CLT indevida porque o pagamento ocorreu no prazo legal (10 dias) (0,70). Indicação da OJ 162 SDI TST OU Art. 132, CCB OU Art. 477, § 6º, CLT. (0,10).	0,00 /0,70 / 0,80
Encerramento com indicação da improcedência dos pedidos (0,40).	0,00 / 0,40
Local, data, advogado (0,10)	0,00 / 0,10

Obs.: a simples citação legal ou jurisprudencial pertinente não credencia pontuação.

(OAB/Exame Unificado XVI – 2015.1 – 2ª fase) A sociedade empresária Pedreira TNT Ltda. foi condenada em 1º grau na reclamação trabalhista movida pelo ex-empregado Gilson Cardoso de Lima (Processo 009000-77.2014.5.12.0080), oriundo da 80ª Vara do Trabalho de Florianópolis. Na sentença, depois de reconhecido que o reclamante trabalhou na pedreira por 6 meses, o juiz deferiu adicional de periculosidade na razão de 50% sobre o salário básico, pois a perícia realizada nos autos detectou a existência de risco à vida (contato permanente com explosivos); determinou o depósito do FGTS no período de 2 meses em que o empregado esteve afastado por auxílio-doença previdenciário (código B-31); deferiu a multa do Art. 477, § 8º, da CLT, porque o pagamento das verbas devidas pela extinção do contrato foi feito na sede da empresa, não tendo sido homologado no sindicato de classe ou autoridade do Ministério do Trabalho e Emprego; deferiu dano moral, determinando que juros e correção monetária fossem computados desde a data do ajuizamento da ação, e deferiu, com base no Art. 1.216 do Código Civil, indenização pelo frutos de má-fé percebidos pela sociedade empresária porque ela permaneceu com dinheiro que pertencia ao trabalhador. Diante do que foi exposto, elabore a medida judicial adequada para a defesa dos interesses da sociedade empresária. As custas foram fixadas em R$ 200,00 sobre o valor arbitrado à condenação de R$ 10.000,00. (Valor: 5,00) Responda justificadamente, empregando os argumentos jurídicos apropriados e a fundamentação legal pertinente ao caso.

GABARITO COMENTADO

Elaboração de um recurso ordinário interposto pela reclamada, com direcionamento do recurso ao juiz de 1º grau e destinação das razões recursais ao TRT, indicando o recolhimento das custas e depósito recursal. DO ADICIONAL – O examinando deve sustentar que o adicional de periculosidade deve ser de 30%, conforme Art. 193, § 1º, da CLT. DO FGTS – O examinando deve sustentar que o auxílio-doença comum não gera obrigação para o empregador de depositar o FGTS, mas apenas se fosse auxílio-doença acidentário, conforme Art. 15, § 5º, da Lei 8.036/1990. DANO MORAL – A correção monetária deverá ser computada a partir da condenação, não do ajuizamento da ação, conforme as Súmulas 439 do TST e 362 do STJ. FRUTOS DE MÁ-FÉ – O Art. 1.216 do CCB, é inaplicável ao Direito do Trabalho, conforme Súmula 445, do TST.

DISTRIBUIÇÃO DOS PONTOS

ITEM	PONTUAÇÃO
– indicação do recurso ordinário da empresa com base no Art. 895, I, da CLT (0,20). – direcionamento do recurso ao Juiz de 1º grau e destinação das razões recursais ao TRT (0,20). – indicação do recolhimento de custas e depósito recursal (0,10)	0,10 / 0,20 / 0,30 / 0,40 / 0,50
DO ADICIONAL – A periculosidade deve ser paga na razão de 30% – e não 50% (0,60). Indicação do Art. 193, § 1º, da CLT (0,20).	0,00 / 0,60 / 0,80
DO FGTS – O auxílio doença comum não gera obrigação para o empregador de depositar o FGTS (0,60). Indicação do Art. 15, § 5º, da Lei 8.036/1990 (0,20).	0,00 / 0,60 / 0,80
DANO MORAL – a correção monetária deverá ser computada a partir da condenação, e não do ajuizamento da ação (0,60). Indicação da Súmula 439, do TST OU 362 do STJ. (0,20).	0,00 / 0,60 / 0,80
FRUTOS DE MÁ-FÉ – O Art. 1.216, do CCB, é inaplicável ao Direito do Trabalho (0,60). Indicação da Súmula 445, do TST (0,20).	0,00 / 0,60 / 0,80
REQUERIMENTOS FINAIS Conhecimento/admissão (0,20) e provimento do recurso (0,20).	0,00 / 0,20 / 0,40
Fechamento da Peça. (0,10) Data, Local, Advogado, OAB ...nº...	0,00 / 0,10
Obs.: a simples citação legal ou jurisprudencial pertinente não credencia pontuação	

(OAB/Exame Unificado XV – 2014.3 – 2ª fase) Tramita perante a 89ª Vara do Trabalho de Curitiba a RT nº 000153-80.2012.5.09.0089, ajuizada em 06/05/2012 por Sérgio Camargo de Oliveira, assistido por advogado particular, contra o Supermercado Onofre Ltda. Nela foi proferida sentença que, em síntese, assim julgou os pedidos formulados a seguir.

(i) Foi reconhecida a ilicitude da confessada supressão das comissões, que eram pagas desde a admissão, ocorrida em 13/10/2005, mas abruptamente ceifadas pelo empregador em 25/12/2006. Entendeu o magistrado que a prescrição, na hipótese, era parcial, alcançando os últimos 5 anos, e não total como advogado na peça de bloqueio, já que se tratava de rubrica assegurada por preceito de lei, além de se tratar de alteração prejudicial ao empregado, vedada pelo Art. 468, *caput*, da CLT.

(ii) Foi deferido o pagamento de duas cotas mensais de salário-família para os filhos capazes do reclamante, que, na admissão do obreiro, contavam com 15 e 17 anos, respectivamente. Enfatizou o magistrado que não foi solicitada a documentação pertinente quando do ingresso do demandante, gerando prejuízo financeiro para o trabalhador.

(iii) Foi concedida indenização por dano moral pela humilhação sofrida pelo reclamante na saída. É que, por determinação do empregador, ele foi comunicado de sua dispensa por intermédio de um colega de trabalho que exercia a mesma função, que o chamou em particular numa sala, para lhe dar a fatídica notícia.

Encampou o magistrado o entendimento do reclamante, no sentido de que somente um superior hierárquico poderia informar acerca da ruptura contratual, e que a forma eleita pela ré seria indigna e vexatória.

Uma vez que o autor foi contratado em substituição ao Sr. Paulo, dispensado em 05/10/2005, foi deferida a diferença salarial, porque o antecessor auferia salário 20% superior ao do reclamante, o que, segundo a decisão, violaria os princípios constitucionais da isonomia e da dignidade da pessoa humana. Foi deferida a reintegração ao emprego, porque na dispensa, ocorrida em 06/04/2012, o autor não foi submetido a exame demissional, conforme previsto no Art. 168, II, da CLT, gerando então, na ótica do reclamante e do magistrado, garantia no emprego. Contudo, a tutela antecipada foi indeferida, pois foi constatado por perícia judicial que o autor encontrava-se em perfeito estado de saúde.

Foi concedida verba honorária na razão de 15% sobre a condenação. A sentença foi proferida de forma líquida, com valor de R$ 60.000,00 e custas de R$ 1.200,00.

Considerando que todos os fatos apontados são verdadeiros, e não cabendo Embargos de Declaração, visto que a decisão foi clara em todos os aspectos, apresente a peça pertinente aos interesses da empresa, sem criar dados ou fatos não informados. (Valor: 5,00)

A peça deve abranger todos os fundamentos de Direito que possam ser utilizados para dar respaldo à pretensão.

GABARITO COMENTADO

Estrutura – Elaboração de um recurso ordinário interposto pela empresa, com direcionamento do recurso ao juiz de 1º grau e destinação das razões recursais ao TRT. Indicação, na peça de apresentação do recurso, de que está sendo realizado o recolhimento das custas e do depósito recursal.

Em relação à comissão, o candidato deve sustentar que a prescrição na hipótese é total, na forma da OJ 175 do TST: "Comissões. Alteração ou Supressão. Prescrição Total. A supressão das comissões, OU a alteração quanto à forma ou ao percentual, em prejuízo do empregado, é suscetível de operar a prescrição total da ação, nos termos da Súmula 294 do TST, em virtude de cuidar-se de parcela não assegurada por preceito de lei". Desse modo, deve ser extinto o processo com resolução do mérito.

Em relação ao salário família, o candidato deve postular a reforma do julgado para excluir a condenação, pois a lei prevê que a idade máxima dos filhos capazes, para fins de recebimento desse benefício previdenciário, é de 14 anos.

Em relação ao dano moral pela dispensa, não se cogita qualquer violação a aspecto da personalidade do autor porque não existe lei que obrigue a informação da ruptura por um superior. O comunicado feito por colega de trabalho de mesmo nível hierárquico é adequado, mormente porque feito em lugar reservado.

No tocante à diferença salarial, deverá sustentar que o substituto, quando se tratar de cargo vago, não tem direito assegurado ao mesmo salário do antecessor, na forma da Súmula 159, II, do TST: "Substituição de caráter não eventual e vacância do cargo... II – Vago o cargo em definitivo, o empregado que passa a ocupá-lo não tem direito a salário igual ao do antecessor".

Deverá sustentar que a ausência de exame demissional não é causa de garantia no emprego ou estabilidade, especialmente porque o laudo comprovou que o empregado estava apto, de modo que não há base legal para a reintegração deferida. Trata-se apenas de irregularidade administrativa que não pode ter o condão de gerar a reintegração.

Encerramento renovando a preliminar de prescrição total em relação às comissões e, no mérito, pugnar pela improcedência dos pedidos.

DISTRIBUIÇÃO DOS PONTOS

ITEM	PONTUAÇÃO
Elaboração de um recurso ordinário interposto pela empresa (0,10), citando os Arts. 895, I ou 893, II CLT OU 6º Lei 5.584/1970 com direcionamento do recurso ao juiz de 1º grau (0,10).	0,00 / 0,10 / 0,20
Afirmação do recolhimento de custas (0,10) e depósito recursal (0,10), além das razões recursais ao TRT (0,20)	0,00 / 0,10 / 0,20 / 0,30 / 0,40
A prescrição em relação à comissão é total, pois a parcela não é assegurada por preceito legal OU A prescrição em relação à comissão é total, por se tratar de ato único do empregador (0,65). Indicação da OJ 175 do TST ou Súmula 294 TST (0,10)	0,00 / 0,65 / 0,75
O salário família só é devido para menores até 14 anos, o que não era o caso. (0,50). Indicação do Art. 66 Lei 8.213/1991 OU Art. 83 Dec. 3.048/1999 OU Art. 2º da Lei 4.266/1963 OU Art. 4º Dec. 53.153/1963 OU Art. 4º Portaria MF 19/2014 (0,10)	0,00 / 0,50 / 0,60
Não há dano moral na forma da dispensa, inexistindo norma que obrigue que seja feita por superior OU as condições da dispensa não ofenderam o direito da personalidade do trabalhador. (0,60) Indicação do Art. 5º, incisos II ou X da CF/1988 OU Arts. 186 OU 187 OU 927, caput, do CC. (0,10)	0,00 / 0,60 / 0,70
A diferença salarial é indevida porque se tratava de cargo vago, não obrigando ao mesmo pagamento OU não houve simultaneidade na prestação do serviço (0,65). Indicação da Súmula 159, II, TST (0,10).	0,00 / 0,65 / 0,75
A ausência de exame demissional é irregularidade administrativa, não ensejando garantia no emprego OU a falta de exame demissional não é fundamento legal garantidor da estabilidade OU há prova pericial nos autos confirmando a boa condição física do autor. (0,50)	0,00 / 0,50
Encerramento: 1. requerimento do conhecimento / admissão do recurso (0,20)	0,00 / 0,20
2. provimento do recurso OU reforma da decisão (0,20)	0,00 / 0,20
Fechamento da Peça. (0,10) Data, Local, Advogado, OAB ...nº...	0,00 / 0,10

(OAB/Exame Unificado XIV – 2014.2 – 2ª fase) Síntese da entrevista realizada com Heitor Samuel Santos, brasileiro, solteiro, desempregado, filho de Isaura Santos, portador da identidade 559, CPF 202, residente e domiciliado na Rua Sete de Setembro, casa 18 – Manaus – Amazonas – CEP 999:

- trabalhou na fábrica de componentes eletrônicos Nimbus S.A. situada na Rua Leonardo Malcher, 7.070 – Manaus – Amazonas – CEP 210), de 10.10.2012 a 02.07.2014, oportunidade na qual foi dispensado sem justa causa e recebeu, corretamente, sua indenização;
- a empresa possui 220 empregados;
- é portador de deficiência e soube que, após a sua dispensa, não houve contratação de um substituto em condição semelhante;
- seu e-mail pessoal era monitorado pela empresa porque, na admissão, estava ocorrendo um problema na plataforma institucional, daí porque a ex-empregadora acordou com os empregados que o conteúdo de trabalho seria enviado ao e-mail particular de cada um, desde que pudesse fazer o monitoramento; que, em razão disso, o empregador teve acesso a diversos escritos e fotos particulares do depoente, inclusive conteúdo que ele não desejava expor a terceiros;
- durante o contrato sofreu descontos a título de contribuição sindical e confederativa, mesmo não sendo sindicalizado;
- teve a CTPS assinada como assistente de estoque, mas, em parte do horário de trabalho, também realizava as tarefas de um analista de compras, pois seu chefe determinava que ele fizesse pesquisa de preços e comparasse a sua evolução ao longo do tempo, atividades estranhas ao seu mister de assistente de estoque;
- trabalhava de 2ª a 6ª feira das 8:00 às 16:45 h, com intervalo de 45 minutos para refeição, e aos sábados das 8:00 às 12:00 h, sem intervalo.

Você, contratado como advogado, deve apresentar a medida processual adequada à defesa dos interesses de Heitor, sem criar dados ou fatos não informados. (Valor: 5,00)

GABARITO COMENTADO

FORMATO – Petição inicial, com endereçamento ao juízo de Manaus-AM, identificação de autor e ré.

REINTEGRAÇÃO – Deverá ser requerida a reintegração ao emprego porque a dispensa do portador de deficiência não se fez acompanhar da contratação de outro em condição semelhante, violando o Art. 93, § 1º, da Lei 8.213/1991 e Art. 36, § 1º, do Decreto 3.298/1999.

DANO MORAL – Deverá ser requerido o pagamento de indenização por dano moral em virtude do monitoramento indevido do e-mail pessoal do trabalhador, ferindo a intimidade, conforme o Art. 5º, X, da CF/1988, e os artigos 21, 186 e 927, todos do CCB, ou Súmula 392 do TST.

DEVOLUÇÃO DESCONTOS – Deverá ser requerida a devolução do desconto efetuado a título de contribuição confederativa, pois o trabalhador não era sindicalizado, conforme Súmula 666, do STF, PN 119 TST e OJ 17 da SDC, do TST.

ACÚMULO FUNCIONAL – Deverá ser requerido um plus salarial pelo exercício de função estranha em parte do horário de trabalho, com base no Art. 456, parágrafo único, da CLT ou artigo 13 da Lei 6.615/1978.

HORAS EXTRAS – Deverá ser requerido, em razão da pausa alimentar parcialmente concedida, o pagamento de 15 minutos como jornada extraordinária, hora extra diária com adicional de 50%, de 2ª a 6ª feira, na forma do Art. 71, § 4º, da CLT.[6]

ENCERRAMENTO – Requerimento de citação/notificação do réu para contestação, procedência dos pedidos e indicação de valor dado à causa.[7]

---

6. Gabarito adaptado ao texto dado pela Lei 13.467/2017. O art. 71, § 4º, da CLT dispõe: "A não concessão ou a concessão parcial do intervalo intrajornada mínimo, para repouso e alimentação, a empregados urbanos e rurais, implica o pagamento, de natureza indenizatória, apenas do período suprimido, com acréscimo de 50% (cinquenta por cento) sobre o valor da remuneração da hora normal de trabalho."
7. De acordo com a redação dada ao art. 840, § 1º, da CLT pela Lei 13.467/2017 o pedido, que deverá ser certo, determinado e com indicação de seu valor.

DISTRIBUIÇÃO DOS PONTOS

ITEM	PONTUAÇÃO
Petição inicial, com endereçamento ao juízo de Manaus, AM	0,00 / 0,10
Identificação de autor (0,20) e ré. (0,20)	0,00 / 0,20 / 0,40
Reintegração porque a dispensa do portador de deficiência não foi acompanhada da contratação de outro em condição semelhante. (0,60) Indicação do art. 93, § 1º, Lei 8.213/1991 OU art. 36, § 1º, do Dec. 3.298/1999. (0,20)	0,00 / 0,60 / 0,80
Indenização por dano moral em virtude do monitoramento indevido do e-mail pessoal do trabalhador, ferindo a intimidade (0,60). Indicação do Art. 5º, X, CF/1988 OU arts. 21, 186 ou 927 CCB (0,20)	0,00 / 0,60 / 0,80
Devolução do desconto de contribuição confederativa porque o trabalhador não era sindicalizado (0,60). Indicação da Súmula 666 STF OU PN 119 TST OU OJ 17 SDC TST. (0,20) Obs.: haverá redutor de 0,30 caso seja requerida a devolução da contribuição sindical.	0,00 / 0,30 / 0,50 / 0,60 / 0,80
Plus salarial pelo acúmulo de função em parte do horário de trabalho (0,60). Indicação do art. 456, parágrafo único CLT OU art. 13 Lei 6.615/1978 OU Art. 8º Lei 3.207/1957. (0,20)	0,00 / 0,60 / 0,80
15 minutos como jornada extraordinária, com adicional de 50% pela pausa alimentar parcialmente concedida. (0,60) Indicação do art. 71, § 4º, CLT. (0,20) Obs.: haverá redutor de 0,30 caso haja pedido de hora extra pelo excesso de jornada.	0,00 / 0,30 / 0,50 / 0,60 / 0,80
Requerimento de citação/notificação do réu para contestação (0,10), procedência dos pedidos (0,20) e indicação de valor dado à causa (0,10).	0,00 / 0,10 / 0,20 / 0,30 / 0,40
Fechamento da Peça. (0,10) Data, Local, Advogado, OAB ...nº...	0,00 / 0,10

Obs.: a simples citação legal ou jurisprudencial pertinente não credencia pontuação.

(OAB/Exame Unificado XIII – 2014.1 – 2ª fase) Rômulo Delgado Silva, brasileiro, viúvo, empresário, portador da identidade 113, CPF 114, residente e domiciliado na Avenida Brás Montes, casa 72 – Boa Vista – Roraima – CEP 222, em entrevista com seu advogado, declara que foi sócio da pessoa jurídica Delgado Jornais e Revistas Ltda., tendo se retirado há 2 anos e 8 meses da empresa; que foi surpreendido com a visita de um Oficial de Justiça em sua residência, que da primeira vez o citou para pagamento de uma dívida trabalhista de R$ 150.000,00, oriunda da 50ª Vara do Trabalho de Roraima, no Processo 0011250-27.2013.5.11.0050 e, em seguida, 48 horas depois, retornou e penhorou o imóvel em que reside, avaliando-o, pelo valor de mercado, em R$ 180.000,00; que tem apenas esse imóvel, no qual reside com sua filha, já que viúvo; que o Oficial de Justiça informou que há uma execução movida pela ex-empregada Sônia Cristina de Almeida contra a empresa que, por não ter adimplido a dívida, gerou o direcionamento da execução contra os sócios; que foi ao Fórum e fotocopiou todo o processo, agora entregue ao advogado; que nas contas homologadas, sem que a parte contrária tivesse vista, foi verificado que a correção monetária foi calculada considerando o mês da prestação dos serviços, ainda que a sentença fosse omissa a respeito; que, ao retornar para penhorar o imóvel, o oficial informou que a dívida havia aumentado em 10%, porque o juiz aplicou a multa do artigo 523, §§ 1º e 3º do CPC/2015.

Diante do que foi exposto, elabore a medida judicial adequada para a defesa dos interesses do entrevistado, sem criar dados ou fatos não informados. (Valor: 5,0)

GABARITO COMENTADO

Formato de embargos de devedor/embargos à execução/embargos à penhora, com citação do art. 884 CLT OU embargos de terceiro, com citação do art. 674 CPC/2015 dirigido à 50ª Vara do Trabalho de Roraima, com indicação do processo e qualificação do embargante.

IMPOSSIBILIDADE EXECUÇÃO EX-SÓCIO – Apresentação da tese de que o embargante não pode ter a execução direcionada contra si, pois se retirou da sociedade há mais de 2 anos, conforme artigo 1.003, parágrafo único, do CCB[8];

BEM DE FAMÍLIA – Apresentação da tese de bem de família, não passível de penhora, conforme Lei 8.009/1990;

CORREÇÃO MONETÁRIA – A correção monetária deveria ser calculada pelo índice do mês seguinte ao da prestação dos serviços, conforme Súmula 381, do TST;

MULTA ARTIGO 523, §§ 1º e 3º do CPC/2015 – Apresentação da tese de que a multa do art. 523, §§ 1º e 3º do CPC/2015, é indevida no Processo do Trabalho, que possui regra própria, conforme artigo 880 da CLT;

DISTRIBUIÇÃO DOS PONTOS

Gabarito 1 – Embargos de Devedor

ITEM	PONTUÇÃO
Formato de embargos de devedor/embargos à execução/embargos à penhora, com citação do art. 884 CLT dirigido à 50ª Vara do Trabalho de Boa Vista/Roraima, com indicação do processo e qualificação do embargante (0,50). Obs.: A omissão/erro de qualquer dos requisitos reduzirá a nota em 0,20 pontos.	0,00/0,30/0,50
O embargante não pode ter a execução direcionada contra si OU ilegitimidade passiva, pois se retirou da sociedade há mais de 2 anos (0,80). Indicação do artigo 1.003, parágrafo único OU 1.032, do CCB (0,20). Veja art. 10-A da CLT de acordo com a redação dada pela Lei 13.467/2017.	0,00 / 0,80 / 1,00
O bem é de família por ser o único do executado, não sendo passível de penhora (0,80) Indicação do art. 1º da Lei 8.009/1990 (0,20).	0,00 / 0,80 / 1,00
Correção monetária deveria ser calculada pelo índice do mês seguinte ao da prestação dos serviços (0,80). Indicação da Súmula 381, do TST. (0,20).	0,00 / 0,80 / 1,0
A multa do artigo 523, § 1º, CPC/2015 é indevida no Processo do Trabalho, pois a CLT possui regra própria OU não cabe interpretação ampliativa (0,80). Indicação do artigo 880, da CLT. (0,20).	0,00 / 0,80 / 1,0
Requerimento de citação/notificação do embargado (0,20) e a procedência dos embargos. (0,20)	0,00 / 0,20 / 0,40
Fechamento da Peça. (0,10) Data, Local, Advogado, OAB ...nº...	0,00/ 0,10

Gabarito 2 – Embargos de Terceiro

ITEM	PONTUAÇÃO
Formato de embargos de terceiro, com citação do art. 674 CPC/2015 dirigido à 50ª Vara do Trabalho de Boa Vista/Roraima, com indicação do processo e qualificação do embargante (0,50). Obs.: A omissão/erro de qualquer dos requisitos reduzirá a nota em 0,20 pontos.	0,00 / 0,30 / 0,50

---

8. Art. 10-A CLT. "A não concessão ou a concessão parcial do intervalo intrajornada mínimo, para repouso e alimentação, a empregados urbanos e rurais, implica o pagamento, de natureza indenizatória, apenas do período suprimido, com acréscimo de 50% (cinquenta por cento) sobre o valor da remuneração da hora normal de trabalho." (Lei 13.467/2017)

ITEM	PONTUAÇÃO
Requerimento de Distribuição por dependência à reclamação trabalhista (0,10) e suspensão do processo principal (0,10)	0,00 / 0,10 / 0,20
O embargante não pode ter a execução direcionada contra si OU ilegitimidade passiva, pois se retirou da sociedade há mais de 2 anos (0,80). Indicação do artigo 1.003, parágrafo único OU 1.032, do CCB (0,20). Veja art. 10-A da CLT de acordo com a Lei 13.467/2017.	0,00 / 0,80 / 1,00
O bem é de família por ser o único do executado, não sendo passível de penhora (0,60) Indicação do art. 1º da Lei 8.009/1990 (0,20).	0,00 / 0,60 / 0,80
Correção monetária deveria ser calculada pelo índice do mês seguinte ao da prestação dos serviços (0,60). Indicação da Súmula 381, do TST. (0,20).	0,00 / 0,60 / 0,80
A multa do artigo 523, § 1º, CPC/2015 é indevida no Processo do Trabalho, pois a CLT possui regra própria OU não cabe interpretação ampliativa (0,60). Indicação do artigo 880, da CLT. (0,20).	0,00 / 0,60 / 0,80
Requerimento de citação/notificação do embargado (0,30) e a procedência dos embargos. (0,30)	0,00 / 0,30 / 0,60
Atribuição de Valor da causa (0,20)	0,00 / 0,20
Fechamento da Peça. (0,10) Data, Local, Advogado, OAB ...nº...	0,00 / 0,10

(OAB/Exame Unificado XII – 2013.3 – 2ª fase) Síntese da entrevista feita com Bruno Silva, brasileiro, solteiro, CTPS 0010, Identidade 0011, CPF 0012 e PIS 0013, filho de Valmor Silva e Helena Silva, nascido em 20.02.1990, domiciliado na Rua Oliveiras, 150 – Cuiabá – CEP 20000-000: que foi admitido em 05.07.2011 pela empresa Central de Legumes Ltda., situada na Rua das Acácias, 58 – Cuiabá – CEP 20000-010, e dispensado sem justa causa em 27.10.2013, quando recebeu corretamente as verbas da extinção contratual; que teve a CTPS assinada e exercia a função de empacotador, recebendo por último o salário de R$ 1.300,00 por mês; que sua tarefa consistia em empacotar congelados de legumes numa máquina adquirida para tal fim.

Em 30.11.2011 sofreu acidente do trabalho na referida máquina, quando sua mão ficou presa no interior do equipamento, ficando afastado pelo INSS e recebendo auxílio doença acidentário até 20.05.2012, quando retornou ao serviço. No acidente, sofreu amputação traumática de um dedo da mão esquerda e se submeteu a tratamento médico e psicológico, gastando com os profissionais R$ 2.500,00 entre honorários profissionais e medicamentos, tendo levado consigo os recibos.

No retorno, tendo sido comprovada pelos peritos do INSS a perda de 20% da sua capacidade laborativa, foi readaptado a outra função. A CIPA da empresa, convocada quando da ocorrência do acidente, verificou que a máquina havia sido alterada pela empresa, que retirou um dos componentes de segurança para que ela trabalhasse com maior rapidez e, assim, aumentasse a produtividade. Bruno costumava fazer digitação de trabalhos de conclusão de curso para universitários, ganhando em média R$ 200,00 por mês, mas no período em que esteve afastado pelo INSS não teve condição física de realizar esta atividade, que voltou a fazer tão logo retornou ao emprego.

Analisando cuidadosamente o relato feito pelo trabalhador, apresente a peça pertinente à melhor defesa, em juízo, dos interesses dele, sem criar dados ou fatos não informados.

Obs.: a simples citação legal ou jurisprudencial pertinente não credencia pontuação.

GABARITO COMENTADO

Elaboração de uma petição inicial, com endereçamento ao juiz do Trabalho de uma das Varas de Cuiabá e qualificação das partes.

DANO MATERIAL (DANO EMERGENTE) – o examinando deve requerer a reparação pelo dano material experimentado pelo trabalhador (dano emergente), no valor de R$ 2.500,00, conforme notas fiscais de gastos com o tratamento médico e psicológico, pois comprovada a imprudência (culpa) da empresa na alteração do maquinário.

DANO MATERIAL (LUCRO CESSANTE) – o examinando deve requerer a reparação pelo dano material experimentado pelo trabalhador (lucro cessante), no valor de R$ 200,00 mensais, no período de 10.12.2011 a 19.05.2012, pois comprovada a imprudência (culpa) da empresa na alteração do maquinário.

DANO MORAL – o examinando deve requerer o pagamento do dano moral pelo sofrimento injusto a que foi submetido o trabalhador, pois comprovada a imprudência (culpa) da empresa na alteração do maquinário.

DANO ESTÉTICO – o examinando deve requerer o pagamento do dano estético gerado no trabalhador (amputação de um dedo), pois comprovada a imprudência (culpa) da empresa na alteração do maquinário.

PENSÃO VITALÍCIA – o examinando deve requerer pensão vitalícia de 20% do salário do trabalhador por conta da redução de sua capacidade laborativa.

Atenção! Nos termos do art. 840, § 1°, da CLT na reclamação trabalhista o pedido, que deverá ser certo, determinado e com indicação de seu valor.

DISTRIBUIÇÃO DOS PONTOS

ITEM	PONTUAÇÃO
Formato de petição inicial, com endereçamento ao juiz do trabalho de Cuiabá (0,20) e nome e qualificação do reclamante (0,20) e nome e qualificação do reclamado (0,20).	0,00 / 0,20 / 0,40 / 0,60
Dano Material (Dano Emergente): reparação pelo dano material (dano emergente), no valor de R$ 2.500,00 (0,70).	0,00 / 0,70
Dano Material (Lucro Cessante): reparação pelo dano material (lucro cessante), no valor de R$ 200,00 mensais (0,50), no período de afastamento ou 30.11.2011 (ou 15.12.2011) a 19.05.2012 (0,20)	0,00 / 0,50/ 0,70
Fundamento (culpa ou risco da atividade) (0,20) e indicação dos artigos para o dano material: Art. 186 OU 402 OU 927 OU 949 CCB (0,20).	0,00 / 0,20 / 0,40
Dano Moral: reparação do dano moral (0,40) pelo sofrimento injusto ou dor íntima (0,20)	0,00 / 0,40 / 0,60
Dano Estético: reparação do dano estético (0,40) devido a defeito aparente ou amputação de um dedo ou lesão corporal (0,20).	0,00 / 0,40 / 0,60
Pensão Vitalícia: pagamento de pensão vitalícia (de 20% do seu salário) por conta da redução da capacidade laborativa (0,40). Indicação do Art. 950 CCB (0,20). OU Pagamento de indenização em cota única ou de uma só vez (0.40). Indicação do Art. 950, parágrafo único, CCB (0,20).	0,00 / 0,40 / 0,60
Pedidos: Indenização por dano emergente (0,10), lucro cessante (0,10), dano moral (0,10), dano estético (0,10) e pensão (0,10)	0,00 / 0,10 / 0,20 / 0,30 / 0,40 / 0,50
Encerramento requerendo a citação/notificação (0,10), e indicando valor da causa (0,10).	0,00 / 0,10 / 0,20
Fechamento da Peça: (0,10) Data, Local, Advogado, OAB ... n°...	0,00 / 0,10

(OAB/Exame Unificado XI – 2013.2 – 2ª fase) Contratado pela empresa Clínica das Amendoeiras, em razão de uma reclamação trabalhista proposta em 12.12.2012 pela empregada Jussara Péclis (número 1146-63.2012.5.18.0002, 2ª Vara do Trabalho de Goiânia), o advogado analisa a petição inicial, que contém os seguintes dados e pedidos: que a empregada foi admitida em 18.11.2000 e dispensada sem justa causa em 15.07.2011 mediante aviso prévio trabalhado; que a homologação da ruptura aconteceu em 10.09.2011; que havia uma norma interna garantindo ao empregado com mais de 10 anos de serviço o direito a receber um relógio folheado a ouro do empregador, o que não foi observado; que a ex-empregada cumpria jornada de 2ª a 6ª feira das 15h às 19h sem intervalo; que recebia participação nos lucros (PL) 1 vez a cada semestre, mas ela não era integrada para fim algum. A autora postula o pagamento do aviso prévio proporcional ao tempo de serviço, já que ele foi concedido por 30 dias; multa do Art. 477 da CLT porque a homologação ocorreu a destempo; condenação em obrigação de fazer materializada na entrega de um relógio folheado a ouro; hora extra pela ausência de pausa alimentar; integração da PL nas verbas salariais, FGTS e aquelas devidas pela ruptura, com o pagamento das diferenças correlatas. A empresa entrega ao advogado cópia do recibo de depósito das verbas resilitórias na conta da trabalhadora, ocorrido em 14.08.2011 e cópia dos regulamentos internos vigentes ao longo do tempo, em que existia a previsão de concessão do relógio folheado a ouro, mas, em fevereiro de 2000, foi substituído por um novo regulamento, que previu a entrega de uma foto do empregado com sua equipe. Analisando cuidadosamente a narrativa feita pela empresa e a documentação por ela fornecida, apresente a peça pertinente à defesa, em juízo, dos interesses dela, sem criar dados ou fatos não informados. (Valor: 5,0) A simples menção ou transcrição do dispositivo legal não pontua.

GABARITO COMENTADO

Elaboração de uma peça com formato de contestação, com endereçamento à 2ª Vara de Goiânia, indicação das partes e número do processo.

PRESCRIÇÃO PARCIAL - Na defesa dos interesses do cliente, o examinando deve arguir prescrição parcial (quinquenal) em relação aos supostos direitos anteriores a 12.12.2007 (5 anos do ajuizamento da ação).

AVISO PRÉVIO PROPORCIONAL AO TEMPO DE SERVIÇO – o examinando deve identificar que o aviso prévio proporcional não era devido porque a dispensa ocorreu antes da alteração legislativa, na forma da Lei nº 12.506, de 11 de outubro de 2011 OU Súmula 441 do TST.

MULTA ARTIGO 477, § 8º da CLT – o examinando deve sustentar que as verbas resilitórias foram pagas no prazo legal, afastando o direito à multa do artigo 477, § 8º da CLT.

ENTREGA DO RELÓGIO – o examinando deve identificar ser indevida obrigação de fazer porque a alteração da norma interna ocorreu antes da admissão da trabalhadora, que assim não tem o direito postulado, na forma da Súmula 51, I, do TST.

INTERVALO INTRAJORNADA – o examinando deve identificar que, de acordo com a carga horária cumprida, não havia direito a qualquer intervalo (CLT, artigo 71, § 1º).

PARTICIPAÇÃO NOS LUCROS – o examinando deve identificar que a verba PL, por força de Lei, não reflete em qualquer outro direito, na forma da Lei 10.101/00, artigo 3º.

(OAB/Exame Unificado X – 2013.1 – 2ª fase) Zenga Modas Ltda., CNPJ 1.1.0001/00, com sede na Rua Lopes Quintas, 10 – Maceió – AL, encontra-se na seguinte situação: Joana Firmino, brasileira, casada, costureira, residente na Rua Lopes Andrade, 20 – Maceió – AL – CEP 10.0001-00, foi contratada pela, em 12.09.2008, para exercer a função de costureira, na unidade de Maceió – AL, sendo dispensada sem justa causa em 11.10.2012, mediante aviso-prévio indenizado. Naquele dia Joana entregou a CTPS à empresa para efetuar as atualizações de férias, e tal documento ainda se encontra custodiado no setor de recursos humanos.

Joana foi cientificada de que no dia 15.10.2012, às 10:00 h, seria homologada a ruptura e pagas as verbas devidas no sindicato de classe de Joana. Contudo, na data e hora designadas, a empregada não compareceu, recebendo a empresa certidão nesse sentido emitida pelo sindicato.

Procurado por Zenga Modas Ltda. em 17.10.2012, apresente a medida judicial adequada à defesa dos interesses empresariais, sem criar dados ou fatos não informados, ciente de que a empregada fruiu férias dos períodos 2008/2009 e 2009/2010 e de que, no armário dela, foi encontrado um telefone celular de sua propriedade, que se encontra guardado no almoxarifado da empresa.

É desnecessária a indicação de valores.

GABARITO COMENTADO

Elaboração de uma petição inicial de ação de consignação em pagamento, baseada nos artigos 539 a 549 do CPC/2015, com endereçamento ao Juiz do Trabalho de uma das Varas de Maceió e qualificação das partes, sendo a empresa a consignante e a ex-empregada, consignatária.

AVISO-PRÉVIO PROPORCIONAL AO TEMPO DE SERVIÇO – o examinando deve identificar o direito e realizar a oferta do aviso-prévio de forma proporcional ao tempo de serviço na razão de 42 dias.

SALDO SALARIAL – o examinando deve identificar o direito e realizar a oferta do saldo salarial de 11 dias do mês de outubro de 2012.

13º SALÁRIO PROPORCIONAL – o examinando deve identificar o direito e realizar a oferta do 13º salário proporcional de 11/12 avos.

FÉRIAS EM DOBRO 2010/2011 – o examinando, identificando que as férias 2010/2011 não foram concedidas e, uma vez que o período concessivo já fluiu, deverá ofertá-las em dobro com acréscimo de 1/3.

FÉRIAS SIMPLES 2011/2012 – o examinando, identificando que as férias 2011/2012 não foram concedidas, deverá ofertá-las de forma simples com acréscimo de 1/3.

FÉRIAS PROPORCIONAIS – o examinando deve identificar o direito e realizar a oferta das férias proporcionais na razão de 2/12 avos com acréscimo de 1/3.

FGTS – deverão ser oferecidas as guias para saque do FGTS ou TRCT, fazendo-se menção ao depósito da indenização de 40%.

SEGURO DESEMPREGO – deverão ser oferecidos os formulários para percepção do seguro desemprego.

CTPS – uma vez que a CTPS permanece com a consignante, a devolução deverá ser requerida na ação consignatória.

TELEFONE CELULAR – uma vez que é possível a consignação de coisa, o examinando deverá requerer a devolução do aparelho celular.

DISTRIBUIÇÃO DOS PONTOS

QUESITO AVALIADO	VALORES
Formato de petição inicial (consignatória), baseada nos artigos 539 a 549 do CPC/2015, com endereçamento ao juiz do trabalho de Maceió e qualificação das partes – consignante e consignatária (0,60) Obs.: o desrespeito a algum dos elementos estruturais acarretará perda de 0,20.	0,00 / 0,40 / 0,60
Aviso-prévio (0,20) proporcional ao tempo de serviço de 42 dias (0,20).	0,00 / 0,20 / 0,40
Saldo salarial (0,20) de 11 dias do mês de outubro de 2012 (0,20).	0,00 / 0,20 / 0,40
13º salário proporcional (0,20) de 11/12 avos (0,20).	0,00 / 0,20 / 0,40
Férias em dobro 2010/2011 (0,20) acrescidas de 1/3 (0,20).	0,00 / 0,20 / 0,40
Férias simples 2011/2012 (0,20) acrescidas de 1/3 (0,20).	0,00 / 0,20 / 0,40
Férias proporcionais + 1/3 (0,20) de 2/12 avos (0,20).	0,00 / 0,20 / 0,40

Devolução da CTPS (0,40).	0,00 / 0,40
Entrega das guias para saque do FGTS OU TRCT OU chave de conectividade (0,35).	0,00 / 0,35
Formulários do seguro desemprego (0,35).	0,00 / 0,35
Devolução do aparelho celular (0,40).	0,00 / 0,40
Encerramento requerendo a citação (0,10), depósito dos valores e coisas devidos (0,10), quitação das obrigações OU procedência dos pedidos (0,20) e indicação de valor da causa (0,10).	0,00 / 0,10 / 0,20 / 0,30 / 0,40 / 0,50

(OAB/Exame Unificado IX – 2012.3 – 2ª fase) O pedido formulado numa reclamação trabalhista foi julgado procedente em parte. O juiz condenou a autora a 6 meses de detenção por crime contra a organização do trabalho, pois comprovadamente ela estava recebendo seguro desemprego nos dois primeiros meses do contrato de trabalho e por isso pediu para a empresa não assinar a sua CTPS nesse período; o magistrado reconheceu que a autora excedia a jornada em 3 horas diárias mas limitou o pagamento da sobrejornada a duas horas por dia com adicional de 50%, em razão do Art. 59 da CLT; julgou aplicável a norma de complementação de aposentadoria custeada pela empresa que estava em vigor no momento do requerimento da aposentadoria, e não a da admissão, que era mais favorável à trabalhadora, fundamentando na inexistência de direito adquirido, mas apenas expectativa de direito; reconheceu que a acionante trabalhou 10 horas em regime de prontidão no último mês trabalhado e deferiu o pagamento de 1/3 dessas horas; reconheceu que o local de trabalho da autora era de difícil acesso e que no deslocamento ela gastava 2 horas diárias mas, por existir acordo coletivo fixando a média de 1:30 h, com transporte concedido pelo empregador, deferiu, com base no § 3º do Art. 58, da CLT, 1:30 h por dia como hora *in itinere*; deferiu o requerimento da empresa e, com sustentáculo no Art. 940 do CCB, determinou a devolução em dobro do 13º salário do ano de 2012 porque a autora o postulou integralmente, sem qualquer ressalva, quando a 1ª parcela já havia sido quitada pela empresa. As custas foram arbitradas em R$ 300,00 sobre o valor arbitrado à condenação de R$ 15.000,00. Autora: Verônica Silva; Ré: Indústria Metalúrgica Ribeiro S.A., que possui 1.600 empregados; Processo 1111- 55.2012.5.03.0100, em trâmite na 100ª VT/MG. Analisando a narrativa e considerando que a trabalhadora não se conformou com a sentença, apresente a peça pertinente à reversão da decisão, no que couber, sem criar dados ou fatos não informados.

GABARITO COMENTADO

Elaboração de um recurso ordinário interposto pela reclamante, com direcionamento do recurso ao juiz de 1º grau e destinação das razões recursais ao TRT.

INCOMPETÊNCIA ABSOLUTA – o examinando deverá manifestar-se no sentido de que a Justiça do Trabalho não tem competência criminal OU que houve afronta ao princípio do devido processo legal, pois o magistrado não poderia – no bojo de reclamação trabalhista – apreciar eventual prática de conduta criminosa OU que a apreciação de eventual crime é da Justiça Federal Comum. Indicação do art. 5º, LIV ou 114 ou 109, IV ou VI da CF/88 OU Súmula 115 TRF OU CLT, art. 652 OU ADI 3684-0.

HORA EXTRAS – o examinando deve sustentar que as horas extras não devem ficar limitadas às 2 previstas no Art. 59, da CLT em razão do princípio da primazia da realidade, na forma da Súmula n. 376, I, do TST, sob pena de enriquecimento ilícito do empregador.

COMPLEMENTAÇÃO APOSENTADORIA – Tendo em vista que a alteração posterior foi prejudicial à trabalhadora, o examinando deve sustentar que a complementação dos proventos da aposentadoria deve ser regida pelas normas em vigor na data da admissão da empregada – princípio da inalterabilidade contratual lesiva OU não se trata de mera expectativa de direito, mas sim direito adquirido (0,50). Indicação da CF/88, art. 5º, XXXVI OU Súmulas 288 OU 51, I do TST OU Art. 468, da CLT OU Art. 131, do CCB OU Art. 6º, *caput* ou § 2º, da LINDB (0,20).

> DIFERENÇA PRONTIDÃO – O examinando deve sustentar que, de acordo com a modelagem legal, as horas de prontidão devem ser pagas na razão de 2/3 da hora normal, na forma do Art. 244, § 3º, da CLT.
> HORA *IN ITINERE* – O examinando deve sustentar que a hora *in itinere* é total – duas horas –, pois a norma coletiva não se aplica a empresas de grande porte, como é o caso da ré, que é uma sociedade anônima com 1600 empregados. Indicação do § 3º do Art. 58, da CLT⁹ OU Art. 3º, *caput* ou 30, § 3º, I da Lei Complementar 123/06. ART. 940 do CCB – O examinando deve sustentar ser inaplicável ao processo do trabalho o disposto no Art. 940, do CCB em razão do princípio da proteção. Não há aplicação subsidiária deste dispositivo por força do Art. 8º § único da CLT[10].

(OAB/Exame Unificado VIII – 2012.2 – 2ª fase) Refrigeração Nacional, empresa de pequeno porte, contrata os serviços de um advogado em virtude de uma reclamação trabalhista movida pelo ex-empregado Sérgio Feres, ajuizada em 12.04.2012 e que tramita perante a 90ª Vara do Trabalho de Campinas (número 1598-73.2012.5.15.0090), na qual o trabalhador alega e requer, em síntese:

– que desde a admissão, ocorrida em 20.03.2006, sofria revista íntima na sua bolsa, feita separadamente e em sala reservada, que entende ser ilegal porque violada a sua intimidade. Requer o pagamento de indenização por dano moral de R$ 50.000,00.

– que uma vez o Sr. Mário, seu antigo chefe, pessoa meticulosa e sistemática, advertiu verbalmente o trabalhador, na frente dos demais colegas, porque ele havia deixado a blusa para fora da calça, em desacordo com a norma interna empresarial, conhecida por todos. Efetivamente houve esquecimento por parte de Sérgio Feres, como reconheceu na petição inicial, mas entende que o chefe não poderia agir publicamente dessa forma, o que caracteriza assédio moral e exige reparação. Requer o pagamento de indenização pelo dano moral sofrido na razão de outros R$ 50.000,00.

– que apesar de haver trabalhado em turno ininterrupto de revezamento da admissão à dispensa, ocorrida em 15.05.2011, se ativava na verdade durante 8 horas em cada plantão, violando a norma constitucional de regência, fazendo assim jus a duas horas extras com adicional de 50% por dia de trabalho, o que requer. Reconhece existir norma coletiva que estendeu a jornada para 8 horas, mas advoga que ela padece de nulidade insanável, pois aniquila seu direito constitucional a uma jornada menor.

– no período aquisitivo 2008/2009 teve 18 faltas sendo 12 delas justificadas. Pretendia transformar 10 dias das férias em dinheiro, como entende ser seu direito, mas o empregador só permitiu a conversão de oito dias, o que se revela abusivo por ferir a norma cogente. Por conta disso, deseja o pagamento de dois dias não convertidos em pecúnia, com acréscimo de 1/3.

– nas mesmas férias citadas no tópico anterior, fruídas no mês de julho de 2010, tinha avisado ao empregador desde o mês de março de 2010 que gostaria de receber a 1ª parcela do 13º salário daquele ano juntamente com as férias, para poder custear uma viagem ao exterior, mas isso lhe foi negado. Entende que esse é um direito potestativo seu, que restou violado, pelo que persegue o pagamento dos juros e correção monetária da 1ª parcela do 13º salário no período compreendido entre julho de 2010 (quando aproveitou as férias) e 30.11.2010 (quando efetivamente recebeu a 1ª parcela da gratificação natalina).

– que no mês de novembro de 2007 afastou-se da empresa por 30 dias em razão de doença, oportunidade na qual recebeu benefício do INSS (auxílio-doença previdenciário, espécie B-31). Contudo, nesse período não recebeu ticket refeição nem vale transporte, o que considera irregular. Persegue, assim, ambos os títulos no lapso em questão.

---

9. § 3º do art. 58 da CLT foi revogado pela Lei 13.467/2019.
10. Veja redação do art. 8º, § 1º, da CLT dada pela Lei 13.467/2019: "O direito comum será fonte subsidiária do direito do trabalho."

– que a empresa sempre pagou os salários no dia 2 do mês seguinte ao vencido, mas a partir de abril de 2009, unilateralmente, passou a quitá-los no dia 5 do mês seguinte, em alteração reputada maléfica ao empregado.

Requer, em virtude disso, a nulidade da novação objetiva e o pagamento de juros e correção monetária entre os dias 2 e 5 de cada mês, no interregno de abril de 2009 em diante.

Considerando que todos os fatos apontados pelo trabalhador são verdadeiros, apresente a peça pertinente à defesa dos interesses da empresa, sem criar dados ou fatos não informados.

GABARITO COMENTADO

Elaboração de uma contestação, com endereçamento e qualificação das partes, além do número do processo.

– PRESCRIÇÃO PARCIAL – Na defesa dos interesses o examinando deve arguir prescrição parcial (quinquenal) em relação aos supostos direitos anteriores a 12.04.2007 (5 anos do ajuizamento da ação).

– REVISTA – Deve ser sustentado que a revista em bolsas não pode ser considerada revista íntima, mas sim pessoal, conforme jurisprudência majoritária no TST, pois não há contato físico nem exposição visual de parte do corpo, além de ser feita em lugar reservado e separadamente, de modo que não estariam presentes os requisitos dos artigos 186 e 927 do Código Civil. Não houve excesso no poder diretivo/fiscalizatório. A revista foi realizada com equilíbrio, respeitando a ponderação de interesses. Pelo princípio da eventualidade, o examinando deve sustentar que o valor postulado está exagerado, pois não considera a capacidade econômica da reclamada (empresa de pequeno porte), devendo ser diminuído caso haja condenação, adequando-se ao princípio da razoabilidade.

– ASSÉDIO MORAL – Deve ser sustentado que conceitualmente, o assédio exige reiteração de atos. Assim, uma desavença esporádica não caracteriza assédio moral. Ademais, o próprio trabalhador reconhece que deu ensejo à punição, de modo que não estariam presentes os requisitos dos artigos 186 e 927 do Código Civil. Pelo princípio da eventualidade, o examinando deve sustentar que o valor postulado está exagerado, pois não considera a capacidade econômica da reclamada (empresa de pequeno porte), devendo ser diminuído caso haja condenação, adequando-se ao princípio da razoabilidade.

– HORA EXTRA – Deve ser sustentado que a norma coletiva pode validamente dispor sobre a extensão do horário no caso de turno ininterrupto de revezamento, e neste caso não se cogita do pagamento de sobrejornada.

– FÉRIAS – Deve ser sustentado que a quantidade de faltas injustificadas (6) gera o direito a 24 dias de férias. Como apenas 1/3 podem ser convertidos em pecúnia, a empresa agiu corretamente ao transformar oito dias em dinheiro, que é o limite no caso concreto.

– 13º SALÁRIO – Deve ser sustentado que a 1ª parcela do 13º salário, para ser recebida juntamente com as férias, deve ser requerida no mês de janeiro, o que não foi observado pelo reclamante, retirando-lhe assim o direito potestativo.

– TICKET REFEIÇÃO e VALE TRANSPORTE – Deve ser sustentado que, suspenso que foi o contrato pelo afastamento por prazo superior a 15 dias em razão de doença, o empregado não faz jus aos benefícios que se relacionam com a prestação dos serviços, dentre eles os tickets refeição e o vale transporte.

– ALTERAÇÃO DATA PAGAMENTO – Deve ser sustentado que, de acordo com o TST, a mudança da data de pagamento, respeitado o prazo máximo de tolerância legal, é alteração contratual possível, não sendo considerada ilegal. Trata-se de novação objetiva lícita.

Encerramento requerendo o acolhimento da prejudicial de prescrição parcial e, no mérito, a improcedência dos pedidos. Indicar a produção de provas.

DISTRIBUIÇÃO DOS PONTOS

QUESITO AVALIADO	VALORES
Formato de contestação, com endereçamento ao juiz de Campinas, número do processo e qualificação das partes (0,25) Obs.: o desrespeito a algum dos elementos estruturais acarretará perda de 0,10	0,00 / 0,15 / 0,25

QUESITO AVALIADO	VALORES
Arguição de prescrição parcial dos direitos anteriores a 5 anos do ajuizamento da ação OU prescrição quinquenal, tendo como marco 12.04.2007 (0,30). Indicação CRFB/1988, art. 7º, XXIX OU CLT, art. 11 OU Súmula 308, I do TST (0,20) OBS.: É necessária a indicação precisa do fundamento legal. A mera indicação do fundamento legal ou jurisprudencial não credencia pontuação.	0,00 / 0,30 / 0,50
Revista em bolsas não é considerada íntima, mas sim pessoal, pois não há contato físico nem exposição visual de parte do corpo, além de feita em lugar e forma adequados OU Revista em bolsa não é considerada íntima, mas pessoal, estando ausentes os requisitos dos arts. 186 e 927 do CCB ou art. 5°, X da CF/1988 OU não houve excesso no poder diretivo/fiscalizatório, pois a revista observou a ponderação de interesses (0,80); o valor postulado é exagerado, pois não considera a capacidade econômica da reclamada (empresa de pequeno porte), devendo ser reduzido para atender aos princípios da razoabilidade e proporcionalidade (0,20).	0,00 / 0,20 / 0,80 / 1,00
Uma desavença esporádica não pode ser considerada assédio moral, que exige a reiteração de atos OU não há assédio moral numa única conduta OU o autor reconheceu que errou, pelo que cabível a punição aplicada, que não tinha objetivo de desmoralizar (CLT, art. 2º) OU uma desavença esporádica não pode ser considerada assédio moral, estando ausentes os requisitos dos artigos 186 e 927 do CCB OU a mera advertência na presença de colegas não enseja ofensa à honra do autor, por não constituir situação vexatória (CLT, art. 2º) (0,40). O valor postulado é exagerado, pois não considera a capacidade econômica da reclamada (empresa de pequeno porte), devendo ser reduzido para atender aos princípios da razoabilidade e proporcionalidade (0,10).	0,00 / 0,10 / 0,40 / 0,50
A norma coletiva pode validamente dispor sobre a extensão do horário no caso de turno ininterrupto de revezamento. (0,30). Indicação da CF/1988, art. 7º, XIV ou XXVI OU Súmula 423 do TST OU OJ 275 TST (0,20). OBS.: É necessária a indicação precisa do fundamento legal. A mera indicação do fundamento legal ou jurisprudencial não credencia pontuação.	0,00 / 0,30 / 0,50
A quantidade de faltas injustificadas (6) permite a fruição de 24 dias de férias. Logo, apenas oito dias poderiam ser convertidos em pecúnia. (0,30). Indicação dos artigos 130, II OU 143 da CLT (0,20). OBS.: É necessária a indicação precisa do fundamento legal. A mera indicação do fundamento legal ou jurisprudencial não credencia pontuação.	0,00 / 0,30 / 0,50
A 1ª parcela do 13º salário, para ser recebida junto com as férias, deveria ser requerida no mês de janeiro, o que não foi observado pelo reclamante. (0,30). Indicação do art. 2º § 2º da Lei 4.749/1965 OU art. 4º do Decreto 57.155/1965 (0,20). OBS.: É necessária a indicação precisa do fundamento legal. A mera indicação do fundamento legal ou jurisprudencial não credencia pontuação.	0,00 / 0,30 / 0,50
Estando o contrato suspenso pelo afastamento por período superior a 15 dias, o empregado não faz jus aos benefícios que se relacionam com a prestação dos serviços, a exemplo do ticket refeição e vale transporte. (0,30). Indicação do Art. 476 da CLT OU 59, 60 ou 63 da Lei 8.213/1991 OU art. 80 do Decreto 3.048/99 OU Súmula 440 do TST em sentido contrário (0,20). OBS.: É necessária a indicação precisa do fundamento legal. A mera indicação do fundamento legal ou jurisprudencial não credencia pontuação.	0,00 / 0,30 / 0,50
A mudança da data de pagamento, dentro do limite de tolerância legal, é alteração possível, não sendo considerada ilegal OU trata-se de novação objetiva lícita. (0,30). Indicação da OJ 159 da SDI-1 TST OU art. 459, § 1º da CLT (0,20). OBS.: É necessária a indicação precisa do fundamento legal. A mera indicação do fundamento legal ou jurisprudencial não credencia pontuação.	0,00 / 0,30 / 0,50
Encerramento requerendo o acolhimento de prescrição parcial (0,10) e, no mérito, a improcedência dos pedidos (0,15).	0,00 / 0,10 / 0,15 / 0,25

(OAB/Exame Unificado VII – 2012.1 – 2ª fase)

Sentença:

83ª Vara do Trabalho de Tribobó do Oeste.

Processo nº 1200-34-2011-5-07-0083.

Aos xx dias do mês de xxxxxxxxxx, do ano de 2012, às xx h, na sala de audiências dessa Vara do Trabalho, na presença do MM. Juiz Fulano de Tal, foi proferida a seguinte

Sentença:

Jurandir Macedo, qualificação, ajuizou ação trabalhista em face de Aérea Auxílio Aeroportuário Ltda., e de Aeroportos Públicos Brasileiros, empresa pública, em 30/05/2011, aduzindo que era a terceira ação em face das rés, pois não compareceu à primeira audiência das ações anteriormente ajuizadas, tendo tido notícia da sentença de extinção do feito sem resolução do mérito da primeira ação em 10/01/2009 e da segunda ação em 05/06/2009. Afirma que a ação anterior é idêntica à presente.

Relata que foi contratado pela primeira ré em 28/04/2004 para trabalhar como auxiliar de carga e descarga de aviões, tendo como último salário o valor de R$ 1.000,00. Ao longo do contrato de trabalho, cumpria jornada das 8:00h às 20:00h, com uma hora de almoço, trabalhando em escala 12 x 36, conforme norma coletiva, pretendo horas extras e reflexos. Afirma que carregava as malas para os aviões enquanto esses eram abastecidos, mas não recebia adicional de periculosidade, e adquiriu hérnia de disco na lombar por conta do peso carregado, pelo que requer indenização por danos morais e reintegração ou, subsidiariamente, indenização. Era descontado do vale alimentação, mas não recebia o benefício, pretendendo a devolução do valor e a integração da utilidade. Conta que foi dispensado por justa causa, tipificada em desídia, após faltar 14 dias seguidos sem justificativa, além de outros dias alternados, que lhe foram descontados. Requer seja elidida a justa causa, com pagamento de aviso prévio, férias vencidas e proporcionais + 1/3, FGTS + 40%, seguro desemprego e anotação de dispensa na CTPS com multa diária de R$ 500,00 pelo descumprimento, além da incidência das multas dos arts. 467 e 477 da CLT. Ao longo de todo o seu contrato, diz que sempre desempenhou sua atividade no aeroporto internacional de Tribobó do Oeste, de administração da segunda ré, pelo que pede a condenação subsidiária da segunda ré. Dá à causa o valor de R$ 20.000,00.

Na audiência, a primeira ré apresentou defesa aduzindo genericamente a prescrição; que o autor foi desidioso, conforme as faltas apontadas, juntando documentação comprobatória das ausências não justificadas e diversas advertências e suspensões pelo comportamento reiterado de faltas injustificadas. Apresentou controle de ponto com jornada de 12x36h, com uma hora de intervalo, conforme norma coletiva da categoria. Juntou TRCT do autor, cujo valor foi negativo em razão das faltas descontadas. Afirmou que o autor não ficava em área de risco no abastecimento do avião e que não há relação entre o trabalho do autor e sua doença. Apresentou norma coletiva, autorizando a substituição de vale alimentação por pagamento em dinheiro, com desconto em folha proporcional, conforme recibos juntados, comprovando os pagamentos dos valores. Afirmou que não devia as multas dos artigos 467 e 477 da CLT por não haver verba a pagar e que procederia a anotação de dispensa na CTPS com a data da defesa. Pugnou pela improcedência dos pedidos.

A segunda ré defendeu-se, aduzindo ser parte ilegítima para figurar na lide, pois escolheu a primeira ré por processo licitatório, com observância da lei, comprovando documentalmente a fiscalização efetiva do contrato com a primeira ré e a relação dessa com os seus funcionários que lhe prestavam serviços. Salientou a prescrição e refutou os pedidos do autor, negando os mesmos.

O autor teve vista das defesas e dos documentos, não impugnando os mesmos. Indagadas as partes, as mesmas declararam que não tinham mais provas a produzir e se reportavam aos elementos dos autos, permanecendo inconciliáveis. O autor se recusou a fornecer a CTPS para que fosse anotada a dispensa.

É o Relatório.

Decide-se:

Não há prescrição, pois o curso desta foi interrompido.

A segunda ré foi tomadora dos serviços, logo é parte legítima.

Procede o pedido de conversão da dispensa por justa causa em dispensa imotivada. A justa causa é o maior dos castigos ao empregado. Logo, tendo havido desconto dos dias de falta, não há desídia, porque haveria dupla punição. Logo, procedem os pedidos de aviso prévio, férias vencidas e proporcionais + 1/3, FGTS + 40%, seguro desemprego e anotação de dispensa na CTPS com multa diária de R$ 500,00 pelo descumprimento, além da incidência das multas dos artigos 467 e 477 da CLT pelo não pagamento das verbas.

Procede o pedido de indenização por danos morais, que fixo em R$ 5.000,00, pois é claro que se o autor carregava malas, sua hérnia de disco decorre da função, sendo também reconhecida a estabilidade pelo acidente de trabalho (doença profissional), que ora se convola em indenização pela projeção do contrato de trabalho, o que equivale a R$ 10.000,00.

Improcede a devolução de descontos do vale alimentação, pois a ré provou a concessão do vale por substituição em dinheiro e autorizado em norma coletiva. Logo, também não há a integração desejada.

Procede o pedido de horas extras e reflexos, pois o autor extrapolava a jornada constitucional de 8 horas por dia.

Procede o adicional de periculosidade por analogia à Súmula 39 do TST.

Procede a condenação da segunda ré, pois havendo terceirização, esta responde subsidiariamente.

Improcedentes os demais pedidos.

Custas de R$ 600,00, pelas rés, sobre o valor da condenação estimado em R$ 30.000,00. Recolhimentos previdenciários e fiscais, conforme a lei, assim como juros e correção monetária.

Partes cientes.

Fulano de Tal

Juiz do Trabalho

Apresente a peça respectiva para defesa dos interesses da segunda ré. (valor: 5,00)

GABARITO COMENTADO

ANÁLISE ESTRUTURAL

– Deve ser elaborado um **recurso ordinário**, interposto pela 2ª ré, com citação do artigo 895, I da CLT; apresentação formal de duas peças, sendo uma dirigida ao juiz de 1º grau com indicação do recolhimento de custas e depósito recursal e outra, ao TRT com as razões recursais.

PRESCRIÇÃO TOTAL – arguição porque o curso prescricional só admite uma interrupção e, no caso, o biênio constitucional já havia fluído a partir da 1ª interrupção.

– citação do artigo 202 do CCB.

PRESCRIÇÃO PARCIAL
– arguição para limitar eventual condenação aos 5 anos anteriores ao ajuizamento da ação.
– citação do artigo 7º, XXIX da CRFB/88 **OU** art. 11 da CLT OU Súmula 308, I.

PRELIMINAR DE ILEGITIMIDADE PASSIVA OU NO MÉRITO, ARGUIÇÃO DE AUSÊNCIA DE RESPONSABILIDADE
– a recorrente é parte ilegítima, pois em razão da sua natureza jurídica, contratando através de licitação, não tem responsabilidade legal.
– citação da Lei 8.666/1993, art. 71, § 1º
OU
– inaceitável a responsabilidade subsidiária porque houve fiscalização do contrato
– citação da Súmula 331, V TST ou da Lei 8.666/1993, art. 71 § 1º

JUSTA CAUSA
– que o autor recebeu diversas punições anteriores, conforme fatos e documentos inimpugnados, mas não alterou seu comportamento OU a justa causa deve ser mantida porque o desconto pelas faltas não é considerado punição (não há *bis in idem*) e o empregado manteve o comportamento reprovável.

ESTABILIDADE PROVISÓRIA (DOENÇA PROFISSIONAL) / DANO MORAL
– não comprovado o nexo causal entre a doença e o trabalho, não há doença profissional, garantia no emprego nem direito à indenização.
– ônus da prova do autor, indicando art. 818 da CLT **OU** 373, I do CPC/2015 **OU** Súmula 378, II do TST.

PERICULOSIDADE
– imprescindível a realização de perícia e citação do artigo 195, § 2º da CLT **OU** descabida a analogia com atividade diversa para deferimento da verba.

HORAS EXTRAS
– Indevida porque a escala (compensação) é prevista em norma coletiva.
– citação da CF/1988, art. 7º, XIII OU Súmula 85, I do TST OU OJ 323 do TST OU PA SIT MTE 81.

REQUERIMENTOS FINAIS
Requerimento de que o recurso seja conhecido (admitido) e provido para julgar improcedente o pedido da inicial.

Distribuição dos Pontos

Quesito Avaliado	Faixa de valores
ANÁLISE ESTRUTURAL – indicação do recurso ordinário da 2ª ré e indicação artigo 895, I da CLT. – duas peças, sendo uma dirigida ao juiz de 1º grau com indicação do recolhimento de custas e depósito recursal e outra ao TRT com as razões recursais. (0,50) Obs.: A falta de qualquer elemento estrutural ocasionará a perda de 0,20 pontos.	0,00 / 0,30/ 0,50
PRESCRIÇÃO TOTAL – arguição com base em uma única interrupção (0,30) – citação do artigo 202 do CCB (0,20) Obs.: A mera indicação do artigo não pontua.	0,00 / 0,30/ 0,50
PRESCRIÇÃO PARCIAL – arguição limitando eventual condenação aos cinco anos anteriores ao ajuizamento da ação (0,30); – citação do artigo 7º, XXIX da CF/1988 OU 11 da CLT OU Súmula 308, I do TST (0,20). Obs.: A mera indicação do artigo ou súmula não pontua	0,00 / 0,30/ 0,50

Quesito Avaliado	Faixa de valores
PRELIMINAR DE ILEGITIMIDADE PASSIVA OU MÉRITO DE AUSÊNCIA DE RESPONSABILIDADE – a recorrente é parte ilegítima, pois em razão da sua natureza jurídica, contratando através de licitação, não tem responsabilidade legal (0,70); – citação da Lei n. 8.666/1993, art. 71, § 1º (0,30). OU – inaceitável a responsabilidade subsidiária porque houve fiscalização do contrato (0,70); – citação da Súmula 331, V TST ou citação da Lei 8.666/93, art. 71, § 1º (0,30). Obs.: A mera indicação do artigo ou súmula não pontua	0,00 / 0,70/ 1,00
JUSTA CAUSA – o autor recebeu diversas punições anteriores, conforme fatos e documentos inimpugnados, mas não alterou seu comportamento OU a justa causa deve ser mantida porque o desconto pelas faltas não é considerado punição (não há *bis in idem*) e o empregado manteve o comportamento reprovável (0,50).	0,00 / 0,50
ESTABILIDADE (DOENÇA PROFISSIONAL) / DANO MORAL – não comprovado o nexo causal, não há doença profissional, garantia no emprego nem direito à indenização (0,30); – ônus da prova do autor, indicando art. 818 da CLT OU 373, I do CPC/2015 OU Súmula 378, II do TST (0,20). Obs.: A mera indicação do artigo ou súmula não pontua	0,00 / 0,30/ 0,50
PERICULOSIDADE – imprescindível a realização de perícia (0,30) com citação do artigo 195, § 2º da CLT (0,20) OU descabida a analogia com atividade diversa para deferimento da verba (0,50) Obs.: A mera indicação do artigo ou súmula não pontua	0,00 / 0,30/ 0,50
HORAS EXTRAS – Indevidas porque a escala (compensação) é prevista em norma coletiva (0,30). – citação da CRFB/1988, art. 7º, XIII OU Súmula 85, I do TST OU OJ 323 do TST OU PA SIT MTE 81 (0,20). Obs.: A mera indicação do artigo ou súmula não pontua	0,00 / 0,30/ 0,50
REQUERIMENTOS FINAIS Que o recurso seja conhecido (admitido) e provido (0,40). Julgando improcedente o pedido da inicial (0,10)	0,00 /0,10/ 0,40/ 0,50

(OAB/Exame Unificado VI – 2011.3 – 2ª fase) Ednalva Macedo, assistida por advogado particular, ajuizou reclamação trabalhista, pelo rito ordinário, em face de Pedro de Oliveira (RT nº 0001948-10.2011.5.03.0020), em 5/10/2011, afirmando que, após ter concluído o curso superior de enfermagem, foi contratada, em 13/2/2005, para dar assistência à mãe enferma do reclamado, que com ele coabitava, tendo sido dispensada sem justa causa, com anotação de dispensa na CTPS em 8/7/2010. Diz que recebia salário mensal correspondente ao piso salarial regional, que sempre foi inferior ao salário normativo da categoria profissional dos enfermeiros, conforme normas coletivas juntadas aos autos. Alega que trabalhava de segunda-feira a sábado, das 12 às 24 horas, com uma hora de intervalo para repouso e alimentação, sem pagamento de horas extraordinárias e de adicional noturno. Aduz que o reclamado lhe fornecia alimentação e material de higiene pessoal, sem que os valores concernentes a essas utilidades fossem integrados ao seu salário. Também salienta que não foram pagas as quotas referentes ao salário-família, apesar de ter apresentado a certidão de nascimento de filho menor de 14 anos, o atestado de vacinação obrigatória e a comprovação de frequência à escola, nos termos da legislação previdenciária. Por fim, disse que o reclamado não efetuou o recolhimento dos depósitos do FGTS e das contribuições previdenciárias relativas a todo o período do contrato de trabalho. Diante do acima exposto, postula: a) o pagamento das diferenças salariais em relação ao salário normativo da categoria profissional dos enfermeiros, com base nos valores constantes nas normas coletivas juntadas aos autos, e dos reflexos no aviso prévio, nas férias, nos décimos terceiros salários, nos depósitos do FGTS e na indenização compensatória de 40% (quarenta por cento); b) o pagamento a título de horas extraordinárias daquelas excedentes à oitava diária, com adicional de 50% (cinquenta por cento), e dos reflexos no aviso prévio, nas férias, nos décimos terceiros salários, nos depósitos do FGTS e na indenização compensatória de 40% (quarenta por cento); c) o pagamento do adicional noturno relativo ao período de trabalho compreendido entre as 22 e 24 horas e dos reflexos no aviso prévio, nas férias, nos décimos terceiros salários, nos depósitos do FGTS e na indenização compensatória de 40% (quarenta por cento); d) o pagamento das diferenças decorrentes da integração no salário mensal dos valores concernentes à alimentação e ao material de higiene pessoal fornecidos pelo reclamado, assim como dos respectivos reflexos no aviso prévio, nas férias, nos décimos terceiros salários, nos depósitos do FGTS e na indenização compensatória de 40% (quarenta por cento); e) o pagamento das quotas do salário-família correspondentes a todo o período trabalhado; f) o pagamento dos valores atinentes aos depósitos do FGTS relativos ao contrato de trabalho; g) o recolhimento das contribuições previdenciárias referentes a todo período contratual e h) o pagamento de honorários advocatícios. Considerando que a reclamação trabalhista foi distribuída à MM. 20ª Vara do Trabalho do Rio de Janeiro/RJ, redija, na condição de advogado contratado pelo reclamado, a peça processual adequada, a fim de atender aos interesses de seu cliente. (Valor: 5,0)

GABARITO COMENTADO

1) Estrutura inicial O examinando deve elaborar uma contestação, indicando o fundamento legal (artigo 847 da CLT ou artigo 300 do CPC[11]), com encaminhamento ao Excelentíssimo Senhor Juiz do Trabalho da 20ª Vara do Trabalho do Rio de Janeiro/RJ, indicação das partes e referência ao número do processo (RT nº 0001948-10.2011.5.03.0020).

2) Preliminar de incompetência absoluta da Justiça do Trabalho O examinando deve suscitar a preliminar de incompetência absoluta da Justiça do Trabalho em relação ao pedido de recolhimento das contribuições previdenciárias referentes a todo o período contratual. Isso porque, conforme o artigo 114, inciso VIII, da Constituição da República, compete à Justiça do Trabalho processar e julgar a execução, de ofício, das contribuições sociais previstas no art. 195, I, a, e II, e seus acréscimos legais, decorrentes das sentenças que proferir. Assim, a competência da Justiça do Trabalho, quanto à execução das contribuições previdenciárias, limita-se às sentenças condenatórias em pecúnia que proferir e aos valores, objeto de acordo homologado, que integrem o salário de contribuição. Neste sentido, o entendimento contido no item I da Súmula nº 368 do TST. Logo, deve requerer a extinção do processo sem resolução do mérito quanto a este pedido, com fundamento no artigo 267, inciso IV, do CPC[12].

3) Prejudicial de prescrição quinquenal O examinando deve suscitar a prejudicial de prescrição quinquenal, com fundamento no artigo 7º, inciso XXIX, da CF/88 ou artigo 11, inciso I, da CLT[13] ou Súmula nº 308, item I, do TST, a fim de que sejam consideradas prescritas as parcelas anteriores a 05.10.2006.

4) Diferenças em relação ao salário normativo da categoria dos enfermeiros e reflexos O examinando deve impugnar o pedido, aduzindo que, embora tenha se graduado no curso superior de enfermagem, a reclamante prestou serviços de natureza contínua e de finalidade não lucrativa ao reclamado no âmbito residencial deste, exercendo a função de empregada doméstica, nos termos do artigo 1º da Lei nº 5.859/72[14]. Deste modo, não lhe assiste o direito ao pagamento do piso salarial da categoria profissional dos enfermeiros e reflexos.

5) Horas extraordinárias e reflexos O examinando deve impugnar o pedido, alegando que a autora, como empregada doméstica, não tem direito ao pagamento de horas extraordinárias, posto que a norma do artigo

---

11. Atual art. 337 do CPC/2015)
12. Atual art. 485, IV, CPC/2015)
13. Atual art. 11, *caput*, da CLT (Lei 13.467/2019)
14. Atual Lei Complementar 150/2015

7°, parágrafo único, da Constituição da República não se reporta aos incisos XIII e XVI do mesmo artigo.[15] Logo, indevido o pagamento de horas extraordinárias e reflexos.

6) Adicional noturno e reflexos O examinando deve impugnar o pedido, alegando que a autora, como empregada doméstica, não tem direito ao pagamento de adicional noturno, posto que a norma do artigo 7°, parágrafo único, da Constituição da República não se reporta ao inciso IX do mesmo artigo. Logo, indevido o pagamento de adicional noturno e reflexos.

7) Diferenças correspondente à integração salarial dos valores de alimentação e material de higiene pessoal O examinando deve impugnar o pedido, aduzindo que as despesas do empregador doméstico com alimentação e higiene não têm natureza salarial nem se incorporam à remuneração para quaisquer efeitos, com fundamento no artigo 2°-A, § 2°, da Lei n° 5.859/72.[16] Logo, indevido o pagamento das diferenças salariais e reflexos.

8) Salário-Família O examinando deve impugnar o pedido, alegando que o empregado doméstico não tem direito à percepção de salário-família, conforme ressalva expressa no artigo 65, *caput*, da Lei n° 8.213/91[17]. De igual sorte, o art. 7°, parágrafo único da CF de 88 e o artigo 81 do Decreto 3.048/99 também não autorizam tal direito à empregada doméstica. Logo, indevido o pagamento do salário-família.

9) Depósitos do FGTS O examinando deve impugnar o pedido, alegando que a inclusão do empregado doméstico no Fundo de Garantia do Tempo de Serviço consiste em mera faculdade a cargo do empregador, conforme o disposto no artigo 3°-A da Lei n° 5.859/72.[18] Logo, indevido o pagamento dos valores correspondentes aos depósitos do FGTS.

10) Honorários advocatícios O examinando deve impugnar o pedido, aduzindo que a autora não se encontra assistido pelo sindicato de classe, não atendendo aos requisitos previstos no artigo 14, § 1°, da Lei n° 5.584/70, em conformidade com as Súmulas n° 219, item I, e 329 do TST OU OJ 305, DO TST[19].

11) Requerimentos O examinando deve requerer o acolhimento da preliminar de incompetência absoluta e da prejudicial de prescrição quinquenal e, no mérito, a improcedência dos pedidos. Também deve protestar por todos os meios de prova admitidos em Direito, notadamente o depoimento pessoal e as provas documentais e testemunhais.

(OAB/Exame Unificado V – 2011.2 – 2ª fase) Joaquim Ferreira, assistido por advogado particular, ajuizou reclamação trabalhista, pelo rito ordinário, em face da empresa Parque dos Brinquedos Ltda. (RT n° 0001524-15.2011.5.04.0035), em 7/11/2011, alegando que foi admitido em 3/2/2007, para trabalhar na linha de produção de brinquedos na sede da empresa localizada no Município de Florianópolis-SC, com salário de R$ 2.000,00 (dois mil reais) mensais e horário de trabalho das 8 às 17 horas, de segunda-feira a sábado, com 1 (uma) hora de intervalo intrajornada. Esclarece, contudo, que, logo após a sua admissão, foi transferido, de forma definitiva, para a filial da reclamada situada no Município de Porto Alegre-RS e que jamais recebeu qualquer pagamento a título de adicional de transferência. Diz que, em razão da insuficiência de transporte público regular no trajeto de sua residência para o local de trabalho e vice-versa, a empresa lhe fornecia condução, não lhe pagando as horas *in itinere*, nem promovendo a integração do valor correspondente a essa utilidade no seu salário, para todos os efeitos legais. Salienta, ainda, que não recebeu o pagamento do décimo terceiro salário do ano de 2008 e não gozou as férias relativas ao período aquisitivo 2007/2008, apesar de ter permanecido em licença remunerada por 33 (trinta e três) dias no curso desse mesmo período. Afirma também que exercia função idêntica ao paradigma Marcos de Oliveira, prestando um trabalho de igual valor, com a mesma perfeição técnica e a mesma produção,

---
15. De acordo com a EC 72/2013 foi estendido aos empregados domésticos a proteção da duração do trabalho prevista nos incisos XIII e XVI do art. 7° da CF.
16. Veja art. 18, § 3°, da LC 150/2015.
17. O art. 65 da Lei 8.213/91, alterado pela LC 150/2015, prevê tal direito ao empregado doméstico.
18. De acordo com o art. 21 da LC 150/2015 atualmente a inclusão do empregado doméstico no FGTS é obrigatória.
19. OJ 305 da SDI 1 do TST foi cancelada. Sobre honorários advocatícios ver art. 791-A da CLT.

não obstante o fato de a jornada de trabalho do modelo fosse bem inferior ao do autor. Por fim, aduz que, à época de sua dispensa imotivada, era o Presidente da Comissão Interna de Prevenção de Acidentes – CIPA instituída pela empresa, sendo beneficiário de garantia provisória de emprego. A extinção do contrato de trabalho ocorreu em 3/10/2009. Diante do acima exposto, postula: a) o pagamento do adicional de transferência e dos reflexos no aviso prévio, nas férias, nos décimos terceiros salários, nos depósitos do FGTS e na indenização compensatória de 40% (quarenta por cento); b) o pagamento das horas *in itinere* e dos reflexos no aviso prévio, nas férias, nos décimos terceiros salários, nos depósitos do FGTS e na indenização compensatória de 40% (quarenta por cento); c) o pagamento das diferenças decorrentes da integração no salário dos valores correspondentes ao fornecimento de transporte e dos reflexos no aviso prévio, nas férias, nos décimos terceiros salários, nos depósitos do FGTS e na indenização compensatória de 40% (quarenta por cento); d) o pagamento, em dobro, das férias relativas ao período aquisitivo 2007/2008; e) o pagamento das diferenças decorrentes da equiparação salarial com o paradigma apontado e dos reflexos no aviso prévio, nas férias, nos décimos terceiros salários, nos depósitos do FGTS e na indenização compensatória de 40% (quarenta por cento); f) a reintegração no emprego, em razão da garantia provisória de emprego conferida ao empregado membro da Comissão Interna de Prevenção de Acidente – CIPA, ou o pagamento de indenização substitutiva; e g) o pagamento de honorários advocatícios. Considerando que a reclamação trabalhista foi distribuída à 35ª Vara do Trabalho de Porto Alegre-RS, redija, na condição de advogado(a) contratado(a) pela reclamada, a peça processual adequada, a fim de atender aos interesses de seu cliente. (Valor: 5,0)

GABARITO COMENTADO

PEÇA PRÁTICO-PROFISSIONAL

1) Estrutura inicial O examinando deve elaborar uma contestação, com encaminhamento ao Excelentíssimo Senhor Juiz do Trabalho da 35ª Vara do Trabalho de Porto Alegre/RS, indicação das partes e referência ao número do processo (RT nº 0001524-15.2011.5.04.0035). Não cabe alegar incompetência do juízo, porque o reclamante poderia ter ajuizado a reclamação em Porto Alegre ou em Florianópolis (art. 651, § 3º, CLT).

2) Preliminar de inépcia da petição inicial O examinando deve suscitar a preliminar de inépcia da petição inicial com relação ao décimo terceiro salário do ano de 2008, por ausência de pedido, nos termos do artigo 295, parágrafo único, inciso I, do CPC, requerendo a extinção do processo sem resolução do mérito, com fundamento no artigo 267, inciso I, do CPC[20].

3) Prejudicial de prescrição bienal O examinando deve suscitar a prejudicial de prescrição bienal, com fundamento no artigo 7º, inciso XXIX, da CF/88 ou artigo 11, inciso I, da CLT[21], ou Súmula nº 308, item I, do TST, sustentando que a reclamação trabalhista foi ajuizada após dois anos da data da extinção do contrato de trabalho, mesmo considerada a integração do aviso prévio, requerendo a extinção do processo com resolução do mérito, com fundamento no artigo 269, inciso IV, do CPC[22]. Em face do princípio da eventualidade, deve seguir na impugnação dos pedidos, inclusive porque pode ter ocorrido algum fato impeditivo, suspensivo ou interruptivo, não mencionado na questão.

4) Do adicional de transferência e reflexos O examinando deve impugnar o pedido, alegando que o pagamento do adicional de transferência somente é devido quando se der em caráter provisório, nos termos do artigo 469, § 3º, da CLT e do posicionamento contido na OJ nº 113 da SBDI-1 do TST, *verbis*: "O fato de o empregado exercer cargo de confiança ou a existência de previsão de transferência no contrato de trabalho não exclui o direito ao adicional. O pressuposto legal apto a legitimar a percepção do mencionado adicional é a transferência provisória."

5) Das horas *in itinere* e reflexos O examinando deve impugnar o pedido, esclarecendo que a mera insuficiência de transporte público não enseja o pagamento de horas *in itinere*, nos exatos termos do posicionamento contido no item III da Súmula nº 90 do TST.

---

20. Atuais art. 330, § 1º, I, CPC/2015 e art. 485, I, CPC/2015.
21. Atual art. 11, *caput*, da CLT.
22. Atual art. 487, IV, CPC/2015.

6) Da integração salarial dos valores referentes ao transporte e reflexos O examinando deve impugnar o pedido, afirmando que não é considerado salário o transporte destinado ao deslocamento para o trabalho e retorno, em percurso servido ou não por transporte público, nos moldes do artigo 458, § 2º, inciso III, da CLT.

7) Das férias em dobro relativas ao período 2007/2008 O examinando deve impugnar o pedido, aduzindo que não tem direito às férias o empregado que, no curso do período aquisitivo, permanecer em gozo de licença, com percepção de salário, por mais de 30 (trinta) dias, nos moldes do artigo 133, inciso II, da CLT.

(OAB/Exame Unificado IV – 2011.1 – 2ª fase) Anderson Silva, assistido por advogado não vinculado ao seu sindicato de classe, ajuizou reclamação trabalhista, pelo rito ordinário, em face da empresa Comércio Atacadista de Alimentos Ltda. (RT nº 0055.2010.5.01.0085), em 10/01/2011, afirmando que foi admitido em 03/03/2002, na função de divulgador de produtos, para exercício de trabalho externo, com registro na CTPS dessa condição, e salário mensal fixo de R$ 3.000,00 (três mil reais). Alegou que prestava serviços de segunda-feira a sábado, das 9h às 20h, com intervalo para alimentação de 01 (uma) hora diária, não sendo submetido a controle de jornada de trabalho, e que foi dispensado sem justa causa em 18/10/2010, na vigência da garantia provisória de emprego prevista no artigo 55 da Lei 5.764/1971, já que ocupava o cargo de diretor suplente de cooperativa criada pelos empregados da ré. Afirmou que não lhe foi pago o décimo terceiro salário do ano de 2009 e que não gozou as férias referentes ao período aquisitivo 2007/2008, admitindo, porém, que se afastou, nesse mesmo período, por 07 (sete) meses, com percepção de auxílio-doença. Aduziu, ainda, que foi contratado pela ré, em razão da morte do Sr. Wanderley Cardoso, para exercício de função idêntica, na mesma localidade, mas com salário inferior em R$ 1.000,00 (um mil reais) ao que era percebido pelo paradigma, em ofensa ao artigo 461, caput, da CLT. Por fim, ressaltou que o deslocamento de sua residência para o local de trabalho e vice-versa era realizado em transporte coletivo fretado pela ré, não tendo recebido vale-transporte durante todo o período do contrato de trabalho.

Diante do acima exposto, postulou: a) a sua reintegração no emprego, ou pagamento de indenização substitutiva, em face da estabilidade provisória prevista no artigo 55 da Lei 5.674/71; b) o pagamento de 02 (duas) horas extraordinárias diárias, com adicional de 50% (cinquenta por cento), e dos reflexos no aviso prévio, férias integrais e proporcionais, décimos terceiros salários integrais e proporcionais, FGTS e indenização compensatória de 40% (quarenta por cento); c) o pagamento em dobro das férias referentes ao período aquisitivo de 2007/2008, acrescidas do terço constitucional, nos termos do artigo 137 da CLT; d) o pagamento das diferenças salariais decorrentes da equiparação salarial com o paradigma apontado e dos reflexos no aviso prévio, férias integrais e proporcionais, décimos terceiros salários integrais e proporcionais, FGTS e indenização compensatória de 40% (quarenta por cento); e) o pagamento dos valores correspondentes aos vales-transportes não fornecidos durante todo o período contratual; e f) o pagamento do décimo terceiro salário do ano de 2008.

Considerando que a reclamação trabalhista foi distribuída à 85ª Vara do Trabalho do Rio de Janeiro – RJ, redija, na condição de advogado contratado pela empresa, a peça processual adequada, a fim de atender aos interesses de seu cliente. (Valor: 5,0)

GABARITO COMENTADO

1) Estrutura inicial
O examinando deve elaborar uma contestação, indicando o fundamento legal (artigo 847 da CLT ou artigo 336 do CPC), com encaminhamento ao Excelentíssimo Senhor Juiz do Trabalho da 85ª Vara do Trabalho do Rio de Janeiro/RJ, indicação das partes e referência ao número do processo (RT nº 0055.2010.5.01.0085).

2) Preliminar de inépcia da petição inicial

O examinando deve suscitar a preliminar de inépcia da inicial em relação ao pedido de pagamento do décimo terceiro salário do ano de 2008, uma vez que não houve causa de pedir. Isso porque o autor afirmou que não foi pago o décimo terceiro salário do ano de 2009 e postulou o pagamento do décimo terceiro salário do ano de 2008. Logo, deve requerer a extinção do processo sem resolução do mérito quanto a este pedido, com fundamento nos artigos 485, inciso I, e 330, inciso I, e § 1º, inciso I, do CPC/2015.

ALTERNATIVAMENTE, pode o examinando, tendo considerado a data como erro material da prova, contra-argumentar o pedido de pagamento de décimo terceiro salário do ano de 2009, alegando o seu pagamento ou aduzindo que este não é devido em sua integralidade, mas apenas de forma proporcional, em virtude do período que o autor este afastado, em gozo de benefício previdenciário, quando se encontrava suspenso o contrato de trabalho.

3) Prejudicial de prescrição quinquenal

O examinando deve suscitar a prejudicial de prescrição quinquenal, com fundamento no artigo 7º, inciso XXIX, da CRFB/1988 ou artigo 11, inciso I, da CLT, a fim de que sejam consideradas prescritas as parcelas anteriores a 10/01/2006, ou as parcelas anteriores aos cinco anos que antecederam à data do ajuizamento da ação.

4) Estabilidade e pedido de reintegração ou indenização substitutiva

O examinando deve impugnar o pedido, aduzindo que o artigo 55 da Lei 5.764/1971 assegura a garantia de emprego apenas aos empregados eleitos diretores de cooperativas, não abrangendo os membros suplentes, nos termos da OJ 253 da SDI-1 do C. TST.

5) Horas extraordinárias e reflexos

O examinando deve impugnar o pedido, alegando que o autor exercia atividade externa incompatível com a fixação de horário de trabalho, estando esta condição devidamente anotada em sua CTPS, o que atrai a incidência do artigo 62, inciso I, da CLT. Logo, indevido o pagamento de horas extraordinárias e reflexos.

6) Férias relativas ao período aquisitivo 2007/2008

O examinando deve impugnar o pedido, afirmando que o autor admitiu que esteve afastado, por 07 (sete) meses, durante o período aquisitivo, com percepção de benefício previdenciário (auxílio-doença), o que implica a perda do direito a férias, nos termos do artigo 133, inciso IV, da CLT.

7) Equiparação salarial [23]

O examinando deve impugnar o pedido, aduzindo que o reclamante (equiparando) não foi contemporâneo ao paradigma, uma vez que foi contratado em razão de seu falecimento. Esta ausência de contemporaneidade ou simultaneidade na prestação de serviços obsta a equiparação salarial. Deve invocar, ainda, a Súmula nº 6, item IV, do C. TST, ou da Súmula nº 159, II, ambas do TST, verbis: "É desnecessário que, ao tempo da reclamação sobre equiparação salarial, reclamante e paradigma estejam a serviço do estabelecimento, desde que o pedido se relacione com situação pretérita".

8) Vales-transportes

O examinando deve impugnar o pedido, alegando que a ré não estaria obrigada a conceder o vale-transporte, já que proporcionava transporte coletivo fretado para o deslocamento residência-trabalho e vice-versa de seus empregados, nos termos do artigo 4º do Decreto 95.247/1987.

9) Requerimentos

O candidato deve requerer o acolhimento da preliminar de inépcia da petição inicial e da prejudicial de prescrição quinquenal e, no mérito, a improcedência dos pedidos. Também deve protestar por todos os meios de prova admitidos em Direito, notadamente o depoimento pessoal e as provas documentais e testemunhais.

---

23. O art. 461, § 5º, da CLT de acordo com o texto dada pela Lei 13.467/2017 dispõe: "A equiparação salarial só será possível entre empregados contemporâneos no cargo ou na função, ficando vedada a indicação de paradigmas remotos, ainda que o paradigma contemporâneo tenha obtido a vantagem em ação judicial própria."

DISTRIBUIÇÃO DOS PONTOS

Item	Pontuação
1) Estrutura inicial Encaminhamento adequado (0,25) e correta identificação das partes e do processo (0,25).	0 / 0,25 / 0,5
2) Arguição de inépcia OU 2. Décimo terceiro salário Pedido de décimo terceiro salário – dos fatos não decorre a conclusão. Indicação do art. 485, I, CPC/2015. Indicação do art. 330, I, CPC/2015. Indicação do art. 330, § 1º, I, CPC/2015. OU Contra-argumentar o não pagamento do décimo terceiro do ano de 2008 (defesa de mérito).	0 / 0,25
3) Prescrição quinquenal Prescrição das parcelas anteriores a 10/01/2006 OU cinco anos anteriores o ajuizamento (0,25). Indicação do art. 7º, XXIX, da CRFB/1988 OU art. 11, I, da CLT (0,25).	0 / 0,25 / 0,5
4) Estabilidade e reintegração Não abrange os membros suplentes (0,5). Indicação da OJ 253 da SDI-1 do TST (0,25).	0 / 0,25 / 0,5 / 0,75
5) Horas extras e reflexos Atividade externa incompatível com controle (0,35). Indicação do art. 62, I, CLT (0,35).	0 / 0,35 / 0,7
6) Férias do período 2007/2008 Perda do direito em face do afastamento previdenciário (0,35). Indicação do art. 133, IV, CLT (0,35).	0 / 0,35 / 0,7
7) Equiparação salarial[24] Ausência de contemporaneidade com o paradigma OU substituição de cargo vago (0,4). Indicação da Súmula 6, IV, do TST OU Súmula 159, II, do TST (0,2).	0 / 0,2 / 0,4 / 0,6
8) Vales-transportes Exoneração da obrigação pela concessão de transporte (0,25). Indicação do art. 4º do Decreto 95.247/1987 (0,25).	0 / 0,25 / 0,5
9) Requerimentos Acolhimento da prescrição (0,25). Improcedência dos pedidos (0,15). Protesto pelos meios de prova (0,1).	0 / 0,1 / 0,15 / 0,25 / 0,35 / 0,4 / 0,5

---

24. O art. 461, § 5º, da CLT de acordo com o texto dada pela Lei 13.467/2017 dispõe: "A equiparação salarial só será possível entre empregados contemporâneos no cargo ou na função, ficando vedada a indicação de paradigmas remotos, ainda que o paradigma contemporâneo tenha obtido a vantagem em ação judicial própria."

QUESTÕES SUBJETIVAS

XXXIII EXAME UNIFICADO
QUESTÃO 01

(OAB/Exame Unificado –2021.3 – 2ª fase) Flávio era auxiliar de limpeza em uma empresa terceirizada, trabalhando no aeroporto internacional da cidade. Ele era encarregado da limpeza de 5 banheiros, sendo que cada um deles deveria ser limpo pelo menos 4 vezes no turno de cada empregado, em razão do intenso uso pela grande circulação de passageiros. Logo após ter sido dispensado, Flávio ajuizou reclamação trabalhista postulando adicional de insalubridade. Em defesa, a empresa reconheceu que o número de banheiros sob a responsabilidade de Flávio e a quantidade de vezes que eles deveriam ser limpos estava corretamente informado na petição inicial, mas negou o direito ao adicional desejado por não haver agente agressor à saúde do empregado. Em audiência, as partes declararam expressamente que não teriam outras provas a produzir, o que foi acatado pelo juiz, que encerrou a instrução processual e concedeu, a pedido dos advogados, prazo para razões finais escritas (memoriais). Nesse interregno, o(a) advogado(a) de Flávio faleceu e você, como advogado(a), foi procurado(a) para assumir a causa.

Diante da situação retratada, dos ditames da CLT e do entendimento consolidado pelo TST, responda aos itens a seguir.

A) Para o deferimento do adicional postulado por Flávio, e já nas razões finais escritas, que argumento jurídico você apresentaria? (Valor: 0,65)

B) Alguma entidade privada poderia ajuizar ação como substituto processual, com efetiva chance de sucesso, para postular o adicional de insalubridade em favor de todos os auxiliares de limpeza que trabalham no aeroporto? Indique-a, se for o caso. (Valor: 0,60)

Obs.: o(a) examinando(a) deve fundamentar suas respostas. A mera citação do dispositivo legal não confere pontuação.

GABARITO COMENTADO

A) O argumento adequado é o de que a higienização de instalações sanitárias de uso público ou coletivo de grande circulação enseja o pagamento de adicional de insalubridade, na forma da Súmula 448, inciso II, do TST.

B) Sim. A ação poderia ser ajuizada pelo sindicato de classe como substituto processual, na forma da OJ 121 do TST, ou do Art. 8º, inciso III, da CRFB/88, ou do Art. 195, § 2º, da CLT, ou do Art. 18 do CPC.

QUESTÃO 02

(OAB/Exame Unificado –2021.3 – 2ª fase) Enunciado Kleber é motorista rodoviário da Viação Canela Ltda. e atua na área urbana do Município do Recife. Quando da sua admissão, em outubro de 2021, Kleber não assinou qualquer documento, mas teve a CTPS regularmente assinada. Após realizar duas semanas de ambientação na empresa e se submeter a exame toxicológico, Kleber iniciou suas atividades profissionais. Em determinado dia, por desatenção, Kleber avançou um sinal luminoso de trânsito vermelho e, dias depois, seu empregador recebeu uma multa por essa razão. Apurado de forma criteriosa que Kleber era o condutor do veículo no momento do fato, o empregador descontou o valor integral da multa no mês seguinte, o que correspondia a 10% do salário do empregado. Irresignado, Kleber procurou você, como advogado(a), para ajuizamento de reclamação trabalhista envolvendo os fatos narrados. Considerando a situação retratada e os ditames da CLT, responda às indagações a seguir.

A) Como advogado(a) de Kleber, que tese jurídica você adotaria contra o desconto efetuado, para assim justificar a sua devolução? Justifique. (Valor: 0,65)

B) Caso Kleber quisesse postular indenização por dano moral por ter sido obrigado a se submeter a exame toxicológico, o que no entender dele violaria a intimidade e a privacidade, o que você, advogado(a) de Kleber, recomendaria? Justifique. (Valor: 0,60)

Obs.: o(a) examinando(a) deve fundamentar suas respostas. A mera citação do dispositivo legal não confere pontuação.

GABARITO COMENTADO

A) Apesar de haver culpa do empregado, a possibilidade de desconto no seu salário por dano causado pelo empregado não foi acordada no contrato, daí não poderia ser efetuada, conforme o Art. 462, § 1º, da CLT.

B) Nada deve ser feito a respeito, porque a realização do exame toxicológico para motoristas profissionais é prevista em Lei, conforme o Art. 168, § 6º, e o Art. 235-B, inciso VII, ambos da CLT.

QUESTÃO 03

(OAB/Exame Unificado –2021.3 – 2ª fase) Rosalina era empregada da sociedade empresária Entregas Rápidas Ltda. há 2 anos, e, no mês de agosto de 2021, apresentou ao empregador um atestado médico falso para abono de 3 dias de faltas, e logo após um segundo atestado adulterado para abono de outros 2 dias de ausência. A sociedade empresária, após desconfiar de ambos os atestados, oficiou ao diretor do hospital público onde supostamente teriam ocorrido os atendimentos médicos, e obteve a resposta oficial de que ambos os atestados não traduziam a realidade. Considerando os fatos narrados e a previsão legal, responda aos itens a seguir.

A) Se você fosse consultado(a) como advogado(a) da sociedade empresária, cujo desejo é dispensar Rosalina por justa causa, como enquadraria a conduta da empregada na CLT? (Valor: 0,65)

B) Se Rosalina fosse dispensada por justa causa e não comparecesse à empresa, no prazo legal, para receber o saldo salarial devido, que medida judicial você adotaria na defesa dos interesses do ex-empregador? (Valor: 0,60)

Obs.: o(a) examinando(a) deve fundamentar suas respostas. A mera citação do dispositivo legal não confere pontuação.

GABARITO COMENTADO

A) O enquadramento deve ser de improbidade, ato de desonestidade, conforme o Art. 482, alínea a, da CLT.

B) Ajuizar ação de consignação em pagamento, conforme o Art. 539 do CPC ou o Art. 335, inciso I, do CCB.

QUESTÃO 04

(OAB/Exame Unificado –2021.3 – 2ª fase) Você é advogado(a) de Rodrigo, que ajuizou reclamação trabalhista contra o ex-empregador. Depois de regularmente contestado e instruído o feito, a sentença foi publicada, julgando improcedentes os pedidos formulados, fixando as custas em R$ 200,00 e indeferindo a gratuidade de justiça requerida, porque Rodrigo está trabalhando em outra empresa e recebe alto salário. Diante da improcedência, você interpôs recurso ordinário no prazo legal, mas por descuido no preenchimento da guia própria, recolheu apenas R$ 20,00 de custas (em vez dos R$ 200,00 fixados na sentença). Em contrarrazões, a sociedade empresária requereu ao juiz de 1º grau que fosse negado seguimento ao recurso porque deserto, haja vista a insuficiência do preparo. Considerando os fatos narrados, a previsão legal e o entendimento consolidado do TST, responda aos itens a seguir.

A) Que requerimento você apresentaria para tentar viabilizar o recurso? (Valor: 0,65)

B) Caso o requerimento fosse indeferido e o juiz de 1º grau negasse seguimento ao recurso por deserto, acatando a tese da sociedade empresária, que medida judicial você utilizaria? (Valor: 0,60)

Obs.: o(a) examinando(a) deve fundamentar suas respostas. A mera citação do dispositivo legal não confere pontuação.

GABARITO COMENTADO

A) O pedido seria de complementação das custas no prazo de 5 dias, conforme OJ 140 do TST e o Art. 1.007, § 2º, do CPC.

B) Interpor recurso de agravo de instrumento, previsto no Art. 897, alínea b, da CLT.

XXXII EXAME UNIFICADO
QUESTÃO 01

(OAB/Exame Unificado –2021.2 – 2ª fase) Jéssica trabalha como operadora de telemarketing em uma sociedade empresária, oferecendo vários produtos, por telefone (seguro de vida, seguro saúde e plano de capitalização, entre outros). A empregadora de Jéssica propôs que ela trabalhasse de sua residência, a partir de fevereiro de 2018, o que foi aceito. Então, a sociedade empresária montou a estrutura de um home office na casa de Jéssica, e o trabalho passou a ser feito do próprio domicílio da empregada. Passados 7 (sete) meses, a sociedade empresária convocou Jéssica para voltar a trabalhar na sede, a partir do mês seguinte, concedendo prazo de 30 (trinta) dias para as adaptações necessárias. A empregada não concordou, argumentando que já havia se acostumado ao conforto e à segurança de trabalhar em casa, além de, nessa situação, poder dar mais atenção aos dois filhos menores. Ela ponderou que, para que a situação voltasse a ser como antes, seria necessário haver consenso, mas que, no seu caso, não concordava com esse retrocesso. Diante da situação retratada e dos ditames da CLT, responda aos itens a seguir.

A) Analise se a empregada tem razão em negar-se a voltar a trabalhar fisicamente nas dependências da sociedade empresária. Justifique. (Valor: 0,65)

B) Se Jéssica ajuizasse ação postulando horas extras no período em que atuou em seu domicílio, que tese você, contratado(a) pela sociedade empresária, sustentaria? Justifique. (Valor: 0,60)

Obs.: o(a) examinando(a) deve fundamentar suas respostas. A mera citação do dispositivo legal não confere pontuação.

GABARITO COMENTADO

A) A empregada não tem razão, pois é direito do empregador retornar do trabalho realizado em domicílio para o presencial, sendo desnecessária a concordância do empregado para mudança do regime de teletrabalho para o presencial, conforme o Art. 75-C, § 2º, da CLT.

B) A tese a ser apresentada é a de que o teletrabalho não enseja pagamento de horas extras, estando excluído do regime de duração horária, na forma do Artigo 62, inciso III, da CLT.

Distribuição dos Pontos

ITEM	PONTUAÇÃO
A. A empregada não tem razão, porque é direito do empregador retornar do trabalho em domicílio para presencial ou é desnecessária a concordância para mudança do regime de teletrabalho para o presencial (0,55). Indicação Art. 75-C, § 2º, CLT (0,10)	0,00/0,55/0,65
B. O teletrabalho não gera horas extras ou está excluído do regime de duração horária (0,50). Indicação Art. 62, III, CLT (0,10)	0,00/0,50/0,60

QUESTÃO 02

(OAB/Exame Unificado –2021.2 – 2ª fase) A sociedade empresária Madeiras de Lei Ltda. contratou você, como advogado(a), para defendê-la em uma reclamação trabalhista proposta pelo ex-empregado Roberto. Após devidamente contestada e instruída a demanda, a sentença foi prolatada, julgando o pedido procedente em parte. A sociedade empresária pretende recorrer da sentença porque acha que nada deve ao ex-empregado e questiona o valor dos custos desse recurso. Cientificada por você do valor das custas e do depósito recursal, a sociedade empresária diz que está acumulando capital para abrir novas filiais e ampliar sua rede, de modo que, no momento, em razão de suas prioridades internas, só tem valor disponível para as custas. Considerando a narrativa dos fatos e os termos da CLT, responda às indagações a seguir.

A) Indique a alternativa jurídica que viabilizaria a interposição do recurso ordinário sem a necessidade de a sociedade empresária desembolsar o numerário do depósito recursal, considerando que, pela narrativa, ela não é beneficiária de gratuidade de justiça. Justifique. (Valor: 0,65)

B) Se a sociedade empresária tivesse a recuperação judicial deferida pela Justiça Comum antes da sentença, como ficaria a questão do depósito recursal para fins de interposição do recurso ordinário por ela desejado? Justifique. (Valor: 0,60)

Obs.: o(a) examinando(a) deve fundamentar suas respostas. A mera citação do dispositivo legal não confere pontuação.

GABARITO COMENTADO

A) A substituição ou apresentação do depósito recursal em dinheiro por fiança bancária ou seguro garantia judicial, na forma do Art. 899, § 11, da CLT.

B) Nesse caso, a sociedade empresária ficaria isenta do depósito recursal, na forma do Art. 899, § 10, da CLT.

Distribuição dos Pontos

ITEM	PONTUAÇÃO
A. A substituição do depósito recursal por fiança bancária OU seguro garantia judicial (0,55). Indicação Art. 899, § 11, CLT (0,10)	0,00/0,55/0,65
B. A sociedade empresária seria isenta do depósito recursal (0,50). Indicação do Art. 899, § 10, da CLT (0,10)	0,00/0,50/0,60

QUESTÃO 03

(OAB/Exame Unificado –2021.2 – 2ª fase) Rezende, contratado em 05/04/2019 como cozinheiro no restaurante Paladar Supremo Ltda., trabalhava de segunda à sexta-feira, das 16h às 00h, sem intervalo. Em 04/09/2019, Rezende foi dispensado sem justa causa e ajuizou reclamação trabalhista postulando o pagamento de 1 hora diária com adicional de 50%, em razão do intervalo para refeição não concedido, além da integração dessa hora com adicional de 50% ao 13º salário, às férias, ao FGTS e ao repouso semanal remunerado. Considerando a situação apresentada e os termos da CLT, responda aos itens a seguir.

A) Caso você fosse contratado pela empresa, que reconhece não ter concedido o intervalo para refeição, que tese jurídica você poderia advogar em defesa dos interesses da reclamada para reduzir eventual condenação? (Valor: 0,65)

B) Caso a reclamação trabalhista proposta por Rezende não identificasse nenhum valor, mas apenas a indicação dos direitos que ele postulava, que preliminar você advogaria em favor da empresa? (Valor: 0,60)

Obs.: o(a) examinando(a) deve fundamentar suas respostas. A mera citação do dispositivo legal não confere pontuação.

GABARITO COMENTADO

A) A tese a ser apresentada é a de que o intervalo para refeição devido, após o advento da Lei nº 13.467/17, tem natureza indenizatória e, assim, não gera reflexo em outros direitos, conforme prevê o Art. 71, § 4º, da CLT.

B) Na defesa dos interesses da empresa, deverá ser suscitada preliminar de inépcia para extinção do processo sem resolução do mérito porque não houve indicação do valor na petição inicial, em desacordo com o que determina o Art. 840, §§ 1º ou 3º, da CLT, Art. 852-B, I ou § 1º, da CLT, Art. 330, I ou § 1º, I ou II, do CPC ou Art. 337, IV, do CPC.

Distribuição dos Pontos

ITEM	PONTUAÇÃO
A. O intervalo para refeição tem natureza indenizatória (0,55). Indicação Art. 71, § 4º, CLT (0,10)	0,00/0,55/0,65
B. Inépcia da petição inicial (0,50). Indicação Art. 840, §§ 1º ou 3º, CLT, Art. 852-B, I ou § 1º, CLT ou Art. 330, I ou § 1º, I ou II, CPC ou Art. 337, IV, CPC (0,10)	0,00/0,50/0,60

QUESTÃO 04

(OAB/Exame Unificado –2021.2 – 2ª fase) Clotilde foi contratada, em 10/12/2019, pela sociedade empresária Viação Pontual Ltda., a título de experiência, por 45 dias, recebendo o valor correspondente a 1,5 salário mínimo por mês. Passado o prazo de 45 dias e não tendo Clotilde mostrado um bom desempenho no serviço, a empregadora resolveu não dar prosseguimento ao contrato, que foi extinto no seu termo final. Ocorre que o ex-empregador não pagou à Clotilde as verbas relativas ao rompimento contratual, o que a levou a ajuizar reclamação trabalhista pedindo justamente essas verbas, que foram liquidadas na inicial e alcançaram o valor de R$ 4.000,00 (quatro mil reais). Na sentença, e seguindo os pedidos formulados, considerando, ainda, que a sociedade empresária reconheceu que não pagou qualquer verba por estar em dificuldades financeiras, o juiz julgou procedente o pedido e condenou a sociedade empresária ao pagamento de aviso-prévio, 13º salário proporcional, férias proporcionais acrescidas de 1/3, saldo salarial de 15 dias e honorários advocatícios de 10% sobre o valor da execução, conforme rol de pedidos formulados na demanda. Diante da narrativa apresentada e dos termos da CLT, responda às indagações a seguir.

A) Caso você fosse contratado(a) pela sociedade empresária, que tese de mérito apresentaria no recurso ordinário em relação ao objeto da condenação para tentar reduzi-lo? Justifique. (Valor: 0,65)

B) Caso fosse necessário, quantas testemunhas, no máximo, a sociedade empresária poderia conduzir à audiência na reclamação trabalhista de Clotilde? Justifique. (Valor: 0,60)

Obs.: o(a) examinando(a) deve fundamentar suas respostas. A mera citação do dispositivo legal não confere pontuação.

GABARITO COMENTADO

A) A tese defensiva é a de que na extinção de contrato a termo, como é o caso do contrato de experiência, não é devido o pagamento do aviso-prévio, conforme Art. 487 da CLT, pois o contrato foi encerrado no termo final previsto.

B) Uma vez que o valor dos pedidos submete a causa ao procedimento sumaríssimo, a sociedade empresária poderia conduzir, no máximo, duas testemunhas, conforme o Art. 852-H, § 2º, da CLT.

Distribuição dos Pontos

ITEM	PONTUAÇÃO
A. No contrato de experiência não é devido o aviso prévio OU indevido o aviso prévio porque o contrato encerrado no termo final previsto (0,55). Indicação Art. 487, CLT (0,10)	0,00/0,55/0,65
B. No máximo, duas testemunhas (0,50). Indicação Art. 852-H, § 2º, CLT (0,10)	0,00/0,50/0,60

XXXI EXAME UNIFICADO
QUESTÃO 01

(OAB/Exame Unificado – 2020.1 – 2ª fase) Carlos trabalha abastecendo veículos em um posto de gasolina. A norma coletiva de sua categoria, assim como o regulamento interno da empresa empregadora, preveem que o pagamento realizado por clientes por meio de cheques não é recomendável, mas, se isso for inevitável, o funcionário deverá anotar a placa do veículo, o número de telefone e a identidade do cliente.

Ocorre que, em determinado dia, com o posto lotado, Carlos não procedeu dessa forma e abasteceu dois veículos de uma mesma família. Entretanto, o cheque utilizado para pagamento não tinha suficiência de fundos, razão pela qual o empregador descontou os valores, de forma parcelada, do salário de Carlos. Carlos ajuizou ação trabalhista pelo rito ordinário, cobrando os valores descontados. A ação foi julgada improcedente em primeira instância, mas, em grau de recurso, a decisão foi reformada e o pedido julgado procedente.

Admitindo-se que a última decisão não tenha qualquer vício formal, responda aos itens a seguir.

A) Na tentativa de restabelecer a decisão originária e manter a validade dos descontos, que medida jurídica você deverá adotar? (Valor: 0,65)

B) Na hipótese, que tese jurídica você, como advogado(a) da empresa, deve sustentar acerca dos descontos salariais? (Valor: 0,60)

Obs.: o(a) examinando(a) deve fundamentar suas respostas. A mera citação do dispositivo legal não confere pontuação.

GABARITO COMENTADO

A) Deverá ser interposto recurso de revista, nos termos do Art. 896 da CLT.

B) Deverá ser sustentado que o desconto é lícito, nos termos da OJ 251 da SDI I, do TST, e/**ou** do Art. 7º, inciso XXVI da CRFB, uma vez que houve culpa do empregado ao não observar os comandos da norma coletiva.

Distribuição dos Pontos

ITEM	PONTUAÇÃO
A. Recurso de revista (0,55). Indicação Art. 896 OU 893, III, CLT (0,10)	0,00/0,55/0,65
B. O desconto é lícito porque não observadas as recomendações da norma coletiva (0,50). Indicação OJ 251 SDI I, TST OU Art. 7º, XXVI, CRFB/88 OU art. 462, § 1º, CLT (0,10)	0,00/0,50/0,60

QUESTÃO 02

(OAB/Exame Unificado – 2020.1 – 2ª fase) Érica é empregada da sociedade empresária Laticínios Leite Bom Ltda., na qual exerce a função de auxiliar de estoque e recebe a importância correspondente a 1,5 salário-mínimo por mês. Desejando tornar-se microempreendedora individual para realizar venda de bolos e tortas por conta própria, Érica pediu demissão e começou a fazer cursos de confeitaria.

Ocorre que, 30 dias após, Érica descobriu que estava grávida e, pelo laudo de ultrassonografia, verificou que já estava grávida antes mesmo de seu desligamento. Então, Érica ajuizou, de imediato, reclamação trabalhista pleiteando sua reintegração ao emprego, em razão da estabilidade, inclusive com pedido de tutela provisória.

Considerando a situação de fato e o que dispõe a CLT, responda às indagações a seguir.

A) Caso você fosse contratado pela sociedade empresária, que tese jurídica apresentaria na defesa contra o pedido de reintegração? (Valor: 0,65)

B) Caso Érica viesse a ser vencedora na causa e abandonasse o processo na fase de execução por 25 meses, mesmo tendo sido intimada pelo juízo a manifestar-se nos autos, que tese você, como advogado(a) da sociedade empresária, apresentaria em favor do seu cliente? (Valor: 0,60)

Obs.: o(a) examinando(a) deve fundamentar suas respostas. A mera citação do dispositivo legal não confere pontuação.

GABARITO COMENTADO
A) A tese a ser apresentada é a de que não houve dispensa sem justa causa, que é o ato do empregador vedado no caso da gravidez, mas, sim, pedido de demissão, que não encontra óbice no Art. 10, inciso II, alínea *b*, do ADCT. B) Na defesa dos interesses da empresa deverá ser suscitada a prescrição intercorrente, pois o processo ficou paralisado por mais de 2 anos, na forma do Art. 11-A da CLT.

Distribuição dos Pontos

ITEM	PONTUAÇÃO
A. Não houve dispensa sem justa causa, mas sim pedido de demissão (0,55). Indicação Arts. 391-A, CLT OU 10, II, "b", ADCT (0,10)	0,00/0,55/0,65
B. Prescrição intercorrente (0,50). Indicação Art. 11-A, CLT OU Súmula 327 STF (0,10)	0,00/0,50/0,60

QUESTÃO 03

(OAB/Exame Unificado – 2020.1 – 2ª fase) Reginaldo trabalha como operador de *telemarketing* atendendo no número de telefone do Serviço de Atendimento ao Cliente (SAC) de seu empregador, tendo sido admitido em 22/03/2018. Uma vez que Reginaldo trabalha apenas com recepção de ligação telefônica, o empregador determinou, desde o início do contrato, que Reginaldo trabalhasse em seu próprio domicílio, local onde o empregador instalou uma pequena central para a recepção dos telefonemas, bem como um computador para que Reginaldo pudesse registrar, no sistema da empresa, as reclamações e sugestões dos clientes. Em janeiro de 2020, Reginaldo pediu demissão.

Diante da narrativa apresentada e dos termos da CLT, responda às indagações a seguir.

A) Se Reginaldo ajuizasse reclamação trabalhista logo após a ruptura contratual, postulando horas extras, alegando que trabalhava 10 horas diárias sem intervalo, que tese jurídica de mérito você, como advogado(a) da empresa, apresentaria em favor da reclamada? Justifique. (Valor: 0,65)

B) Caso você fosse contratado como advogado(a) por Reginaldo e o pedido de horas extras tivesse sido julgado totalmente improcedente, com imposição de custas e honorários advocatícios, sem que o juiz tivesse apreciado o pedido de gratuidade de justiça formulado na inicial, que medida você adotaria para sanar a omissão? Justifique. (Valor: 0,60)

Obs.: o(a) examinando(a) deve fundamentar suas respostas. A mera citação do dispositivo legal não confere pontuação.

GABARITO COMENTADO
A) A tese a ser apresentada é a de que o teletrabalhador está excluído do limite de jornada e, consequentemente, não tem direito ao pagamento de horas extras, conforme previsão contida no Art. 62, inciso III, da CLT. B) Diante da omissão do juiz na apreciação do pedido de gratuidade de justiça, a medida a ser adotada seria a oposição de embargos de declaração para supri-la, na forma do Art. 897-A da CLT.

Distribuição dos Pontos

ITEM	PONTUAÇÃO
A. O teletrabalhador está excluído do limite de jornada (0,55). Indicação Art. 62, III, CLT (0,10)	0,00/0,55/0,65
B. Embargos de declaração (0,50). Indicação Art. 897-A, CLT OU 1.022, II, CPC (0,10)	0,00/0,50/0,60

QUESTÃO 04

(OAB/Exame Unificado – 2020.1 – 2ª fase) Roberto trabalhava em uma indústria de cigarros. Além do salário mensal, recebia cerca de 50 pacotes de cigarros variados por mês. Ao ser dispensado, Roberto ajuizou reclamação trabalhista pleiteando a integração do valor dos cigarros à sua remuneração, para todos os efeitos.

No dia e na hora designados para a audiência, o reclamante estava presente e assistido; já o preposto não compareceu, e apenas o advogado da ré estava presente. É certo que a procuração, a defesa e os documentos já estavam nos autos. O advogado do autor requereu a revelia e a exclusão da contestação e dos documentos do processo.

Diante do enunciado, na qualidade de advogado da ré, responda aos itens a seguir.

A) O que você deverá alegar acerca do requerimento formulado por seu ex adverso sobre a defesa e os documentos? Fundamente. (Valor: 0,65)

B) O que você deverá alegar na defesa da sua cliente quanto ao pedido de integração do valor da utilidade fornecida? Fundamente. (Valor: 0,60)

Obs.: o(a) examinando(a) deve fundamentar suas respostas. A mera citação do dispositivo legal não confere pontuação.

GABARITO COMENTADO

A) Deverá ser alegado que a contestação e os documentos deverão ser aceitos mesmo na ausência do preposto, nos termos do Art. 844, § 5º, da CLT.

B) Deverá alegar que dada a nocividade à saúde, o cigarro não constitui salário utilidade, nos termos da Súmula 367, inciso II, do TST.

Distribuição dos Pontos

ITEM	PONTUAÇÃO
A. A defesa e os documentos deverão ser aceitos (0,55). Indicação Art. 844, § 5º, CLT (0,10).	0,00/0,55/0,65
B. Pela nocividade à saúde, o cigarro não constitui salário utilidade (0,50). Indicação Súmula 367, II, TST OU art. 458, CLT (0,10).	0,00/0,50/0,60

XXX EXAME UNIFICADO – 2019.3
QUESTÃO 01

(OAB/Exame Unificado – 2019.3 – 2ª fase) Pedro e Guilherme trabalhavam de 2ª a 6ª feira como auxiliares técnicos em uma mineradora. Em determinada tarde de um final de semana, enquanto passeava em um *shopping* da cidade, Pedro encontrou Guilherme. Por motivo fútil, eles discutiram por um lugar na fila para comprar ingresso para uma sessão de cinema. Irritado, Pedro agrediu Guilherme, com socos e tapas, que não reagiu e teve de ser hospitalizado para cuidar das lesões sofridas. A notícia se espalhou rapidamente, de modo que na 2ª feira seguinte todos os empregados da mineradora sabiam e comentavam o ocorrido. Aliás, diziam que Pedro era reincidente neste tipo de situação, pois no passado havia agredido fisicamente outro auxiliar técnico, também colega de trabalho, num estádio de futebol, pois torciam para times diferentes.

Diante da situação retratada e dos termos da CLT, responda às indagações a seguir.

A) Caso Pedro fosse dispensado por justa causa, em razão da ofensa física praticada contra Guilherme, que tese você, contratado por Pedro, advogaria em favor dele para tentar reverter a modalidade de dispensa? Justifique. (Valor: 0,65)

B) Se a empresa tivesse rompido o contrato de Pedro e este não retornasse à sede do ex-empregador na data designada para receber seus direitos, que medida judicial você, contratado como advogado(a) da empresa, adotaria? Justifique. (Valor: 0,60)

Obs.: o examinando deve fundamentar suas respostas. A mera citação do dispositivo legal não confere pontuação.

GABARITO COMENTADO

A) Deve ser sustentado que a agressão contra colega de trabalho de mesmo nível somente pode caracterizar falta grave e ensejar a dispensa por justa causa se for praticada no serviço, na forma do Art. 482, alínea *j*, da CLT, o que não foi o caso.

B) Ajuizar ação de consignação em pagamento para ofertar as verbas devidas, na forma do Art. 539 do CPC.

Distribuição dos Pontos

ITEM	PONTUAÇÃO
A. Que a agressão não ocorreu no serviço e por isso não pode caracterizar falta grave (justa causa) (0,55). Indicação Art. 482, "*j*", CLT (0,10)	0,00/0,55/0,65
B. Ajuizar ação de consignação em pagamento (0,50). Indicação Art. 539 CPC (0,10)	0,00/0,50/0,60

QUESTÃO 02

(OAB/Exame Unificado – 2019.3 – 2ª fase) Em sentença prolatada por uma Vara do Trabalho, o juiz condenou a empresa ao pagamento dos adicionais de insalubridade e periculosidade ao reclamante, já que a perícia realizada nos autos comprovou que havia agente agressor à saúde do trabalhador e que as condições de trabalho geravam acentuado risco de morte. Na sentença, o juiz ainda condenou o ex-empregador a devolver ao autor o valor dos honorários do assistente técnico contratado pelo trabalhador. Inconformada, a empresa contrata você, como advogado(a), para recorrer.

Considerando a situação posta, os termos da CLT e o entendimento consolidado do TST, responda às indagações a seguir.

A) Que tese jurídica você apresentaria em relação ao deferimento dos adicionais de periculosidade e insalubridade? Justifique. (Valor: 0,65)

B) Que tese jurídica você apresentaria em relação à condenação de devolução dos honorários do assistente técnico? Justifique. (Valor: 0,60)

Obs.: o examinando deve fundamentar suas respostas. A mera citação do dispositivo legal não confere pontuação.

GABARITO COMENTADO

A) Deverá ser apresentada a tese de que não cabe o pagamento simultâneo de ambos os adicionais, conforme o Art. 193, § 2º, da CLT **OU** NR 16 item 16.2.1.

B) Deverá ser apresentada a tese de que a indicação de assistente técnico é facultativa e, por isso, a parte arcará com os honorários desse profissional, não cabendo portanto esse ressarcimento, na forma do Art. 826 da CLT **OU** Art. 3º, parágrafo único, da Lei nº 5.584/70 **OU** Súmula 341 do TST.

Distribuição dos Pontos

ITEM	PONTUAÇÃO
A. Que não cabe o pagamento simultâneo de ambos os adicionais (0,55). Indicação Art. 193, § 2º, CLT **OU** NR 16 item 16.2.1 **OU** Tese vinculante definida em IRR pelo TST (0,10)	0,00/0,55/0,65
B. Que a indicação de assistente técnico é facultativa e, por isso, o autor arcará com os honorários deste profissional (0,50). Indicação Art. 826, CLT **OU** do Art. 3º, parágrafo único, da Lei nº 5.584/70 **OU** Súmula 341 TST (0,10)	0,00/0,50/0,60

QUESTÃO 03

(OAB/Exame Unificado – 2019.3 – 2ª fase) Letícia trabalhava como operadora de empilhadeira e ganhava R$ 1.500,00 (um mil e quinhentos reais) mensais, valor previsto na convenção coletiva de sua categoria. Ocorre que na unidade da Federação na qual Letícia trabalhava foi fixado piso regional estadual de R$ 1.700,00 (um mil e setecentos reais) para a função de operador de empilhadeira.

Em razão disso, após ter trabalhado o ano de 2018 e ser dispensada sem justa causa, Letícia ajuizou reclamação trabalhista postulando a diferença salarial entre aquilo que ela recebia mensalmente e o piso regional estadual.

Considerando a situação posta, os termos da CLT e o entendimento consolidado do TST, responda às indagações a seguir.

A) Em relação ao pedido de diferença salarial, como advogado(a) do ex-empregador, que tese jurídica você apresentaria? Justifique. (Valor: 0,65)

B) Caso o pedido de diferença salarial fosse julgado procedente e o juiz tivesse concedido na sentença, a requerimento da autora, tutela de evidência para pagamento imediato do direito, que medida jurídica você adotaria para tentar neutralizar essa tutela provisória? Justifique. (Valor: 0,60)

Obs.: *o examinando deve fundamentar suas respostas. A mera citação do dispositivo legal não confere pontuação.*

GABARITO COMENTADO

A) A tese a ser apresentada é a de que o negociado prevalece sobre o legislado, conforme o Art. 611-A, inciso IX, da CLT, ou, como alternativa, que o piso fixado na norma coletiva prevalece sobre a Lei Estadual que porventura fixe piso salarial regional, conforme o Art. 1º da Lei Complementar 103/00.

B) A medida adequada é a interposição de recurso ordinário com requerimento de efeito suspensivo, dirigido ao tribunal, ao relator, ao presidente ou ao vice-presidente do tribunal recorrido, na forma da Súmula 414, inciso I, do TST ou do Art. 1.029, § 5º, do CPC.

Distribuição dos Pontos

ITEM	PONTUAÇÃO
A. O negociado prevalece sobre o legislado **OU** O piso fixado na norma coletiva prevalece sobre a Lei Estadual que porventura fixe piso salarial regional (0,55). Indicação Art. 611-A, inciso IX, CLT **OU** Art. 1º da LC 103/00 (0,10)	0,00/0,55/0,65
B. Interposição de recurso ordinário com requerimento de efeito suspensivo (0,50). Indicação Súmula 414, I, TST **OU** Art. 1029, § 5º, CPC (0,10)	0,00/0,50/0,60

QUESTÃO 04

(OAB/Exame Unificado – 2019.3 – 2ª fase) Percival é dirigente sindical e, durante o seu mandato, a sociedade empresária alegou que ele praticou falta grave e, em razão disso, suspendeu-o e, 60 dias após, instaurou inquérito judicial contra ele. Na petição inicial, a sociedade empresária alegou que Percival participou de uma greve nas instalações da empresa e, em que pese não ter havido qualquer excesso ou anormalidade, a paralisação em si trouxe prejuízos financeiros para o empregador.

Considerando a situação apresentada, os ditames da CLT e o entendimento consolidado dos Tribunais, responda aos itens a seguir.

A) Caso você fosse contratado por Percival para defendê-lo, que instituto jurídico preliminar você apresentaria? (Valor: 0,65)

B) Que tese de mérito você apresentaria, em favor de Percival, na defesa do inquérito? (Valor: 0,60)

Obs.: *o examinando deve fundamentar suas respostas. A mera citação do dispositivo legal não confere pontuação.*

GABARITO COMENTADO

A. A tese a ser apresentada é a de que ocorreu decadência, porque, entre a suspensão e a instauração do inquérito, o prazo máximo é de 30 dias, conforme prevê o Art. 853 da CLT e Súmula 403 do STF, que não foi respeitado.

B. Na defesa dos interesses do trabalhador deverá ser sustentado que a adesão simples e pacífica à greve é um direito dos grevistas e não caracteriza falta grave, na forma da Súmula 316 do STF **OU** artigo 6º, I, da Lei 7.783/89.

Distribuição dos Pontos

ITEM	PONTUAÇÃO
A. Ocorreu decadência (0,55). Indicação Art. 853, CLT **OU** a Súmula 403 STF (0,10)	0,00/0,55/0,65
B. A adesão simples e pacífica à greve não configura falta grave (0,50). Indicação Súmula 316 STF **OU** art. 6º, I, Lei 7.783/89 (0,10)	0,00/0,50/0,60

XXIX EXAME UNIFICADO – 2019.2

QUESTÃO 1

(OAB/Exame Unificado – 2019.2 – 2ª fase) Gleicimar e Rosane trabalham em uma indústria farmacêutica, sendo Gleicimar contratada como estagiária e Rosane, como aprendiz. Ambas assinaram contrato de 1 ano, tendo sido observadas todas as exigências legais. No 10º mês do contrato, ambas informaram aos respectivos superiores imediatos que engravidaram. Gleicimar e Rosane, ao serem desligadas ao final do contrato, foram orientadas por parentes e amigos que teriam estabilidade e, por isso, deveriam tomar alguma providência. Em razão disso, Gleicimar ajuizou reclamação trabalhista, na qual postulou a reintegração em virtude da gravidez, e teve a tutela de urgência deferida.

Diante do caso narrado, das disposições legais e do entendimento consolidado do TST, responda às indagações a seguir.

A) Que tese jurídica você defenderia, como advogado(a) da sociedade empresária, em relação à estabilidade pleiteada por Gleicimar? **(Valor: 0,65)**

B) Que medida judicial você, como advogado(a) da sociedade empresária, adotaria para tentar reverter a tutela de urgência deferida em favor de Gleicimar? **(Valor: 0,60)**

Obs.: o(a) examinando(a) deve fundamentar suas respostas. A mera citação do dispositivo legal não confere pontuação.

GABARITO COMENTADO

A) Gleicimar não tem garantia no emprego porque é estagiária; portanto, ela não tem vínculo empregatício, na forma do Art. 3º da Lei nº 11.788/08 **OU** do Art. 10, inciso II, alínea b, ADCT **OU** da Súmula 244, inciso III, do TST. Ela não faz jus à estabilidade, pois essa pressupõe que a pessoa seja empregada.

B) Impetrar mandado de segurança, pois se trata de decisão interlocutória contra a qual não cabe recurso imediato, na forma da Súmula 414, inciso II, do TST e Súmula 214 do TST.

Distribuição dos Pontos

ITEM	PONTUAÇÃO
A. Gleicimar não faz jus à estabilidade porque, enquanto estagiária, não tem vínculo empregatício (0,55). Indicação Art. 3º Lei nº 11.788/08 **OU** Art. 10, II, "b", ADCT **OU** Súmula 244, III, TST (0,10)	0,00/0,55/0,65
B. Impetrar mandado de segurança (0,50). Indicação Súmula 414, II **OU** 214, TST (0,10)	0,00/0,50/0,60

QUESTÃO 2

(OAB/Exame Unificado – 2019.2 – 2ª fase) Cláudio é motorista de ônibus da Viação Ponto a Ponto Ltda. desde 20/03/2018. Nos últimos 3 meses, Cláudio, descumprindo deliberadamente cláusula específica do seu contrato de trabalho, passou a dirigir em alta velocidade, bem como a não respeitar sinais vermelhos, o que acarretou numerosas multas por infrações de trânsito. Cláudio foi notificado pela autoridade competente de que perdera a habilitação para dirigir veículos.

A empresa consultou você, como advogado(a), sobre a medida que deveria adotar em relação ao contrato de Cláudio, considerando que não tem interesse em mantê-lo como empregado.

A) Qual a orientação jurídica que você daria? Fundamente. (**Valor: 0,60**)

B) Na hipótese de Cláudio ser dirigente sindical, que medida jurídica processual você deverá adotar para implementar a dispensa do empregado? (**Valor: 0,65**)

Obs.: o(a) examinando(a) deve fundamentar suas respostas. A mera citação do dispositivo legal não confere pontuação.

GABARITO COMENTADO

A) Deverá ser recomendada a dispensa por justa causa, na forma do Art. 482, letra *m* ou *h* da CLT.

B) Ajuizar inquérito judicial para apuração de falta grave, na forma do Art. 494, **OU** do Art. 543, § 3º, **OU** do Art. 853, todos da CLT **OU** Súmula 379 TST **OU** Súmula 197 STF.

Distribuição dos Pontos

ITEM	PONTUAÇÃO
A. Recomendar a dispensa por justa causa (0,50). Indicação Art. 482, *'m'* **ou** *'h'*, CLT (0,10).	0,00/0,50/0,60
B. Ajuizar inquérito judicial **OU** inquérito para apuração de falta grave (0,55). Indicação Art. 494 **OU** 543, § 3º, **OU** 853, CLT **OU** Súmula 379 TST **OU** Súmula 197 STF (0,10).	0,00/0,55/0,65

QUESTÃO 3

(**OAB/Exame Unificado – 2019.2 – 2ª fase**) Você foi contratado(a) como advogado(a) por um trabalhador que requereu, em reclamação trabalhista, o pagamento de horas extras e de adicional noturno.

Em audiência, após ter acesso à defesa, você verificou que a tese defendida pela reclamada foi a seguinte: em relação ao adicional noturno, negou o direito, porque a convenção coletiva da categoria prevê, em uma das cláusulas, expressamente, que a remuneração do trabalho noturno seria igual ao diurno, sem direito a adicional; em relação ao pedido de horas extras, negou a sua existência, apresentando os controles de ponto assinados pelo trabalhador, que contêm horários invariáveis de entrada e saída. O juiz concedeu prazo para manifestação acerca da defesa e documentos.

Considerando a situação posta, os termos da CLT e o entendimento consolidado do TST, responda às indagações a seguir.

A) À luz da defesa e dos documentos, que tese jurídica você apresentaria em relação ao pedido de adicional noturno? Justifique. (**Valor: 0,65**)

B) À luz da defesa e dos documentos, que tese jurídica você apresentaria em relação ao pedido de horas extras? Justifique. (**Valor: 0,60**)

Obs.: o(a) examinando(a) deve fundamentar suas respostas. A mera citação do dispositivo legal não confere pontuação.

GABARITO COMENTADO

A) O examinando deverá explorar o fato de que a norma coletiva da categoria não pode suprimir o pagamento do adicional noturno por vedação constitucional **OU** vedação legal **OU** porque constitui objeto ilícito, nos termos do Art. 7º, IX, CRFB/88 **OU** Art. 611-B, VI, CLT.

B) O examinando deve afirmar que controles contendo horários invariáveis são inválidos como meio de prova, invertendo-se assim o ônus da prova, que passa a ser da sociedade empresária, na forma da Súmula 338, inciso III, do TST.

Distribuição dos Pontos

ITEM	PONTUAÇÃO
A. A **norma coletiva** da categoria não pode suprimir o pagamento do adicional noturno por vedação constitucional **OU** vedação legal **OU** porque constitui objeto ilícito (0,55). Indicação Art. 7º, IX, CRFB/88 **OU** Art. 611-B, VI, CLT (0,10)	0,00/0,55/0,65
B. Os controles contendo horários invariáveis são inválidos, com inversão do ônus da prova (0,50). Indicação Súmula 338, III, TST (0,10)	0,00/0,50/0,60

QUESTÃO 4

(OAB/Exame Unificado – 2019.2 – 2ª fase) A massa falida de Biscoitos da Serra Ltda. teve de romper os contratos de trabalho de todos os seus empregados quando da quebra judicial, porque o juízo estadual determinou o fechamento e lacre do estabelecimento principal e das filiais.

Logo após, um dos empregados ajuizou reclamação trabalhista postulando as verbas da extinção contratual, e, na sentença, o juiz condenou a massa falida ao pagamento de aviso prévio, do 13º salário proporcional, das férias proporcionais acrescidas de 1/3, da entrega das guias para saque do FGTS, dos formulários do seguro desemprego e das multas do Art. 467 e do Art. 477, ambos da CLT. Considerando a situação posta, os termos da CLT e o entendimento consolidado do TST, responda às indagações a seguir.

A) Há parcela(s) objeto da condenação que possa(m) ser questionada(s) em razão da condição de massa falida da ex-empregadora? **(Valor: 0,65)**

B) Você é contratado(a) pela massa falida para interpor recurso contra a sentença, e este teve o seguimento negado, sob a alegação de deserção. Que medida jurídica você adotaria para tentar reverter essa decisão? **(Valor: 0,60)**

Obs.: o(a) examinando(a) deve fundamentar suas respostas. A mera citação do dispositivo legal não confere pontuação.

GABARITO COMENTADO

A) As multas do Art. 467 e do Art. 477, ambos da CLT, não são devidas, em razão da extinção do contrato pela falência, na forma da Súmula 388 do TST.

B) No caso, o advogado deve interpor o recurso de agravo de instrumento, na forma do Art. 897, alínea *b*, da CLT.

Distribuição dos Pontos

ITEM	PONTUAÇÃO
A. Sim. As multas do Art. 467 e do Art. 477, ambos da CLT, são indevidas (0,55). Indicação da Súmula 388 do TST (0,10)	0,00/0,55/0,65
B. Interpor agravo de instrumento (0,50). Indicação do Art. 897,"*b*", da CLT (0,10)	0,00/0,50/0,60

XXVIII EXAME UNIFICADO – 2019.1
QUESTÃO 1

(OAB/Exame Unificado – 2019.1 – 2ª fase) Ferdinando era estoquista em uma empresa multinacional havia 22 anos. O empregador, desejoso de reduzir seu quadro de funcionários, lançou, em outubro de 2018, um programa de demissão voluntária, com regras claras e objetivas, fixadas em acordo coletivo assinado com o sindicato de classe dos empregados.

Diante do longo tempo trabalhado, a indenização adicional devida a Ferdinando era generosa. Assim, após refletir e conversar com sua família, ele aderiu ao PDV em questão, sem lançar ressalvas. Diante da situação apresentada, responda aos itens a seguir.

A) Caso Ferdinando ajuizasse ação pleiteando horas extras após aderir ao PDV e receber a indenização correspondente, que tese jurídica você, contratado pela empresa para defendê-la em juízo, advogaria na contestação? **(Valor: 0,65)**

B) Se, em vez de aderir ao PDV, o contrato fosse extinto por acordo entre empregado e empregador, Ferdinando teria direito a receber o seguro-desemprego? Justifique. **(Valor: 0,60)**

Obs.: o(a) examinando(a) deve fundamentar as respostas. A mera citação do dispositivo legal não confere pontuação.

GABARITO COMENTADO

A) Que a adesão ao PDV sem que exista ressalva confere quitação plena e irrevogável em relação a todos os direitos decorrentes da relação empregatícia, na forma do Art. 477-B da CLT.

B) Não haveria direito ao seguro desemprego em virtude de vedação legal, conforme previsto no Art. 484-A, § 2º, da CLT. Será ainda admitida a alegação de que essa modalidade de ruptura não está prevista como ensejadora do seguro desemprego, conforme artigo 3º da Lei 7.998/90.

Distribuição de Pontos

ITEM	PONTUAÇÃO
A. Que a adesão ao PDV sem ressalva confere quitação plena e irrevogável em relação a todos os direitos decorrentes da relação empregatícia (0,55). Indicação Art. 477-B, CLT (0,10)	0,00/0,55/0,65
B. Não, porque há vedação legal (0,50). Indicação Art. 484-A, § 2º, CLT (0,10) **OU** B. Não, porque essa modalidade de ruptura não está prevista como ensejadora do seguro desemprego (0,50). Indicação Art. 3º da Lei 7.998/90 (0,10)	0,00/0,50/0,60

QUESTÃO 2

(OAB/Exame Unificado – 2019.1 – 2ª fase) Carlos, como dirigente sindical, vinha representando ativamente os empregados de uma sociedade empresária na unidade situada em Porto Alegre/RS.

No entanto, para sua surpresa, recebeu um comunicado da empresa determinando sua transferência para a unidade de Porto Velho/Rondônia. No comunicado constava que a empresa pagaria apenas o transporte de ida e volta, bem como a moradia em hotel local. O trabalho em Rondônia duraria cerca de 6 meses e seriam mantidos o mesmo salário e a mesma composição remuneratória que ele recebia em Porto Alegre. A mudança deveria ocorrer em 15 dias.

Carlos procura você, como advogado(a), para uma consulta. Observando o texto da CLT, responda aos itens a seguir.

A) Que medida judicial prevista expressamente na CLT deverá ser adotada a fim de, imediatamente, evitar a transferência de Carlos? Fundamente. **(Valor: 0,65)**

B) Caso ocorra a transferência, Carlos terá algum direito trabalhista a reivindicar? Fundamente. **(Valor: 0,60)**

Obs.: o(a) examinando(a) deve fundamentar as respostas. A mera citação do dispositivo legal não confere pontuação.

GABARITO COMENTADO

A) Deverá ser ajuizada ação trabalhista com pedido de liminar a fim de sustar a transferência, na forma do Art. 659, inciso IX, da CLT.

B) Deverá ser requerido adicional de transferência, sendo ainda admitida resposta de pagamento suplementar não inferior a 25%, na forma do Art. 469, § 3º, da CLT.

Distribuição de Pontos

ITEM	PONTUAÇÃO
A. Ação trabalhista com pedido de liminar a fim de sustar a transferência (0,55). Indicação Art. 659, IX, CLT (0,10).	0,00/0,55/0,65
B. Deverá ser requerido o adicional de transferência **OU** pagamento suplementar não inferior a 25% (0,50). Indicação Art. 469, § 3º, CLT (0,10).	0,00/0,50/0,60

QUESTÃO 3

(**OAB/Exame Unificado – 2019.1 – 2ª fase**) Gustavo era empregado de uma empresa, quando adoeceu gravemente. Afastado e em gozo de benefício previdenciário, o INSS o aposentou por invalidez. Contudo, dois anos após sua aposentadoria por invalidez, foi constatado, em perícia do respectivo órgão, que Gustavo havia recuperado sua capacidade de trabalho, estando curado, razão pela qual houve o retorno à função que ocupava antes do afastamento.

Ocorre que, nesse ínterim, com cláusula expressa em contrato de trabalho dispondo que a contratação se dava em função da aposentadoria por invalidez de Gustavo, a qual poderia ser temporária, a empresa contratou Aroldo para as funções exercidas por Gustavo, tendo esclarecido acerca da interinidade do contrato.

Com o retorno de Gustavo, Aroldo foi dispensado sem que lhe fosse paga qualquer indenização. Em razão disso, Aroldo ajuizou ação trabalhista em face da empresa, pleiteando indenização.

A) Você foi contratado(a) para contestar o pedido de Aroldo. O que deverá alegar? Fundamente. **(Valor: 0,65)**

B) Admitindo que o juiz tenha julgado procedente o pedido de Aroldo e que a decisão foi confirmada pelo Tribunal Regional do Trabalho após recurso, mantida inalterada após a oposição de embargos de declaração, que medida jurídica você poderá adotar para defender a empresa? Fundamente. **(Valor: 0,60)**

Obs.: o(a) examinando(a) deve fundamentar as respostas. A mera citação do dispositivo legal não confere pontuação.

GABARITO COMENTADO

A) Deverá ser alegado que não cabe o pagamento de indenização no caso de contratação provisória, interina ou para substituição de empregado aposentado por invalidez, na forma do Art. 475, § 2º, da CLT.

B) Deverá ser interposto recurso de revista, pois a decisão viola texto de lei federal (CLT), conforme o Art. 896, "c", da CLT.

Distribuição de Pontos

ITEM	PONTUAÇÃO
A. No caso de contratação provisória, interina ou para substituição de aposentado por invalidez não cabe pagamento de indenização (0,55). Indicação Art. 475, § 2º, CLT (0,10).	0,00/0,55/0,65
B. Interpor recurso de revista (0,50). Indicação Art. 896, "c", CLT (0,10).	0,00/0,50/0,60

QUESTÃO 4

(OAB/Exame Unificado – 2019.1 – 2ª fase) O gerente de uma rede de restaurantes ajuizou reclamação trabalhista postulando o pagamento de horas extras pelo excesso de jornada e por não ter pausa alimentar regular. Disse o ex-empregado na petição inicial que se ativava na extensa jornada de segunda-feira a sábado, das 8h às 22h, com intervalo de apenas 30 minutos para refeição; que ganhava salário mensal de R$ 8.000,00 (oito mil reais) e comandava a loja, tendo por atribuições fiscalizar o funcionamento da empresa e os funcionários, fazer a escala de férias dos empregados e negociar com fornecedores, além de abrir e fechar a loja (pois tinha a chave da porta e a senha do alarme). O maior salário entre os seus subordinados era de R$ 3.200,00 (três mil e duzentos reais).

Diante da situação retratada e dos ditames da CLT, responda aos itens a seguir.

A) Caso você fosse contratado(a) pela empresa, que tese advogaria em juízo, em favor dela, contra o pedido de horas extras? Justifique. **(Valor: 0,65)**

B) Se, no dia e na hora designados para a audiência una, nenhuma das partes comparecer ou justificar sua ausência, de acordo com a CLT, o que ocorrerá com a reclamação trabalhista? Justifique. **(Valor: 0,60)**

Obs.: o(a) examinando(a) deve fundamentar as respostas. A mera citação do dispositivo legal não confere pontuação.

GABARITO COMENTADO

A) A tese é a de que o empregado ocupa cargo de confiança ou cargo de gestão, sem direito a horas extras, conforme o Art. 62, inciso II, da CLT.

B) A reclamação trabalhista será arquivada, o que equivale a uma extinção do processo sem resolução do mérito, na forma do Art. 844 da CLT.

Distribuição de Pontos

ITEM	PONTUAÇÃO
A. Que o empregado ocupa cargo de confiança **OU** cargo de gestão, sem direito a horas extras/limite de jornada (0,55). Indicação Art. 62, II, CLT (0,10).	0,00/0,55/0,65
B. A reclamação trabalhista será arquivada **OU** será extinta sem resolução do mérito (0,50). Indicação Art. 844, CLT (0,10).	0,00/0,50/0,60

XXVII EXAME UNIFICADO – 2018.3

QUESTÃO 1

(OAB/Exame Unificado – 2018.3 – 2ª fase) Vitor e Vitória trabalham como vigilantes na mesma agência do Banco Cifrão S.A. Ele é vigilante terceirizado e ela é vigilante contratada diretamente pelo banco. Ambos trabalham em escala de 12 x 36 horas, conforme acertado na convenção coletiva da categoria.

De acordo com a situação apresentada e com os termos da CLT, responda aos itens a seguir.

A) Os empregados citados integram a categoria dos bancários? Justifique. **(Valor: 0,65)**

B) Em eventual reclamação trabalhista, com pedido de adicional de periculosidade não pago a ambos os empregados durante o contrato, deveria ser realizada prova pericial? Justifique. **(Valor: 0,60)**

Obs.: o(a) examinando(a) deve fundamentar as respostas. A mera citação do dispositivo legal não confere pontuação.

GABARITO COMENTADO

A) Nenhum deles é bancário, porque o vigilante integra categoria profissional diferenciada, conforme o Art. 511, § 3º, da CLT e a Súmula 257 do TST.

B) Desnecessária a realização de perícia, porque o vigilante tem direito ao adicional de periculosidade em razão de preceito legal, conforme o Art. 193, inciso II, da CLT e Anexo III da NR 16, incluído pela Portaria 1.855/2013.

Distribuição dos Pontos

ITEM	PONTUAÇÃO
A. Nenhum deles é bancário, porque o vigilante integra categoria profissional diferenciada (0,55). Indicação Art. 511, § 3º, CLT **OU** Súmula 257 TST (0,10).	0,00/0,55/0,65
B. Desnecessária a realização de perícia, porque o vigilante tem direito ao adicional de periculosidade por força de Lei (0,50). Indicação Art. 193, II, CLT **OU** Anexo III da NR 16 **OU** Portaria 1.855/2013 (Ministério do Trabalho) (0,10).	0,00/0,50/0,60

QUESTÃO 2

(OAB/Exame Unificado – 2018.3 – 2ª fase) Patrícia foi empregada em uma sociedade empresária de gerenciamento de franquias por 8 anos. Inicialmente trabalhou em Maceió/AL e, pelo bom trabalho realizado ao longo do tempo, foi promovida a um cargo de confiança e transferida para São Paulo/SP, com todas as despesas custeadas pela sociedade empresária.

Patrícia mudou-se com a família, comprou um imóvel, matriculou seus filhos numa boa escola paulista e permaneceu em São Paulo por 5 anos. Ao final desse período, a sociedade empresária, afetada pela crise econômica, encerrou suas atividades em 10/10/2018, o que acarretou a dispensa da funcionária. Após a dispensa, Patrícia mudou-se para o Rio de Janeiro, local onde ingressou com ação trabalhista requerendo o pagamento do adicional de transferência pelo período em que trabalhou em São Paulo.

Considerando o caso narrado, como advogado(a) da sociedade empresária, responda aos itens a seguir.

A) Sabendo que a sociedade empresária não possui qualquer unidade no Rio de Janeiro e que nunca manteve atividade nesse local, qual a medida processual que você deverá adotar em relação ao ajuizamento da ação trabalhista nessa unidade da Federação? Justifique. **(Valor: 0,65)**

B) Com relação ao pedido da ação, o que você deverá sustentar em defesa? Justifique. **(Valor: 0,60)**

Obs.: o(a) examinando(a) deve fundamentar as respostas. A mera citação do dispositivo legal não confere pontuação.

GABARITO COMENTADO

A) Deverá ser apresentada exceção de incompetência territorial, na forma do Art. 800 da CLT.

B) Deverá ser alegado o não cabimento do adicional de transferência, por esta ser definitiva, conforme o Art. 469, § 3º, da CLT e OJ 113 do TST.

Distribuição dos Pontos

ITEM	PONTUAÇÃO
A. Deverá ser apresentada **exceção** de incompetência territorial **OU** em razão do lugar (0,55). Indicação Art. 800, CLT (0,10).	0,00/0,55/0,65
B. Deverá ser alegado o não cabimento do adicional de transferência, por esta ser definitiva (0,50). Indicação Art. 469, § 3º, CLT **OU** OJ 113 TST (0,10).	0,00/0,50/0,60

QUESTÃO 3

(**OAB/Exame Unificado – 2018.3 – 2ª fase**) Ronaldo foi acusado de ato de indisciplina no ambiente da empresa em que trabalha. Em razão dessa acusação, foi suspenso por 60 dias. Ronaldo procurou você como advogado(a) para uma consulta, enquanto ainda estava suspenso, aduzindo que não pretendia continuar trabalhando na empresa.

A partir dos dados apresentados, responda aos itens a seguir.

A) Qual a consequência jurídica contratual prevista em lei para a punição imposta a Ronaldo? Justifique. (**Valor: 0,65**)

B) Em caso de indeferimento dos pedidos formulados por Ronaldo em reclamação trabalhista, qual a medida jurídica a ser adotada? Fundamente. (**Valor: 0,60**)

Obs.: o(a) examinando(a) deve fundamentar as respostas. A mera citação do dispositivo legal não confere pontuação.

GABARITO COMENTADO

A) A punição de suspensão por mais de 30 dias importa na rescisão injusta do contrato de trabalho, com base no Art. 474 da CLT.

B) Deverá ser interposto recurso ordinário, com base no Art. 895, inciso I, da CLT.

Distribuição dos Pontos

ITEM	PONTUAÇÃO
A. A rescisão injusta **OU** sem justa causa do contrato (0,55). Indicação Art. 474, CLT (0,10).	0,00/0,55/0,65
B. Deverá ser interposto recurso ordinário (0,50). Indicação Art. 895, I, CLT (0,10).	0,00/0,50/0,60

QUESTÃO 4

(**OAB/Exame Unificado – 2018.3 – 2ª fase**) Em determinada reclamação trabalhista, o autor, um ex-empregado, questionou o desconto mensal, a título de contribuição social, previsto na convenção coletiva de sua categoria, que vigorou no ano de 2018 e que foi juntada com a petição inicial.

O reclamante manifestou seu entendimento de que essa cláusula normativa é abusiva e ilegal, devendo ser anulada e, consequentemente, devolvido o valor que lhe foi descontado. Ele requereu, no rol de pedidos, a nulidade da cláusula em comento e a devolução da subtração efetivada sob a rubrica "contribuição social".

Diante da situação retratada e dos ditames da CLT, responda aos itens a seguir.

A) Qual o prazo máximo de vigência de uma convenção coletiva de trabalho? (**Valor: 0,65**)

B) Se a ação em questão fosse proposta exclusivamente contra a empresa, que tese processual você, contratado(a) pela empresa, deveria apresentar? Justifique. (**Valor: 0,60**)

Obs.: o(a) examinando(a) deve fundamentar as respostas. A mera citação do dispositivo legal não confere pontuação.

GABARITO COMENTADO

A) Uma convenção coletiva de trabalho tem vigência máxima de dois anos, conforme o Art. 614, § 3º, da CLT.

B) A tese a ser apresentada é a de que a participação dos sindicatos de classe na demanda se faz obrigatória, como litisconsortes necessários, na forma do Art. 611-A, § 5º, da CLT.

Distribuição dos Pontos

ITEM	PONTUAÇÃO
A. Vigência máxima de dois anos (0,55). Indicação Art. 614, § 3º, CLT (0,10).	0,00/0,55/0,65
B. Que se faz obrigatória a participação dos sindicatos de classe como litisconsortes necessários (0,50). Indicação Art. 611-A, § 5º, CLT (0,10).	0,00/0,50/0,60

XXVI EXAME UNIFICADO – 2018.2
QUESTÃO 1

Frederico, piloto da aviação civil, após três anos de trabalho para a Empresa de Transportes Aéreos Voa Alto S/A., foi dispensado sem receber parte das verbas rescisórias, as horas extras e a compensação orgânica. Além disso, foi dispensado dentro do último ano que antecede sua aposentadoria, o que é vedado por norma coletiva. Em razão disso, ajuizou ação em face do ex-empregador, tendo procurado e constituído você como advogado(a) para todos esses atos. No dia designado para a audiência, para a qual havia requerido antecipação, Frederico não poderá comparecer, pois estará voando para a China, onde conseguiu um novo e rentável trabalho.

Com base na hipótese apresentada, responda aos itens a seguir.

A) Considerando a necessidade de realização da audiência na data designada pelo juiz e sua condição na qualidade de advogado(a) do autor, qual a medida a ser adotada para evitar o adiamento/arquivamento da audiência? (Valor: 0,60)

B) Considerando tratar-se de piloto da aviação civil, qual o instituto justrabalhista que corresponde aos períodos em que Frederico fica no aeroporto aguardando para, eventualmente, render outra tripulação? Justifique. (Valor: 0,65)

Obs.: o(a) examinando(a) deve fundamentar as respostas. A mera citação do dispositivo legal não confere pontuação.

GABARITO COMENTADO

A) Nos termos do Art. 843, § 2º, da CLT, o autor poderá fazer-se representar, devidamente comprovada a impossibilidade de seu comparecimento, por outro empregado que pertença a mesma profissão ou pelo seu sindicato, devendo formular tal requerimento.

B) Segundo o Art. 44 da Lei nº 13.475/17, trata-se do instituto da reserva, OU prontidão, nos termos do Art. 244, § 3º, da CLT.

QUESTÃO 2

Lucas trabalhou em uma rede de restaurantes localizada em determinado Estado da Federação. A sociedade empresária possui 60 empregados, divididos em dez lojas localizadas em municípios diferentes, sendo que cada unidade possui seis empregados.

Após ser dispensado sem justa causa, Lucas ajuizou reclamação trabalhista postulando o pagamento de horas extras, afirmando que cumpria extensa jornada de segunda-feira a sábado, das 7h às 21h, com intervalo de 20 minutos para refeição.

Em contestação, a ex-empregadora negou a jornada dita na petição inicial, afirmando que a labuta respeitava o módulo constitucional. Em audiência, após verificar que os controles de ponto não foram juntados, o advogado do autor requereu a aplicação da confissão em desfavor da reclamada.

Diante da situação retratada, da Lei e do entendimento consolidado pelo TST, responda aos questionamentos a seguir.

A) Como advogado(a) da sociedade empresária, que tese você sustentaria em relação aos cartões de ponto? Justifique. (Valor: 0,65)

B) Caso você fosse contratado pelo trabalhador e a sociedade empresária juntasse controles de ponto com marcação de jornada de segunda-feira a sábado, das 8h às 16h, e intervalo de uma hora para refeição em todos os dias, que tese você advogaria em prol do seu cliente? Justifique. (Valor: 0,60)

Obs.: o(a) examinando(a) deve fundamentar as respostas. A mera citação do dispositivo legal não confere pontuação.

GABARITO COMENTADO

A) Uma vez que em cada estabelecimento há menos de 10 empregados, seria desnecessário manter controles escrito dos horários de entrada e saída dos empregados, conforme previsto no Art. 74, § 2º, da CLT.

B) Que exibindo os controles de ponto com horários invariáveis, o ônus da prova é transferido para o ex-empregador, na forma prevista na Súmula 338, inciso III, do TST.

QUESTÃO 3

Paulo trabalhou na construtora Casa Feliz S.A. como pedreiro por três anos, findos os quais foi dispensado por justa causa sob a alegação de que estava desviando sacos de cimento da obra e vendendo esse material a terceiros. Inconformado, ajuizou reclamação trabalhista postulando horas extras e a anulação da justa causa, com o consequente pagamento das verbas como se a dispensa tivesse sido feita sem justa causa.

Distribuída a demanda em 30/01/2018, foi designada audiência para o dia 10/04/2018. Na hora designada as partes foram apregoadas e sentaram-se à mesa de audiências.

O juiz indagou do preposto qual era a sua relação com a construtora, tendo ele dito que era um terceirizado da empresa que cuidava da parte de limpeza e conservação. O juiz pediu a CTPS do preposto, constatando que ela fora assinada pela Limpa Tudo Serviços Terceirizados Ltda.

Com essa informação, o advogado de Paulo requereu a aplicação da revelia, porque a empresa era uma sociedade anônima e não estaria regularmente representada por um empregado.

Diante da situação retratada e do comando legal vigente, responda às indagações a seguir.

A) Na qualidade de advogado(a) da construtora, que argumentação jurídica você apresentaria em relação ao requerimento do autor? Justifique. (Valor: 0,65)

B) De que modo, na legislação trabalhista, a alegação de desvio dos sacos de cimento para venda a terceiros deve ser juridicamente qualificada? Justifique. (Valor: 0,60)

Obs.: o(a) examinando(a) deve fundamentar as respostas. A mera citação do dispositivo legal não confere pontuação

GABARITO COMENTADO

A) A tese a ser defendida é a de que o preposto não precisa ser empregado, independentemente do porte da empresa, conforme o Art. 843, § 3°, da CLT.

B) Deve ser qualificada como ato de improbidade, ou seja, de desonestidade, na forma do Art. 482, alínea a, da CLT.

QUESTÃO 4

Uma sociedade empresária do ramo de confecções publicou um anúncio em jornal de grande circulação informando que admitiria vários profissionais para o seu quadro de funcionários, a título de contrato de experiência, desde que comprovada a seguinte exigência profissional: para costureiras, experiência comprovada de cinco meses na função; para estoquistas, experiência comprovada de um ano na função; para auxiliar de serviços gerais, experiência comprovada de dois meses na função; e para administradores, experiência mínima de dois anos na função.

Diante da situação apresentada e dos termos da CLT, responda aos itens a seguir.

A) A exigência em relação aos estoquistas é válida? Justifique. (Valor: 0,65)

B) Informe o prazo máximo admissível no contrato de experiência. (Valor: 0,60)

Obs.: o(a) examinando(a) deve fundamentar as respostas. A mera citação do dispositivo legal não confere pontuação.

GABARITO COMENTADO

A) A exigência em relação aos estoquistas de um ano de experiência é inválida porque o art. 442-A da CLT determina que, para fins de contratação, o empregador não exigirá comprovação de experiência prévia do candidato a emprego por tempo superior a seis meses no mesmo tipo de atividade.

B) O prazo máximo é de 90 dias, conforme o Art. 445, parágrafo único, da CLT.

XXV EXAME UNIFICADO – 2018.1 (Reaplicação Porto Alegre/RS)
QUESTÃO 1

Um auditor fiscal do trabalho verificou que uma empresa de grande porte não cumpria os percentuais mínimos de empregados com deficiência e de aprendizes, razão pela qual aplicou-lhe penalidade administrativa. A empresa não se conformou com a aplicação da multa, afirmando que buscou pessoas com deficiência para que viessem integrar o seu quadro de empregados, mas não encontrou pessoas minimamente qualificadas para tal fim; em relação aos aprendizes, sustentou que possui poucas funções que demandem formação profissional. De acordo com as regras constitucionais e legais vigentes, como advogado(a) da empresa responda aos itens a seguir.

A) Para tentar anular o auto de infração lavrado, em qual justiça proporia a ação? Justifique. (Valor: 0,65)

B) Caso a empresa contratasse um aprendiz com deficiência, seria possível computar este aprendiz na cota de deficientes? Justifique. (Valor: 0,60)

Obs.: o(a) examinando(a) deve fundamentar as respostas. A mera citação do dispositivo legal não confere pontuação.

GABARITO COMENTADO

A) Na Justiça do Trabalho, porque a multa foi aplicada por órgão da fiscalização da relação de trabalho, conforme o Art. 114, inciso VII, da CRFB/88.

B) Não seria possível o cômputo, pois a Lei veda tal prática, conforme o Art. 93, § 3°, da Lei n° 8.213/91.

DISTRIBUIÇÃO DOS PONTOS

QUESITO AVALIADO	VALORES
A. Na Justiça do Trabalho, porque a multa foi aplicada por órgão da fiscalização da relação de trabalho (0,55). Indicação do Art. 114, inciso VII, CRFB/88 (0,10)	0,00 / 0,55 / 0,65
B. Não, pois a Lei proíbe tal prática (0,50). Indicação do Art. 93, § 3º, Lei nº 8.213/91 (0,10)).	0,00 / 0,50 / 0,60

QUESTÃO 2

Em reclamação trabalhista, o ex-empregado de uma grande empresa com 25 mil empregados postula equiparação salarial com base no Art. 461 da CLT, indicando como paradigma o empregado João, sendo que, na unidade em que o reclamante trabalhou, havia 12 pessoas cujo prenome era João. Em audiência, o ex-empregado conduz como testemunha a Srta. Camila, que havia sido indicada desde a petição inicial, e que a empresa, em pesquisa junto às redes sociais, verificou ser pessoa que mantinha estreito contato com o autor, já que em postagens estavam frequentemente juntos, em clima de confraternização. De acordo com a legislação em vigor, responda aos itens a seguir.

A) Como advogado da empresa, informe que preliminar suscitaria na defesa. Justifique. (Valor: 0,65)

B) Ainda na condição de advogado da empresa, indique a sustentação que deveria ser apresentada em relação à pessoa indicada como testemunha. Justifique. (Valor: 0,60)

Obs.: o(a) examinando(a) deve fundamentar as respostas. A mera citação do dispositivo legal não confere pontuação

GABARITO COMENTADO

A) Deveria ser suscitada preliminar de inépcia, na forma do Art. 330, § 1º, do CPC, pois a falta de indicação do nome completo prejudica a ampla defesa.

B) Seria necessário contraditar a testemunha em razão de amizade, conforme o Art. 829 da CLT OU o Art. 457, § 1º, do CPC OU o Art. 447, § 3º, inciso I, do CPC.

DISTRIBUIÇÃO DOS PONTOS

QUESITO AVALIADO	VALORES
A. Inépcia, pois o nome incompleto prejudica a ampla defesa OU prejudica o contraditório (0,55). Indicação Art. 330, § 1º, do CPC (0,10).	0,00 / 0,55 / 0,65
B. Seria necessário contraditar a testemunha em razão de amizade íntima (0,50). Indicação do Art. 829 CLT OU do Art. 457, § 1º, CPC OU do Art. 447, § 3º, inciso I, CPC (0,10).	0,00 / 0,50 / 0,60

QUESTÃO 3

Na CIPA existente em uma sociedade empresária, o empregado João da Silva foi indicado pelo empregador, e o empregado Antônio Mota, eleito pelos empregados da empresa. Ambos tomaram posse e logo em seguida foram dispensados pelo empregador. Em razão disso, ajuizaram reclamação trabalhista plúrima com pedido comum de reintegração. Diante do caso apresentado, como advogado(a) da sociedade empresária, de acordo com a Lei e o entendimento consolidado do TST, responda aos itens a seguir.

A) Que tese poderia ser articulada em relação à situação retratada para a defesa do seu constituinte? (Valor: 0,65)

B) Analise a viabilidade do litisconsórcio ativo entre João da Silva e Antônio Mota, declinando os requisitos legais para que isso aconteça na Justiça do Trabalho. (Valor: 0,60)

Obs.: o(a) examinando(a) deve fundamentar as respostas. A mera citação do dispositivo legal não confere pontuação

GABARITO COMENTADO

A) A tese a ser advogada em relação ao empregado João da Silva é que ele não é portador de garantia no emprego porque não foi eleito pelos empregados, mas sim indicado pelo empregador. Somente os membros eleitos possuem garantia, na forma do ADCT, Art. 10, inciso II, alínea a, OU do Art. 165 da CLT.

B) Seria possível a reclamação plúrima (litisconsórcio ativo) porque há identidade de matéria e se trata do mesmo empregador/ sociedade empresária, cumprindo assim as exigências do Art. 842 da CLT.

DISTRIBUIÇÃO DOS PONTOS

QUESITO AVALIADO	VALORES
A. Que somente os eleitos pelos empregados são portadores de garantia no emprego (0,55). Indicação do ADCT, Art. 10, inciso II, alínea a, OU Art. 165, CLT (0,10)	0,00 / 0,55 / 0,65
B. Seria possível a reclamação plúrima (litisconsórcio ativo), porque há identidade de matéria e se trata do mesmo empregador/sociedade empresária (0,50). Indicação do Art. 842, CLT (0,10)	0,00 / 0,50 / 0,60

QUESTÃO 4

Ricardo, funcionário da sociedade empresária Carnes Nobres Ltda., pediu demissão do emprego, informando que cumpriria o aviso-prévio com trabalho, o que de fato ocorreu. Findo o contrato, Ricardo ajuizou reclamação trabalhista afirmando que durante o aviso-prévio não teve a redução da sua jornada em duas horas diárias nem faltou a sete dias corridos, razão pela qual requereu o pagamento de novo aviso-prévio e sua integração para todos os fins. Considerando essa situação, você, como advogado(a) contratado(a) pela sociedade empresária, deve responder aos itens a seguir.

A) Qual a tese de mérito que você sustentaria na defesa? (Valor: 0,65)

B) Quais são os requisitos legais para que o aviso prévio possa ser reconsiderado? (Valor: 0,60)

Obs.: o(a) examinando(a) deve fundamentar as respostas. A mera citação do dispositivo legal não confere pontuação.

GABARITO COMENTADO

A) A tese a ser sustentada é a de que a redução da jornada no decorrer do aviso-prévio só é cabível quando o empregado é dispensado, e não quando pede demissão, na forma do Art. 488 da CLT.

B) Pode haver retratação desde que a manifestação ocorra no período do aviso-prévio e que a parte contrária concorde, na forma do Art. 489 da CLT.

DISTRIBUIÇÃO DOS PONTOS

QUESITO AVALIADO	VALORES
A. Quando o empregado pede demissão, a redução da jornada durante o aviso-prévio é incabível (0,55). Indicação do Art. 488, CLT (0,10).	0,00 / 0,55 / 0,65
B. A retratação OU reconsideração deve ocorrer no período do aviso-prévio (0,30) e a parte contrária deve concordar (0,20). Indicação do Art. 489, CLT (0,10).	0,00 / 0,50 / 0,60

XXV EXAME UNIFICADO – 2018.1
QUESTÃO 1

Rafael, um ano e meio após ser dispensado, ajuizou ação trabalhista em face do empregador, pretendendo horas extras. No dia da audiência, ele, injustificadamente, não compareceu. Um ano depois dessa data, Rafael ajuizou nova ação, com pedido de horas extras e adicional de periculosidade. A audiência foi designada para dois meses depois. Novamente, de forma injustificada, Rafael não compareceu. Quinze dias após, ele ajuizou, mais uma vez, a mesma ação. Diante disso, na qualidade de advogado(a) da ré, responda aos itens a seguir.

A) Além de apresentar defesa quanto ao mérito propriamente dito dos pedidos, o que você deverá alegar na melhor defesa de seu cliente? Justifique. (Valor: 0,60)

B) Indique o fenômeno jurídico processual ocorrido a partir do arquivamento da segunda ação e esclareça se é possível o ajuizamento da terceira ação na forma realizada. Justifique. (Valor: 0,65)

Obs.: o(a) examinando(a) deve fundamentar as respostas. A mera citação do dispositivo legal não confere pontuação.

GABARITO COMENTADO

A) Deverá ser arguida a prescrição do pedido de adicional de periculosidade, pois a primeira demanda interrompeu o curso do prazo prescricional apenas do pedido de horas extras, nos termos da Súmula 268 do TST, OU do Art. 11, § 3º, da CLT.

B) Não é possível, pois, em razão da perempção, deveria aguardar 6 meses, conforme o Art. 732 da CLT.

DISTRIBUIÇÃO DOS PONTOS

QUESITO AVALIADO	VALORES
A. Prescrição do pedido de adicional de periculosidade (0,50). Citação Súmula 268, TST OU Art. 11, § 3º, da CLT (0,10).	0,00 / 0,50 / 0,60
B. Em razão da perempção, não é possível o ajuizamento antes de seis meses (0,55). Citação do Art. 732, CLT (0,10).	0,00 / 0,55 / 0,65

QUESTÃO 2

Renato foi contratado no dia 27 de janeiro de 2018 como operador de caixa em um supermercado. Quando da admissão, o empregado recebeu o uniforme da sociedade empresária, sendo que, na camisa, havia a logomarca de dois parceiros comerciais do supermercado: a de uma fabricante de massas e a de uma produtora de achocolatados. Renato foi cientificado de que deveria manter, por sua conta, o uniforme limpo e asseado, para se adequar ao padrão esperado pela sociedade empresária. Diante da situação apresentada e dos termos da CLT, responda aos itens a seguir.

A) Caso Renato ajuizasse ação postulando indenização pelo uso de imagem (por haver usado em serviço camisa com logomarca de sociedades empresárias que não eram suas empregadoras), que tese você, como advogado(a) do supermercado, sustentaria em juízo? Justifique. (Valor: 0,65)

B) Qual tese você, como advogado(a) da sociedade empresária, sustentaria, caso Renato ajuizasse ação postulando o ressarcimento do gasto que teve para lavar o seu uniforme (água, sabão em pó e amaciante) ao longo do contrato? Justifique. (Valor: 0,60)

Obs.: o(a) examinando(a) deve fundamentar as respostas. A mera citação do dispositivo legal não confere pontuação.

GABARITO COMENTADO

A) Deverá ser sustentado que, pela regra da CLT, o uso de uniforme com inclusão de sociedades empresárias parceiras do empregador é lícita e, portanto, não gera direito à indenização por uso de imagem, na forma do Art. 456-A da CLT.

B) Deverá ser sustentado que, pela regra da CLT, a higienização de uniforme de uso comum é de responsabilidade do trabalhador, na forma do Art. 456-A, parágrafo único, da CLT.

DISTRIBUIÇÃO DOS PONTOS

QUESITO AVALIADO	VALORES
A. O uso de uniforme com inclusão de sociedades empresárias parceiras do empregador é lícita, não gerando direito a qualquer indenização (0,55). Indicação Art. 456-A, caput, CLT (0,10).	0,00 / 0,55 / 0,65
B. A higienização de uniforme (de uso comum), como regra, é de responsabilidade do trabalhador (0,50). Indicação Art. 456-A, parágrafo único, CLT (0,10).	0,00 / 0,50 / 0,60

QUESTÃO 3

Ramiro, auxiliar de serviços gerais, trabalhou para a sociedade empresária Bom Tempo S/A, de 17/12/2017 a 25/02/2018. Cumpria jornada das 8h às 17h, de segunda a sexta-feira, e aos sábados, de 8h às 12h. De segunda a sexta-feira, deveria ter intervalo de uma hora, mas, em razão do volume de trabalho, só conseguia desfrutar de 40 minutos. Tendo Ramiro procurado você como advogado(a), considerando os exatos termos da legislação trabalhista em vigor, responda aos itens a seguir.

A) O que você deverá pleitear em sede de reclamação trabalhista quanto ao intervalo? Justifique. (Valor: 0,60)

B) Qual é a natureza jurídica do pagamento do intervalo suprimido de Ramiro? Justifique. (Valor: 0,65)

Obs.: o(a) examinando(a) deve fundamentar as respostas. A mera citação do dispositivo legal não confere pontuação.

GABARITO COMENTADO

A) Deverá ser requerida a indenização de 20 minutos de intervalo de segunda a sexta-feira, com acréscimo de 50%, nos termos do Art. 71, § 4º, da CLT.

B) O intervalo suprimido tem natureza jurídica indenizatória, nos termos do Art. 71 § 4º, da CLT.

DISTRIBUIÇÃO DOS PONTOS

QUESITO AVALIADO	VALORES
A. Deverá ser requerido o pagamento de 20 minutos diários, acrescidos de 50% (0,50). Indicação Art. 71, § 4º, CLT (0,10).	0,00 / 0,50 / 0,60
B. O intervalo suprimido tem natureza jurídica indenizatória (0,55). Indicação Art. 71, § 4º, CLT (0,10).	0,00 / 0,55 / 0,65

QUESTÃO 4

O juiz, em uma reclamação trabalhista que se encontra na fase de execução, determinou que a sociedade empresária executada apresentasse os cálculos de liquidação, o que foi feito. A seguir, o magistrado abriu vista desses cálculos ao exequente, que não se manifestou. O valor apresentado pela sociedade empresária foi então homologado, e ela foi intimada a depositar a quantia, o que foi feito. No dia seguinte à garantia do juízo, o exequente apresentou impugnação de credor, apontando falhas nas contas trazidas pela sociedade empresária. Como advogado(a) da sociedade empresária, de acordo com a previsão contida na CLT, responda aos itens a seguir.

A) Que matéria processual você alegaria em contestação à impugnação de credor? (Valor: 0,65)

B) Caso o juiz julgasse procedente a impugnação de credor, você interpusesse agravo de petição no prazo legal e ele tivesse o seguimento negado, que medida deveria ser adotada? (Valor: 0,60)

Obs.: o(a) examinando(a) deve fundamentar as respostas. A mera citação do dispositivo legal não confere pontuação.

GABARITO COMENTADO

A) O advogado deveria alegar a ocorrência de preclusão de que trata o Art. 879, § 2º, da CLT.

B) Deveria ser interposto o recurso de agravo de instrumento, previsto no Art. 897, alínea b, da CLT.

DISTRIBUIÇÃO DOS PONTOS

QUESITO AVALIADO	VALORES
A. Deveria alegar a ocorrência de preclusão (0,55). Indicação Art. 879, § 2º, CLT (0,10).	0,00 / 0,55 / 0,65
B. Deveria ser interposto o recurso de agravo de instrumento (0,50). Indicação do Art. 897, alínea b, CLT (0,10).	0,00 / 0,50 / 0,60

XXIV EXAME UNIFICADO – 2017.3
QUESTÃO 1

Um supermercado contratou, por escrito, uma empresa de reformas e construções para ampliar o refeitório no qual os seus funcionários se alimentam, para, assim, dar-lhes maior conforto e segurança. A obra demorou dois meses. Tempos depois, em agosto de 2017, o supermercado recebeu a citação para uma demanda, pois um dos pedreiros que trabalhou na obra em questão postulou o pagamento de horas extras da empresa de reformas, com responsabilidade subsidiária do supermercado. Diante dessa situação e considerando que você foi contratado(a) para zelar pelos interesses do supermercado em juízo, responda às indagações a seguir.

A) Informe que tese jurídica você defenderia em favor do seu cliente para tentar evitar a condenação. (Valor: 0,65)

B) Se, na ação, houvesse também pedido de recolhimento do INSS do período trabalhado na obra, que preliminar você, por cautela, suscitaria? (Valor: 0,60)

GABARITO COMENTADO

A) A tese a ser defendida é que o supermercado é dono da obra, daí não ter responsabilidade, na forma da OJ 191 do TST.

B) A preliminar de incompetência absoluta da Justiça do Trabalho em razão da matéria, conforme a Súmula Vinculante 53 do STF, da Súmula 368, inciso I, do TST e Art. 114, VIII, CRFB/88.

DISTRIBUIÇÃO DOS PONTOS

QUESITO AVALIADO	VALORES
A. Que o supermercado é dono da obra, não tendo responsabilidade (0,55). Indicação OJ 191 TST (0,10)	0,00 / 0,55 / 0,65
B. Incompetência absoluta (0,50). Indicação da Súmula Vinculante 53 STF OU Súmula 368, I, TST OU do Art. 114, VIII, CRFB/88 (0,10).	0,00 / 0,50 / 0,60

QUESTÃO 2

Lino foi empregado da sociedade empresária Calçados de Borracha Ltda. por quatro anos, atuando internamente como empacotador e, depois, como auxiliar de máquinas. Trabalhava de segunda-feira a sábado, das 6h às 12h, com pausa de 15 minutos. Após ter sido dispensado por alegação de justa causa, Lino ajuizou reclamação trabalhista requerendo o pagamento de adicional de periculosidade, pois se deslocava para a empresa e dela retornava de motocicleta, conforme fotografias que juntou aos autos, tendo comprovado, documentalmente, ser proprietário de uma motocicleta e ter autorização escrita da empresa para estacioná-la no pátio da ré. Lino ainda informou que a empresa custeava 40% da mensalidade do curso supletivo que ele frequentava, conforme recibos que juntou, requerendo, então, a integração desse valor ao seu salário como utilidade, com pagamento dos reflexos devidos. Diante da situação retratada, como advogado(a) contratado(a) para defender a sociedade empresária, responda às indagações a seguir.

A) Em relação ao pedido de adicional de periculosidade, que tese você advogaria? Justifique. (Valor: 0,65)

B) Em relação ao pedido de integração dos 40% da mensalidade do curso supletivo, que tese você advogaria? Justifique. (Valor: 0,60)

GABARITO COMENTADO

A) No caso apresentado, o reclamante não atuava como motociclista, mas sim para deslocamento particular, sem risco de morte, pelo que descaracterizada atividade de risco, daí porque não há previsão legal para o pagamento do adicional de periculosidade, conforme previsto no Art. 193, § 4º, da CLT.

B) A educação, em estabelecimento de ensino próprio ou de terceiros, compreendendo os valores relativos à matrícula, mensalidade, anuidade, aos livros e ao material didático, não é considerada salário in natura por expressa disposição legal, conforme o Art. 458, § 2º, inciso II, da CLT.

DISTRIBUIÇÃO DOS PONTOS

QUESITO AVALIADO	VALORES
A. Que o autor não exercia a atividade utilizando motocicleta OU atividade de risco (0,55). Indicação Art. 193, § 4º, CLT (0,10).	0,00 / 0,55 / 0,65
B. Que o fornecimento de educação não é considerado salário in natura (0,50). Indicação Art. 458, § 2º, II, CLT (0,10)	0,00 / 0,50 / 0,60

QUESTÃO 3

Sebastiana foi empregada da Escola Preparando para a Vida Ltda. por três anos, findos os quais pediu demissão. Seis meses após a ruptura, Sebastiana ajuizou reclamação trabalhista postulando o pagamento de horas extras, a devolução dos descontos salariais que reputava ilegais e o pagamento de adicional noturno. Em audiência, os litigantes conciliaram e foi feito o termo respectivo, homologado pelo juiz, pelo qual a escola pagaria R$ 5.000,00 em duas parcelas, e Sebastiana conferiria quitação geral pelo extinto contrato de trabalho. Oito meses depois, Sebastiana ajuizou nova reclamação trabalhista, agora requerendo o pagamento de 13º salário e férias acrescidas de 1/3, sendo designada audiência. Diante da situação apresentada, responda às indagações a seguir.

A) Na condição de advogado(a) da escola, na defesa a ser apresentada na 2ª demanda, que preliminar você suscitaria? Justifique. (Valor: 0,65)

B) Caso a preliminar fosse acolhida, qual seria a consequência jurídica no 2º processo movido por Sebastiana? Justifique. (Valor: 0,60)

GABARITO COMENTADO

A) Em defesa dos interesses da empresa deveria ser suscitada preliminar de coisa julgada, porque o acordo feito anteriormente, no qual se conferiu quitação geral, abrange inclusive pedidos não formulados, conforme Art. 337, VII, do CPC, OJ 132, da SDI-2, do TST, e Art. 5º, XXXVI CRFB/88.

B) A consequência jurídica do acolhimento da preliminar de coisa julgada é a extinção do feito sem resolução do mérito, na forma do Art. 485, inciso V, do CPC/15.

DISTRIBUIÇÃO DOS PONTOS

QUESITO AVALIADO	VALORES
A. Preliminar de coisa julgada (0,55). Indicação Art. 337, VII, CPC/15 OU OJ 132, SDI-2, TST OU Art. 5º, XXXVI CRFB/88 (0,10)	0,00 / 0,55 / 0,65
B. A extinção do processo sem resolução do mérito (0,50). Indicação Art. 485, V, CPC/15 (0,10)	0,00/0,50/0,60

QUESTÃO 4

Saulo ajuizou reclamação trabalhista contra seu ex-empregador. Na audiência, após intensa negociação entre as partes e com a colaboração do juiz, foi realizado um acordo de R$ 3.000,00, homologado pelo magistrado. Dias depois, Saulo encontrou um colega de trabalho, que lhe confidenciou que os demais ex-empregados tinham realizado acordos com a empresa na ordem de R$ 5.000,00. Indignado por ter feito acordo com valor menor, Saulo procurou seu advogado, dizendo que não mais aceitaria o acordo e que ele recorresse ao Tribunal. Diante da situação apresentada e nos termos da CLT, responda aos itens a seguir.

A) Seria possível ao advogado de Saulo interpor recurso ordinário da sentença homologatória do acordo? Justifique. (Valor: 0,65)

B) Caso Saulo ajuizasse uma nova ação idêntica, indique a preliminar que você, contratado pela empresa, suscitaria em contestação. Justifique. (Valor: 0,60)

GABARITO COMENTADO

A) Não seria possível interpor recurso ordinário porque a homologação do acordo tem a força de decisão irrecorrível, fazendo coisa julgada, conforme preconiza o Art. 831, parágrafo único, da CLT.

B) A preliminar a ser suscitada é a de coisa julgada, conforme o Art. 337, inciso VII, do CPC e Art. 5º, XXXVI CRFB/88

DISTRIBUIÇÃO DOS PONTOS

QUESITO AVALIADO	VALORES
A. Não, pois a homologação do acordo tem a força de decisão irrecorrível OU coisa julgada (0,55). Indicação Art. 831, parágrafo único, CLT (0,10).	0,00 / 0,55 / 0,65
B. Coisa julgada (0,50). Indicação Art.337, VII, CPC OU Art. 5°, XXXVI CRFB/88 (0,10).	0,00 / 0,50 / 0,60

XXIII EXAME UNIFICADO – 2017.2

QUESTÃO 1

Rosa chegava sistematicamente atrasada ao emprego e, no horário de serviço, era flagrada usando redes sociais por meio do telefone celular. Em razão desses fatos, Rosa recebeu uma advertência e uma suspensão, ambas por escrito e devidamente assinadas pela trabalhadora. Ela teve a promessa de que sua CTPS seria assinada, o que nunca aconteceu, pois a empresa alegava que ela estava em período de treinamento. Diante da situação retratada, responda às indagações a seguir.

A) A empresa poderá lançar a advertência e a punição aplicadas à empregada na parte de anotações gerais? Justifique. (Valor: 0,65)

B) Informe em quanto tempo a carteira de trabalho de Rosa deveria ser assinada, justificando sua resposta. (Valor: 0,60)

GABARITO COMENTADO

A) Não, pois é proibido anotar qualquer fato desabonador à conduta do empregado na sua carteira profissional, na forma do Art. 29, § 4°, da CLT e Art. 8° da Portaria 41 do Ministério do Trabalho.

B) A CTPS deve ser assinada em 48 horas, conforme preconiza o Art. 29 da CLT e o Art. 5° da Portaria 41 do Ministério do Trabalho.

DISTRIBUIÇÃO DOS PONTOS

QUESITO AVALIADO	VALORES
A. Não, pois é proibido anotar qualquer fato desabonador à conduta do empregado na sua CTPS (0,55). Indicação do Art. 29, § 4°, da CLT OU Art. 8° da Portaria 41 do MT (0,10).	0,00 / 0,55 / 0,65
B. A CTPS deve ser assinada em 48 horas (0,50), conforme o Art. 29 da CLT OU Art. 5° da Portaria 41 do MT (0,10).	0,00 / 0,50 / 0,60

QUESTÃO 2

Uma sociedade empresária possui 80 empregados, e, considerando que na data-base da categoria não houve acordo sobre o índice de reajuste que seria concedido, 20 desses trabalhadores iniciaram uma greve, permanecendo em frente à sede da ré de braços cruzados, permitindo a entrada dos fornecedores, a saída dos caminhões e o ingresso daqueles que resolveram não participar do movimento paredista. Como a paralisação já durava 15 dias e continuava em curso, gerando considerável prejuízo financeiro, a sociedade empresária resolveu dispensar os grevistas por justa causa, além de não pagar a eles o adiantamento salarial de 40% que normalmente concedia aos empregados no dia 10 de cada mês. Diante da situação retratada, da lei e do entendimento jurisprudencial dominante, responda às indagações a seguir.

A) Como advogado dos empregados demitidos, indique a tese que você sustentaria contra a dispensa por justa causa realizada pela sociedade empresária. Justifique. (Valor: 0,65)

B) Como advogado da sociedade empresária, indique a tese que você apresentaria para enfrentar uma reclamação trabalhista na qual os empregados grevistas postulassem o valor do adiantamento salarial não pago. Justifique. (Valor: 0,60)

GABARITO COMENTADO

A) A simples adesão pacífica à greve, como foi a hipótese retratada, não constitui falta grave e não pode dar ensejo à dispensa por justa causa, conforme previsto na Súmula 316 do STF e no Art. 6º, inciso I, da Lei nº 7.783/89; durante o estado de greve é vedada a rescisão de contrato de trabalho, conforme previsto no Art. 7º, parágrafo único, da Lei nº 7.783/89.

B) A greve tem por efeito imediato a suspensão do contrato de trabalho, daí porque o empregador não é obrigado a pagar os dias não trabalhados - ao menos até que isso seja negociado posteriormente -, conforme o Art. 7º da Lei nº 7.783/89; sendo irregular a greve porque não seguiu o modelo de regência, não são devidos os salários, conforme Arts. 4º e 14 da Lei nº 7.783/89.

DISTRIBUIÇÃO DOS PONTOS

QUESITO AVALIADO	VALORES
A. A simples adesão pacífica à greve não caracteriza falta grave e não pode dar ensejo à dispensa por justa causa (0,55). Indicação da Súmula 316 do STF OU Art. 6º, inciso I, da Lei nº 7.783/89 (0,10). OU A. É vedada a rescisão de contrato de trabalho durante a greve (0,55). Indicação do Art. 7º, parágrafo único, da Lei nº 7.783/89 (0,10).	0,00 / 0,55 / 0,65
B. A greve suspende, de imediato, os contratos de trabalho, não sendo em princípio devido o pagamento dos dias de paralisação (0,50). Indicação do Art. 7º da Lei nº 7.783/89 (0,10). OU B. Face a irregularidade da greve, não são devidos os salários (0,50). Indicação do Art. 4º ou 14 da Lei nº 7.783/89 (0,10).	0,00 / 0,50 / 0,60

QUESTÃO 3

João Henrique foi contratado como caseiro para cuidar do sítio de lazer da empresária Maria Fernanda. Ele deveria, para tomar conta do local, limpar a piscina, fazer pequenos reparos no muro divisório e cuidar dos jardins, de segunda a quinta-feira. Maria Fernanda, que, no comando de suas empresas, vivia sob forte estresse, sempre que precisava descansar, ia para seu sítio. Ocorre que, após dois anos e meio de contrato, João Henrique veio a falecer. Logo após o óbito, Maria Fernanda foi procurada por três mulheres que se intitulavam credoras da indenização devida ao finado: uma delas apresentou uma certidão de casamento mostrando que era viúva de João Henrique; outra afirmou que vivia em união estável com ele, exibindo fotos no Facebook; a terceira disse que não era esposa nem companheira, mas que teve dois filhos com o falecido, sendo que um deles fora reconhecido pelo finado na certidão de nascimento, mas o outro, não, o que motivou o ajuizamento de uma ação de investigação de paternidade. Diante da situação concreta e da Lei, responda às indagações a seguir.

A) Como advogado(a) de Maria Fernanda, que medida judicial você adotaria para equacionar o problema? Justifique. (Valor: 0,65)

B) Qual a natureza jurídica do trabalho prestado por João Henrique em favor de Maria Fernanda? Justifique. (Valor: até 0,60)

GABARITO COMENTADO
A) Diante da dúvida sobre quem legitimamente deva receber o objeto, com receio de que o pagamento seja feito a quem não tem direito, a opção mais adequada é ajuizar ação de consignação em pagamento com citação de todos os interessados, visando obter quitação judicial, na forma do Art. 335, inciso IV, do CCB e do Art. 539 do CPC.
B) A natureza jurídica de trabalho doméstico, pois a atividade não tinha finalidade lucrativa, conforme o Art. 1° da Lei Complementar n° 150/15 e Art. 7°, "a", da CLT.

DISTRIBUIÇÃO DOS PONTOS

QUESITO AVALIADO	VALORES
A. A opção mais adequada é ajuizar ação de consignação em pagamento (0,55), na forma do Art. 335, inciso IV, do CC OU do Art. 539 do CPC/15 OU do Art. 547 do CPC/15 (0,10)	0,00 / 0,55 / 0,65
B. Natureza jurídica de trabalho doméstico (0,30), pois a atividade não tinha finalidade lucrativa (0,20). Indicação do Art. 1° da Lei Complementar n° 150/15 e do Art. 7°, "a", da CLT (0,10).).	0,00/0,20/0,30/ 0,40/0,50/0,60

QUESTÃO 4

Em uma reclamação trabalhista que se encontra na fase de execução, o exequente apresentou seus cálculos de liquidação, que foram analisados pelo magistrado e homologados, no importe de R$ 10.000,00. Em seguida, o executado foi citado para pagar o valor, mas quedou-se inerte. O juiz, em razão disso, acionou o sistema Bacen-Jud e conseguiu reter R$ 8.000,00. Dez dias após essa retenção, o executado ajuizou embargos de devedor, afirmando que as contas apresentadas estariam incorretas e que o valor da dívida seria bastante inferior àquele homologado. Diante da situação apresentada e dos dispositivos da CLT, responda às indagações a seguir.

A) Na condição de advogado(a) do exequente, se você fosse instado(a) a se manifestar sobre os embargos, que matéria preliminar sustentaria? Justifique. (Valor: 0,65)

B) Caso os embargos de devedor fossem julgados procedentes, que medida judicial poderia ser adotada pelo embargado para reverter a situação? Justifique. (Valor: 0,60)

GABARITO COMENTADO
A) Deverá ser sustentado que os embargos não podem ser conhecidos porque o juízo não está integralmente garantido, sendo esse um dos requisitos legais para a apreciação dos embargos, conforme Art. 884 da CLT.
B) O embargado deverá interpor agravo de petição, na forma do Art. 897, alínea "a", da CLT.

DISTRIBUIÇÃO DOS PONTOS

QUESITO AVALIADO	VALORES
A. Deverá ser sustentado que os embargos não podem ser conhecidos, porque o juízo não está integralmente garantido (0,55). Indicação do Art. 884 da CLT (0,10).	0,00 / 0,55 / 0,65
B. O embargado deverá Interpor agravo de petição (0,50). Indicação do Art. 897, alínea "a", da CLT (0,10).	0,00 / 0,50 / 0,60

XXII EXAME UNIFICADO – 2017.1
QUESTÃO 1

Paulo e João foram eleitos dirigentes sindicais. Ambos se candidataram na mesma data, sendo que João estava em gozo de aviso prévio. Um mês após a eleição, ambos foram dispensados. Com base na hipótese apresentada, responda aos itens a seguir.

A) Paulo e João poderiam ser dispensados? Fundamente. (Valor: 0,60)

B) Na hipótese de reconhecimento da estabilidade, na qualidade de advogado do empregado, sendo insustentável o convívio entre empregado e empregador, o que você poderá requerer na defesa dos interesses do seu cliente? (Valor: 0,65) Obs.: o examinando deve fundamentar suas respostas. A mera citação do dispositivo legal não confere pontuação.

GABARITO COMENTADO

A) Paulo goza de estabilidade porque a adquiriu em condições regulares, conforme Art. 8º, inciso VIII, da CF/88 OU do Art. 543, § 3º, ao passo que João, não, porque a candidatura sucedeu no decorrer do aviso prévio, fato que não lhe assegura garantia no emprego, conforme Súmula 369, inciso V, do TST.

B) Nos termos do Art. 496 da CLT, poderá ser requerida a convolação da estabilidade em indenização.

DISTRIBUIÇÃO DOS PONTOS

QUESITO AVALIADO	VALORES
A1. Paulo não pode ser dispensado porque adquiriu estabilidade em condições regulares (0,20). Indicação Art. 8º, VIII, CF/88 OU Art. 543, § 3º, CLT (0,10),	0,00 / 0,20 / 0,30
A2. João pode ser dispensado porque se candidatou durante o aviso prévio, não adquirindo estabilidade (0,20). Indicação Súmula 369, V, TST (0,10).	0,00 / 0,20 / 0,30
B. A convolação da estabilidade em indenização (0,55). Indicação Art. 496 CLT (0,10).	0,00 / 0,55 / 0,65

QUESTÃO 2

Um estudante de Direito, irresignado pelo fato de sua mãe haver perdido uma causa trabalhista, estuda com afinco todos os contornos da lide, a doutrina e a jurisprudência correlatas durante um ano, findo o qual prepara uma ação rescisória, colhe a assinatura de sua mãe na peça e distribui a ação no prazo legal. Considerando a situação retratada e o entendimento consolidado do TST, responda aos itens a seguir.

A) Analise a viabilidade da demanda proposta, justificando em qualquer hipótese. (Valor: 0,65)

B) Se a mãe do estudante contratasse um(a) advogado(a) para ajuizar a ação rescisória, como se daria a concessão dos honorários advocatícios sucumbenciais? (Valor: 0,60)

Obs.: o(a) examinando(a) deve fundamentar as respostas. A mera citação do dispositivo legal não confere pontuação.

GABARITO COMENTADO

A) A demanda nos termos propostos na questão é inviável porque a ação rescisória não pode ser proposta com uso do *jus postulandi*, conforme prevê a Súmula 425 do TST. B) Seria devida a concessão de honorários advocatícios sucumbenciais, na forma da Súmula 219, inciso II ou IV do TST, Art. 5º da Instrução Normativa 27/05 do TST ou Art. 85 do CPC[1].

---

1. O padrão de resposta não leva em consideração o texto da reforma trabalhista (Lei 13.467/2017). De acordo com o art. 791-A da CLT ao advogado, ainda que atue em causa própria, serão devidos honorários de sucumbência,

DISTRIBUIÇÃO DOS PONTOS

QUESITO AVALIADO	VALORES
A. Inviável porque a ação rescisória não admite o jus postulandi (0,55). Indicação Súmula 425 TST (0,10)	0,00 / 0,55 / 0,65
B. Seria devida a concessão de honorários advocatícios sucumbenciais OU os honorários seriam devidos na forma do processo comum (0,50). Indicação Súmula 219, II OU IV, TST OU Art. 5º IN 27/05 TST OU Art. 85 CPC	0,00 / 0,50 / 0,60

QUESTÃO 3

Um Tribunal Regional do Trabalho, por maioria de votos, manteve a condenação de uma empresa ao pagamento dos adicionais de insalubridade e periculosidade ao reclamante, tal qual requerido e deferido em 1º grau. Diante dessa situação e considerando que você foi contratado para zelar, em juízo, pelos interesses dessa empresa, responda aos itens a seguir.

A) Informe que medida judicial deveria ser interposta na hipótese. (Valor: 0,60)

B) Informe que tese jurídica você, como advogado(a) da empresa, sustentaria em defesa do seu cliente. (Valor: 0,65)

Obs.: o examinando deve fundamentar suas respostas. A mera citação do dispositivo legal não confere pontuação.

GABARITO COMENTADO

A) O recurso cabível é o de revista, previsto no Art. 896 da CLT, caput ou alínea "c", pois ele alveja uma decisão do TRT.

B) A tese em defesa da empresa é a da impossibilidade de acúmulo dos adicionais de insalubridade e periculosidade, ou ainda que o trabalhador precisa optar por um deles, conforme preconiza o Art. 193, § 2º, da CLT.

DISTRIBUIÇÃO DOS PONTOS

QUESITO AVALIADO	VALORES
A. Recurso de revista (0,55). Indicação Art. 896 OU 896, "c", CLT (0,10)	0,00 / 0,55 / 0,65
B. Impossibilidade de acúmulo dos adicionais OU obrigatoriedade de opção por um deles (0,50). Indicação Art. 193, § 2º, CLT (0,10)	0,00 / 0,50 / 0,60

QUESTÃO 4

Em determinada empresa que explora atividade não essencial para a sociedade, houve deflagração de greve, porque os trabalhadores reivindicavam melhores condições de trabalho, além de reajuste salarial. Em relação a essa situação, responda aos itens a seguir.

A) Informe o que acontecerá de imediato com o pagamento dos salários dos empregados que aderiram à greve. (Valor: 0,65)

B) Se a paralisação fosse oriunda de um lockout, informe o que aconteceria com o salário dos empregados. (Valor: 0,60)

---

fixados entre o mínimo de 5% (cinco por cento) e o máximo de 15% (quinze por cento) sobre o valor que resultar da liquidação da sentença, do proveito econômico obtido ou, não sendo possível mensurá-lo, sobre o valor atualizado da causa.

Obs.: o examinando deve fundamentar suas respostas. A mera citação do dispositivo legal não confere pontuação.

GABARITO COMENTADO
A) Considerando a ocorrência de greve, os salários serão suspensos, na forma do Art. 7º da Lei nº 7.783/89.
B) Os salários continuariam sendo pagos normalmente, na forma do Art. 722, § 3º, da CLT OU Art. 17, § único, Lei 7783/89.

DISTRIBUIÇÃO DOS PONTOS

QUESITO AVALIADO	VALORES
A. O pagamento dos salários será suspenso (0,55). Indicação Art. 7º Lei 7783/89 (0,10)	0,00 / 0,55 / 0,65
B. Os salários seriam pagos normalmente (0,50). Indicação Art. 722, § 3º, CLT ou Art. 17, § único, Lei 7783/89 (0,10)	0,00 / 0,50 / 0,60

XXI EXAME UNIFICADO – 2016.3
QUESTÃO 1

Marcília e Jonas foram contratados como aprendizes de marceneiro na sociedade empresária Madeira de Ouro S.A., pelo período de 2 anos, sendo cumpridas todas as formalidades legais. Ambos revelaram bom desempenho nas tarefas e aprenderam a técnica necessária para serem futuros marceneiros. Porém, por diversas vezes e de forma injustificada, Jonas não compareceu à escola e, em função disso, acabou reprovado. Já Marcília, nos 30 dias anteriores ao término do seu contrato de aprendizagem, engravidou e deu ciência disso ao empregador. Com base na situação retratada, na previsão legal e no entendimento do TST, responda aos itens a seguir.

A) Ao término do contrato de aprendizagem, Marcília poderá ser afastada? (Valor: 0,65)

B) Como repercute, no contrato de Jonas, a perda do ano letivo na escola em razão das faltas injustificadas? (Valor: 0,60)

Obs.: o(a) examinando(a) deve fundamentar as respostas.
A mera citação do dispositivo legal não confere pontuação.

GABARITO COMENTADO
A) Marcília não poderá ser afastada pois, mesmo se tratando de contrato a termo, a gravidez impede a ruptura do pacto, conforme a Súmula 244, inciso III, do TST.
B) Jonas teria o contrato extinto antecipadamente, conforme Art. 433, inciso III, da CLT.

DISTRIBUIÇÃO DOS PONTOS

QUESITO AVALIADO	VALORES
A. Não, pois ela terá garantia no emprego (0,55). Indicação Súmula 244, III, TST OU art. 10, II, "b" ADCT (0,10).	0,00 / 0,55 / 0,65
B. Teria o contrato extinto (antecipadamente) (0,50). Indicação Art. 433, III, CLT OU Art. 28, III, do Decreto 5.598/2005 (0,10).	0,00 / 0,50 / 0,60

QUESTÃO 2

Em sede de ação trabalhista de Sérgio em face da empresa Nova Coleção Ltda., o juiz julgou o rol de pedidos parcialmente procedente, tendo deferido apenas duas das quatro horas extras pretendidas pelo autor da ação. Diante disso, responda aos itens a seguir.

A) Na qualidade de advogado(a) de Sérgio, que medida você poderia adotar? Fundamente. (Valor: 0,60)

B) Caso você, como advogado (a) de Sérgio, inicialmente não se insurja contra a decisão, mas a empresa sim, ainda haverá alguma medida recursal a ser adotada? Qual? Fundamente. (Valor: 0,65)

Obs.: o(a) examinando(a) deve fundamentar as respostas.
A mera citação do dispositivo legal não confere pontuação.

GABARITO COMENTADO

A) Deverá ser apresentado Recurso Ordinário, nos termos do Art. 895, inciso I, da CLT.

B) Deverá ser apresentado Recurso Adesivo, nos termos da Súmula 283 do TST OU do Art. 997, § 1º, do CPC/15.

DISTRIBUIÇÃO DOS PONTOS

QUESITO AVALIADO	VALORES
A. Recurso Ordinário (0,50). Citação Art. 895, I, CLT (0,10).	0,00 / 0,50 / 0,60
B. Recurso Adesivo ou Recurso Ordinário Adesivo (0,55). Citação Súmula 283 TST OU Art. 997, § 1º, CPC (0,10).	0,00 / 0,55 / 0,65

QUESTÃO 3

Lucas é dirigente sindical e empregado da sociedade empresária que o contrata como advogado. Na consulta, resta esclarecido que Lucas praticou falta grave e a sociedade empresária quer dispensá-lo. Com base no caso narrado, responda aos itens a seguir.

A) Na qualidade de advogado(a) da sociedade empresária, qual a medida a ser adotada a fim de implementar a dispensa de Lucas? Fundamente. (Valor: 0,60)

B) Necessitando de prova testemunhal para as suas alegações, com quantas testemunhas você poderá contar na implementação da medida acima? Fundamente. (Valor: 0,65)

Obs.: o(a) examinando(a) deve fundamentar as respostas.
A mera citação do dispositivo legal não confere pontuação.

GABARITO COMENTADO

A) Será necessário ajuizar um inquérito para apuração de falta grave, nos termos do Art. 853 da CLT OU da Súmula 379 do TST.

B) Cada parte poderá se valer de até seis testemunhas, conforme o Art. 821 da CLT.

DISTRIBUIÇÃO DOS PONTOS

QUESITO AVALIADO	VALORES
A. Inquérito (judicial) para apuração de falta grave (0,50). Citação Art. 853 CLT OU Súmula 379 TST OU Súmula 197 STF. (0,10).	0,00 / 0,50 / 0,60
B. Poderá contar com (até) 6 testemunhas (0,55). Citação Art. 821 CLT (0,10).	0,00 / 0,55 / 0,65

QUESTÃO 4

Lima, empregado do banco Alto Investimento S/A, iniciou a carreira como contínuo. Em razão da brilhante carreira que realizou, foi, recentemente, eleito diretor-presidente da instituição. Diante do exposto, responda aos itens a seguir.

A) Qual o efeito jurídico da eleição no contrato de trabalho de Lima? Fundamente. (Valor: 0,60)

B) Analise os efeitos da eleição na jornada de trabalho intensa que Lima passará a cumprir. Fundamente. (Valor: 0,65)

Obs.: o(a) examinando(a) deve fundamentar as respostas.
A mera citação do dispositivo legal não confere pontuação.

GABARITO COMENTADO

A) Ocorrerá a suspensão do contrato de trabalho, nos termos da Súmula 269 do TST.

B) Lima não fará jus a horas extras, porque ficará excluído do regime da CLT em razão de ter se tornado órgão estatutário.

DISTRIBUIÇÃO DOS PONTOS

QUESITO AVALIADO	VALORES
A. Suspensão do contrato de trabalho (0,50). Citação Súmula 269 TST (0,10).	0,00 / 0,50 / 0,60
B. Não terá direito a horas extras OU não terá a jornada de trabalho limitada (0,35), porque se tornou órgão estatutário OU porque ausente a subordinação jurídica (do Art. 3º da CLT) (0,30). Obs.: A mera menção ao fundamento não confere pontuação.	0,00/ 0,35 / 0,65

XX EXAME UNIFICADO – 2016.2 – REAPLICAÇÃO PORTO VELHO/RONDÔNIA
QUESTÃO 1

Plínio trabalhou durante todo o ano de 2014 e até o mês de abril de 2015 na sociedade empresária Bom Lucro Ltda., a qual tinha acordo coletivo prevendo o pagamento de participação nos lucros ao final de cada ano, no mês de dezembro, em valor fixo, desde que o empregado trabalhasse ao longo de todo o ano. Plínio, que não recebeu nenhuma participação nos lucros durante todo o contrato de trabalho, foi dispensado imotivadamente. Sobre o caso apresentado, responda aos itens a seguir.

A) Esclareça a que parcelas relativas à participação nos lucros Plínio faz jus. (Valor: 0,60)

B) Esclareça se os valores relativos à participação nos lucros devem integrar a remuneração de Plínio. (Valor: 0,65)

Obs.: o examinando deve fundamentar suas respostas. A mera citação do dispositivo legal não confere pontuação.

GABARITO COMENTADO
A) Nos termos da Súmula 451 do TST, Plínio faz jus à parcela integral da participação nos lucros em 2014 e proporcional em 2015. B) Não deverá haver qualquer integração. A participação dos trabalhadores nos lucros ou resultados da empresa não possui natureza salarial, nos termos do Art. 3º da Lei 10.101/2000 OU do Art. 7º, XI, da CRFB/88.

DISTRIBUIÇÃO DOS PONTOS

QUESITO AVALIADO	VALORES
A. Faz jus à parcela integral de 2014 (0,30) e proporcional em 2015 (0,20). Citação da Súmula 451 do TST (0,10).	0,00 / 0,20 / 0,30 / 0,40 / 0,50 / 0,60
B. Não haverá integração porque não possui natureza salarial (0,55). Indicação do Art. 3º da Lei 10.101/2000 OU do Art. 7º, XI, da CRFB/1988 (0,10).	0,00 / 0,55 / 0,65

QUESTÃO 2

Maura foi empregada doméstica durante cinco anos na residência da família Pedrosa. Ao ser dispensada, ela ajuizou reclamação trabalhista, a qual foi julgada procedente, tendo o pedido transitado em julgado. Iniciada a execução, não foi encontrado qualquer bem que pudesse satisfazer o débito total ou parcialmente, exceto o imóvel de residência da família Pedrosa. Requerida a penhora do mesmo, o pedido foi deferido pelo juiz ao julgar improcedentes os embargos à execução opostos por você, advogado(a) da família Pedrosa. Na qualidade de advogado da família Pedrosa, responda aos itens a seguir.

A) Qual o recurso cabível contra a decisão do juiz? (Valor: 0,60)

B) Para fundamentar a reforma da decisão impugnada, o que você deverá alegar no recurso? (Valor: 0,65)

Obs.: o examinando deve fundamentar suas respostas. A mera citação do dispositivo legal não confere pontuação.

GABARITO COMENTADO
A) Caberá Agravo de Petição, nos termos do Art. 897, *a*, da CLT. B) Deverá requerer a reforma da decisão, uma vez que, após o advento da Lei Complementar 150/2015, (Art. 46), também se admite como bem de família o imóvel único, mesmo em caso de trabalho doméstico, dada a revogação expressa da legislação.

DISTRIBUIÇÃO DOS PONTOS

QUESITO AVALIADO	VALORES
A. Agravo de petição (0,50). Citação do Art. 897, *a*, da CLT (0,10) 0,00 / 0,50 / 0,60	0,00 / 0,50 / 0,60
B. Revogação da impossibilidade de alegação de bem de família (0,55). Citação do Art. 46 da LC 150/2015 (0,10).	0,00 / 0,55 / 0,65

QUESTÃO 3

Gabriela trabalha na sociedade empresária "K" com a seguinte jornada: de 2ª a 6ª feira das 8h00min às 17h48min, com intervalo de uma hora para refeição, com folga aos sábados e domingos. Não há qualquer previsão de jornada diferenciada na convenção coletiva da categoria, tampouco em acordo coletivo, mas na admissão Gabriela assinou documento pelo qual concordava em exceder em 48 minutos a jornada de 2ª a 6ª feira para não trabalhar aos sábados. De acordo com o entendimento consolidado do TST, responda aos itens a seguir.

A) A jornada exigida pelo empregador é válida? Gabriela teria direito ao pagamento de horas extras pelo excesso da jornada diária? (Valor: 0,60)

B) Se na mesma situação retratada não houvesse documento assinado por Gabriela, qual seria a solução jurídica para eventual pedido de horas extras? (Valor: 0,65)

Obs.: o examinando deve fundamentar suas respostas. A mera citação do dispositivo legal não confere pontuação.

GABARITO COMENTADO

A) A jornada exigida pelo empregador é válida e não dá ensejo ao pagamento de horas extras, uma vez que o TST pacificou que a compensação de horas pode ser feita por acordo individual e a que foi levada a efeito na questão não gera excesso em relação à jornada semanal. Neste sentido, a Súmula 85, I e II, do TST, OU Art. 59, § 2º, da CLT.[2]

B) Nessa hipótese há a chamada compensação de jornada tácita[3], que gera direito apenas ao adicional sobre as horas excedentes à 8ª diária, conforme Súmula 85, III, do TST.

DISTRIBUIÇÃO DOS PONTOS

QUESITO AVALIADO	VALORES
A. É válida porque a compensação de horas pode ser feita por acordo individual (0,55). Indicação da Súmula 85, I e II, TST, OU Art. 59, § 2º, CLT (0,10).	0,00 / 0,55 / 0,65
B) Seria pago apenas o adicional sobre as horas excedentes à 8ª diária (0,50). Indicação Súmula 85, III, TST (0,10).	0,00 / 0,50 / 0,60

QUESTÃO 4

Em sede de reclamação trabalhista o empregado pleiteou o recolhimento das contribuições previdenciárias não realizadas pelo empregador no curso do contrato de trabalho. Diante disso, responda:

A) Na qualidade de advogado(a) da empresa, o que você deverá alegar inicialmente, partindo do pressuposto que seu cliente realmente não fez os recolhimentos pretendidos? Fundamente. (Valor: 0,65)

B) Caso o juiz rejeite seu requerimento e julgue procedente o pedido, que medida você deverá adotar? (Valor: 0,60)

Obs.: o examinando deve fundamentar suas respostas. A mera citação do dispositivo legal não confere pontuação.

GABARITO COMENTADO

A) Deverá ser arguida preliminar de incompetência absoluta em razão da matéria, já que nos termos da Súmula 368 do TST e do parágrafo único do Art. 876 da CLT, tal foge à competência da Justiça do Trabalho.

B) Recurso Ordinário, nos termos do Art. 895, inciso I, da CLT.

---

2. O padrão de resposta não leva em consideração o texto da reforma trabalhista (Lei 13.467/2017).
3. O art. 59, § 6º, da CLT inserido pela Lei 13.467/2017 dispõe ser lícito o regime de compensação de jornada estabelecido por acordo individual, tácito ou escrito, para a compensação no mesmo mês.

DISTRIBUIÇÃO DOS PONTOS

QUESITO AVALIADO	VALORES
Preliminar de incompetência absoluta em razão da matéria (0,55). Citação da Súmula 368 do TST OU do Art. 876, parágrafo único, da CLT (0,10).	0,00 / 0,55 / 0,65
Recurso Ordinário. (0,50). Citação do Art. 895, inciso I, da CLT (0,10).	0,00 / 0,50 / 0,60

QUESTÃO 3

Rafael trabalha há 5 anos na empresa Come Gêneros Alimentícios S/A no Município de Niterói/RJ, como auxiliar administrativo. Entretanto, sem qualquer razão aparente, seu empregador decidiu transferi-lo para Taubaté/SP, onde se localiza uma das filiais da empresa. Apesar das ponderações de Rafael ao empregador, esse se manteve irredutível. Diante disso responda aos itens a seguir.

A) Analise se é possível a transferência de Rafael sob o aspecto da legalidade. Fundamente. (Valor: 0,60)

B) Considerando o risco iminente da transferência, na qualidade de advogado de Rafael, qual a medida a ser adotada por você? Fundamente. (Valor: 0,65)

Obs.: o examinando deve fundamentar suas respostas. A mera citação do dispositivo legal não confere pontuação.

GABARITO COMENTADO

A) A transferência é ilícita, pois não houve concordância do empregado, não foi demonstrada real necessidade de serviço, nem extinção de estabelecimento, nos termos do Art. 469 da CLT. B) Deverá ser ajuizada uma reclamação trabalhista com pedido de antecipação de tutela (tutela de urgência, ou pedido liminar) a fim de suspender a transferência até a decisão do processo, nos termos do Art. 659, inciso IX, da CLT.

DISTRIBUIÇÃO DOS PONTOS

QUESITO AVALIADO	VALORES
A. Não é possível, pois não houve concordância do empregado (0,50). Indicação Art. 468 OU Art. 469 CLT. (0,10)	0,00 / 0,50 / 0,60
B. Ajuizar reclamação trabalhista com pedido liminar para suspender a transferência (0,55). Indicação Art. 659, IX, CLT (0,10) OU Tutela de urgência (0,55). Indicação Art. 300 CPC (0,10) OU Tutela antecipada (0,55). Indicação Art. 303 CPC (0,10)	0,00 / 0,55 / 0,65

QUESTÃO 4

Um determinado empregado sofreu um acidente fora do local de trabalho, recebeu auxílio doença comum (B-31), e permaneceu afastado da empresa por 6 meses. Três meses após o seu retorno, o empregado foi dispensado e, em razão disso, ajuizou reclamação trabalhista com pedido de reintegração, afirmando que a sua garantia no emprego foi violada. De acordo com os dados apresentados e com a legislação em vigor, responda aos itens a seguir.

A) Informe que tese você, contratado como advogado da empresa, sustentaria contrariamente ao pedido de reintegração. (Valor: 0,65)

B) Caso o empregado tivesse alguma deficiência por conta do acidente sofrido, analise se ele poderia usar o FGTS para compra de uma prótese que permitisse maior acessibilidade. (Valor: 0,60)

Obs.: o examinando deve fundamentar suas respostas. A mera citação do dispositivo legal não confere pontuação.

GABARITO COMENTADO
A) A tese a ser sustentada é que não houve acidente de trabalho, daí porque não há a garantia acidentária prevista no Art. 118 da Lei 8.213/1991, posto que o benefício recebido foi o de auxílio doença comum.
B) Seria possível o saque porque há previsão legal expressa, conforme Art. 20, inciso XVIII, da Lei 8.036/1990.

DISTRIBUIÇÃO DOS PONTOS

QUESITO AVALIADO	VALORES
A. Inexistência de garantia no emprego porque não houve acidente do trabalho OU porque não recebeu auxílio doença acidentário (0,55). Indicação Art. 118 Lei 8.213/1991 OU Súmula 378, II, TST (0,10)	0,00 / 0,55 / 0,65
B. Sim, por haver disposição legal expressa (0,50). Indicação do Art. 20, XVIII, Lei 8.036/90 OU Art. 99, Lei 13.146/2015 (0,10)	0,00 / 0,50 / 0,60

XIX EXAME UNIFICADO – 2016.1
QUESTÃO 1

Arnaldo foi dispensado em 10/03/2012, já computada a projeção do aviso prévio devido. Em 09/03/2014, ajuizou ação trabalhista em face do ex-empregador, pleiteando horas extras e reflexos. No dia da audiência, em 21/01/2015, Arnaldo não compareceu, sendo a ação arquivada. Três semanas depois, foi proposta uma nova ação, idêntica à primeira. Antes da citação, o advogado de Arnaldo, percebendo que a inicial estava incompleta, requereu prazo para aditar a mesma, tendo sido concedidos 10 dias. Nesse prazo, apresentou aditamento à inicial, incluindo os pedidos de indenização por dano moral e adicional de periculosidade.

Com base no caso narrado, de acordo com a CLT e o entendimento consolidado do TST, responda aos itens a seguir.

A) Esclareça se há algum pedido alcançado pela prescrição. Caso positivo, indique qual(is). (Valor: 0,65)

B) Caso a segunda demanda tivesse sido distribuída a juízo diferente daquele no qual o primeiro caso foi arquivado, o que você, como advogado(a) da empresa, suscitaria em preliminar? (Valor: 0,60)

Obs.: o examinando deve fundamentar suas respostas.
A mera citação do dispositivo legal não confere pontuação.

GABARITO COMENTADO
A) Os pedidos de adicional de periculosidade e de indenização por dano moral estão prescritos, pois o aditamento equivale a nova ação para cada pedido, tendo sido proposta depois do decurso de dois anos, sem que a interrupção da prescrição tivesse alcançado tais pleitos, nos termos da Súmula 268 do TST.
B) O advogado deverá suscitar a prevenção do juízo que conheceu da primeira demanda, na forma do Art. 253, inciso II, do CPC/2015.

DISTRIBUIÇÃO DOS PONTOS

QUESITO AVALIADO	VALORES
A1) Sim, apenas os pedidos de adicional de periculosidade (0,15) e de indenização por dano moral (0,15) estão prescritos.	0,00 / 0,15 / 0,30
A2) Ocorreu a prescrição porque postulados depois de dois anos da extinção do contrato (0,25).	0,00 / 0,25
A3) Citação da Súmula 268 TST (0,10), desde que respondidos corretamente itens A1 e/ou A2, pois a mera citação de súmula ou dispositivo legal não pontua.	0,00 / 0,10
B) Prevenção do juízo anterior (0,50). Indicação do artigo 253, II, CPC/1973 (0,10).	0,00 / 0,50 / 0,60

QUESTÃO 2

Gustavo é gerente geral de uma agência bancária e Paula é chefe de tesouraria na mesma agência. Gustavo chefia todos os gerentes da agência e Paula comanda uma equipe de oito pessoas que lhe dá apoio nas atividades diárias. Ambos recebem gratificação de função correspondente a 100% do salário auferido, cumprem jornada de 2ª a 6ª feira das 9h00min às 20h00min e, genuinamente, exercem funções de relevância na agência bancária. Ao serem dispensados, ambos ajuízam reclamação plúrima, postulando o pagamento de horas extras. Em defesa, o banco se insurge em preliminar contra o litisconsórcio ativo e, no mérito, nega o direito às horas extras. Na instrução, os autores conduzem três testemunhas que comprovam a jornada dita na inicial, e o banco não conduz testemunhas nem junta controle de ponto.

Diante da situação retratada, considerando a CLT e o entendimento consolidado do TST, responda aos itens a seguir.

A) Analise os requisitos para a reclamação plúrima e se ela poderia acontecer no caso apresentado. (Valor: 0,65)

B) Analise se Gustavo, diante do panorama processual, pode receber horas extras, justificando em qualquer hipótese. (Valor: 0,60)

Obs.: o examinando deve fundamentar suas respostas.

A mera citação do dispositivo legal não confere pontuação.

GABARITO COMENTADO

A) Os requisitos para a reclamação plúrima estão previstos no Art. 842 da CLT, quais sejam: mesmo empregador e identidade de matérias. Estando presentes os requisitos no caso apresentado, o litisconsórcio é viável.

B) Gustavo não tem direito às horas extras por ser gerente geral e, assim, estar enquadrado na hipótese do Art. 62, II, da CLT, conforme Súmula 287 do TST.

DISTRIBUIÇÃO DOS PONTOS

QUESITO AVALIADO	VALORES
A. Sim, pode ocorrer porque há identidade de empregador e de matéria (0,55). Indicação do Art. 842 da CLT (0,10).	0,00 / 0,55 / 0,65
B. Não, porque gerente geral não tem limite de jornada OU por ser autoridade máxima na agência (0,50). Indicação da Súmula 287 do TST OU do Art. 62, II, da CLT. (0,10).	0,00 / 0,50 / 0,60

QUESTÃO 3

Júnior, no período de 2011 a 2014, foi empregado de um condomínio comercial como bombeiro civil. Após ser dispensado, ajuizou reclamação trabalhista postulando adicional de periculosidade, que não lhe era pago. Em contestação, o ex-empregador sustentou que não havia risco de morte na atividade e que Júnior teria o dever de fazer essa prova por meio de perícia.

Diante da situação retratada e das normas legais, responda às indagações a seguir.

A) Analise se a prova pericial é necessária na hipótese, justificando. (Valor: 0,65)

B) Caso o pedido formulado por Júnior fosse deferido, qual deveria ser o percentual e a base de cálculo da parcela reivindicada? (Valor: 0,60)

Obs.: o examinando deve fundamentar suas respostas.

A mera citação do dispositivo legal não confere pontuação.

GABARITO COMENTADO

A) A prova pericial não é necessária porque o profissional bombeiro civil tem direito ao adicional de periculosidade fixado em Lei (Art. 6º, III, da Lei nº 11.901/2009).

B) O adicional de periculosidade será pago na razão de 30% sobre o salário-base, conforme o Art. 6º, III, da Lei nº 11.901/2009 e o Art. 193, § 1º, da CLT.

DISTRIBUIÇÃO DOS PONTOS

QUESITO AVALIADO	VALORES
A. Desnecessária, porque o bombeiro civil tem, por lei, direito ao adicional de periculosidade (0,55). Indicação do Art. 6º, III, da Lei nº 11.901/2009 (0,10).	0,00 / 0,55 / 0,65
B) O percentual será de 30% (0,25) sobre o salário-base (0,25). Indicação do Art. 6º, III, da Lei nº 11.901/09 OU o Art. 193, § 1º, da CLT OU Súmula 191 do TST (0,10) Obs.: A simples menção do dispositivo legal não pontua.	0,0 / 0,25 / 0,35 / 0,50 / 0,60

QUESTÃO 4

Antônio é um dos 20 vendedores da loja de calçados Ribeirinha. Em seu contracheque, há desconto mensal de 1,5% do salário para a festa de confraternização que ocorre todo final de ano na empresa, além de subtração semestral por "pé faltante" – valor dos pares de sapatos dos quais, no inventário semestral realizado na loja, somente um dos calçados é localizado, ficando, então, descartada a utilidade comercial pela ausência do outro "pé", sem a comprovação de culpa do empregado. Gilberto assinou na admissão autorização de desconto de "pé faltante".

Após ser dispensado, ajuizou reclamação pedindo a devolução de ambos os descontos. A empresa pugna pela validade do desconto para a festa, pois alega que Gilberto sempre participou dela, e, em relação ao "pé faltante", porque assinou documento autorizando o desconto. Na audiência, o autor confirmou a presença na festa da empresa em todos os anos e afirmou que havia comida e bebida fartas. Não se produziram outras provas.

Diante da situação retratada e do entendimento consolidado do TST, responda aos itens a seguir.

A) O desconto para a festa de confraternização é válido? (Valor: 0,65)

B) O desconto a título de "pé faltante" é válido? (Valor: 0,60)

Obs.: O examinando deve fundamentar suas respostas.

A mera citação do dispositivo legal não confere pontuação.

GABARITO COMENTADO

(A) O desconto para a confraternização é inválido, na medida em que não foi autorizado pelo trabalhador, violando a Súmula 342 do TST e o Art. 462 da CLT, que tratam do tema.

(B) O desconto a título de "pé faltante" é inválido, na medida em que, apesar de autorizado por escrito, exigiria a prova de culpa do empregado, como previsto no Art. 462, § 1°, da CLT, o que não ocorreu.

DISTRIBUIÇÃO DOS PONTOS

QUESITO AVALIADO	VALORES
A. O desconto é inválido porque não autorizado por escrito (0,55). Indicação da Súmula 342 TST OU do Art. 462 da CLT (0,10).	0,00 / 0,55 / 0,65
B. O desconto é inválido porque não houve prova de culpa do empregado (0,50). Indicação do Art. 462, § 1°, da CLT (0,10)	0,00 / 0,50 / 0,60

XVIII Exame Unificado – 2015.3
QUESTÃO 2

Robson foi contratado para trabalhar na sociedade empresária BCD Ltda. em janeiro de 2005, cumprindo jornada de segunda-feira a sábado, das 7:00h às 18:00h, com pausa alimentar de 30 minutos. Em julho de 2007, Robson foi aposentado por invalidez; em dezembro de 2014, ele ajuizou reclamação trabalhista postulando o pagamento de horas extras de 2005 a 2007. Em defesa, a ré arguiu prescrição parcial, enquanto o autor, que teve vista da defesa, alegou que a prescrição estaria suspensa em razão da concessão do benefício previdenciário.

Considerando a situação retratada, e de acordo com a Lei e a jurisprudência consolidada do TST, responda aos itens a seguir.

A) Qual das teses prevalecerá em relação à questão da prescrição? Justifique. (Valor: 0,65)

B) Indique a consequência jurídica da aposentadoria por invalidez no contrato de trabalho do autor. Justifique. (Valor: 0,60)

Obs.: o examinando deve fundamentar suas respostas.
A mera citação do dispositivo legal não confere pontuação.

GABARITO COMENTADO

A) A tese da empresa deve prevalecer, pois a suspensão do contrato de trabalho não importa em suspensão do prazo prescricional, na forma da OJ 375 do TST.

B) A aposentadoria por invalidez é causa de suspensão do contrato de trabalho, na forma do Art. 475 da CLT.

DISTRIBUIÇÃO DOS PONTOS

QUESITO AVALIADO	VALORES
A. A tese empresarial, pois a suspensão contratual não gera a suspensão do prazo prescricional (0,55). Indicação da OJ 375 TST (0,10).	0,00 / 0,55 / 0,65
B. É causa de suspensão do contrato de trabalho (0,50). Indicação do Art. 475, CLT (0,10).	0,00 / 0,50 / 0,60

QUESTÃO 4

Em reclamação trabalhista movida por empregado contra o ex-empregador, o pedido foi julgado procedente em parte e a sociedade empresária pretende recorrer. Nesse sentido, apresentou a petição com o recurso no 5º dia da publicação da sentença e o comprovante das custas e do depósito recursal 15 dias após, mas explicou na peça que havia recolhido o preparo no prazo de oito dias, conforme chancela bancária, e que a demora na juntada do preparo se deveu a um problema interno do escritório.

Na hipótese retratada, de acordo com a CLT e a jurisprudência consolidada do TST, responda aos itens a seguir.

A) Como advogado do autor da demanda, informe o que você sustentaria em contrarrazões sobre o aspecto processual apresentado na questão. (Valor: 0,65)

B) Caso o recurso interposto pela sociedade empresária tivesse seu seguimento negado, por qualquer razão, pelo juiz de 1º grau, que recurso poderia ser interposto? Justifique. (Valor: 0,60)

Obs.: o examinando deve fundamentar suas respostas.

A mera citação do dispositivo legal não confere pontuação.

GABARITO COMENTADO

A) A deserção, já que o preparo foi feito, mas não foi comprovado no prazo legal, conforme a Súmula 245 do TST, o Art. 789, § 1º, da CLT e o Art. 7º da Lei nº 5.584/1970.

B) O recurso de agravo de instrumento, conforme previsto no Art. 897, *b*, da CLT.

DISTRIBUIÇÃO DOS PONTOS

QUESITO AVALIADO	VALORES
A. Deserção, já que o preparo não foi comprovado no prazo legal (0,55). Indicação da Súmula 245 do TST OU do Art. 789, § 1º, CLT OU do Art. 7º da Lei nº 5.584/1970 (0,10).	0,00 / 0,55 / 0,65
B. Agravo de instrumento (0,50). Indicação do Art. 897, b, CLT (0,10).	0,00 / 0,50 / 0,60

XVII Exame Unificado – 2015.2
QUESTÃO 1

Uma empregada trabalha em uma empresa cumprindo a seguinte jornada de trabalho: nos 10 primeiros dias do mês, de segunda-feira a sábado, de 08:00 às 16:00h; nos 10 dias seguintes, de segunda-feira a sábado, de 16:00 às 24:00h; nos últimos 10 dias do mês, de segunda-feira a sábado, de 24:00 às 8:00h – e assim sucessivamente em cada mês – , sempre com intervalo de 1 hora para refeição. Não existe acordo coletivo nem convenção coletiva regrando a matéria para sua categoria profissional.

Com base no caso apresentado, responda aos itens a seguir.

A) Analise se há sobrejornada, justificando em qualquer hipótese. (Valor: 0,65)

B) Informe sobre que horário a empregada receberá adicional noturno na jornada cumprida de segunda-feira a sábado, das 16:00 às 24:00h. (Valor: 0,60)

Obs.: o examinando deve fundamentar suas respostas.

A mera citação do dispositivo legal não confere pontuação.

GABARITO COMENTADO

A) Na hipótese trazida na questão, há turno ininterrupto de revezamento, cuja jornada deveria ser de 6 horas diárias, pois não há instrumento normativo da categoria autorizando jornada superior. Como a empregada cumpriu 8 horas diárias, terá direito às horas extras, conforme o Art. 7º, XIV, da CF/88 e OJ 275.

B) Tratando-se de horário misto, haverá direito ao adicional noturno sobre a jornada compreendida entre 22:00 e 00:00h, conforme o Art. 73, § 4º, da CLT.

DISTRIBUIÇÃO DOS PONTOS

QUESITO AVALIADO	VALORES
A. Sim, pois há turno ininterrupto de revezamento OU Sim, porque a jornada deveria ser de 6 horas diárias (0,55). Indicação do Art. 7º, XIV, CF/1988 OU OJ 275 TST (0,10) Obs.: a mera citação do dispositivo legal não confere pontuação.	0,00 / 0,55 / 0,65
B) Sobre a jornada compreendida entre 22:00 e 24:00 h (0,50). Indicação do Art. 73, § 2º ou § 4º, CLT (0,10) Obs.: a mera citação do dispositivo legal não confere pontuação.	0,00 / 0,50 / 0,60

QUESTÃO 3

Lucas ajuizou reclamação trabalhista contra sua ex-empregadora, uma empresa de terceirização, e contra o ente público tomador dos serviços. No rol de pedidos, o autor deseja o pagamento de verbas da extinção contratual e indenização por dano moral, pois era humilhado pelo seu supervisor, além da condenação subsidiária do ente público por culpa in vigilando (Súmula 331, V, do TST). Em sua contestação, o ente público sustenta que, caso venha a ser condenado, devem ser observados os juros menores previstos na Lei nº 9.494/97, além de não poder ser responsabilizado pela eventual condenação por dano moral, sequer de forma subsidiária, pois não feriu qualquer direito de personalidade do autor.

Considerando a situação retratada, e de acordo com a jurisprudência consolidada do TST, responda aos itens a seguir.

A) A tese do ente público, quanto à condenação em juros menores, deve ser acolhida? Justifique. (Valor: 0,65)

B) A tese do ente público de isenção quanto à responsabilidade pelo eventual deferimento de indenização por dano moral deve ser acolhida? Justifique. (Valor: 0,60)

Obs.: o examinando deve fundamentar suas respostas.

A mera citação do dispositivo legal não confere pontuação.

GABARITO COMENTADO

A) A tese do Poder Público não deve prevalecer, pois quando ele é condenado subsidiariamente não se beneficia dos juros menores, conforme OJ 382 do TST.

B) A tese do Poder Público não deve prevalecer, pois a responsabilidade subsidiária abrange todas as verbas decorrentes da condenação no período da prestação laboral, conforme a Súmula 331, VI, do TST.

DISTRIBUIÇÃO DOS PONTOS

QUESITO AVALIADO	VALORES
A. Não, pois quando o ente público é condenado subsidiariamente não se beneficia dos juros menores (0,55). Indicação da OJ 382 TST (0,10). Obs.: a mera citação do dispositivo legal não será pontuada.	0,00 / 0,55 / 0,65
B. Não, pois a responsabilidade subsidiária abrange todas as verbas objeto da condenação, sem exceção (0,50). Indicação da Súmula 331, VI, TST (0,10). Obs.: a mera citação do dispositivo legal não será pontuada.	0,00 / 0,50 / 0,60

QUESTÃO 4

Rodolfo é gerente em um supermercado e recebe salário de R$ 5.000,00 mensais, mas precisou se afastar do emprego por 90 dias em razão de doença. Nesse período de afastamento, o subgerente Vitor, que ganha R$ 4.000,00 por mês, assumiu a função interinamente. Infelizmente a doença de Rodolfo evoluiu e ele veio a falecer 91 dias após o afastamento. Uma semana após o trágico evento, o supermercado contratou José como o novo gerente, acertando salário de R$ 4.800,00 mensais.

Diante da situação apresentada e do entendimento consolidado do TST, responda de forma fundamentada aos itens a seguir.

A) Analise se Vitor tem direito a receber o mesmo salário que Rodolfo no período em que assumiu a função interinamente. (Valor: 0,65)

B) Caso José viesse a ajuizar reclamação trabalhista postulando a diferença salarial entre aquilo que ele recebe de salário e o valor pago ao finado Rodolfo, sob alegação de discriminação, que tese você, contratado pelo Supermercado, advogaria? (Valor: 0,60)

Obs.: o examinando deve fundamentar suas respostas.

A mera citação do dispositivo legal não confere pontuação.

GABARITO COMENTADO

A) Vitor tem direito a receber o mesmo salário que Rodolfo porque, na hipótese, a substituição não foi eventual, razão pela qual é assegurado o pagamento do mesmo salário que o substituído, na forma da Súmula 159, I, do TST.

B) A tese a ser advogada pela empresa é a de que se trata de cargo vago que, assim, não garante ao novo empregado o direito de receber o mesmo salário do antecessor, na forma da Súmula 159, II, do TST.

DISTRIBUIÇÃO DOS PONTOS

QUESITO AVALIADO	VALORES
A. Há direito ao mesmo salário porque a substituição não é eventual OU porque a ocupação do cargo foi interina (0,55). Indicação da Súmula 159, I, do TST (0,10).	0,00 / 0,55 / 0,65
B. Que se trata de cargo vago, não ensejando o mesmo salário do antecessor (0,50). Indicação da Súmula 159, II, do TST (0,10).	0,00 / 0,50 / 0,60

XVI Exame Unificado – 2015.1

QUESTÃO 1

Jorge é frentista do posto de gasolina Trevo Ltda. Na admissão, foi informado e assinou contrato de emprego no qual consta cláusula em que autoriza descontos quando gerar prejuízos financeiros ao empregador, decorrentes de ato culposo seu. Em norma interna do posto, de conhecimento de todos os empregados, consta que pagamentos em cheque só seriam aceitos após ser anotada a placa do veículo, além de identidade, endereço e telefone do condutor. Em determinado dia, o cunhado de Jorge, após abastecer o veículo com este, pagou em cheque. Tratando-se do cunhado, Jorge nada anotou no cheque. Dias depois foi constatado que o cheque era de terceiro, estando sustado em decorrência de furto. A sociedade empresária descontou seu prejuízo do salário de Jorge.

Sobre o caso apresentado, responda aos itens a seguir.

A) Analise a validade do desconto efetuado pela empresa. (Valor: 0,65)

B) Caso Jorge tivesse agido em conluio com o cunhado, obtendo benefício próprio, e por conta disso a empresa quisesse dispensá-lo por justa causa, em que hipótese deveria tipificar a conduta do empregado? (Valor: 0,60)

Responda justificadamente, empregando os argumentos jurídicos apropriados e a fundamentação legal pertinente ao caso.

GABARITO COMENTADO

A) A empresa poderá descontar o valor, na forma do Art. 462, § 1º, da CLT, pois o ato foi culposo e estava acertado em contrato.

B) Nesse caso a conduta de Jorge pode ser tipificada como ato de improbidade, nos termos do Art. 482, "a", da CLT.

DISTRIBUIÇÃO DOS PONTOS

QUESITO AVALIADO	VALORES
A. O desconto é lícito porque há previsão contratual e culpa do empregado. (0,55). Citação do Art. 462, § 1º, da CLT (0,10). Obs.: a mera citação do artigo não será pontuada.	0,00 / 0,55 / 0,65
B. Ato de improbidade (0,50). Citação do Art. 482, "a", da CLT. (0,10). Obs.: a mera citação do artigo não será pontuada.	0,00 / 0,50 / 0,60

QUESTÃO 3

Um vigilante trabalha numa empresa do seguinte modo: das 7:00 às 19:00 h, folgando o restante daquele dia e o dia seguinte, voltando à escala 2 dias após, para nova jornada das 7:00 às 19:00 h – ou seja, 12 horas de trabalho seguidas por 36 horas de descanso. Esse acerto está previsto na convenção coletiva da categoria do empregado.

Diante disso, responda aos itens a seguir.

A) Caso o dia de trabalho desse vigilante coincida com um feriado, como será feito o pagamento dessas horas ao empregado? (Valor: 0,65)

B) Caso um plantão de trabalho desse vigilante coincida com o dia de domingo, como será feito o pagamento dessas horas ao empregado? (Valor: 0,60)

Responda justificadamente, empregando os argumentos jurídicos apropriados e a fundamentação legal pertinente ao caso.

GABARITO COMENTADO

A) O examinando deve indicar que, nesse caso, o empregado terá direito à remuneração em dobro (adicional de 100%), conforme preconiza a Súmula 444, do TST.

B) O examinando deve indicar que, nesse caso, o pagamento será feito normalmente, sem qualquer adicional, uma vez que o domingo é considerado dia normal de trabalho, tendo em vista a escala 12x36 h realizada, conforme a Súmula 444 do TST.

DISTRIBUIÇÃO DOS PONTOS

QUESITO AVALIADO	VALORES
A. Terá direito à remuneração em dobro OU terá direito ao adicional de 100% (0,55). Indicação da Súmula 444 do TST (0,10). Obs.: a mera indicação do dispositivo legal não será pontuada.	0,00 / 0,55 / 0,65
B. Será feito normalmente, sem adicional, pois o domingo será considerado dia normal de trabalho, haja vista a escala cumprida (0,50). Indicação da Súmula 444 do TST OU Art. 7º, XV, da CF OU Art. 67, da CLT OU Art. 1º, da Lei nº 605/1949 OU Art. 1º ou Art. 6º, § 2º, do Dec. 27.048/1949 (0,10). Obs.: a mera indicação do dispositivo legal não será pontuada.	0,00 / 0,50 / 0,60

QUESTÃO 4

Patrick, estrangeiro, executivo com salário elevado, não beneficiário de gratuidade de justiça, ajuizou ação em face de sua empregadora, Mineração Ltda. Arrolou como testemunha seu colega de trabalho, também estrangeiro, Paul. Contudo, a testemunha não fala português, apenas se comunicando no idioma alemão.

Com base no caso apresentado, responda aos itens a seguir.

A) Qual deverá ser o procedimento legal para colher o depoimento da testemunha que não fala o idioma nacional? (Valor: 0,65)

B) Em havendo despesa processual com o depoimento da testemunha, a quem caberá o pagamento? (Valor: 0,60)

Responda justificadamente, empregando os argumentos jurídicos apropriados e a fundamentação legal pertinente ao caso.

GABARITO COMENTADO

A) Nos termos do Art. 819 da CLT, caberá ao juiz nomear um intérprete.

B) O pagamento dos honorários do intérprete correrá por conta da parte autora, já que é a ela que interessa o depoimento, na forma do Art. 819, § 2º, da CLT.

DISTRIBUIÇÃO DOS PONTOS

QUESITO AVALIADO	VALORES
A. Caberá ao juiz a nomeação de um intérprete (0,55). Indicação do Art. 819, da CLT OU Art. 162, II, do CPC/2015 (0,10). Obs.: a mera citação do dispositivo legal não será pontuada.	0,00 / 0,55 / 0,65
B. O pagamento dos honorários correrá por conta da parte autora (0,50). Indicação do Art. 819, § 2º, da CLT (0,10). Obs.: a mera citação do dispositivo legal não será pontuada.	0,00 / 0,50 / 0,60

XV Exame Unificado – 2014.3

QUESTÃO 1

O sindicato dos empregados nas usinas de açúcar de Linhares (ES) entabulou convenção coletiva contemplando diversos direitos para os trabalhadores, dentre os quais a entrega de uma cesta básica mensal. Porém, logo após, iniciou-se divergência sobre a quantidade e a qualidade dos produtos que deveriam integrar a referida cesta básica, tendo o sindicato dos empregados decidido ajuizar ação na Justiça do Trabalho.

Diante desse quadro, responda aos itens a seguir.

A) De acordo com a lei, é necessário, ou não, comum acordo para que seja instaurado dissídio coletivo de natureza jurídica? (Valor: 0,85)

B) De acordo com a lei, qual é o prazo máximo de vigência de uma sentença normativa? Apresente fundamento legal que justifique sua resposta. (Valor: 0,40)

O examinando deve fundamentar suas respostas.

A mera citação do dispositivo legal não confere pontuação.

GABARITO COMENTADO

A) É desnecessário o comum acordo, pois a CF/88 o exige apenas nos dissídios coletivos de natureza econômica, conforme Art. 114, § 2º.

B) O prazo máximo é de 4 anos, conforme Art. 868, parágrafo único, da CLT.

DISTRIBUIÇÃO DOS PONTOS

QUESITO AVALIADO	VALORES
A. Desnecessário o comum acordo por não se tratar de dissídio de natureza econômica OU Desnecessário o comum acordo por se tratar de dissídio de natureza jurídica (0,75). Indicação do Art. 114, § 2º, da CF/1988 (0,10). Obs.: é necessária a indicação precisa do fundamento legal. A mera indicação do fundamento legal ou jurisprudencial não credencia pontuação.	0,00 / 0,75 / 0,85
B. Quatro anos (0,30). Indicação do Art. 868, parágrafo único, CLT ou PN 120 da SDC / TST (0,10). Obs.: é necessária a indicação precisa do fundamento legal. A mera indicação do fundamento legal ou jurisprudencial não credencia pontuação.	0,00 / 0,30 / 0,40

QUESTÃO 2

Pedro e Paulo ajuizaram uma reclamação trabalhista cada. Ambas idênticas, sob o mesmo patrocínio e com pedido de antecipação de tutela para reintegração. Pedro obteve êxito na concessão da antecipação de tutela liminarmente, antes da audiência de instrução. Paulo só teve o pedido de antecipação de tutela deferido na sentença.

A) Na qualidade de advogado da empresa, qual a medida judicial a ser utilizada para reverter os efeitos da tutela deferida a Pedro? (Valor: 0,60)

B) Na qualidade de advogado da empresa, que medidas judiciais deverão ser adotadas para suspender e reverter os efeitos da tutela deferida a Paulo? (Valor: 0,65)

O examinando deve fundamentar suas respostas.

A mera citação do dispositivo legal não confere pontuação.

GABARITO COMENTADO

A) No caso de Pedro, tratando-se de decisão interlocutória, por não haver recurso específico cabível, será procedente a impetração de Mandado de Segurança, na forma da Súmula 414, II, do TST.

B) No caso de Paulo, como se trata de decisão definitiva, caberá Recurso Ordinário, devendo-se ajuizar ação cautelar incidental para dar efeito suspensivo ao recurso ordinário conforme Súmula 414, I, do TST.[4]

---

4. A súmula 414, I, do TST com redação dada pela resolução 217/2017 ensina ser admissível a obtenção de efeito suspensivo ao recurso ordinário mediante requerimento dirigido ao tribunal, ao relator ou ao presidente ou ao vice-presidente do tribunal recorrido, por aplicação subsidiária ao processo do trabalho do artigo 1.029, § 5º, do CPC de 2015.

DISTRIBUIÇÃO DOS PONTOS

QUESITO AVALIADO	VALORES
A. Impetração de Mandado de Segurança (0,50). Indicação da Súmula 414, II, do TST ou Art. 893, § 1º da CLT ou Art. 5º, II, da Lei 12016/2009 (0,10). Obs.: a mera transcrição do dispositivo legal não pontua.	0,00 / 0,50 / 0,60
B. Interpor Recurso Ordinário (0,35) e ajuizar ação cautelar para dar efeito suspensivo a ele (0,20). Indicação da Súmula 414, I, TST (0, 10). Obs.: a mera transcrição do dispositivo legal não pontua.	0,00 / 0,20 / 0,30 / 0,35 / 0,45 / 0,55 / 0,65

QUESTÃO 3

Raquel Infante nasceu em 5 de maio de 1995 e foi admitida na empresa Asa Branca Refinaria S/A em 13 de maio de 2011, lá permanecendo por 4 meses, sendo dispensada em 13 de setembro de 2011. Em razão de direitos a que entende fazer jus e que não foram pagos, Raquel ajuizou reclamação trabalhista em 20 de dezembro de 2013. Em contestação, a empresa suscitou prescrição total (extintiva), pois a ação teria sido ajuizada mais de 2 anos após o rompimento do contrato.

A respeito do caso apresentado, responda, fundamentadamente, aos itens a seguir.

A) Analise se ocorreu prescrição total (extintiva) na hipótese, justificando. (Valor: 0,65)

B) Analise se Raquel poderia ser designada para trabalhar em jornada noturna, justificando. (Valor: 0,60)

O examinando deve fundamentar suas respostas.

A mera citação do dispositivo legal não confere pontuação.

GABARITO COMENTADO

A) Não ocorreu prescrição total (extintiva), porque isso só teve início quando a empregada completou 18 anos (CLT, Art. 440, da CLT), ou seja, a partir de 5 de maio de 2013. Assim, a ação poderia ser apresentada com garantia de análise até 5 de maio de 2015.

B) Não poderia, pois a lei veda o trabalho noturno para menores de 18 anos, segundo o Art. 7º, XXXIII, da CF/1988, ou Art. 404 da CLT, ou, ainda, Art. 67, I, do ECA.

DISTRIBUIÇÃO DOS PONTOS

QUESITO AVALIADO	VALORES
Não ocorreu prescrição total (extintiva), que se iniciou quando a empregada completou 18 anos OU não, pois não corre prescrição contra menor de 18 anos (0,55). Indicação do Art. 440, da CLT (0,10). Obs.: a simples citação do artigo não pontua.	0,00 / 0,55 / 0,65
Não, pois a Lei veda o trabalho noturno para menores de 18 anos (0,50). Indicação da CF/88, Art. 7º, XXXIII OU CLT, Art. 404, OU ECA, Art. 67, I (0,10). Obs.: a simples citação do artigo não pontua.	0,00 / 0,50 / 0,60

QUESTÃO 4

Determinado empregado ajuizou ação trabalhista em face de seu empregador (empresa de serviço fornecedora de mão de obra na área de limpeza), logo após haver sido dispensado. Na ação aduziu que era detentor de estabilidade decorrente de doença acidentária, supostamente causada pelo trabalho. Para tanto, juntou aos autos carta de concessão de benefício previdenciário por doença comum, não produzindo qualquer outra prova. A empregadora ré apenas negou que a doença era decorrente do trabalho desempenhado.

Sobre o caso apresentado, utilizando os argumentos jurídicos apropriados e a fundamentação legal pertinente ao caso, responda aos itens a seguir.

A) Indique, sob o aspecto da distribuição do ônus da prova, a quem caberia comprovar se a doença do empregado decorre ou não do trabalho. (Valor: 0,65)

B) Qual o outro meio de prova passível de utilização no caso em tela? (Valor: 0,60)

O examinando deve fundamentar suas respostas.

A mera citação do dispositivo legal não confere pontuação.

GABARITO COMENTADO

A) O examinando deve indicar que o ônus da prova cabe à parte autora, pois se trata de fato constitutivo de seu direito, nos termos do Art. 373 do CPC/2015 e do Art. 818 da CLT.

B) O nexo de causalidade precisa ser demonstrado por meio de prova pericial médica, nos termos do Art.21-A da Lei nº 8.213/91 OU da Súmula 378, II, do TST.

DISTRIBUIÇÃO DOS PONTOS

QUESITO AVALIADO	VALORES
A) O ônus da prova cabe à parte autora (0,35), pois se trata de fato constitutivo de seu direito OU alegado pelo autor (0,20). Indicação dos Arts. 373, I, CPC/2015 OU 818 CLT[5] (0,10). Obs.: a mera citação do artigo não pontua.	0,00 / 0,20/ 0,30 / 0,35 / 0,45 / 0,55 / 0,65
B) Prova pericial (0,50). Indicação dos Arts. 156 CPC/2015 OU 464 CPC/2015 OU 21-A Lei 8.213/91 OU Súmula 378, II, TST. (0,10). Obs.: a mera citação do dispositivo legal não pontua	0,00 / 0,50 / 0,60

XIV Exame Unificado – 2014.2[5]
QUESTÃO 1

Joana é servidora pública municipal do Município de Tribobó do Oeste, o qual não possui regime jurídico próprio. Foi contratada na condição de celetista, tendo prestado concurso público em 2004. Em 2014, imotivadamente foi dispensada. Já Paula é empregada da empresa Banco Futuro S/A, que a contratou após processo seletivo composto por prova de conhecimento na área de atuação e teste psicotécnico, tudo ocorrido também no ano de 2004, e dispensada imotivadamente na mesma época que Joana.

Diante disso, responda:

A) Joana faz jus a algum tipo de estabilidade? Fundamente. (Valor: 0,65)

B) Paula faz jus a algum tipo de estabilidade? Fundamente. (Valor: 0,60)

GABARITO COMENTADO

A) Joana é detentora da estabilidade prevista no Art. 41, da CRFB, nos termos da Súmula 390, I do TST, pois é funcionária pública municipal da administração direta.

B) Paula não faz jus à estabilidade, já que é empregada celetista comum, podendo ser dispensada imotivadamente dado o poder diretivo do empregador e ato discricionário deste.

---

5. Nova redação dada ao art. 818 da CLT de acordo com a Lei 13.467/2017:
"Art. 818. O ônus da prova incumbe:
I - ao reclamante, quanto ao fato constitutivo de seu direito;
II - ao reclamado, quanto à existência de fato impeditivo, modificativo ou extintivo do direito do reclamante."

DISTRIBUIÇÃO DOS PONTOS

QUESITO AVALIADO	VALORES
A. Joana é detentora da estabilidade, pois é funcionária pública municipal da administração direta (0,45) indicação do Art. 41 CF/88 OU Súmula 390, I, TST (0,20).	0,00 – 0,45 – 0,65
B. Paula não é detentora de estabilidade, pois a dispensa imotivada é direito potestativo do empregador OU decorre do poder diretivo do empregador OU por ainda não haver regulamentação da proteção contra despedida arbitrária ou sem justa causa (0,60).	0,00 – 0,60

QUESTÃO 3

Sérgio Alcântara moveu ação contra a empresa Delta Promoções e Imagens, da qual foi empregado, pleiteando o pagamento de indenização por dano moral de R$ 10.000,00 e horas extras. Na sentença foi deferido o pagamento de indenização por dano moral de R$ 5.000,00 e as horas extras no quantitativo desejado na petição inicial. Somente a empresa interpôs recurso ordinário, e o TRT da Região manteve a sentença em todos os seus aspectos. Então, o reclamante interpôs recurso de revista pretendendo a majoração da indenização por dano moral para R$ 10.000,00, tal qual desejado na exordial.

Diante da situação, responda, fundamentadamente, aos itens a seguir.

A) Analise a possibilidade de Sérgio interpor recurso de revista no caso apresentado, justificando. (Valor: 0,65)

B) Caso a empresa opusesse embargos declaratórios contra o acórdão proferido pelo TRT, informe em que situação, à luz da jurisprudência consolidada, o autor teria de ser intimado para se manifestar. (Valor: 0,60)

GABARITO COMENTADO

A) Não seria possível o recurso porque a decisão transitou em julgado em relação à Sérgio, ocorrendo preclusão OU Não seria possível porque houve aceitação tácita em relação à sentença, na forma do artigo 1000 do CPC/2015.

B) Caso nos embargos de declaração houvesse pedido de efeito modificativo, conforme OJ 142 do TST.

DISTRIBUIÇÃO DOS PONTOS

QUESITO AVALIADO	VALORES
Não seria possível porque a decisão transitou em julgado em relação à Sérgio (0,45), ocorrendo preclusão ou de acordo com o Art. 507 CPC/2015 (0,20) OU Não seria possível porque houve aceitação tácita em relação à sentença (0,45). Indicação do art. 1000, CPC/2015. (0,20)	0,00 / 0,45 / 0,65
Caso houvesse pedido de efeito infringente OU efeito modificativo (0,40). Indicação OJ 142 TST (0,20).	0,00 / 0,40 / 0,60

QUESTÃO 4

Carlos Sá Pereira é empregado da empresa Vinhos Especiais Ltda., exercendo a função de degustador. Para tanto, deve provar pequena quantidade de vinho de cada lote, o que gera, ao final de cada semana, a ingestão de 6 litros de vinho. Em razão disso, tornou-se dependente de álcool e passou a beber mesmo fora do serviço, o que levou ao seu afastamento do emprego e seu encaminhamento ao INSS. Foi constatado pela perícia que havia o nexo técnico epidemiológico, e o benefício correspondente foi deferido pelo INSS.

Diante do caso, responda aos itens a seguir.

A) Analise se a empresa, durante o período de afastamento de Carlos Sá Pereira pelo INSS, deverá recolher o FGTS. Justifique. (Valor: 0,65)

B) O período de afastamento de Carlos Sá Pereira será considerado na contagem do seu tempo de serviço? Justifique. (Valor: 0,60)

GABARITO COMENTADO

A) Sim, pois o evento equipara-se a acidente do trabalho, sendo então obrigatório o recolhimento do FGTS, na forma do artigo 15, § 5°, da Lei n° 8.036/90 OU artigo 28, III, do Decreto 99.684/90.

B) Sim, o período será computado como tempo de serviço, na forma do artigo 4°, § 1°, da CLT.

DISTRIBUIÇÃO DOS PONTOS

QUESITO AVALIADO	VALORES
Sim, pois o evento equipara-se a acidente do trabalho, sendo obrigatório o depósito do FGTS (0,45). Indicação art. 15, § 5°, Lei n° 8.036/90 OU art. 28, III, do Dec. 99.684/90. (0,20). Obs.: a simples citação do artigo não pontua	0,00 / 0,45 / 0,65
O período será computado como tempo de serviço (0,40). Indicação art. 4°, § 1°, CLT. (0,20) Obs.: a simples citação do artigo não pontua.	0,00 / 0,40 / 0,60

XIII Exame Unificado – 2014.1

QUESTÃO 1

Aproveitando a oportunidade conferida por seu empregador, Renan aderiu ao Programa de Demissão Voluntária ofertado pela empresa e recebeu 10 salários adicionais de indenização (um salário por cada ano trabalhado), além das verbas típicas da dispensa sem justa causa. No mesmo período, Renan dispensou sua empregada doméstica.

Diante da situação, responda aos itens a seguir.

A) Haverá recolhimento de FGTS sobre a indenização de 10 salários adicionais? Justifique em qualquer hipótese. (Valor: 0,65)

B) Analise se, em eventual reclamação trabalhista movida pela empregada doméstica de Renan, poderia haver penhora da conta do FGTS do empregador para que os valores lá depositados sirvam para pagamento da doméstica na fase executória. Justifique. (Valor: 0,60)

A mera indicação do fundamento legal não credencia pontuação.

GABARITO COMENTADO

A) Não haverá recolhimento de FGTS haja vista a natureza indenizatória da verba (ou natureza não salarial), não se constituindo em fato gerador do FGTS, conforme artigo 15, § 6° da Lei n° 8.036/90, repetido no art. 9°, X da instrução normativa 99/2012 do MTE.

B) Não será possível, pois as contas do FGTS são absolutamente impenhoráveis, na forma do artigo 2°, § 2°, da Lei n° 8.036/90, repetido no art. 17 Decreto 99.684/90.

DISTRIBUIÇÃO DOS PONTOS

QUESITO AVALIADO	VALORES
A. Não haverá, haja vista a natureza indenizatória da verba ou natureza não salarial (0,45). Indicação do artigo 15, §6º da Lei nº 8.036/90 OU art. 9º, X da IN 99/2012 MTE (0,20). Obs.: é necessária a indicação precisa do fundamento legal. A mera indicação do fundamento legal ou jurisprudencial não credencia pontuação.	0,00 – 0,45 – 0,65
B. Impossível porque as contas do FGTS são absolutamente impenhoráveis (0,40). Indicação do artigo 2º, § 2º, da Lei nº 8.036/90 OU art. 17 Decreto 99.684/90 (0,20). Obs.: é necessária a indicação precisa do fundamento legal. A mera indicação do fundamento legal ou jurisprudencial não credencia pontuação.	0,00 / 0,40 / 0,60

QUESTÃO 4

Jocimar é auxiliar de laboratório, ganha R$ 2.300,00 mensais e ajuizou reclamação trabalhista contra a empresa Recuperação Fármacos Ltda., sua empregadora, requerendo o pagamento dos adicionais de insalubridade e periculosidade. Designada perícia pelo juiz, foi constatado pelo expert que no local de trabalho o frio era excessivo, sem a entrega de equipamento de proteção individual adequado, além de perigoso, pois Jocimar trabalhava ao lado de um tanque da empresa onde havia grande quantidade de combustível armazenado. Contudo, a empresa impugnou expressamente o laudo pericial, afirmando que o perito designado era um engenheiro de segurança do Trabalho, e não um médico do trabalho, como deveria ser.

Diante do caso, responda:

A) Analise, de acordo com a CLT, a possibilidade de condenação da empresa nos dois adicionais desejados, justificando. (Valor: 0,65)

B) Caso Jocimar postulasse o adicional de insalubridade, alegando que o ruído era excessivo, analise se seria possível o deferimento do adicional se a perícia constatou que o único elemento insalubre presente no local era o frio. Justifique. (Valor: 0,60)

A mera citação do dispositivo legal não pontua.

GABARITO COMENTADO

A) Impossível o deferimento de ambos os adicionais cumulativamente, na forma da CLT, artigo 193, § 2º ou NR 15, item 15.3 do MTE. O empregado poderá optar pelo adicional de insalubridade ou periculosidade que porventura lhe seja devido.

B) Seria possível, pois o juiz não fica adstrito ao agente agressor indicado pela parte, na forma da Súmula 293, do TST.

DISTRIBUIÇÃO DOS PONTOS

QUESITO AVALIADO	VALORES
Impossível o deferimento de ambos os adicionais cumulativamente (0,45). Indicação do artigo 193, § 2º, da CLT OU NR 15, item 15.3 do MTE (0,20). Obs.: a mera citação do dispositivo legal não pontua.	0,00 / 0,45 / 0,65
Seria possível, pois o juiz não fica adstrito ao agente agressor indicado pela parte (0,40). Indicação da Súmula nº 293, do TST (0,20). Obs.: a mera citação do dispositivo legal não pontua.	0,00 / 0,40 / 0,60

XII Exame Unificado – 2013.3
QUESTÃO 1

Determinado empresário pretende contratar Gustavo para prestar serviços em dois turnos que se alternam, compreendendo horário diurno e noturno de trabalho. Considerando que a atividade da empresa não se desenvolve continuamente e que não há norma coletiva disciplinando a relação de trabalho, responda, de forma fundamentada, às indagações a seguir.

A) Qual deve ser o limite diário de duração do trabalho de Gustavo? (Valor:0,65)

B) Na hipótese, como será tratado o período de trabalho que estiver compreendido entre as 22 horas de um dia e as 5 horas do dia seguinte? (Valor:0,60)

GABARITO COMENTADO

A) O limite diário de duração do trabalho deste empregado deve ser de 06 (seis) horas, nos termos do Art. 7º, inciso XIV, da Constituição da República, por se tratar de empregado que irá trabalhar em turnos ininterruptos de revezamento. De acordo com o posicionamento contido na OJ 360 da SDI-1 do TST, faz jus à jornada especial prevista no Art. 7º, XIV, da CF/1988 o trabalhador que exerce suas atividades em sistema de alternância de turnos, ainda que em dois turnos de trabalho, que compreendam, no todo ou em parte, o horário diurno e o noturno, pois submetido à alternância de horário prejudicial à saúde, sendo irrelevante que a atividade da empresa se desenvolva de forma ininterrupta.

B) O empregado terá direito à redução da hora noturna, posto não haver qualquer incompatibilidade entre as disposições contidas no Artigo 73, § 1º, da CLT e no Art. 7º, inciso XIV, do Texto Constitucional. A redução da hora noturna deve ser observada nos turnos ininterruptos de revezamento. Neste sentido, inclusive, a OJ 395 do TST: "O trabalho em regime de turnos ininterruptos de revezamento não retira o direito à hora noturna reduzida, não havendo incompatibilidade entre as disposições contidas nos Art. 73, § 1º, da CLT e no Art. 7º, XIV, da Constituição Federal" e Súmula 213 STF.

DISTRIBUIÇÃO DOS PONTOS

QUESITO AVALIADO	VALORES
A. Seis horas diárias (0,45); indicação da OJ 360 da SDI-1 do TST OU Art. 7º, XIV da CF/88 (0,20). Obs.: a simples citação do artigo não pontua.	0,00 / 0,45 / 0,65
B. Terá direito à redução da hora noturna (0,40); indicação da OJ 395 da SDI-1 do TST OU Art. 73, § 1º, da CLT (0,20). OU Terá direito ao pagamento do adicional noturno de 20% (0,40); indicação do Art. 73, caput, da CLT OU Súmula 213 STF (0,20). Obs.: a simples citação do artigo não pontua.	0,00 / 0,40 / 0,60

QUESTÃO 2

Um ex-empregado ajuíza reclamação trabalhista contra a ex-empregadora (a empresa "A") e outra que, segundo alega, integra o mesmo grupo econômico (a empresa "B"). Em defesa, a empresa "A" afirma que pagou tudo ao reclamante, nada mais lhe devendo, enquanto a empresa "B" sustenta sua ilegitimidade passiva, negando a existência de grupo econômico.

Considerando que: 1) as reclamadas possuem advogados diferentes; 2) o pedido foi julgado procedente, condenando-se solidariamente as rés; e 3) a empresa "A" recorreu, efetuando o recolhimento das custas e depósito recursal, responda, de forma fundamentada, às indagações a seguir.

A) O prazo para recurso das empresas é diferenciado, haja vista terem procuradores diferentes? (Valor: 0,65)

B) A empresa "B" deverá efetuar depósito recursal para viabilizar o recurso, no qual insistirá na sua absolvição por não integrar com a litisconsorte um grupo econômico? (Valor: 0,60)

GABARITO COMENTADO
A) Mesmo possuindo procuradores diferentes, o prazo não será diferenciado porque o TST entende que o disposto no Art. 229 do CPC/2015 é inaplicável ao Processo do Trabalho, conforme OJ 310. B) Será desnecessário o depósito recursal pela empresa "B", pois havendo condenação solidária e já havendo recolhimento pela empresa "A", que não requereu sua exclusão da lide, o depósito por ela feito poderá ser aproveitado pela empresa "B", na forma da Súmula n. 128, III, do TST.

DISTRIBUIÇÃO DOS PONTOS

QUESITO AVALIADO	VALORES
A. O prazo não será diferenciado (0,45). Indicação da OJ 310 SDI-1 do TST (0,20). Obs.: É necessária a indicação precisa do fundamento legal. A mera indicação do fundamento legal ou jurisprudencial não pontua	0,00 / 0,45 / 0,65
B. Desnecessário o depósito recursal pela empresa "B", pois a empresa "A" já o fez e não requereu sua exclusão da lide, podendo ser aproveitado pela litisconsorte (0,40). Indicação da Súmula n. 128, III, do TST (0,20). Obs.: É necessária a indicação precisa do fundamento legal. A mera indicação do fundamento legal ou jurisprudencial não pontua.	0,00 / 0,40 / 0,60

QUESTÃO 3

Serafim Almeida ajuizou reclamação trabalhista contra o ex-empregador postulando o pagamento de horas extras e verbas resilitórias. Em audiência, entabulou acordo com o reclamado, que foi homologado judicialmente, no qual conferiu quitação geral quanto ao extinto contrato de trabalho. Tempos depois contratou novo advogado e ajuizou nova demanda contra a mesma empresa, desta feita pedindo apenas diferença em razão de equiparação salarial – verba não perseguida na 1ª ação.

Diante desse quadro, responda aos itens a seguir.

A) Analise a validade, ou não, de um acordo judicial no qual a parte concede quitação sobre objeto que não foi postulado na petição inicial, justificando em qualquer hipótese. (Valor: 0,85)

B) Informe o fenômeno jurídico que inviabiliza o prosseguimento da 2ª ação ajuizada, apresentando o fundamento legal respectivo. (Valor: 0,40)

GABARITO COMENTADO
A) É válido conferir quitação mesmo de verba não postulada, conforme OJ 132 da SDI-2, do TST. B) Ocorrerá o fenômeno da coisa julgada, conforme Art. 337 §§ 1º e 4 do CPC/2015.

DISTRIBUIÇÃO DOS PONTOS

QUESITO AVALIADO	VALORES
A. É válido conferir quitação mesmo de verba não postulada (0,65). Indicação da OJ 132 da SDI-2, TST (0,20). Obs.: é necessária a indicação precisa do fundamento legal. A mera indicação do fundamento legal ou jurisprudencial não pontua	0,00 / 0,65 / 0,85
B. Ocorrerá a coisa julgada (0,30). Indicação do Art. 337, § 1º, OU Art.337, § 4º OU Art. 502, todos do CPC/2015 (0,10). Obs.: é necessária a indicação precisa do fundamento legal. A mera indicação do fundamento legal ou jurisprudencial não pontua.	0,00 / 0,30 / 0,40

QUESTÃO 4

O juiz deferiu o pagamento de férias vencidas + 1/3 em reclamação trabalhista, sob o fundamento de inexistência de comprovação de fruição ou pagamento destas, já que a empresa ré não produziu qualquer prova da alegação de que o empregado gozara ou recebera as férias. Transitada em julgado a decisão, a ré ajuizou ação rescisória, juntando recibo da época da rescisão do contrato de trabalho do autor, no qual estava comprovado o pagamento do período de férias, objeto da condenação. Alegou tratar-se de documento novo, mas que não foi juntado por esquecimento do advogado.

A) Qual o entendimento do TST acerca de documento novo para efeitos de ajuizamento de Ação Rescisória? Fundamente. (Valor: 0,65)

B) Qual deverá ser a decisão sobre o cabimento ou não da Ação Rescisória nesta hipótese? Fundamente. (Valor: 0,60)

GABARITO COMENTADO

A) Documento novo é aquele que já existia ao tempo da ação ou da sentença que se quer rescindir, mas não era do conhecimento da parte ou era impossível a sua utilização (0,45), nos termos da Súmula 402 do TST (0,20).

B) O pedido da ação rescisória deve ser julgado improcedente, pois a hipótese não se refere a documento novo (0,40), nos termos da Súmula 402 do TST (0,20).

DISTRIBUIÇÃO DOS PONTOS

QUESITO AVALIADO	VALORES
A. Documento novo é aquele que já existia ao tempo da ação ou da sentença que se quer rescindir, mas não era do conhecimento da parte ou era impossível a sua utilização (0,45), nos termos da Súmula 402 do TST (0,20). Obs.: é necessária a indicação precisa do fundamento legal. A mera indicação do fundamento legal ou jurisprudencial não pontua.	0,00 / 0,45 / 0,65
B. O pedido da ação rescisória deve ser julgado improcedente, pois a hipótese não se refere a documento novo (0,40), nos termos da Súmula 402 do TST (0,20). Obs.: é necessária a indicação precisa do fundamento legal. A mera indicação do fundamento legal ou jurisprudencial não pontua.	0,00 / 0,40 / 0,60

XI Exame Unificado – 2013.2

QUESTÃO 2

João, empregado da empresa Beta, sentiu-se mal durante o exercício da sua atividade e procurou o departamento médico do empregador, que lhe concedeu 15 (quinze) dias de afastamento do trabalho para o devido tratamento. Após o decurso do prazo, João retornou ao seu mister mas, 10 (dez) dias depois, voltou a sentir o mesmo problema de saúde, tendo sido encaminhado ao INSS, onde obteve benefício de auxílio doença comum.

Diante da situação, responda, justificadamente, aos itens a seguir.

A) A quem competirá o pagamento do salário em relação aos primeiros 15 dias de afastamento? (Valor: 0,65)

B) Caso o INSS concedesse de plano a João, dada a gravidade da situação, a aposentadoria por invalidez comum, que efeito jurídico o benefício previdenciário teria sobre o contrato de trabalho? (Valor: 0,60)

A simples menção ou transcrição do dispositivo legal não pontua.

GABARITO COMENTADO

A) Durante os primeiros 15 dias de afastamento por motivo de doença competirá à empregadora o pagamento do salário, na forma do Art. 60, § 3º, da Lei 8.213/91 OU Art. 476 da CLT OU Decreto n. 3.048/99, Art. 75.

B) O contrato ficará suspenso até que haja a recuperação, na forma do Art. 475, da CLT.

QUESTÃO 3

Em reclamação trabalhista movida por uma empregada contra o ex-empregador, o pedido de indenização por dano moral foi julgado improcedente na sentença. Inconformada, a empregada recorreu e o TRT deferiu parcialmente este pedido. Irresignada com o valor deferido, que entendia insuficiente, a empregada ainda manejou recurso de revista, sendo mantida pelo TST a quantia já fixada. Adveio em seguida o trânsito em julgado.

Diante dessa situação, responda aos seguintes itens.

A) A partir de quando será computada a correção monetária do pedido de dano moral? Justifique sua resposta. (Valor: 0,65)

B) Se os juros não fossem requeridos na petição inicial, analise se haveria julgamento extra petita se o juiz os deferisse. Justifique sua resposta. (Valor: 0,60)

A simples menção ou transcrição do dispositivo legal não pontua.

GABARITO COMENTADO

A) A partir do acórdão proferido pelo TRT, que foi a 1ª que a arbitrou OU a partir da decisão do TRT, na forma da Súmula n. 439 do TST.

B) Não haveria julgamento extra petita, pois os juros incluem-se na liquidação na forma da Súmula 211 do TST OU Art. 322, § 1º, CPC/2015 OU são considerados pedidos implícitos, na forma da Súmula 211 do TST OU Art. 322, § 1º, CPC/2015.

QUESTÃO 4

Numa reclamação trabalhista o autor formulou pedido de verbas resilitórias e horas extras. Na 1ª audiência, ocorrida 40 dias após o desligamento, a empresa reconheceu que não pagou as verbas devidas pela saída, e requereu o seu adiamento, face à ausência de suas testemunhas, o que foi deferido. Na 2ª audiência, agora com a presença das testemunhas, ofereceu, no início da sessão, o pagamento das verbas resilitórias incontroversas adicionadas da multa do Art. 477, § 8º, da CLT. Diante dessa situação, responda:

a) Comente se a empresa, nesta situação, fica sujeita a algum pagamento adicional em relação às verbas da ruptura. Justifique sua resposta. (Valor: 0,65)

b) Analise, na mesma situação, caso o empregador do autor fosse um Município, se haveria algum pagamento adicional. Justifique sua resposta. (Valor: 0,60) A simples menção ou transcrição do dispositivo legal não pontua.

GABARITO COMENTADO

a) Não tendo quitado os direitos devidos na 1ª audiência, ficará sujeita ao pagamento de 50% das verbas resilitórias, conforme Art. 467, caput, da CLT.

b) Caso o empregador fosse um Município, o artigo 467 da CLT seria inaplicável, conforme parágrafo único do citado diploma.

DISCRIMINAÇÃO DOS PONTOS
A banca OAB/FGV não divulgou a distribuição de pontos do XI Exame unificado.

X Exame Unificado – 2013.1
QUESTÃO 1
Jéssica é gerente de uma sapataria e é responsável por oito funcionários da filial, orientando as atividades e fiscalizando as tarefas por eles realizadas, tomando todas as medidas necessárias para o bom andamento dos serviços, inclusive punindo-os, quando necessário.

Jéssica cumpre jornada de 2ª a 6ª feira das 10:00 h às 20:00 h com intervalo de uma hora para refeição e aos sábados das 10:00 às 17:00 h com pausa alimentar de uma hora e meia. No seu contracheque existem, na coluna de crédito, os títulos "salário" – R$ 3.000,00 – e "gratificação de função" – R$ 1.000,00.

Com base na hipótese acima, responda aos itens a seguir.

A) Quais são os elementos necessários para que um empregado seja considerado ocupante de cargo de confiança? (Valor: 0,65)

B) Analise e justifique se é possível à empregada em questão reivindicar o pagamento de horas extras. (Valor: 0,60)

O examinando deve fundamentar corretamente sua resposta. A simples menção ou transcrição do dispositivo legal não pontua.

GABARITO COMENTADO
A. O exercício da função de confiança, de acordo com a Lei e a doutrina, exige a conjugação do elemento subjetivo (poder de mando, controle, direção, gestão) e do objetivo (padrão salarial diferenciado ou gratificação de função, se houver, de no mínimo 40% do salário do cargo efetivo), conforme Art. 62, II, da CLT.

B. Jéssica fará jus às horas extras porque, como a gratificação recebida é inferior a 40% do salário, juridicamente não exerce cargo de confiança, tendo assim limite de jornada OU falta o elemento objetivo, conforme Art. 62, § único, da CLT.

DISTRIBUIÇÃO DOS PONTOS

QUESITO AVALIADO	VALORES
A) Os elementos subjetivos (poder de mando, controle, direção, gestão) (0,25) e objetivo (padrão salarial diferenciado ou gratificação de função, se houver, de no mínimo 40% do salário do cargo efetivo) (0,20). Indicação do Art. 62, II, da CLT OU Art. 62, p. único CLT (0,20). Obs.: a simples citação do artigo não pontua...	0,00 / 0,20 / 0,25 / 0,40 / 0,45 / 0,65
B) Sim, porque descaracterizada a função de confiança em virtude de a gratificação ser inferior a 40% do salário, OU sim, pois ausente o elemento objetivo, descaracterizando a função de confiança (0,40). Indicação do Art. 62, § único, da CLT OU Precedente Administrativo 49, da Secretaria de Inspeção do Trabalho (0,20). Obs.: a simples citação do artigo não pontua.	0,00 / 0,40 / 0,60

QUESTÃO 2
Numa reclamação trabalhista movida em litisconsórcio passivo, o autor e a empresa reclamada "X" (sociedade de economia mista) foram vencidos reciprocamente em alguns pedidos, tendo ambos se quedado inertes no prazo recursal. Porém, a empresa reclamada "Y" (pessoa jurídica de direito privado), vencida também em relação a alguns pedidos na referida ação trabalhista, interpôs recurso

ordinário, com observância dos pressupostos legais de admissibilidade, tendo inclusive efetuado o preparo. Em seguida, o Juiz do Trabalho notificou as partes para que oferecessem suas razões de contrariedade, em igual prazo ao que teve o recorrente.

Considerando os fatos narrados acima, responda, de forma fundamentada, aos itens a seguir.

A) Analise a possibilidade de o autor recorrer, ou não, dos pedidos em que foi vencido, e de que maneira isso se daria, se possível for. (Valor: 0,65)

B) Caso ambas as empresas tivessem recorrido ordinariamente, e tendo a empresa "Y" requerido sua exclusão da lide, analise e justifique quanto à necessidade, ou não, de a reclamada "X" efetuar preparo. (Valor: 0,60)

A simples menção ou transcrição do dispositivo legal não pontua.

GABARITO COMENTADO
A. Ainda é possível ao reclamante manifestar seu inconformismo, que deverá materializar-se num recurso ordinário adesivo, já que aplicável o Art. 997, §§ 1º e 2º do CPC/2015 em sede trabalhista.
B. A empresa "X", por ser sociedade de economia mista, estará obrigada a efetuar o preparo, pois não é dele isento.

DISTRIBUIÇÃO DOS PONTOS

QUESITO AVALIADO	VALORES
A) É possível interpor recurso adesivo OU recurso ordinário adesivo (0,45). Indicação do Art. 997, §§ 1º e 2º do CPC/2015 OU Súmula 283 do TST OU Instrução Normativa 3, IX, do TST (0,20) Obs.: a simples citação do artigo não pontua...	0,00/0,45/0,65
B) A empresa "X" estará obrigada a efetuar o preparo porque os recursos são independentes OU há necessidade de preparo pois a condenação não foi solidária (0,40). Indicação do Art. 173, § 1º, II, da CRFB/88 OU Súmula n. 170 do TST OU Súmula n. 128, I ou III do TST (0,20). Obs.: a simples citação do artigo não pontua.	0,00/0,40/0,60

QUESTÃO 3

DEMÉTRIO ajuizou reclamação trabalhista pleiteando o pagamento de multas previstas no instrumento normativo de sua categoria, cujo destinatário é o empregado lesado, em virtude do descumprimento, pelo empregador, da quitação do adicional de 50% sobre as horas extras e do acréscimo de 1/3 nas férias. Em contestação, a reclamada sustentou que tais multas eram indevidas porque se tratava de meras repetições de dispositivo legal, sendo que a CLT não prevê multa para o empregador nessas hipóteses. Adiciona e comprova que, no tocante à multa pelo descumprimento do terço de férias, isso já é objeto de ação anterior ajuizada pelo mesmo reclamante e que tramita em outra Vara, atualmente em fase de recurso.

Responda, justificadamente, aos itens a seguir.

A) Analise se são válidas as multas previstas no instrumento normativo. (Valor: 0,65)

B) Informe que fenômeno jurídico processual ocorreu em relação ao pedido de multa pela ausência de pagamento do terço das férias. (Valor: 0,60)

A simples menção ou transcrição do dispositivo legal não pontua.

GABARITO COMENTADO

A) As multas previstas no instrumento normativo são válidas e aplicáveis em caso de descumprimento de obrigação prevista em lei, mesmo que a norma coletiva seja mera repetição de texto legal, na forma da Súmula n. 384, II do TST.

B) Ocorreu o fenômeno jurídico da litispendência, previsto no Art. 337, §§ 1º e 3º, do CPC/2015.

DISTRIBUIÇÃO DOS PONTOS

QUESITO AVALIADO	VALORES
A. São válidas, mesmo que a norma coletiva seja mera repetição de texto legal OU são válidas, pois não afrontam os patamares mínimos previstos em Lei nem se referem a normas de ordem pública (0,45). Indicação da Súmula 384, II, TST (0,20). OBS.: É necessária a indicação precisa do fundamento legal. A mera indicação do fundamento legal ou jurisprudencial não credencia pontuação	0,00/0,45/0,65
B. Litispendência (0,40). Indicação do CPC/2015, Art. 337, V OU § 1º, OU § 3º. (0,20). OBS.: É necessária a indicação precisa do fundamento legal. A mera indicação do fundamento legal ou jurisprudencial não credencia pontuação. Obs.: a simples citação do artigo não pontua.	0,00/0,40/0,60

IX Exame Unificado – 2012.3
QUESTÃO 1

Sebastião é empregado no Restaurante Galeto Delicioso Ltda., exercendo a função de garçom, com salário mensal de R$ 1.000,00 (um mil reais), que é equivalente ao piso salarial da categoria profissional previsto em convenção coletiva de trabalho. Apesar de o restaurante não incluir as gorjetas nas notas de serviço, estas são oferecidas espontaneamente pelos clientes.

Diante desta situação hipotética, responda, de forma fundamentada, às indagações a seguir.

A) Qual é a natureza jurídica da gorjeta? Justifique. (Valor: 0,65)

B) Analise a pretensão de Sebastião, feita ao empregador, de ter o valor das gorjetas integrado na base de cálculo do FGTS. (Valor: 0,60)

GABARITO COMENTADO

A. Nos termos do Art. 457, caput, da CLT, a gorjeta é uma paga feita por terceiros, razão pela qual tem natureza remuneratória.[6]

B. A pretensão procede. O valor das gorjetas integrará a base de cálculo dos depósitos do FGTS. Conforme dispõe o Art. 15, caput, da Lei n. 8.036/90, os empregadores ficam obrigados a depositar até o dia 7 (sete) de cada mês, em conta bancária vinculada, a importância correspondente a 8 (oito) por cento da remuneração paga ou devida, no mês anterior, a cada trabalhador. Logo, a base de incidência do FGTS é a remuneração do empregado, que inclui as gorjetas recebidas (Art. 457, caput, da CLT, e Súmulas 63 e 354, do TST).

DISTRIBUIÇÃO DOS PONTOS

QUESITO AVALIADO	VALORES
A) Natureza jurídica de remuneração (0,45); indicação do Art. 457, caput da CLT OU Súmula 354, do TST (0,20). Obs.: a simples citação do fundamento legal ou jurisprudencial, sem a fundamentação jurídica correta, não pontua.	0,00/0,45/0,65

---

6. O conceito de gorjetas está previsto no § 3º do art. 457 da CLT de acordo com a Lei 13.467/2017.

QUESITO AVALIADO	VALORES
B) Procede, pois o FGTS incide sobre a remuneração do empregado (0,40). Indicação do Art. 15, caput, da Lei n. 8.036/90 OU Súmula 354 OU Súmula 63, do TST (0,20) Obs.: a simples citação do fundamento legal ou jurisprudencial, sem a fundamentação jurídica correta, não pontua.	0,00/0,40/0,60

QUESTÃO 3

A Fazenda Pública Estadual é condenada, pela Justiça do Trabalho, na condição de tomadora de serviços terceirizados, ao pagamento de verbas trabalhistas devidas ao empregado da empresa prestadora de serviços.

Diante disso, responda, justificadamente, aos itens a seguir.

A) Qual é o prazo que a Fazenda Pública Estadual terá para opor embargos de declaração? (Valor: 0,65) B) Confirmada a sentença e sobrevindo a execução, que prazo a Fazenda Pública Estadual terá, de acordo com a Lei, para ajuizar embargos de devedor? (Valor: 0,60)

GABARITO COMENTADO

A) Considerando que a Fazenda Pública terá o prazo em dobro, poderá opor embargos declaratórios em 10 dias, na forma da OJ 192 do TST, Art. 1º, II ou III, do Decreto Lei n. 779/69 e Art. 180, do CPC/2015.

B-1ª opção) 30 dias, na forma do Art. 1º-B da Lei n. 9.494/97, acrescentado pela Medida Provisória nº 2.180-35, de 24.08.2001, em vigor conforme o Art. 2º, da EC nº 32/2001.

B-2ª opção) 5 dias, na forma do Art. 884, § 1º, da CLT. Em 4/8/2005 o TST considerou, em incidente de uniformização, inconstitucional a Medida Provisória n. 2.180-35 quanto à fixação de prazo processual e por não ser medida de urgência (Processo TST-RR-70/1992-011-04-00.7, em 4/8/2005) e ante a perda da eficácia da liminar deferida em 28.03.2007 pelo excelso STF na ADC 11, que ultrapassou o prazo de 180 (cento e oitenta) dias previsto no Art. 21, parágrafo único, da Lei 9.868/99, o TST retomou os julgamentos suspensos, nas ações em que se discutia a constitucionalidade do prazo previsto no Art. 884, da CLT.

DISTRIBUIÇÃO DOS PONTOS

QUESITO AVALIADO	VALORES
A. 10 dias OU o dobro do prazo normal, que é de cinco dias (0,40). Indicação da OJ 192 do TST OU Art. 1º, II ou III, do Decreto Lei 779/69 OU Art. 180, do CPC/2015 (0,25). OBS.: É necessária a indicação precisa do fundamento legal. A mera indicação do fundamento legal ou jurisprudencial não credencia pontuação.	0,00/0,45/0,65
B-1ª opção. 30 dias (0,40). Indicação do Art. 1º-B da Lei n. 9.494/97. (0,20). B-2ª opção. 5 dias (0,40). Indicação do Art. 884, §1º, da CLT (0,20) OBS.: A mera indicação do fundamento legal ou jurisprudencial sem fundamentação jurídica não credencia pontuação.	0,00/0,40/0,60

QUESTÃO 4

Numa determinada escola uma professora irá casar-se no dia 10 e uma auxiliar de Secretaria, no dia 15 do mesmo mês. A direção comunicou que concederá nove dias de licença para a professora e três dias de licença para a auxiliar de Secretaria. Ciente disso, a auxiliar foi à direção reclamar contra o tratamento discriminatório, alegando violação ao princípio da isonomia.

Diante disso, responda justificadamente.

A) Analise se a direção do colégio agiu corretamente na concessão de prazos diferenciados de licença. (Valor: 0,65)

B) Qual é o efeito jurídico da licença gala no contrato de trabalho e como ficará a questão do salário neste período? (Valor: 0,60)

GABARITO COMENTADO

A) A direção agiu corretamente, pois o prazo de licença dos professores é especial, de nove dias, sobrepondo-se a quantidade normal que é de três dias, na forma do Art. 320, § 3°, da CLT.

B) O efeito será a interrupção do contrato de trabalho, de modo que os salários serão pagos pelo empregador.

DISTRIBUIÇÃO DOS PONTOS

QUESITO AVALIADO	VALORES
A. Sim, pois o prazo de licença do professor é especial (0,40). Indicação do Art. 320, § 3°, da CLT (0,25). Obs.: a simples citação do fundamento legal ou jurisprudencial, sem a fundamentação jurídica correta, não pontua.	0,00 / 0,45 / 0,65
B. Haverá a interrupção do contrato (0,30) e os dias serão pagos pelo empregador (0,30).	0,00 / 0,30 / 0,60

VIII Exame Unificado – 2012.2
QUESTÃO 2

Francisco é empregado numa empresa de máquinas e trabalha externamente. Em termos salariais, Francisco é comissionista puro, recebendo 20% sobre as vendas por ele realizadas mensalmente. Em determinado mês Francisco efetuou uma venda de R$ 50.000,00 em 10 parcelas mensais, daí porque o empregador lhe disse que pagará a comissão de acordo com o vencimento das parcelas. A partir do caso apresentado, responda aos itens a seguir.

A) Se uma das parcelas não for paga pelo comprador, como deve proceder o empregador de Francisco em relação ao pagamento da comissão correspondente? Justifique. (Valor: 0,65)

B) Se as parcelas estivessem sendo pagas normalmente e Francisco fosse dispensado seis meses após a realização da venda, como fica a situação da comissão vincenda? (Valor: 0,60)

GABARITO COMENTADO:

A. O empregador deve realizar o pagamento da comissão, pois não pode transferir para o empregado o risco do negócio, já que possui meios jurídicos hábeis para a cobrança da dívida em face do devedor inadimplente.

B. Nesse caso a empresa continuará pagando a comissão a cada mês, pois a ruptura do contrato não exclui o direito do empregado nem obriga o empregador a antecipar o pagamento, na forma da CLT, art. 466 § 2° "A cessação das relações de trabalho não prejudica a percepção das comissões e percentagens devidas na forma estabelecida por este artigo".

DISTRIBUIÇÃO DOS PONTOS

QUESITO AVALIADO	VALORES
A) O empregador deve realizar o pagamento da comissão, pois é ele quem sofre o risco do negócio OU aplica-se o princípio da alteridade (0,45); indicação do art. 2° ou 466 § 1° da CLT OU arts. 5° ou 7° Lei 3.207/57 (0,20) OBS.: É necessária a indicação precisa do fundamento legal. A mera indicação do fundamento legal ou jurisprudencial não credencia pontuação.	0,00/0,45/0,65
B) A empresa continuará pagando a comissão a cada mês, mesmo após ter rompido o contrato (0,40); indicação do art. 466 § 2° da CLT (0,20). OBS.: É necessária a indicação precisa do fundamento legal. A mera indicação do fundamento legal ou jurisprudencial não credencia pontuação.	0,00/0,40/0,60

QUESTÃO 3

Uma determinada empresa aplica a seguinte jornada de trabalho: os empregados trabalham durante sete dias das 8:00 às 17:00 h com intervalo de uma hora para refeição e folgam no 8º dia – e assim sucessivamente. Além disso, recebem um bônus de dois dias fruitivos por mês, nos quais podem faltar quando desejarem, sem qualquer desconto no salário, desde que avisem previamente à chefia.

A partir da situação apresentada, responda aos seguintes itens.

A) Qual é o efeito do repouso semanal remunerado no contrato de trabalho e onde se encontra o normativo de regência desse direito? (Valor: 0,65)

B) Analise, segundo a legislação em vigor, a política de repouso remunerado adotada pela empresa. (Valor: 0,60)

GABARITO COMENTADO:

A. O repouso semanal remunerado é causa de interrupção do contrato de trabalho e está previsto na CRFB/88 (artigo 7º, XV), artigo 67 da CLT e Lei 605/49.

B. A política empresarial está equivocada, pois o repouso semanal deve ser aproveitado durante a semana, no período de 7 dias – e não após –, na forma da OJ 410 da SDI-1do TST – "REPOUSO SEMANAL REMUNERADO. CONCESSÃO APÓS O SÉTIMO DIA CONSECUTIVO DE TRABALHO. ART. 7º, XV, DA CONSTITUIÇÃO FEDERAL. VIOLAÇÃO. Viola o art. 7º, XV, da CRFB, a concessão de repouso semanal remunerado após o sétimo dia consecutivo de trabalho, importando no seu pagamento em dobro".

DISTRIBUIÇÃO DOS PONTOS

QUESITO AVALIADO	VALORES
A) O repouso semanal remunerado é causa de interrupção do contrato de trabalho (0,45), estando previsto na CRFB/88, art. 7º, XV OU art. 67 da CLT OU Lei 605/49 (0,20). OBS.: É necessária a indicação precisa do fundamento legal. A mera indicação do fundamento legal ou jurisprudencial não credencia pontuação.	0,00 / 0,45 / 0,65
B) Errada a política empresarial pois o repouso deve ser aproveitado durante a semana – dentro do período de 7 dias (0,40). Indicação da OJ 410 da SDI-1 do TST (0,20) OBS.: É necessária a indicação precisa do fundamento legal. A mera indicação do fundamento legal ou jurisprudencial não credencia pontuação...	0,00 / 0,40 / 0,60

QUESTÃO 4

O juízo trabalhista da 90ª Vara do Trabalho de Fortaleza comunicou à empresa X quanto a inserção do seu nome no Banco Nacional de Devedores Trabalhistas. A respeito disso, responda às indagações abaixo:

A) Em que situações o nome do devedor é inscrito no BNDT (Banco Nacional de Devedores Trabalhistas)? (Valor: 0,65)

B) Qual(is) é(são) a(s) consequência(s) da inserção do nome de uma empresa no BNDT (Banco Nacional de Devedores Trabalhistas), com emissão de certidão positiva? (Valor: 0,60)

GABARITO COMENTADO:

A. Quando o devedor não cumprir obrigações estabelecidas em sentença condenatória transitada em julgado proferida pela Justiça do Trabalho, em acordos judiciais trabalhistas e acordos firmados perante o Ministério Público do Trabalho ou Comissão de Conciliação Prévia, na forma do Art. 642-A da CLT.

B. Ficará impossibilitada de participar de licitações, conforme Lei n. 8.666/93, alterada pela Lei n. 12.440/11.

DISTRIBUIÇÃO DOS PONTOS

QUESITO AVALIADO	VALORES
A) Quando não cumprir obrigações estabelecidas em sentença condenatória transitada em julgado proferida pela Justiça do Trabalho, em acordos judiciais trabalhistas ou acordos firmados perante o MPT ou CCP (0,45). Indicação do art. 642-A, § 1°, da CLT OU art. 1° Lei 12440/11 OU Art. 1°, I e II da Resolução Administrativa 1470/2011 do TST (0,20). OBS1.: Na hipótese de ausência de citação de qualquer uma das situações, o candidato será descontado em 0,10. OBS2.: É necessária a indicação precisa do fundamento legal. A mera indicação do fundamento legal ou jurisprudencial não credencia pontuação.	0,00 / 0,35 / 0,45 / 0,55 / 0,65
B) A empresa ficará impossibilitada de participar de licitações (0,40). Indicação dos Arts. 27, IV ou 29, V da Lei n. 8.666/93 OU arts. 2° ou 3° da Lei 12.440/11 (0,20). OBS.: É necessária a indicação precisa do fundamento legal. A mera indicação do fundamento legal ou jurisprudencial não credencia pontuação.	0,00 / 0,40 / 0,60

VII Exame Unificado – 2012.1

QUESTÃO 1

Cristiano é empregador de Denílson, de quem é amigo pessoal, motivo pelo qual aceitou ser fiador no contrato de locação residencial desse empregado. Ocorre que Denílson, durante quatro meses, não pagou aluguel e encargos, tendo Cristiano sido executado pela quantia de R$ 3.000,00 na condição de fiador. Para vingar-se, Cristiano dispensou Denílson. Este, a seu turno, ingressou com reclamação trabalhista contra a empresa de Cristiano, valendo-se do procedimento sumaríssimo, no qual almeja a quantia total de R$ 12.000,00. Em defesa, a empresa sustenta que nada é devido, mas, se houver vitória total ou parcial do trabalhador, pretende a compensação dos R$ 3.000,00 que Cristiano foi obrigado a pagar pelos aluguéis atrasados que o ex-empregado devia ao seu locador.

Com base no relatado, responda aos itens a seguir, utilizando os argumentos jurídicos apropriados e a fundamentação legal pertinente ao caso.

A) A fase processual para alegar o instituto da compensação, como pretendido pela ré, foi adequada? (valor: 0,50)

B) A tese de defesa poderá ser acolhida? (valor: 0,50)

C) Qual é a diferença entre compensação e dedução? (valor: 0,25)

GABARITO COMENTADO

A compensação de eventual crédito deve ser apresentada com a defesa; a compensação na hipótese apresentada não seria possível porque a dívida oriunda da fiança não tem natureza trabalhista; a compensação é o encontro de créditos recíprocos entre as mesmas partes – CCB, artigo 368 –, enquanto dedução é a subtração do que já foi pago sob a mesma rubrica.

DISTRIBUIÇÃO DOS PONTOS

QUESITO AVALIADO	VALORES
A. Sim, foi adequada, pois o momento legal para a arguição é o da apresentação da defesa ou contestação (0,30) conforme CLT, artigo 767 ou Súmula 48 TST (0,20). Obs.: A mera indicação do artigo ou súmula não pontua.	0,00 / 0,30 / 0,50
B. Não, pois a dívida objeto da compensação não tem natureza trabalhista (0,30) conforme Súmula 18 TST ou artigo 114, I da CRFB (0,20). Obs.: A mera indicação do artigo ou súmula não pontua...	0,00 / 0,30 / 0,50

QUESITO AVALIADO	VALORES
C. Compensação é encontro ou absorção de créditos entre partes que são reciprocamente credoras (0,15); dedução é subtração do que já foi pago sob a mesma rubrica (0,10)	0,00 / 0,10 / 0,15 / 0,25

QUESTÃO 2

Um recurso de revista é interposto em face de acórdão proferido por Tribunal Regional do Trabalho em recurso ordinário, em dissídio individual, sendo encaminhado ao Presidente do Regional.

Diante desta situação hipotética, responda, de forma fundamentada, às seguintes indagações:

A) Se o Presidente admitir o recurso de revista somente quanto a parte das matérias veiculadas, cabe a interposição de agravo de instrumento? (valor: 0,65)

B) É cabível a oposição de embargos de declaração contra decisão de admissibilidade do recurso de revista? (valor: 0,60)

GABARITO COMENTADO:

A) Não cabe a interposição de agravo de instrumento, que somente seria possível se o recurso tivesse o seguimento negado. Segundo o posicionamento contido na Súmula n. 285 do TST, o fato de o juízo primeiro de admissibilidade do recurso de revista entendê-lo cabível apenas quanto à parte das matérias veiculadas, não impede a apreciação integral pela Turma do Tribunal Superior do Trabalho, sendo imprópria a interposição de agravo de instrumento.

B) Não é cabível a oposição de embargos de declaração contra decisão de admissibilidade do recurso de revista. Os embargos declaratórios, nos termos da lei (artigos 897-A da CLT e 1022 do CPC/2015), são opostos em face de decisões, ou seja, pronunciamentos jurisdicionais revestidos de cunho decisório. Contudo, o despacho proferido pelo Presidente do Tribunal Regional não se reveste dessa natureza. Neste sentido, o entendimento consubstanciado na OJ n. 377 da SBDI-1 do TST: "Não cabem embargos de declaração interpostos contra decisão de admissibilidade do recurso de revista, não tendo o efeito de interromper qualquer prazo recursal".

DISTRIBUIÇÃO DOS PONTOS

QUESITO AVALIADO	VALORES
A. Não, a admissão do recurso de revista pelo Presidente do TRT apenas quanto à parte das matérias veiculadas não impede a sua apreciação integral pela Turma (0,40) OU Não, o agravo de instrumento é cabível quando é negado seguimento ao recurso. Indicação da Súmula 285 do TST (0,25) Obs.: A mera indicação da súmula não pontua.	0,00/0,40/0,65
B. Não é cabível, conforme OJ n. 377 do TST (0,60). OU Não é cabível por não se tratar de decisão que comporte oposição de embargos declaratórios (0,30). Indicação da OJ n. 377 do TST (0,30).	0,00/0,30/0,60

QUESTÃO 3

Felipe Homem de Sorte foi contratado pela empresa Piratininga Comércio de Metais Ltda., para exercer a função de auxiliar administrativo. Após um ano de serviços prestados, sem que tivesse praticado qualquer ato desabonador de sua conduta, recusou-se a cumprir ordem manifestamente legal de seu superior hierárquico, por discordar de juízo de mérito daquele, em relação à tomada de uma decisão administrativa. De pronto foi verbalmente admoestado, alertado para que o ato não se repetisse e sobre a gravidade do ilícito contratual cometido. No mesmo dia, ao final do expediente, foi chamado à sala de Diretor da empresa, que lhe comunicou a decisão de lhe impor suspensão contratual por 20 (vinte) dias, em virtude da falta cometida.

Em face da situação acima, responda, de forma fundamentada, aos seguintes itens:

A) São válidas as punições aplicadas pelo empregador? (valor: 0,60)

B) Se a ordem original fosse ilegal, o que poderia o empregado fazer? (valor: 0,65)

GABARITO COMENTADO

A) A primeira punição é válida ante o descumprimento injustificado de ordem legal; a segunda punição é inválida, pois incabível dupla punição pela mesma falta (*non bis in idem*).

B) O empregado pode recusar-se ao cumprimento de ordem ilegal, valendo-se do direito de resistência (*jus resistentiae*) OU poderá, diante da situação, postular a resolução culposa do contrato (rescisão indireta), com base no artigo 483, "a" da CLT, pela imposição de cumprimento de ordem contrária à lei OU poderá pleitear a declaração de nulidade das punições. Em qualquer um dos casos, com as reparações patrimoniais e morais cabíveis.

DISTRIBUIÇÃO DOS PONTOS

QUESITO AVALIADO	VALORES
A. A primeira punição é válida pela recusa ao cumprimento de ordem legal (0,30); a segunda é inválida porque inaplicável mais de uma pena para o mesmo ato ilícito (0,30).	0,00/ 0,30 / 0,60
B. Recusar-se a cumpri-la, com base no direito de resistência (0,65) OU postular a resolução contratual (rescisão indireta) (0,35), com indicação do art. 483, "a", da CLT (0,30) OU pleitear a declaração de nulidade das punições. (0,65) Obs.: A mera indicação do artigo não pontua	0,00/ 0,35 / 0,65

QUESTÃO 4

Prolatada sentença, impugnada via recurso recebido apenas em seu efeito devolutivo, em processo judicial movido por ente coletivo obreiro em face de sindicato patronal, onde se busca o estabelecimento de normas coletivas, inclusive reajuste salarial, a empresa GAMA SERVIÇOS LTDA. deixou de implementar o reajuste salarial deferido.

Sabendo-se que tal sentença foi prolatada em 05/07/2009 e o recurso interposto ainda não foi apreciado, responda aos itens a seguir, empregando os argumentos jurídicos apropriados e a fundamentação legal pertinente ao caso.

A) Na qualidade de advogado procurado por empregado da referida empresa, após 06/07/2011, qual medida judicial deve ser proposta para garantir a imediata aplicabilidade do reajuste salarial concedido na sentença? (valor: 0,65)

B) Qual o termo a quo prescricional a ser considerado para efeito de exigibilidade dos créditos referentes ao reajuste salarial concedido? (valor: 0,60)

GABARITO COMENTADO:

A) A solução é o ajuizamento da Ação de Cumprimento, conforme art. 872, parágrafo único da CLT OU art. 7º § 6º OU art. 10 da Lei n. 7701/88 OU OJ 188 da SBDI 1 do TST, considerando o entendimento da Súmula 246 do TST.

B) A prescrição é deflagrada a partir do trânsito em julgado da sentença normativa prolatada no dissídio coletivo, conforme entendimento consubstanciado na Súmula 350 do TST.

DISTRIBUIÇÃO DOS PONTOS

QUESITO AVALIADO	VALORES
A. Ação de Cumprimento (0,35), com indicação do art. 872, parágrafo único da CLT OU art. 7º § 6º OU art. 10 da Lei n. 7701/88 ou OJ 188 da SBDI 1 do TST (0,15), conforme entendimento da Súmula 246 do TST (0,15). Obs.: A mera indicação do artigo ou súmula não pontua	0,00 / 0,35 / 0,50 / 0,65
B. A partir do trânsito em julgado da sentença normativa (0,40), conforme Súmula 350 do TST (0,20). Obs.: A mera indicação do artigo não pontua	0,00 / 0,40 / 0,60

VI Exame Unificado – 2011.3

QUESTÃO 1

Carlos Machado foi admitido pela Construtora Y S.A. em 18/2/2005. Depois de desenvolver regularmente suas atividades por mais de um ano, Carlos requereu a concessão de férias, ao que foi atendido. Iniciado o período de descanso anual em 18/4/2006, o empregado não recebeu o seu pagamento, devido a um equívoco administrativo do empregador. Depois de algumas ligações para o departamento pessoal, Carlos conseguiu resolver o problema, recebendo o pagamento das férias no dia 10/5/2006. De volta ao trabalho em 19/5/2006, o empregado foi ao departamento pessoal da empresa requerer uma reparação pelo ocorrido. Contudo, além de não ter sido atendido, Carlos foi dispensado sem justa causa. Dias depois do despedimento, Carlos ajuizou ação trabalhista, pleiteando o pagamento dobrado das férias usufruídas, como também indenização por dano moral em face da dispensa arbitrária efetuada pelo empregador. Em defesa, a Construtora Y S.A. alegou que houve um mero atraso no pagamento das férias por erro administrativo, mas que o pagamento foi feito, inexistindo amparo legal para o pedido de novo pagamento em dobro. Outrossim, a empregadora afirmou que despediu Carlos sem justa causa, por meio do exercício regular do seu direito potestativo, não havendo falar em indenização por dano moral.

Em face da situação concreta, responda aos itens a seguir, empregando os argumentos jurídicos apropriados e a fundamentação legal pertinente ao caso.

a) Carlos faz jus ao pagamento dobrado das férias? Por quê? (Valor: 0,65)
b) Carlos terá direito a receber indenização por dano moral? (Valor: 0,6)

GABARITO SUGERIDO:

a) Espera-se do candidato que, considerando a dúplice finalidade das férias (descanso anual para reposição de energias, com remuneração recebida antecipadamente para propiciar-lhe o efetivo gozo do direito), identifique o direito à dobra do pagamento por ter restado frustrada uma das referidas finalidades, eis que o pagamento foi efetuado somente em 10/05/2006, em que pese o descanso ter sido iniciado em 18/04/2006. Nos termos do art.145, da CLT, o pagamento das férias deveria ter sido efetuado até 2 (dois) dias antes do início da fruição do direito, ou seja, até 16/04/2006. E, de acordo com a súmula 450 do TST é devido o pagamento em dobro da remuneração de férias, incluído o terço constitucional, com base no art. 137 da CLT, quando, ainda que gozadas na época própria, o empregador tenha descumprido o prazo previsto no art. 145 do mesmo diploma legal.

b) Espera-se aferir do candidato a compreensão de que o exercício do direito de despedir tem limites e que a ofensa a esses limites caracteriza abuso do poder empregatício. Ora, se o trabalhador, além de não ser atendido na tentativa de reclamar quanto ao atraso no pagamento das férias, ainda vem a ser despedido por sua atitude, fica caracterizada a despedida retaliativa, pela ofensa à dignidade da pessoa do trabalhador, a ensejar a incidência de indenização por dano moral, nos termos dos art. 1º, III e 170 da CRFB, 186 e 927 do Código Civil c/c 8º, §1º, da CLT.

QUESTÕES SUBJETIVAS

DISTRIBUIÇÃO DOS PONTOS

QUESITO AVALIADO	VALORES
Item A Sim. Mesmo gozadas as férias na época própria, foi descumprido o prazo do art. 145 (0,40) incidindo a dobra do art. 137 da CLT (0,25). OU Fundamentação nos termos da súmula 450 do TST (0,65). Obs.: A mera resposta "sim" e a mera indicação do fundamento legal ou jurisprudencial não pontuam; a indicação deve ser completa.	0 / 0,25 / 0,40 / 0,65
Item B Sim, pela abusividade da despedida (0,2), em retaliação a legítimo requerimento (0,2). Indicação do art.1º, III, OU 170 da CRFB OU 927 do Código Civil OU 186 do Código Civil (0,2). Obs.: A mera resposta "sim" e a mera indicação do fundamento legal ou jurisprudencial não pontuam; a indicação deve ser completa.	0 / 0,2 / 0,4 / 0,6

V Exame Unificado – 2011.2

QUESTÃO 1

Em certo estabelecimento, em função de ordem do empregador, gerentes iniciam o dia de trabalho convocando, um a um, vários empregados até uma determinada sala. Cada empregado, ao sair da referida sala, relata aos demais trabalhadores a mesma situação, isto é, os gerentes informam ao empregado que deve assinar vários recibos salariais em branco, e quem se recusar vai ser sumariamente dispensado, sem que a empresa pague verbas rescisórias e sem que seja formalizada a dispensa por ato do empregador. Após cerca de quarenta empregados passarem por tal situação e os outros 200 trabalhadores demonstrarem muito temor, pois seriam os próximos, o empregado Zé, que não exerce cargo no sindicato da categoria nem é sindicalizado, convoca os colegas para que parem de trabalhar e se retirem do estabelecimento, de forma a iniciar um protesto na rua, o que se realiza com sucesso, já que os gerentes cessam a prática acima descrita.

Com base no caso exposto, responda aos itens a seguir, empregando os argumentos jurídicos apropriados e a fundamentação legal pertinente ao caso.

a) Tendo em vista a Constituição Federal e a legislação ordinária e também os princípios do Direito do Trabalho, é possível qualificar tal movimento paredista dos trabalhadores como uma greve? (Valor: 0,65)

b) Tendo em vista os princípios gerais de direito, é possível considerar legítimo o ato do empregado Zé e a adesão dos demais empregados? (Valor: 0,60)

GABARITO COMENTADO

a) Opção A: Em que pese a suspensão coletiva para efeito de protesto sobre os ilegais e abusivos procedimentos adotados pelo empregador, o movimento de paralisação não pode ser considerado como greve, cujo exercício está condicionado à decisão pela categoria em assembleia geral destinada à definição das reivindicações e deliberação sobre a paralisação coletiva da prestação de serviços (art. 4º da Lei 7.783/89), necessitando-se, para evitar-se abusividade, notificação, com 48 horas de antecedência, da paralisação (art. 3º, parágrafo único), além da observância dos demais requisitos previstos em lei (§§1º e 2º do art. 4º).

Opção B: Em que pese a inobservância dos requisitos formais previstos no art. 4º, da Lei nº 7.783/89, trata-se de greve, reivindicatória da cessação da abusividade patronal descrita na questão, caracterizada pela suspensão coletiva, temporária e pacífica, da prestação pessoal de serviços e fundada no art. 9º da CRFB e no princípio da dignidade da pessoa humana (art. 170, da CRFB). b) Sob o ângulo do direito de autodefesa ou resistência contra os abusos do poder diretivo, o ato do empregado e de seus colegas é legítimo e tem fundamento nos princípios da proteção e dignidade da pessoa humana, além dos princípios da boa-fé, razoabilidade e proporcionalidade. O candidato que se limitar a dizer sim ou não, sem justificar a resposta, ou se limitar a indicar base legal ou jurisprudencial não receberá qualquer pontuação.

DISTRIBUIÇÃO DOS PONTOS

QUESITO AVALIADO	VALORES
a) Opção A: O movimento não pode ser caracterizado como greve porque sequer houve intervenção sindical e deliberação em assembleia para definição das reivindicações (0,35) previstos na Lei 7783/89 (0,30). Opção B: Apesar da inobservância dos requisitos formais, trata-se de greve reivindicatória da cessação da abusividade patronal (0,35), fundada no art. 9º em nome do princípio da dignidade da pessoa humana (0,30). Não há pontuação para a mera indicação da base legal ou jurisprudencial.	0 / 0,35 / 0,65
b) O ato do empregado e dos seus colegas é legítimo diante da atitude abusiva do empregador (0,30) e tem fundamento no direito de resistência OU princípios da proteção OU dignidade da pessoa humana (0,30).	0 / 0,30 / 0,60

QUESTÃO 2

Reginaldo ingressou com ação contra seu ex-empregador, e, por não comparecer, o feito foi arquivado. Trinta dias após, ajuizou nova ação com os mesmos pedidos, mas dela desistiu porque não mais nutria confiança em seu advogado, o que foi homologado pelo magistrado. Contratou um novo profissional e, 60 dias depois, demandou novamente, mas, por não ter cumprido exigência determinada pelo juiz para emendar a petição inicial, o feito foi extinto sem resolução do mérito.

Com base no relatado, responda aos itens a seguir, empregando os argumentos jurídicos apropriados e a fundamentação legal pertinente ao caso.

a) Para propor uma nova ação, Reginaldo deverá aguardar algum período? Em caso afirmativo, qual seria? (Valor: 0,65)

b) Quais são as hipóteses que ensejam a perempção no Processo do Trabalho? (Valor: 0,60)

GABARITO COMENTADO

A questão envolve a aplicação do instituto processual da perempção no Processo do Trabalho.

Nos termos do art.732, da CLT, incorre na pena de perda do direito de reclamar na Justiça do Trabalho, pelo prazo de 6 meses, do reclamante que, por duas vezes seguidas, der causa ao arquivamento de que trata o art.844, da CLT, ou seja, do que não comparece à audiência inaugural da reclamação trabalhista.

Espera-se medir a capacidade de o candidato analisar que na situação retratada não ocorreram dois arquivamentos. A primeira extinção decorreu de arquivamento por ausência do reclamante à audiência e o segundo, de homologação de desistência.

Assim, Reginaldo não deverá aguardar nenhum prazo caso queira mover nova reclamação, pois não se configurou a perempção.

Quanto à segunda indagação, espera-se que o candidato identifique os dois casos de perempção previstos na lei trabalhista: dois arquivamentos seguidos, em virtude de ausência injustificada à audiência inaugural (art.732, CLT) e quando o trabalhador efetuar reclamação verbal e não comparece à Secretaria da Vara em cinco dias para reduzi-la a termo (art.731, CLT)

DISTRIBUIÇÃO DOS PONTOS

QUESITO AVALIADO	VALORES
a) Não, pois não ocorreram 2 arquivamentos, o que afasta a perda do prazo de 6 meses do direito de reclamar perante a JT OU porque não ocorreram 2 arquivamentos decorrentes de ausência do reclamante à audiência (CLT, art. 732) OU porque só ocorreu 1 arquivamento, tendo as outras extinções derivado de outros motivos (0,4), conforme art.732, CLT (0,25) Não há pontuação para a mera indicação da base legal ou jurisprudencial.	0 / 0,4 / 0,65

QUESITO AVALIADO	VALORES
b) Quando o reclamante dá causa a 2 arquivamentos por ausência à audiência inaugural (0,25), nos termos do art.732, CLT (0,05) e quando distribui reclamação verbal mas não comparece à Secretaria da Vara, em 5 dias, sem justificativa, para reduzi-la a termo (0,25), conforme art.731 da CLT (0,05). Não há pontuação para a mera indicação da base legal ou jurisprudencial	0 / 0,25 / 0,30 / 0,5 / 0,55 / 0,6

QUESTÃO 4

Inconformada com uma sentença desfavorável aos seus interesses, a empresa dela recorre. Contudo, entendeu o magistrado que o recurso era intempestivo, e a ele negou seguimento. Ciente disso, a reclamada interpôs recurso de agravo de instrumento no 5º (quinto) dia e efetuou o depósito adicional previsto no artigo 899 da CLT no 8º (oitavo) dia do prazo recursal. Novamente o juiz negou seguimento ao agravo de instrumento, argumentando que ele estava deserto. Diante dessa situação hipotética, responda, de forma fundamentada, às seguintes indagações:

a) Há alguma medida que possa ser tomada pela recorrente contra a última decisão do juiz? Em caso afirmativo, qual? (Valor: 0,50)

b) O que significa deserção? No caso em exame, o agravo de instrumento estava deserto? Justifique. (Valor: 0,75)

GABARITO COMENTADO

a) Sim. Cabem embargos de declaração (art.897-A, parte final, CLT) e, se mantida a decisão, mandado de segurança ou o manejo de reclamação correicional. Isso porque cabem embargos para sanar manifesto equívoco na apreciação dos pressupostos extrínsecos de admissibilidade de recurso. Se não providos, considerando que o agravo de instrumento objetiva destrancar um recurso anterior cujo seguimento foi negado, não seria legítimo impedir o seu prosseguimento (ofensa a direito líquido e certo que cassado por mandado de segurança) ou, por se tratar de ato tumultuário do bom andamento processual, a correicional para corrigi-lo.

b) Deserção significa a ausência de preparo. Sim, o agravo de instrumento estava deserto, porque o preparo deveria ser feito no ato de interposição do recuso, nos exatos termos do artigo 899, § 7º, da CLT, quando dispõe que: "No ato de interposição do agravo de instrumento, o depósito recursal corresponderá a 50% (cinquenta por cento) do valor do depósito do recurso ao qual se pretende destrancar". Assim, de forma diversa daquilo que sucede com os recursos de maneira geral, exige-se o preparo adicional de 50% (cinquenta por cento) no ato da interposição do agravo de instrumento – e não no prazo alusivo ao recurso.

DISTRIBUIÇÃO DOS PONTOS

QUESITO AVALIADO	VALORES
a) Sim. Cabimento de embargos de declaração OU mandado de segurança OU reclamação correicional (0,30). Indicação do art. 897-A, CLT OU da Lei 12.016/09 OU do art. 709, II, CLT ou regimento interno de cada tribunal, compatível com a 1ª parte da resposta (0,20). Obs.: Não há pontuação para a mera indicação da base legal ou jurisprudencial.	0 / 0,30 / 0,50
b) Deserção significa ausência de preparo (0,30). O agravo está deserto porque o preparo deveria ser feito no ato de interposição do recurso (0,30). Indicação do artigo 899, §7º, da CLT (0,15). Obs.: Não há pontuação para a mera indicação da base legal ou jurisprudencial.	0 / 0,30 / 0,45 / 0,60 / 0,75

IV Exame Unificado – 2011.1
QUESTÃO 2

João da Silva ajuizou reclamação trabalhista em face da Cooperativa Multifuncional Ltda. e do Posto de Gasolina Boa Viagem Ltda. Na petição inicial, afirmou que foi obrigado a se filiar à cooperativa para prestar serviços como frentista no segundo reclamado, de forma pessoal e subordinada. Alegou, ainda, que jamais compareceu à sede da primeira ré, nem foi convocado para qualquer assembleia. Por fim, aduziu que foi dispensado sem justa causa, quando do término do contrato de prestação de serviços celebrado entre os reclamados. Postulou a declaração do vínculo de emprego com a sociedade cooperativa e a sua condenação no pagamento de verbas decorrentes da execução e da ruptura do pacto laboral, além do reconhecimento da responsabilidade subsidiária do segundo réu, na condição de tomador dos serviços prestados, nos termos da Súmula 331, item IV, do TST. Na contestação, a primeira ré suscitou preliminar de impossibilidade jurídica do pedido, uma vez que o artigo 442, parágrafo único, da CLT prevê a inexistência do vínculo de emprego entre a cooperativa e seus associados. No mérito, sustentou a validade da relação cooperativista entre as partes, refutando a configuração dos requisitos inerentes à relação empregatícia. O segundo reclamado, na peça de defesa, afirmou que o reclamante lhe prestou serviços na condição de cooperado e que não pode ser condenado no pagamento de verbas trabalhistas se não foi empregador. Na instrução processual, restou demonstrada pela prova testemunhal produzida nos autos a intermediação ilícita de mão de obra, funcionando a cooperativa como mera fornecedora de trabalhadores ao posto de gasolina.

Com base na situação hipotética, responda aos itens a seguir, empregando os argumentos jurídicos apropriados e a fundamentação legal pertinente ao caso.

a) É cabível a preliminar de impossibilidade jurídica do pedido? (Valor: 0,45)
b) Cabe o pedido de declaração de vínculo de emprego com a primeira ré e o de condenação subsidiária do segundo reclamado? (Valor: 0,8)

GABARITO COMENTADO

a) O examinando deve responder que não é cabível a preliminar de impossibilidade jurídica do pedido. A vedação contida no artigo 442, parágrafo único, da CLT não se aplica diante da utilização fraudulenta de sociedade cooperativa como intermediadora de mão de obra em favor do posto de gasolina (tomador dos serviços), sendo este último o real empregador. Incidência do artigo 9º da CLT.

b) O examinando deve responder que não cabe o pedido de vínculo de emprego com a cooperativa (primeira reclamada), porque o posto de gasolina (segundo reclamado) é o real empregador, em razão da intermediação ilícita praticada pelos demandados. Também não cabe o pedido de reconhecimento da responsabilidade subsidiária do posto de gasolina, já que a sua responsabilidade é direta, na condição de verdadeiro empregador. Incidência da Súmula nº 331, item I, do TST ou dos artigos 2º, 3º ou 9º da CLT.

DISTRIBUIÇÃO DOS PONTOS

QUESITO AVALIADO	VALORES
Não cabe a preliminar de impossibilidade, em razão do vínculo de emprego com o tomador, que utilizou a Cooperativa de forma fraudulenta (afastamento do artigo 442, parágrafo único, da CLT ou ofensa ao art. 9º, da CLT) (0,45).	0 / 0,45
Não cabe o pedido de vínculo com a Cooperativa, porque: o manteve com o Posto OU em razão da intermediação ilícita, que gera o vínculo direto com o tomador (0,3). Não cabe responsabilidade subsidiária do Posto – a sua responsabilidade é direta como real empregador e o reclamante não fez pedido de vínculo contra ele (0,3). Indicação da Súmula nº 331, I, do TST ou dos arts. 2º, 3º ou 9º da CLT (0,2).	0 / 0,2 / 0,3 / 0,5 / 0,6 / 0,8

QUESTÃO 4

Um Estado da Federação realizou concurso público para notário. Nelson, aprovado em segundo lugar no certame, recebeu a delegação de um cartório extrajudicial. Lá chegando, verificou que a parte administrativa estava extremamente desorganizada, o que explicava as sucessivas reclamações contra aquela serventia na Corregedoria. Em razão disso, Nelson explicou ao tabelião anterior que não tinha interesse em aproveitar as pessoas que lá atuavam, pois lá iria alocar empregados da sua confiança. Informado disso, o tabelião anterior dispensou todos os empregados. Alguns dias depois, no mesmo local e com novos empregados, Nelson iniciou seus serviços como notário. Um dos ex-empregados dispensados pelo tabelião anterior ajuizou reclamação trabalhista contra Nelson, postulando diversos direitos lesados ao longo do contrato, trazendo como argumento jurídico a ocorrência de sucessão.

Com base no caso acima, responda aos itens a seguir, empregando os argumentos jurídicos apropriados e a fundamentação legal pertinente ao caso.

a) Quais são os requisitos para a ocorrência de sucessão na esfera trabalhista? (Valor: 0,65)
b) No caso em tela, Nelson é sucessor? (Valor: 0,6)

GABARITO COMENTADO

Espera-se medir a capacidade de o examinando informar que a sucessão exige a transferência de uma unidade econômico-jurídica e manutenção de exploração da mesma atividade econômica e/ou a continuidade da prestação de serviço pelos empregados; que o TST vem entendendo que no caso de delegação de serviço, a exemplo dos cartórios extrajudiciais, não ocorre sucessão, mormente quando não houve prestação de serviços para o novo notário. Nesta hipótese, tem-se que a Delegação foi retomada pelo Estado e entregue a uma nova pessoa, aprovada em concurso público.

DISTRIBUIÇÃO DOS PONTOS

QUESITO AVALIADO	VALORES
a) Transferência de uma unidade econômico-jurídica (0,25) e continuidade do negócio E/OU continuidade da prestação de serviços (0,2). Indicação dos arts. 10 ou 448 da CLT (0,2)	0 / 0,2 / 0,25 / 0,4 / 0,45 / 0,65
b) Não, pois ele não aproveitou nenhum dos empregados (0,4) e tratava-se de delegação recebida do Estado (0,2)	0/ 0,2 / 0,4 / 0,6

III Exame Unificado – 2010.3

Obs.: Exame de Ordem aplicado pela disciplina do revogado Provimento 136/2009, que era composto de 5 questões, que valiam 1,0 ponto cada.

QUESTÃO 1

Cara Pintada Ltda., empresa de distribuição e venda do ramo de cosméticos, sofreu reclamação trabalhista por parte do ex-empregado Jorge Taicon Grilo, que postula diferenças salariais com base em desvio de função, pagamento de horas extras e repercussão das referidas verbas nas parcelas contratuais e resilitórias. A ação foi movida também em face da empresa Cara Pintada S.A., indústria de cosméticos, componente, segundo alegação, do mesmo grupo econômico.

Com base nas provas produzidas nos autos, em 01/08/2010 a sentença de 1° grau deu procedência aos pedidos, vindo a ser confirmada pelo TRT, já que foi negado provimento ao recurso interposto pela primeira empresa. O recurso do empregado foi, no entanto, provido, para condenação da segunda empresa como responsável solidária, porque foi considerada componente do grupo econômico da empresa de cosméticos.

Da decisão, não houve recurso.

A sentença de conhecimento foi liquidada, chegando-se ao valor de R$ 58.000,00. Dessa decisão também não houve recurso.

Iniciou-se então a execução, quando sobreveio a falência da empresa Cara Pintada Ltda., noticiada nos autos.

Em razão da falência, o administrador da massa requer a extinção da execução na Justiça do Trabalho, sob o fundamento de que o juízo universal da Vara Empresarial da Justiça Comum se tornou o competente para apreciação de todas as questões relacionadas à falência, e todos os créditos passaram ao juízo universal.

Em resposta, sustenta o advogado do reclamante que a execução contra a massa deve prosseguir na Justiça do Trabalho quanto ao depósito recursal e contra a empresa responsável solidária em relação ao excedente, requerendo a liberação imediata do referido depósito recursal de R$ 5.889,50 como parte do pagamento.

Diante da situação narrada, responda aos itens a seguir, empregando os argumentos jurídicos apropriados e a fundamentação legal pertinente ao caso.

a) A execução quanto à massa falida deve prosseguir na Justiça do Trabalho em relação ao valor do depósito recursal? (Valor: 0,4)
b) O pedido de liberação do valor depositado a título de depósito recursal deve ser atendido ou deve ser carreado à massa, para distribuição posterior entre os credores da massa? (Valor: 0,2)
c) Pode a execução voltar-se, na própria Justiça do Trabalho, quanto ao excedente do depósito recursal, contra a empresa responsável solidária? (Valor: 0,4)

GABARITO COMENTADO

A questão envolve os efeitos da falência e da solidariedade na ação trabalhista, sendo inúmeras as causas trabalhistas envolvendo as duas situações, o que desafia o conhecimento do futuro advogado.

Em processos contra a massa falida, cabe à Justiça do Trabalho apenas a definição do *quantum debeatur*, com expedição final de certidão do valor apurado em liquidação, para habilitação no rol de credores da massa falida, no Juízo Universal (art. 6º, § 2º, da Lei 11.101/05).

Ocorre que há, nos autos, depósito recursal feito anteriormente à decretação da falência.

Como a primeira indagação diz respeito, especificamente, ao prosseguimento da execução apenas quanto ao referido depósito recursal, em face do silêncio da lei quanto à resolução direta da situação-problema, admitem-se as duas únicas possíveis respostas, desde que devidamente fundamentadas, a saber:

OPÇÃO 1: A execução deve prosseguir na Justiça do Trabalho apenas quanto ao depósito recursal mediante a liberação ao reclamante, vencedor na ação, já que feito anteriormente à decretação na falência (art. 899, §§ 1º, 4º e 5º, da CLT).

OPÇÃO 2: A execução deve prosseguir no Juízo Falimentar, nos termos do art. 6º, § 2º, da Lei 11.101/95

Relativamente à segunda indagação, a questão envolve a natureza do depósito recursal, como garantia da futura execução. Aqui também, em face do silêncio da lei quanto à resolução direta da situação-problema, admitem-se as duas únicas respostas possíveis, desde que devidamente fundamentadas, a saber:

OPÇÃO 1: O pedido de liberação do depósito, que nos termos da lei pode ser levantado pelo vencedor do recurso, deve ser atendido, porque feito anteriormente à decretação da falência, em conta vinculada do FGTS do empregado e com destinação de garantia da execução (art. 899, §§1º, 4º e 5º, da CLT)[7].

---

7. O art. 899, § 4º, da CLT de acordo com a redação dada pela Lei 13.467/2017 ensina que o depósito recursal será feito em conta vinculada ao juízo e corrigido com os mesmos índices da poupança. O §5º do art. 899 da CLT que determinava que se o empregado ainda não tivesse conta vinculada aberta em seu nome, a empresa procederia a respectiva abertura, foi revogado pela Lei 13.467/2017.

OPÇÃO 2: O pedido de liberação do depósito não deve ser atendido, devendo ser carreado à massa, para distribuição entre os credores, observada a ordem legal de preferência (art. 6º, § 2º, da Lei 11.101/95).

Finalmente, quanto à terceira indagação, espera-se que o examinando responda que a execução pode voltar-se, quanto ao excedente, contra a empresa responsável solidária, porque, em se tratando de solidariedade, o devedor pode dirigir-se contra qualquer devedor, indistintamente, nos termos do art. 2º, §2º, da CLT c/c 275 do Código Civil e 8º, parágrafo único, da CLT.

Como a outra empresa componente do grupo econômico, que figurou no polo passivo da relação processual na fase de conhecimento não é falida, responde pelos débitos por meio de execução na própria Justiça do Trabalho.

A possibilidade conferida ao examinando de apresentar mais de uma resposta válida, desde que devidamente fundamentada, visa à aferição da sua capacidade de argumentação e de desenvolvimento de raciocínio lógico-jurídico adequado, os quais consistem em atributos indispensáveis ao advogado no exercício de suas atribuições, quando da defesa dos interesses de seu cliente.

DISTRIBUIÇÃO DOS PONTOS

QUESITO AVALIADO	VALORES
a) OPÇÃO 1: Sim, porque feito antes da decretação da falência (0,4). OPÇÃO 2: Não, deve prosseguir no juízo falimentar OU não, com base na Lei 11.101/05	0 / 0,4
b) OPÇÃO 1: Sim, o depósito recursal deve ser liberado porque anterior à falência OU porque constitui garantia da execução. OPÇÃO 2: Não, o depósito recursal não pode ser liberado; deve ser carreado à massa em virtude da suspensão das execuções contra o falido OU porque a competência é do Juízo de Falência.	0 / 0,2
c) Sim, porque, na solidariedade, pode-se escolher qualquer devedor OU sim, por se tratar de solidariedade de grupo econômico OU sim, com base no art. 2º, §2º, da CLT OU sim, com base no art. 275 do CC.	0 / 0,4

QUESTÃO 2

Marcos José, administrador, foi contratado pela empresa Mão de Obra em 5/3/2001. Em 12/12/2003, foi dispensado por justa causa, sob a alegação de ter praticado ato de improbidade. Naquela ocasião, Marcos foi acusado pelo seu empregador de ter furtado um notebook da empresa, pois o levou para casa no dia 10/03/2003 e, apesar de sucessivos pedidos de devolução, até aquele momento não o havia feito. Ocorre que, além de dispensar o empregado por justa causa, no mesmo dia o empregador foi à delegacia e efetuou um boletim de ocorrência. Três meses depois, em 12/03/2004, foi aberto inquérito policial, cujo resultado foi encaminhado ao Ministério Público estadual. Em 15/05/2004, o promotor de justiça apresentou denúncia em face de Marcos, requerendo a sua condenação. O processo criminal se desenvolveu ao longo de quase cinco anos, tendo sido proferida a sentença judicial definitiva em 12/04/2009, absolvendo Marcos José da acusação por falta de provas. Em vista dessa decisão, Marcos resolveu ajuizar ação trabalhista em face do seu antigo empregador, o que foi feito em 14/02/2010. Na petição inicial, Marcos requereu a reversão da sua dispensa para sem justa causa, bem como o pagamento de aviso prévio, férias proporcionais e indenização de 40% sobre o FGTS.

Com base na situação concreta, responda aos itens a seguir, empregando os argumentos jurídicos apropriados e a fundamentação legal pertinente ao caso.

a) As pretensões formuladas por Marcos estão prescritas? (Valor: 0,5)
b) O resultado do processo criminal vinculará juridicamente o resultado do processo do trabalho? (Valor: 0,5)

GABARITO COMENTADO

A questão visa, basicamente, a analisar o conhecimento do examinando a respeito do instituto da prescrição trabalhista.

Entretanto, a fim de aprofundar o caráter plural e democrático do exame, não se objetivou restringir a resposta correta a uma única opção, mormente diante do caráter argumentativo do direito. Nesse passo, foi aberta a possibilidade de o examinando se posicionar a favor ou contrariamente à ocorrência da prescrição no caso concreto. De modo que o seu nível de pontuação dependeu tão somente da sua capacidade de justificar/fundamentar sua opção.

Dito isso, para que o examinando pontuasse integralmente a questão "a", ele deveria:

1 – Mencionar os prazos prescricionais trabalhistas, previstos no art. 7º, XXIX, da CRFB/88 ou art. 11 da CLT, e observar que entre a data da dispensa e a do ajuizamento da ação passaram-se mais de seis anos; e, em seguida, acrescentar que o ajuizamento da demanda criminal não era causa de interrupção ou suspensão do decurso do prazo prescricional.

OU

2 – No caso da opção contrária, afirmar que a controvérsia envolvendo a dispensa por justa causa foi submetida ao juízo criminal. E que, nesse sentido, haveria a suspensão do prazo prescricional trabalhista; e, em seguida, acrescentar que o ajuizamento da demanda criminal era causa de suspensão do decurso do prazo prescricional, por força do art. 200 do CC, segundo o qual quando a ação se originar de fato que deva ser apurado no juízo criminal, não correrá a prescrição antes da respectiva sentença definitiva.

Já para a pontuação integral da questão "b", o examinando deveria:

1 – Genericamente, afirmar que não há vinculação jurídica entre o processo do trabalho e o processo criminal, uma vez que se trata de jurisdições independentes. Ademais, como o intuito era o de avaliar a ideia e não a literalidade da resposta, aceitou-se a colocação de noções semelhantes, tais como "competências distintas", "liberdade de convicção do juiz" ou "instituições independentes".

OU

2 – Especificamente, em virtude das informações obtidas no caso concreto, afirmar que não há vinculação jurídica entre o processo do trabalho e o processo criminal, uma vez que, diante de uma sentença absolutória por falta de provas, o juiz do trabalho não está vinculado juridicamente a esse resultado, podendo analisar livremente a prova dos autos e, se convencido for, confirmar ou invalidar a justa causa referida.

DISTRIBUIÇÃO DOS PONTOS

QUESITO AVALIADO	VALORES
a) OPÇÃO 1: Não há prescrição porque o fato devia ser apurado pelo Juízo Criminal (I) aplicando-se o art. 200 do CC (II). OPÇÃO 2: Estão prescritas as pretensões deduzidas mais de dois anos após o rompimento do contrato OU conforme o art. 7º, XXIX, da CRFB (OU art. 11 da CLT) (I). A ação criminal não é empecilho para o exercício de reclamação trabalhista (II). 0,4 = item I / 0,5 = com o item II	0 / 0,4 / 0,5
b) Não, porque o processo do trabalho é independente do processo penal OU porque as jurisdições são autônomas OU porque as competências são distintas. OU: Não, porque a sentença proferida pelo Juízo Criminal foi absolutória por falta de provas.	0 / 0,5

QUESTÃO 4

O Banco Ômega S.A. ajuizou ação de interdito proibitório em face do Sindicato dos Bancários de determinado Município, nos termos do artigo 567 do CPC/2015, postulando a expedição de mandado proibitório, para obrigar o réu a suspender ou a não mais praticar, durante a realização de movimento paredista, atos destinados a molestar a posse mansa e pacífica do autor sobre os imóveis de sua propriedade, com a retirada de pessoas, veículos, cavaletes, correntes, cadeados, faixas e objetos que impeçam a entrada de qualquer empregado ao local de trabalho, abstendo-se, também, de realizar piquetes com utilização de aparelhos de som, sob pena de aplicação de multa diária no valor de R$ 10.000,00 (dez mil reais), por agência. Em contestação, o sindicato-réu sustentou que a realização de piquetes decorre do legítimo exercício do direito de greve assegurado pelo artigo 9º da Constituição da República e que o fechamento das agências bancárias visa a garantir a adesão de todos os empregados ao movimento grevista.

Com base na situação hipotética, responda aos itens a seguir, empregando os argumentos jurídicos apropriados e a fundamentação legal pertinente ao caso.

a) Qual será a Justiça competente para julgar essa ação de interdito proibitório? (Valor: 0,2)
b) Durante a greve, é lícita a realização de piquetes pelo Sindicato com utilização de carros de som? (Valor: 0,4)
c) Procede a pretensão veiculada na ação no sentido de que o réu se abstenha de impedir o acesso dos empregados às agências bancárias? (Valor: 0,4)

GABARITO COMENTADO

ITEM A:
De acordo com o artigo 114, inciso II, da Constituição da República, com redação dada pela Emenda Constitucional nº 45/2004, compete à Justiça do Trabalho processar e julgar as ações que envolvam exercício do direito de greve.

Por sua vez, a Súmula Vinculante nº 23 do STF dispõe que a Justiça do Trabalho é competente para processar e julgar ação possessória ajuizada em decorrência do exercício do direito de greve pelos trabalhadores da iniciativa privada.

No caso de que trata a questão, o interdito proibitório, que consiste em modalidade de ação possessória, foi ajuizado em razão do movimento grevista deflagrado por categoria profissional do setor privado.

Dessa forma, o examinando deve responder que a competência para julgamento é da Justiça do Trabalho, com fundamento no artigo 114, inciso II, da CRFB/88, ou na Súmula Vinculante nº 23 do STF.

ITEM B:
Conforme a norma prevista no artigo 6º, I, da Lei 7.783/89, são assegurados aos grevistas, entre outros direitos, o emprego de meios pacíficos tendentes a persuadir ou aliciar os trabalhadores a aderirem à greve.

A realização de piquetes com utilização de carros de som é permitida pela ordem jurídica, como meio pacífico tendente a persuadir ou aliciar os trabalhadores para aderirem ao movimento.

É vedada, contudo, a prática de atos de violência moral e/ou material que possam vir a constranger direitos e garantias fundamentais de outrem, nos moldes do artigo 6º, §1º, da Lei 7.783/89.

Desse modo, o examinando deve responder afirmativamente, alegando que o artigo 6º, I, da Lei 7.783/89 assegura aos grevistas o emprego de meios pacíficos tendentes a persuadir ou aliciar os trabalhadores a aderirem à greve.

ITEM C:
O examinando deve responder que procede a pretensão, fundamentando no sentido de que as manifestações e atos de persuasão utilizados pelos grevistas não podem impedir o acesso ao trabalho nem causar ameaça ou dano à propriedade ou à pessoa, nos termos do artigo 6º, § 3º, da Lei 7.783/89.

DISTRIBUIÇÃO DOS PONTOS

QUESITO AVALIADO	VALORES
a) Competência da Justiça do Trabalho. Indicação do art. 114, II, da CF/88, OU da Súmula Vinculante nº 23 do STF.	0 / 0,2
b) Sim – Direito dos grevistas ao emprego de meios pacíficos de persuasão. Indicação do art. 6º, I, da Lei 7.783/89.	0 / 0,4
c) Sim – Impossibilidade de obstar o acesso ao trabalho. Indicação do art. 6º, § 3º, da Lei 7.783/89.	0 / 0,4

QUESTÃO 5

Determinada empresa, visando a estimular o comparecimento pontual de seus empregados, estipulou em norma interna que o empregado que chegasse até 10 minutos antes do horário ganharia R$ 3,00 no dia, e o que chegasse até 15 minutos atrasado teria de pagar R$ 1,00 no dia. Tanto a adição quanto o desconto seriam feitos no contracheque mensal e não excluiriam a adição de hora extra pela chegada antecipada nem o desconto pelos atrasos, como já era feito.

Com base no relatado acima, responda aos itens a seguir, empregando os argumentos jurídicos apropriados e a fundamentação legal pertinente ao caso.

a) É válida a norma interna em questão, em ambos os aspectos? (Valor: 0,5)
b) De que poder o empregador se valeu para criá-la? (Valor: 0,5)

GABARITO COMENTADO

Item A

Não. No tocante ao desconto, ela é inválida porque excede o poder do empregador, além de caracterizar bis in idem. O desconto cuja imposição se pretende, por ser unilateral, viola o artigo 462 da CLT.

Justificativa: Espera-se medir a capacidade de o examinando informar que as normas benéficas, independentemente da sua origem, são válidas e aplicadas de plano ao contrato de trabalho. O mesmo, contudo, não se aplica a eventual desconto que esteja sendo imposto em descompasso com a norma cogente, pois em princípio o salário é intangível e protegido contra subtrações indevidas – a exemplo do desconto pelo atraso imposto pelo empregador, tornando-o, nesse aspecto, pontual e cirurgicamente, ilegal e abusivo. Visa ainda medir a capacidade de o examinando nulificar apenas parte do regulamento, sem prejudicar a parte que beneficia os obreiros, além de identificar um bis in idem no desconto duplo (pelo atraso e o criado pelo empregador) que porventura fosse realizado.

Item B

Do poder diretivo ou de comando ou empregatício ou regulamentar ou *jus variandi*. Justificativa: Espera-se medir a capacidade de o examinando identificar os poderes inerentes à figura do empregado e, especialmente, que ele não detém poder normativo, mas apenas regulamentar, que emana do seu poder diretivo, de modo que, com arrimo nele, poderá criar normas internas para dinamizar a sua gestão e eventualmente beneficiar (e apenas beneficiar, jamais prejudicar) os empregados, na medida em que se trata de ato unilateral.

DISTRIBUIÇÃO DOS PONTOS

QUESITO AVALIADO	VALORES
a) No tocante ao desconto, ela é inválida porque excede o poder do empregador, além de caracterizar bis in idem. Entretanto, é válida em relação ao bônus por se tratar de incentivo benéfico. 0,25 = reconhecer que não é válida em relação ao desconto OU que é válida em relação ao bônus OU que é inválida em razão do desconto ilícito OU por violação ao art. 462 OU 468 da CLT OU súmula 342 do TST. / 0,5 = indicar os dois aspectos (desconto e bônus)	0 / 0,25 / 0,5
b) Do poder diretivo OU poder de comando OU do poder empregatício OU do jus variandi OU do poder regulamentar.	0 / 0,5

II Exame Unificado – 2010.2

Questão 2

Um membro do conselho fiscal de sindicato representante de determinada categoria profissional ajuizou reclamação trabalhista com pedido de antecipação dos efeitos da tutela, postulando a sua reintegração no emprego, em razão de ter sido imotivadamente dispensado.

O reclamante fundamentou sua pretensão na estabilidade provisória assegurada ao dirigente sindical, prevista nos artigos 543, § 3º, da CLT e 8º, inciso VIII, da Constituição da República de 1988, desde o registro de sua candidatura até 01 (um) anos após o término de seu mandato.

O juiz concedeu, em sede liminar, a tutela antecipada requerida pelo autor, determinando a sua imediata reintegração, fundamentando sua decisão no fato de que os membros do conselho fiscal, assim como os integrantes da diretoria, exercem a administração do sindicato, nos termos do artigo 522, caput, da CLT, sendo eleitos pela assembleia geral.

Com base em fundamentos jurídicos determinantes da situação problema acima alinhada, responda às indagações a seguir.

a) O juiz agiu com acerto ao determinar a reintegração imediata do reclamante?
b) Que medida judicial seria adotada pelo reclamado contra esta decisão antecipatória?

GABARITO COMENTADO

Relativamente à primeira indagação, espera-se que o examinando, ao abordar a discussão sobre a estabilidade de emprego dos dirigentes sindicais para a representação dos interesses da categoria, responda negativamente.

No caso trata-se de conselheiro fiscal, cuja discussão se pauta no exercício ou não da direção e representação do sindicato.

Com fundamento no Art. 522, § 2º, da CLT, as atividades do conselheiro fiscal limitam-se à fiscalização da gestão financeira do sindicato, não atuando na representação ou defesa da categoria.

Exatamente interpretando tal dispositivo, o entendimento consubstanciado na OJ nº 365 da SBDI I, do TST, é no sentido de não reconhecer direito à estabilidade ao conselheiro fiscal – 0,5 pts.

No que tange à segunda indagação, quanto à decisão que antecipou os efeitos da tutela de mérito, trata-se de incidente interlocutório e que nos termos do Art. 893, § 1º da CLT e da Súmula nº 214, do TST, é irrecorrível de imediato, pelo que não é atacável por via de recurso ordinário, muito menos por agravo de instrumento, que se limita ao destrancamento de recurso.

Assim, por se tratar de decisão interlocutória, sem recurso específico, a resposta correta é o mandado de segurança, nos termos da Sumula nº 414, II do Colendo TST, unificadora da jurisprudência trabalhista, não sendo considerada a resposta sem fundamentação.

A OJ nº 63, da SBDI-II, do TST, não serve de fundamento, por se referir a Ação Cautelar.

Ressalta-se que a respectiva resposta não se encontra única e exclusivamente com espeque em súmula e jurisprudência dos tribunais superiores, mas tão somente em interpretação dos dispositivos citados no corpo da chave de resposta – 0,5 pts.

DISTRIBUIÇÃO DOS PONTOS

QUESITO AVALIADO	VALORES
a) Não. Membro do C. Fiscal não tem estabilidade – C. F. não atua na defesa de direitos da categoria – competência limitada à atividade de fiscalização da gestão financeira do sindicato 0 / 0,3 Indicação das normas: Art. 522, § 2º/CLT 0 / 0,1 OJ nº 365 da SDI-1/TST 0 / 0,1	0 / 0,50
Decisão interlocutória – irrecorribilidade imediata 0 / 0,2 – Indicação da norma: Art. 893, § 1º/CLT ou Súmula nº 214/TST 0 / 0,05 – Não cabe recurso específico – mandado de segurança 0 / 0,2 – Indicação da norma: Sumula 414, II/TST 0 / 0,05.	0 / 0,5

QUESTÃO 3

Na audiência inaugural de um processo na Justiça do Trabalho que tramita pelo rito sumaríssimo, o advogado do réu apresentou sua contestação com documentos e, ato contínuo, requereu o adiamento em virtude da ausência da testemunha Jussara Freire que, apesar de comprovadamente convidada, não compareceu. O advogado do autor, em contraditório, protestou, uma vez que a audiência é una no processo do trabalho, não admitindo adiamentos. O juiz deferiu o requerimento de adiamento, registrou o protesto em ata e remarcou a audiência para o início da fase instrutória.

No dia designado para a audiência de instrução, a testemunha Jussara Freire não apenas compareceu, como esteve presente, dentro da sala de audiências, durante todo o depoimento da testemunha trazida pelo autor. No momento da sua oitiva, o advogado do autor a contraditou, sob o argumento vício procedimental para essa inquirição, ao que o advogado do réu protestou. Antes de o juiz decidir o incidente processual, o advogado do réu se antecipou e requereu a substituição da testemunha.

Diante da situação narrada, analise o deferimento do adiamento da audiência pelo juiz, bem como a contradita apresentada pelo advogado do autor e o requerimento de substituição elaborado pelo advogado do réu.

GABARITO COMENTADO

1 – Espera-se que o candidato responda que, não obstante a incidência de regra geral da audiência trabalhista una, por se tratar de causa que tramita pelo rito sumaríssimo e com espeque nos Art. 852 – H, § 3º, da CLT, permite-se o adiamento da audiência, na hipótese de a testemunha convidada não comparecer espontaneamente – 0, 3 pts.

2 – Espera-se que o candidato fundamente a contradita da testemunha com base na violação do Art. 824, CLT ou Art. 456, do CPC/2015, que determinam a oitiva das testemunhas separadamente e de modo que uma não ouça o depoimento da outra – 0,3 pts.

3 – Quanto ao requerimento final, deve ser pelo candidato ressaltado, mais uma vez, a inexistência de regra específica na CLT sobre a substituição de testemunha, tornando-se possível a aplicação subsidiária do CPC. (Veja art. 769 CLT e art. 15 CPC/2015). E a conclusão no sentido da afirmação da impossibilidade de substituição da testemunha Jussara Freire, no caso em exame, uma vez que não se trata das hipóteses contidas nos incisos do Art. 451 do CPC/2015, destacando que a parte deu causa ao vício e que o deferimento criaria uma violação arbitrária da isonomia de tratamento das partes litigantes – 0,4 pts.

DISTRIBUIÇÃO DOS PONTOS

QUESITO AVALIADO	VALORES
– Correto adiamento da audiência quando testemunha convidada não comparece espontaneamente 0 / 0,2 – Indicação da norma: Art. 852-H, § 3º, CLT 0 / 0,1	0 / 0,30
Correta a contradita da testemunha – oitiva em separado 0 / 0,2 – Indicação da norma: Art. 456 CPC/2015 ou 824/CLT 0 / 0,1	0 / 0,3
Incorreto requerimento de substituição – ausência de regra específica na CLT sobre ausência de testemunha – aplicação subsidiária do CPC. Parte que dá causa ao vício não pode dele se beneficiar 0 / 0,3 – Indicação da norma: Art. 451 CPC/2015 0 / 0,1	0 / 0,4

QUESTÃO 4

Em reclamação trabalhista ajuizada em face da empresa "Y", José postula assinatura da CTPS, horas extras e diferenças salariais com fundamento em equiparação salarial e pagamento de adicional de periculosidade.

Na defesa oferecida, a empresa nega ter o empregado direito à assinatura da CTPS, dizendo ter o obreiro trabalhado como autônomo; quanto às horas extras, nega o horário alegado, se reportando aos controles de frequência, que demonstram, segundo alega, que o reclamante não as realizava; e, quanto às diferenças salariais, sustenta que o reclamante era mais veloz e perfeito na execução do serviço do que o paradigma apontado.

Considerando as normas processuais sobre a distribuição do ônus da prova, estabeleça, através de fundamentos jurídicos, a quem cabe o ônus da prova em relação a cada uma das alegações contidas na defesa apresentada pelo reclamado?

GABARITO COMENTADO

a) Espera-se que o candidato responda que cabe ao empregado a prova da prestação das alegadas horas extras, por ter o empregador negado que o reclamante as fazia. Em face da negativa, não se verifica a inversão do ônus da prova, cabendo ao reclamante a prova do fato constitutivo do direito alegado – Art. 818 da CLT[8] c/c 373, I, do CPC/2015 – 0,3 pts.

b) Espera-se que o candidato responda que cabe à empresa a prova da autonomia, por ter admitido a prestação de serviços, mas apresentado fato impeditivo do reconhecimento do vínculo, o que lhe transferiu o ônus da prova, nos termos do Art. 818[9] da CLT c/c 373, II do CPC/2015 – 0,3 pts.

c) Espera-se que o candidato responda que, no caso, não há que se falar em ônus da prova, porque não há mais prova a ser produzida em relação ao fato, posto que o próprio empregador, sem alegar fato impeditivo, modificativo ou extintivo do direito à equiparação, confessa a maior produtividade e perfeição técnica do trabalho desenvolvido pelo próprio reclamante. Incidência dos arts. 371, II e 389, do CPC/2015 – 0,4 pts.

DISTRIBUIÇÃO DOS PONTOS

QUESITO AVALIADO	VALORES
Horas extras: ônus da prova do empregado – fato constitutivo do direito 0 / 0,2 – Indicação das normas: arts. 818 da CLT c/c 373, I, do CPC/2015 0 / 0,1	0 / 0,30
Autonomia: ônus da prova do empregador que admitiu prestação de serviços – fato impeditivo 0 / 0,2 – Indicação das normas: arts. 818 da CLT c/c 373, II, do CPC/2015 0 / 0,05 / 0,1	0 / 0,3
Equiparação salarial: não há que se falar em ônus da prova – não há prova a produzir – confissão do empregador 0 / 0,3 – Indicação das normas: arts. 371, II CPC/2015 e Art.389 CPC/2015	0 / 0,4

QUESTÃO 5

Vindo de sua cidade natal, Aracaju, José foi contratado na cidade do Rio de Janeiro, para trabalhar como pedreiro, em Santiago do Chile, para empregador de nacionalidade uruguaia. Naquela cidade lhe prestou serviços por dois anos, ao término dos quais foi ali dispensado.

Retornando ao Brasil, o trabalhador ajuizou reclamação trabalhista, mas o Juiz, em atendimento a requerimento do reclamado, extinguiu o processo, sob o fundamento de que a competência para apreciar a questão é da justiça uruguaia, correspondente à nacionalidade do ex-empregador.

Considere que entre Brasil, Chile e Uruguai não existe tratado definindo a questão da competência para a hipótese narrada.

a) O Juiz agiu acertadamente em sua decisão? Justifique.

b) Informe se cabe recurso da decisão proferida, estabelecendo, se for o caso, o recurso cabível e, por fim, em que momento processual pode ser impugnada a referida decisão. Justifique a resposta.

---

8. Nova redação dada ao art. 818 da CLT de acordo com a Lei 13.467/2017:
    "Art. 818. O ônus da prova incumbe:
    I - ao reclamante, quanto ao fato constitutivo de seu direito;
    II - ao reclamado, quanto à existência de fato impeditivo, modificativo ou extintivo do direito do reclamante."
9. Idem.

GABARITO COMENTADO

Quanto à indagação do item "a" espera-se que o examinando discorde da decisão do magistrado com espeque no Art. 651, § 2°, da CLT – 0,5 pts.

Quanto à indagação do item "b" espera-se que o examinando destaque que, apesar do caráter interlocutório da decisão em apreço, trata-se de decisão terminativa do feito, cabendo recurso de imediato, nos exatos termos do Art. 799, § 2°, do texto consolidado – 0,25 pts.

Complementando o raciocínio, destaca-se a incidência dos termos do Art. 895, I, da CLT, o que faz recair no Recurso Ordinário (cujo prazo é de 8 dias) o manejo do recurso cabível – 0,25 pts.

DISTRIBUIÇÃO DOS PONTOS

QUESITO AVALIADO	VALORES
1. Item A: – Decisão incorreta 0 / 0,4 – Indicação da norma: Art. 651, § 2°, CLT 0 / 0,1	0 / 0,50
2. Item B: – Embora de caráter interlocutório, decisão é terminativa do feito na JT, cabendo recurso imediato 0 / 0,2 – Indicação da norma: Art. 799, § 2°/CLT 0 / 0,05	0 / 0,25
– Recurso ordinário – 8 dias 0 / 0,2 – Indicação da norma: Art. 895, I, CLT 0 / 0,05	0 / 0,25

EXERCÍCIOS COMPLEMENTARES
PEÇAS PROFISSIONAIS

EXERCÍCIO 1

Por entender cabível e necessário, tendo em vista o teor da sentença de primeiro grau, a empresa apresentou Embargos de Declaração. O Juízo, ao decidir sobre os embargos, julgou a medida protelatória, rejeitou ditos embargos e impôs ao embargante a multa de 1% (um por cento) sobre o valor da causa. Interpondo Recurso Ordinário, foi o apelo liminarmente indeferido pelo magistrado, por intempestivo, sob o fundamento de que embargos declaratórios que o Juízo entenda protelatórios não têm o condão de interromper o prazo para a interposição de qualquer recurso e, ademais, entendeu deserto o mesmo recurso por falta de depósito do valor da mencionada multa.

QUESTÃO: Como advogado da empresa, elabore a medida cabível, apresentando os fundamentos que busquem a reversão do despacho que indeferiu o processamento do Recurso Ordinário.

EXERCÍCIO 2

Determinada empresa demitiu vendedora de loja de roupas finas, alegando que, por ser estabelecimento de luxo, seriam mantidas apenas pessoas de boa aparência e que, ademais, apresentassem atestado de esterilização, "para que não houvesse riscos de afastamentos do serviço". Ao reclamar da situação, a trabalhadora foi bastante humilhada, em público, recebendo irônico "conselho" do Gerente da Loja para que fosse "procurar seus direitos". Despedida, socorreu-se da Justiça do Trabalho onde postulou as verbas rescisórias, a percepção em dobro da remuneração pelo período de afastamento, tudo acrescido de danos morais a serem arbitrados pelo Juízo, tendo em vista as graves humilhações sofridas. O Juízo de primeira instância julgou a ação procedente em parte, determinando a reintegração, contra a vontade da Reclamante que alegara em Juízo não ter nenhum ambiente para retornar àquele emprego, limitando-se, por fim, o julgado, a determinar o pagamento das remunerações, de forma simples, do período de afastamento.

QUESTÃO: Como advogado da Reclamante, apresente a medida processual adequada, postulando a reforma do julgado, apresentando, para tanto, o devido fundamento legal.

EXERCÍCIO 3

Policial Militar, fora dos horários em que servia à Corporação, prestava serviços, em caráter permanente, para determinada empresa concessionária de veículos, onde ativava-se como Chefe de Segurança, percebendo remuneração fixa mensal. Naquele local, além de prestar serviços não eventuais, assinalava cartão ponto e cumpria ordens, ali laborando, também, quando em férias ou eventuais dispensas da atividade militar. Despedido pela aludida concessionária, postulou perante a Justiça do Trabalho o vínculo de emprego e consequentes. O Juízo de primeiro grau entendeu inexistir vínculo de emprego, tratando-se de mera relação de trabalho e, pois, a ação seria improcedente perante a Justiça do Trabalho, e, ademais, a situação dos autos configuraria violação disciplinar prevista no Estatuto Policial Militar.

QUESTÃO: Como advogado do Policial Militar, interponha a medida judicial cabível, apresentando a devida fundamentação.

EXERCÍCIO 4

João da Silva, representante comercial, registrado no CORCESP, prestou serviços durante 05 (cinco) anos para determinada empresa, sendo que por exigência da representada, firmou, no início da pactuação, um "contrato de agência", com fundamento nos arts. 710 e segs. do Código Civil. Trabalhou com exclusividade para referida empresa, era supervisionado, elaborava relatórios diários e cumpria ordens que implicavam subordinação jurídica. Rescindido o contrato por ato da empresa, sem qualquer justificativa, nada foi pago ao representante. Este ajuizou reclamação perante a Justiça do Trabalho, sendo que a peça vestibular formulava pedidos sucessivos: a) em primeiro lugar, o reconhecimento de que a relação jurídica era, de fato, ante o princípio da primazia da realidade, um contrato de trabalho nos moldes do que dispõe a CLT e, pois, a anotação do tempo de serviço na CTPS, o pagamento de todos os consequentes daí derivados, inclusive as chamadas verbas rescisórias; b) sucessivamente, *ad argumentandum*, se porventura não se reconhecesse o vínculo empregatício, pleiteava que a empresa fosse condenada nos direitos decorrentes da Lei 4.886/1965, em especial, indenização e aviso-prévio. O Juízo indeferiu liminarmente a inicial, fundamentando-se em incompetência em razão da matéria e, ademais, entendendo inepta a inicial por formular pedidos sucessivos.

QUESTÃO: Como advogado do Reclamante, apresente a medida processual cabível, sustentando, fundamentadamente, a viabilidade do pedido como formulado.

EXERCÍCIO 5

Determinada empresa dotava todos os locais de prestação de serviços de excessiva e ostensiva vigilância por câmeras de vídeo, a tal ponto de invadir a privacidade dos empregados, submetendo-os a constrangimentos. Como se não bastasse, resolveu, certo dia, num final de expediente, sem que houvesse qualquer razão plausível, submeter uma trabalhadora a revista pessoal íntima, a ser feita por seus seguranças, todos do sexo masculino. A trabalhadora recusou-se, alegando dupla violação de sua privacidade, quer pela ostensiva vigilância eletrônica já existente, quer pela desfundamentada tentativa de revista íntima. Foi, então, imediatamente despedida por justa causa, passando a empresa a alardear que a recusa no cumprimento da ordem constituía sério "indício" do cometimento de ato de improbidade pela trabalhadora.

QUESTÃO: Na condição de advogado da trabalhadora, promova a medida processual adequada, com os fundamentos legais específicos.

EXERCÍCIO 6

Apreciando reclamação trabalhista de empregado demitido por justa causa, sob a alegação de troca de ofensas e início de vias de fato com colega de serviço (este não despedido), em decorrência de discussão sobre futebol às portas do Estádio do Pacaembu, em partida de final de campeonato, o Juiz do Trabalho reconheceu a justa causa, fundamentando em briga com colega de trabalho e julgou a ação improcedente.

QUESTÃO: Como advogado do Reclamante, promova a medida processual adequada, apresentando os devidos fundamentos legais.

EXERCÍCIO 7

Após ter sido aprovado em concurso público, Marcos foi contratado por uma companhia de saneamento básico, sociedade de economia mista, para exercer o cargo de auxiliar técnico. Quando iniciou suas atividades na empresa, Marcos passou a exercer as atribuições de cargo hierarquicamente superior ao daquele para o qual fora contratado. Frente a tal situação, ele ingressou com ação na justiça do trabalho, pleiteando o pagamento do salário correspondente ao cargo exercido bem como o seu reenquadramento na função que passou a desempenhar. O juiz julgou integralmente procedentes os pedidos formulados pelo reclamante. A reclamada recorreu ao TRT, tendo sido o recurso improvido e mantida a decisão em seus exatos termos. Novamente a empregadora recorreu, dessa vez ao TST, para ver reformado o acórdão regional, tendo a primeira turma negado provimento, oportunidade em que enfrentou todos os argumentos contidos na peça recursal.

Em face da situação hipotética apresentada, na qualidade de advogado(a) da companhia de saneamento básico, redija a peça processual cabível, argumentando acerca do direito de o empregado de sociedade de economia mista ser reenquadrado no cargo cujas atribuições exerce na hipótese de desvio de função; e da existência, ou não, de direito do reclamante ao percebimento das diferenças salariais entre a atividade exercida e aquela para a qual originalmente havia sido contratado.

EXERCÍCIO 8

João, após aposentar-se espontaneamente pelo INSS, continuou a trabalhar na empresa Autoelétrica XZ. Passado um ano, foi demitido, oportunidade em que ingressou com uma ação na ª Vara do Trabalho de São Paulo, solicitando o pagamento de diferença referente à multa de 40% sobre o FGTS de todo o contrato de trabalho, incluindo-se o período anterior à aposentadoria. A empresa, na defesa que apresentou em juízo, afirmou que o empregado não teria direito a essa diferença visto que, com a aposentadoria, teria ocorrido a extinção do primeiro contrato de trabalho. Os pedidos formulados na reclamação trabalhista foram julgados improcedentes.

Considerando a situação hipotética apresentada, na qualidade de advogado(a) contratado(a) por João, redija a peça processual cabível para a defesa dos interesses de seu cliente, expondo os fundamentos legais pertinentes e o entendimento da jurisprudência a respeito do fato.

EXERCÍCIO 9

O secretário de Relações do Trabalho do Ministério do Trabalho e Emprego, com atuação em Brasília – DF, recusando-se à efetivação do registro sindical do Sindicato dos Trabalhadores da Educação Básica do Estado de São Paulo (SINTEB/SP) sob o argumento de que restaria desatendido o princípio da unicidade sindical, determinou o arquivamento do respectivo processo administrativo. O sindicato recorreu da decisão, demonstrando, por meio de documento, não haver outro sindicato a representar a referida categoria profissional no âmbito do mesmo município.

Em face da situação hipotética acima, na condição de advogado(a) contratado(a) pelo SINTEB/SP e considerando que a entidade teve seus estatutos registrados no cartório competente, redija a peça judicial cabível contra o arquivamento do processo de registro sindical, na qual sejam abordados, necessariamente, os seguintes aspectos:

a) princípio da unicidade sindical;

b) atuação do Ministério do Trabalho e Emprego no registro das organizações sindicais.

EXERCÍCIO 10

Joaquim foi admitido, em dezembro de 2012, mediante concurso público, pela Empresa Brasileira de Correios e Telégrafos (ECT), no cargo de operador de triagem e transbordo. Foi demitido, imotivadamente, em março de 2016. Em abril do mesmo ano, ajuizou ação trabalhista na ª Vara do Trabalho de São Paulo, pedindo sua reintegração na empresa pública, em razão da peculiar condição da ECT, que é equiparada à Fazenda Pública. O juiz do trabalho negou o pedido constante na reclamação trabalhista ajuizada por Francisco, argumentando que o vínculo jurídico com a ECT seria de natureza contratual, sujeito às normas determinadas na CLT, razão pela qual seria desnecessário exigir que a ECT se submetesse, para fins de demissão de seus funcionários, a processo administrativo em que constasse a motivação do ato.

Considerando a situação hipotética acima apresentada, na condição de advogado(a) contratado(a) por Joaquim, redija a peça judicial cabível em defesa do direito de seu cliente ser reintegrado no cargo.

EXERCÍCIO 11

Raimundo e Pedro, propagandistas-vendedores da empresa Medicamentos Baixo Custo, foram demitidos, sem justa causa, em janeiro de 2016. Em abril do mesmo ano, ajuizaram ação na ª Vara do Trabalho de São Paulo, argumentando que foram dispensados imotivadamente, embora possuíssem estabilidade provisória por integrar, respectivamente, a ª e a ª suplência da diretoria do Sindicato dos Empregados Propagandistas, Propagandistas-Vendedores e Vendedores de Produtos Farmacêuticos do Estado de São Paulo. A empresa contestou a ação, alegando que a quantidade dos membros eleitos para a diretoria do sindicato teria ultrapassado o número legal. O juiz de º grau reconheceu que, embora o estatuto do sindicato estabeleça um número maior de membros efetivos e suplentes para a diretoria, ambos os vendedores estariam protegidos pela estabilidade, razão pela qual determinou a reintegração dos trabalhadores. Houve recurso por parte da empresa, tendo o TRT da ª Região mantido a decisão nos seus exatos termos.

Em face da situação hipotética acima, na condição de advogado(a) contratado(a) pela empresa Medicamentos Baixo Custo, redija a peça judicial cabível em defesa de sua cliente, apresentando os argumentos de fato e de direito pertinentes à matéria.

EXERCÍCIO 12

Pedro ingressou com reclamação trabalhista contra o Estado de São Paulo para ver reconhecido o vínculo de emprego entre ambos, ainda que não tenha havido prévia aprovação em concurso público. A ação foi julgada improcedente pelo juiz do trabalho. Foi interposto recurso ordinário contra a sentença, repetindo-se os argumentos trazidos na petição inicial, e, sucessivamente, solicitando-se a condenação do reclamado ao pagamento das verbas decorrentes do contrato de trabalho havido entre as partes (aviso-prévio, 1º salário proporcional, férias em dobro e simples acrescidas de um terço, depósitos do FGTS e indenização de 40% sobre o saldo do FGTS).

O Tribunal Regional do Trabalho (TRT) deu provimento ao recurso, por entender caracterizada a existência de relação de emprego, na forma dos arts. 2º e 3º da CLT, mesmo diante da previsão do art. 37, inciso II e § 2º, da CF/1988, pois o serviço foi prestado de forma pessoal, onerosa e com subordinação, cabendo ao ente público arcar com as verbas decorrentes do contrato de trabalho. Ao reformar a sentença, o TRT reconheceu a existência do contrato nulo, mas entendeu ser ele capaz de gerar efeitos jurídicos, pelo que determinou o retorno dos autos à vara de origem para exame dos demais pedidos da inicial. Dessa decisão interpôs o Estado recurso de revista, cujo seguimento foi negado, sob o argumento de que as decisões interlocutórias são irrecorríveis (art. 893, § 1º, da CLT e Súmula 214/TST).

Em face da situação hipotética acima descrita, redija a medida cabível e apresente argumentos fundamentados, considerando que, em sua decisão, o TRT reconheceu ser devido o pagamento de todas as verbas trabalhistas em hipótese de contrato nulo.

EXERCÍCIO 13

A 1ª Vara do Trabalho de São Paulo, analisando reclamação trabalhista ajuizada por Manuel, julgou improcedente a ação, por entender caracterizada hipótese de dispensa por justa causa, tomando por fundamento um único depoimento, prestado por testemunha arrolada pela reclamada. Essa testemunha, mesmo não tendo presenciado o ato de ter o empregado, Manuel, esmurrado o gerente da empresa, disse ter ouvido falar do ocorrido pelo próprio ofendido. Ficou evidenciado, na instrução processual, que: a) somente passados dois meses do fato, deu-se a demissão por justa causa, sem que tenha havido sequer uma advertência ao empregado; b) ninguém presenciou a agressão; c) a única testemunha do reclamado disse não trabalhar, nem nunca haver trabalhado, na empresa que este dirigia.

Considerando a situação hipotética apresentada, redija a medida cabível, argumentando sobre o fundamento da despedida de Manuel e sobre as provas produzidas em juízo. Analise a hipótese de a justa causa vir a ser descaracterizada, descrevendo quais serão as verbas e direitos devidos ao empregado.

EXERCÍCIO 14

Maria ingressou com reclamação trabalhista contra a empresa Brasil S.A., argumentando ter exercido função de confiança, com o consequente pagamento da gratificação salarial correspondente, durante seis anos consecutivos, tendo o empregador, sem justa causa e por ato unilateral, promovido sua reversão ao posto antes ocupado, quando, então, foi reduzida sua remuneração. Maria pediu antecipação de tutela para que a reclamada procedesse à imediata incorporação da gratificação, bem como o pagamento das diferenças salariais correspondentes, desde a data da supressão da vantagem. Ao final, postulou a confirmação da medida liminar. Juntou prova documental para comprovar suas alegações. O juiz daª Vara do Trabalho de São Paulo, argumentando estarem satisfeitos os pressupostos autorizadores da medida, deferiu o pedido de antecipação dos efeitos da tutela.

Em face dessa situação hipotética, redija a medida cabível, argumentando a respeito da possibilidade de redução salarial na hipótese de reversão do empregado ao cargo efetivo, antes ocupado, quando este deixar de exercer função de confiança.

EXERCÍCIOS COMPLEMENTARES
GABARITOS – PEÇAS PROFISSIONAIS

EXERCÍCIO 1

A medida cabível é o recurso de Agravo de Instrumento (Art. 897, b, da CLT). A matéria arguível é a de que os embargos de declaração interrompem o prazo para a interposição de outros recursos, por qualquer das partes (CPC, art. 1.026) e, ademais, na forma do § º do mesmo dispositivo, somente na reiteração de embargos protelatórios em que a multa é elevada a até 10% (dez por cento) é que fica condicionada a interposição de qualquer outro recurso ao depósito do valor respectivo, exceção feita à Fazenda Pública e ao beneficiário de gratuidade da justiça, que a recolherão ao final. Assim, o Agravo de Instrumento postulará afastar o despacho denegatório de processamento, por ambos os motivos: o Recurso Ordinário não é intempestivo, tampouco deserto, devendo o Tribunal determinar seu regular processamento.

EXERCÍCIO 2

A medida cabível será o Recurso Ordinário, em que a Recorrente arguirá o texto da Lei 9.029, de 12.04.1995, que veda e até define como tipo penal tais práticas, bem como, em seu art. º, defere à ofendida a opção entre a reintegração no emprego ou a percepção em dobro da remuneração como postulado na inicial, tudo sem prejuízo da composição dos danos morais, com fulcro no art. º, X da CF, c/c arts. 186 do Código Civil, e 927 do mesmo Estatuto.

EXERCÍCIO 3

A medida processual seria o Recurso Ordinário, dirigido à própria Vara do Trabalho, requerendo remessa ao Tribunal Regional do Trabalho e postulando o reconhecimento do vínculo de emprego. A competência, de toda forma, seria mesmo da Justiça do Trabalho, consoante redação do art. 114 da CF, decorrente da Emenda Constitucional 45/2004, que ampliou a competência trabalhista, passando a abranger tanto relações de trabalho, quanto de emprego. Por seu turno, o vínculo de emprego, na espécie, decorre de matéria sumulada, estampada na Súmula 386 do TST.

EXERCÍCIO 4

A medida processual adequada será o Recurso Ordinário. O Recorrente deverá arguir ser pessoa natural, ter havido relação de trabalho subordinado e que, ante os termos do art. 114 da Constituição Federal (após a Emenda Constitucional 45/2004), a competência será da Justiça do Trabalho, tanto para as hipóteses de relação de emprego, quanto para as de "relação de trabalho". Quanto ao pedido formulado de forma sucessiva, encontra fundamento expresso no art. 326 do CPC/2015, aqui aplicado de forma subsidiária. Assim, postulará a anulação da sentença, para que o feito seja regularmente conhecido, instruído e apreciado pela Vara do Trabalho, tal como formulado na inicial.

EXERCÍCIO 5

A medida processual será uma petição inicial, pleiteando todos os direitos decorrentes da injusta despedida e invocando o art. 373-A, VI da CLT, além da postulação de danos morais a serem arbitrados pelo Juízo, pelo duplo constrangimento sofrido, fundamentando-se então, com o art. °, X, da Constituição Federal, c/c arts. 186 e 927 do Código Civil.

EXERCÍCIO 6

A medida processual adequada será o Recurso Ordinário. O Recorrente analisará o art. 482, j, da CLT, que é taxativo ao considerar tal justa causa apenas se o fato ocorrer no local de trabalho ("...praticado no serviço contra qualquer pessoa, ou ofensas físicas, nas mesmas condições..."). Ademais, ao punir severamente um dos empregados e perdoar o outro, a empregadora agiu com notória discriminação, razões pelas quais, por ambos os motivos, o recurso postulará a reforma da sentença, julgando-se procedente a ação.

EXERCÍCIO 7

A peça deve ser a de Embargos à SDI-1, dirigido ao Presidente da Turma do TST. A jurisprudência do TST segue orientação do Supremo Tribunal Federal a respeito da matéria, no sentido de ser clara a determinação constitucional quanto à necessidade de submissão a concurso público para que se tenha acesso a cargo ou a emprego público (art. 37, II, da CF/1988), não sendo possível que se interprete a referida condição como exigível apenas no ingresso na carreira. Por isso, há vedação constitucional de reenquadramento de servidor público. A Orientação Jurisprudencial 125 da SBDI-1 do Tribunal, no entanto, estabelece que "o simples desvio funcional do empregado não gera direito a novo enquadramento, mas apenas às diferenças salariais respectivas, mesmo que o desvio de função haja iniciado antes da vigência da Constituição Federal de 1988". Assim, não tem direito o reclamante ao reenquadramento, mas faz jus ao pagamento das diferenças salariais entre a atividade exercida e aquela para a qual originalmente havia sido contratado.

EXERCÍCIO 8

Deve ser apresentado Recurso Ordinário dirigido ao presidente do TRT da ª Região. O STF (ADI 1721-3/DF, rel. Min. Carlos Britto, j. em 11.10.2006) declarou inconstitucional o § ° do art. 453 da CLT – acrescido pelo art. ° da Medida Provisória 1.596-14-97, convertida na Lei 9.528/1997 –, que estabelece que o ato de concessão de benefício de aposentadoria a empregado que não tiver completado trinta e cinco anos de serviço, se homem, ou trinta, se mulher, importa em extinção do vínculo empregatício. Entendeu o Supremo Tribunal que a norma impugnada é inconstitucional por instituir modalidade de despedida arbitrária ou sem justa causa, sem indenização (CF, art. °, I), desconsiderando a própria eventual vontade do empregador de permanecer com seu empregado, bem como o fato de que o direito à aposentadoria previdenciária, uma vez objetivamente constituído, ocorre na relação jurídica entre o segurado do Sistema Geral de Previdência e o INSS, portanto, às expensas de um sistema atuarial-financeiro gerido por este. Observou, ainda, que o Ordenamento Constitucional não autoriza o legislador ordinário a criar modalidade de rompimento automático do vínculo de emprego, em desfavor do trabalhador, na situação em que este apenas exercita o seu direito de aposentadoria espontânea, sem cometer deslize algum e que a mera concessão da aposentadoria voluntária ao trabalhador não tem por efeito extinguir, instantânea e automaticamente, o seu vínculo de emprego.

EXERCÍCIO 9

Deve ser impetrado Mandado de Segurança, dirigido ao juiz do trabalho do Distrito Federal, pois a autoridade coatora atua em Brasília/DF. Segundo a Súmula 677 do STF, compete ao Ministério do Trabalho o registro das entidades sindicais e o zelo pela observância do princípio da unicidade. O art. °, I, da CF/1988 dispõe não ser possível lei exigir autorização do Estado para a fundação de sindicato, ressalvada a hipótese do registro no órgão competente, que é o Ministério do Trabalho, sendo proibido ao Poder Público intervir ou interferir na organização sindical. O art. °, II, da CF/88, por sua vez, veda a criação de mais de um sindicato profissional na mesma base territorial, que não pode ser inferior à área de um município.

Assim, tem-se que a atuação ministerial é vinculada, de modo que o exame, pelo Ministério, da constituição de entidade sindical profissional ou econômica deve restringir-se ao exame da vedação da coexistência de mais de uma organização representativa de categoria na mesma base territorial. Por isso, o ato praticado pelo Secretário das Relações do Trabalho do Ministério do Trabalho é ilegal e abusivo quando determina o arquivamento do processo administrativo de registro sindical quando não há outra organização sindical na mesma base territorial, pelo que cabe ao juiz determinar a continuidade do ato, para que a autoridade coatora efetue o registro o sindicato.

EXERCÍCIO 10

Deve ser interposto Recurso Ordinário (art. 895, I, CLT) dirigido ao juiz do Trabalho da ª Vara de São Paulo. O TST reformulou a Orientação Jurisprudencial 247, passando, no item II, a excepcionar a ECT da possibilidade de dispensa imotivada de seus funcionários. Assim, por conta da sua peculiar situação, por gozar a ECT do mesmo tratamento dispensado à Fazenda Pública em relação à imunidade tributária e à execução de precatório, além das prerrogativas de foro, prazos e custas processuais, fica ela condicionada à motivação do ato de despedida do empregado, sob pena de invalidade. Neste caso, Joaquim tem direito a reintegração a seu cargo, visto que sua despedida ocorreu sem a devida motivação em processo administrativo.

EXERCÍCIO 11

Deve ser interposto Recurso de Revista, (art. 896, a e/ou c, CLT) dirigido ao Presidente do TRT da ª Região. De acordo com o art. 522, *caput*, da CLT, a administração do sindicato será exercida por uma diretoria constituída por, no máximo, sete membros, os quais possuirão estabilidade sindical. Segundo a Súmula 369, II, do TST, o art. 522 da CLT, que limita a sete o número de dirigentes sindicais, foi recepcionado pela Constituição Federal de 1988. Assim, os membros que excederem este limite não estarão protegidos pela garantia do emprego e os suplentes, qualquer que seja sua posição, também não serão atingidos por essa proteção legal.

EXERCÍCIO 12

A medida cabível é Agravo de Instrumento, com base no art. 897, b, da CLT, endereçado ao Presidente do TRT, sob o argumento de que, ainda que o acórdão que prevê a determinação de retorno dos autos ao juiz de primeiro grau, possua natureza interlocutória, o Recurso de Revista deve ser admitido, pois o acórdão do TRT contrariou a Súmula 363 do TST, ao reconhecer ser possível o pagamento de todas parcelas decorrentes do contrato de trabalho válido, em hipótese de contrato nulo, quando somente seria possível o pagamento dos dias trabalhados e do FGTS do período.

EXERCÍCIO 13

A medida cabível é Recurso Ordinário, com base no art. 895, I, da CLT. Deve-se argumentar que a empregadora não comprovou a atitude ao justificar a dispensa por justa causa, pois o depoimento prestado por testemunha que não presenciou o ocorrido não teria sido suficiente a entender-se que o empregador se desincumbiu do ônus da prova que lhe cabia. Além disso, a própria falta de imediatidade na punição do empregado pelo empregador demonstraria não ter ocorrido o fato justificador da dispensa, sendo caso de perdão tácito. Assim, a justa causa estaria descaracterizada, devendo ser reconhecidos os direitos decorrentes da rescisão imotivada, sendo eles: multa indenizatória de 40% dos depósitos do FGTS, aviso-prévio, 1º salário proporcional e férias proporcionais, multa previsto no art. 477, § º, da CLT, créditos vencidos, se houverem e o direito de levantar os depósitos do FGTS.

EXERCÍCIO 14

A medida cabível é Mandado de Segurança, com base no art. º, LXIX, da CF/1988, e na Lei 12.016/2009. Deve-se argumentar que não há recurso próprio a impugnar tutela antecipada concedida antes da sentença (Súmula 414, II, do TST). Após, que o art. 468, parágrafo único, da CLT permite a reversão do empregado ao cargo antes ocupado, quando deixar de exercer função de confiança, sendo que só não será possível haver redução salarial (art. º, VI, da CF/1988) quando esta for percebida por empregado, decorrente do exercício de função de confiança gratificada, por mais de dez anos, haja vista o princípio da estabilidade financeira, quando então incorporara ao seu salário (Súmula 372, I, do TST). Contudo, no caso, não será devida nem a incorporação da gratificação nem o pagamento das diferenças salariais correspondentes, a contar da data da supressão da vantagem, pois a empregada não satisfez os requisitos contidos na Súmula 372, I, do TST.

EXERCÍCIOS COMPLEMENTARES
QUESTÕES

QUESTÃO 1

Em dissídio individual em que se discutia a ocorrência de justa causa pelo cometimento de ato de improbidade, a Reclamada fez-se representar por preposto devidamente credenciado (auxiliar de departamento pessoal), que tinha amplo conhecimento dos fatos. O magistrado, todavia, entendeu que, em tais hipóteses, o depoimento pessoal teria de ser prestado, obrigatoriamente, por Gerente ou Diretor. Considerou, pois, a Reclamada, confessa quanto à matéria de fato. O procedimento do Juízo está correto? Fundamente a resposta.

QUESTÃO 2

Determinada empresa, ao ser executada, revelou-se insolvente. O Juízo promoveu a desconsideração da personalidade jurídica e efetivou a chamada penhora "on-line", bloqueando integralmente os ativos de conta bancária específica em que um dos sócios recebia apenas proventos de sua aposentadoria. Tal penhora tem amparo legal? Fundamente a resposta.

QUESTÃO 3

Em dissídio individual plúrimo, grupo de empregados da empresa sediada em São Paulo apresentam reclamatória nesta Capital, postulando adicional de periculosidade. Argumentando com o princípio da economia processual, seus colegas da Filial de Santos resolveram promover cumulação subjetiva para a postulação de horas extras laboradas aos sábados e domingos. Tal situação processual é possível? Fundamente a resposta.

QUESTÃO 4

A Reclamada teve, em primeira audiência, rejeitada a arguição de exceção de incompetência em razão do lugar. Como apresentara também a defesa de mérito, foi esta recebida, e adiada a audiência para instrução. A Reclamada entendeu ser necessário interpor, desde logo, no prazo de 8 (oito) dias, Recurso Ordinário, suscitando a questão da incompetência *ex ratione loci*. É acertada tal providência processual? Fundamente a resposta.

QUESTÃO 5

Dias após encerrada a instrução processual, sem qualquer protesto, a parte Reclamada junta documentos (Ficha de Registro e Cartões-Ponto). A juntada foi aceita e não se abriu vista ao Reclamante. A ação foi julgada improcedente, sendo inteiramente fundamentada em suposta prova contida nos referidos documentos. Foi acertada tal deliberação do Juízo? Fundamente a resposta.

QUESTÃO 6

Estagiário de engenharia, embora reconhecendo que executava tarefas próprias do estágio pactuado, postulou vínculo de emprego, na forma da CLT, sob o único fundamento de que o estágio era remunerado e, portanto, caracterizado o vínculo de emprego. Está correta ou equivocada a interpretação? Fundamente.

QUESTÃO 7

Empregadora doméstica idosa e doente, solicitou que seu filho comparecesse, na condição de preposto, portando ordem escrita, à audiência trabalhista que lhe movia sua ex-empregada. O Juiz do Trabalho não aceitou a representação e considerou-a revel. Está correta a decisão? Fundamente.

QUESTÃO 8

Empresa de confecções enviou máquina de costura à residência de certa pessoa e remetia, também, tecido para a confecção, retirando periodicamente o produto acabado, pagando por produção. Fiscalizava diretamente o trabalho, dava ordens e exigia produção mínima diária. Quando a costureira pleiteou, anos após, vínculo de emprego, a empresa negou a vinculação, alegando tratar-se de trabalho em domicílio, o que, por si, seria o suficiente para afastar a relação de emprego. Tal interpretação está correta? Fundamente.

QUESTÃO 9

Empresa que fornecia ônibus executivo para o transporte dos empregados, que se deslocavam para local de fácil acesso e com disponibilidade de transporte público, recusou-se a considerar tal percurso como de horas *in itinere*. A posição da empresa está correta? Fundamente.

QUESTÃO 10

Por ter recebido benefício da empregadora consistente em pagamento de mensalidade, livros e material didático durante todo o curso superior, empregado pretendeu considerar tais utilidades como salário, para todos os fins de direito. A pretensão está correta? Fundamente.

QUESTÃO 11

Manuel, empregado da empresa Super Boa Ltda., após criticar seu superior hierárquico de forma contundente e com uso de expressões depreciativas, foi advertido por escrito. Tendo Manuel se recusado a assinar a referida penalidade, ele foi dispensado, por justa causa, da empresa, sob o argumento de prática de falta grave, por ato de indisciplina.

Na situação hipotética apresentada, foi correta a decisão da empresa de dispensar o empregado por justa causa? Fundamente sua resposta.

QUESTÃO 12

Geraldo é gerente de vendas em uma sapataria e recebe, além do salário e das horas extras trabalhadas, um adicional pela função que exerce. Entretanto, no demonstrativo de pagamento entregue a Geraldo todos os meses, não há discriminação das verbas remuneratórias, sendo todas elas englobadas sob o título de salário.

Considerando a situação hipotética apresentada, caracterize a forma de remuneração paga a Geraldo, explicitando, com a devida fundamentação jurídica, se ela é admitida no âmbito do direito do trabalho.

QUESTÃO 13

Tereza, admitida, no ano de 2008, em uma empresa, para o exercício de atividades de serviços gerais de limpeza, foi dispensada em 2015. Em março do ano seguinte, ajuizou reclamação trabalhista na ª Vara do Trabalho de São Paulo, pleiteando adicional de insalubridade. A empregadora demonstrou que o Ministério do Trabalho e Emprego não classificava a referida atividade como insalubre. O juiz do trabalho acolheu o pedido formulado pela reclamante e condenou a reclamada a pagar o adicional de insalubridade em grau máximo – 40% sobre o salário mínimo da região —, nos termos da NR 15 da Portaria 3.214/1978 do MTE. O TRT da ª Região confirmou a sentença por entender que o laudo pericial havia demonstrado que a empregada, ao fazer a limpeza dos 11 banheiros do escritório e da área de produção da empresa, manuseava, sem qualquer equipamento de proteção, agentes biológicos nocivos à saúde, resíduos equiparáveis ao lixo urbano, sendo este fundamento suficiente, por si só, para a procedência da reclamação.

Considerando a situação hipotética apresentada, responda, de forma fundamentada, com base no entendimento atual do TST, se é devido à empregada o pagamento do adicional de insalubridade em face da constatação do laudo pericial, independentemente da classificação de tal atividade como insalubre pelo MTE.

QUESTÃO 14

Considere que Maria, ao descobrir-se grávida, tenha utilizado as dependências do hospital onde trabalha como auxiliar de enfermagem, para interromper a gravidez e, em decorrência do fato, tenha sido processada e julgada por aborto criminoso. Nessa situação, com base no que prevê a CLT, caracteriza-se hipótese de suspensão de contrato de trabalho ou de interrupção do contrato de trabalho?

Fundamente sua resposta.

QUESTÃO 15

João, em razão de acidente de trabalho, ficou afastado por mais de 15 dias de suas atividades, passando a receber o auxílio-doença acidentário. Após encerramento do gozo do auxílio-acidente, João teria direito a estabilidade provisória pelo período de 12 meses. Entretanto, a empresa, no curso da referida estabilidade, despediu-o imotivadamente. Passados 18 meses do decurso do período de estabilidade, o empregado ajuizou reclamação trabalhista, pleiteando o percebimento dos salários referentes ao período compreendido entre a data da despedida e a do ajuizamento da ação, bem como sua reintegração no cargo antes ocupado.

Em face dessa situação hipotética, responda, de forma fundamentada, à seguinte pergunta: João tem direito ao recebimento dos salários relativos ao período descrito, assim como o de ser reintegrado ao cargo antes ocupado?

QUESTÃO 16

Maria, contratada como auxiliar de almoxarifado do Banco Brasileiro, trabalhou no departamento de telecomunicação, recebendo e expedindo materiais e atendendo às solicitações de material para manutenção de equipamentos das agências bancárias. Sua jornada de trabalho era de oito horas diárias. Ao final do contrato de trabalho, Maria ingressou com reclamação trabalhista na qual pleiteava a percepção da ª e da ª hora como extras, sob o argumento de que era bancária, razão pela qual sua jornada de trabalho não poderia ser superior a seis horas diárias. O banco contestou a ação, alegando que a empregada não desenvolvia a atividade-fim da instituição e que somente fariam jus à jornada especial os bancários e empregados que exercessem atividades de limpeza e de portaria.

Na situação hipotética apresentada, são devidas horas extras a Maria, ainda que não tenha ela exercido atividade típica de bancária? Fundamente sua resposta.

QUESTÃO 17

Antônio, auxiliar técnico da Companhia de Águas do Estado de São Paulo, foi transferido da capital para o interior, onde passou a ter domicílio e a desenvolver sua atividade laboral. Inconformado com a transferência, ele ingressou com ação trabalhista, argumentando não exercer atividade de confiança nem ter sido consultado, em tempo algum, a respeito da movimentação, tendo esta, segundo ele, ocorrido como forma de pressioná-lo a pedir demissão. A empresa não rebateu os argumentos do empregado, mas justificou o ato de transferência sob a alegação de que, mesmo conservando sua sede na capital do Estado, no contrato de trabalho do empregado, havia expressa previsão quanto à possibilidade de sua transferência, sujeitando-se essa decisão ao critério discricionário e diretivo do empregador.

Na situação hipotética apresentada, Antônio tem direito de voltar a exercer suas atividades no local de sua lotação original ou a transferência está no âmbito do poder diretivo e discricionário do empregador? Fundamente sua resposta.

QUESTÃO 18

É possível o reconhecimento da validade do contrato de trabalho de um apontador de jogo do bicho que pleiteie, na justiça do trabalho, vínculo empregatício com o tomador dos serviços? Fundamente sua resposta com base em jurisprudência do TST.

QUESTÃO 19

É devida equiparação salarial entre dois empregados que, apesar de executarem idênticas funções, têm cargos diferentes na empresa, considerando-se que o equiparando atua no cargo de auxiliar administrativo e o paradigma, no cargo de técnico administrativo? Fundamente sua resposta.

QUESTÃO 20

Suponha que Maurício trabalhe 8 horas diárias e usufrua apenas 20 minutos de intervalo para alimentação e descanso. Nessa situação, a não concessão parcial do intervalo intrajornada implica o pagamento total do período correspondente? Fundamente sua resposta.

QUESTÃO 21

João, por dois anos, trabalhou na empresa Alfa, até que, por necessidade de especialização dos trabalhos, as atividades desta foram transferidas para a empresa Beta, integrante do mesmo grupo econômico. Por dois meses, período de transição da transferência das atividades de uma empresa para a outra, João prestou serviços para ambas, durante a mesma jornada de trabalho. Após, foi transferido, em definitivo, para a empresa Beta, quando, então, foi feita a anotação em sua CTPS, indicando a mudança do empregador. Passados nove meses da transferência, a empresa Beta encerrou suas atividades, por conta de dificuldades financeiras, oportunidade em que dispensou seus empregados, inclusive João, sem nada pagar-lhes.

Considerando a situação hipotética descrita acima, responda às seguintes perguntas.

a) Contra qual das empresas João poderá propor reclamação trabalhista?
b) Terá João direito ao tempo de serviço prestado nas duas empresas, para efeito de pagamento de férias e 13º salário, ou somente quanto ao período trabalhado na empresa Beta?
c) João terá direito a mais de um salário por ter trabalhado nas duas empresas no período de transição das atividades?

QUESTÃO 22

Considerando que, tanto no estágio quanto no contrato de trabalho, a prestação do serviço dá-se com pessoalidade, subordinação e continuidade, diferencie ambos os contratos, destacando as características específicas do contrato de estágio, no que diz respeito ao "termo de compromisso", à matrícula do aluno no curso, ao pagamento de bolsa e à finalidade do estágio.

QUESTÃO 23

Diferencie gorjeta de gratificação, identificando quem é o responsável pelo pagamento de cada uma dessas parcelas e explicando se elas decorrem de obrigação, ou não, por parte de quem o faz, e se integram o salário ou a remuneração.

QUESTÃO 24

João prestou serviços pessoalmente, como representante comercial devidamente inscrito no CORCESP, para determinada empresa, pelo período de 10 anos. Rescindido o contrato por deliberação da representada no início de 2008, sem qualquer causa justificada, João postulou na justiça do trabalho os direitos decorrentes da lei que regulamenta a atividade dos representantes comerciais autônomos. O juízo do trabalho, em despacho liminar, deu-se por incompetente, sob o fundamento de tratar-se de mera prestação de serviços e não de vínculo de emprego.

Nessa situação, o posicionamento do juízo do trabalho está correto? Fundamente sua resposta.

QUESTÃO 25

O banco Ômega, empresa pública federal, contratou a empresa Delta, prestadora de serviço, para que executasse, por meio dos empregados desta terceirizada, o serviço de limpeza das agências bancárias. Para uma dessas funções, foi designado Joaquim, que passou a fazer a limpeza da agência Gama. Passados três anos, a empresa Delta desligou Joaquim do seu quadro, deixando de pagar-lhe as verbas rescisórias, assim como de recolher seu FGTS.

Diante dessa situação hipotética, redija texto dissertativo, abordando a possibilidade de Joaquim ingressar com reclamação trabalhista diretamente contra o banco Ômega, ou contra este e a empresa Delta, considerando que seu vínculo de emprego ocorre somente com a tomadora do serviço, a quem ele estava subordinado. Caso entenda ser a instituição bancária a responsável, explicite se tal responsabilidade será, ou não, de modo solidário para com a empresa Delta.

EXERCÍCIOS COMPLEMENTARES
GABARITO – QUESTÕES

QUESTÃO 1

Não. O art. 843, § º, da CLT, faculta, de forma expressa a representação, tal como o fez a Reclamada.

QUESTÃO 2

Não. Trata-se de bem absolutamente impenhorável, consoante dispõe o art. 833, IV, do CPC/2015.

QUESTÃO 3

Não, ante a absoluta inexistência de identidade de matéria, art. 842 CLT.

QUESTÃO 4

Não. Tal matéria não é recorrível de imediato, ante os termos claros do art. 799, § º, da CLT.

QUESTÃO 5

A decisão judicial foi equivocada: em primeiro lugar, porque a juntada de documentos foi intempestiva, ficando preclusa a matéria sobre a qual versava. Ademais, violaram-se, flagrantemente, os princípios do contraditório e da ampla defesa (art. º, LV, CF, bem como o art. 437, § º, do CPC/2015)

QUESTÃO 6

Não. A Lei 11.788/2008, em seu art. º, dispõe expressamente que o estágio não cria vínculo empregatício e que, nos termos do art. 12 da lei, o estagiário poderá receber bolsa, ou outra forma de contraprestação.

QUESTÃO 7

A decisão judicial é incorreta já que a jurisprudência é pacífica ao aceitar tal forma de representação, em se tratando de empregador doméstico. A própria Súmula 377 do TST dispõe no mesmo sentido.

QUESTÃO 8

A interpretação da empresa está incorreta. O art. º da CLT prevê que não se distingue o trabalho realizado no estabelecimento e o executado no domicílio do empregado, sendo relevante apenas os elementos que impliquem caracterização da relação de emprego.

QUESTÃO 9

Sim, a posição da empresa está correta. A matéria foi objeto da Súmula 90 do TST, que culminou por ser incorporada no ordenamento por meio do art. 58, § º da CLT, que estabelece de forma taxativa as condições para que o tempo de percurso seja computado na jornada de trabalho.

QUESTÃO 10

A pretensão é improcedente. O art. 458, § º, II, da CLT, dispõe, de forma expressa, que tais utilidades fornecidas pelo empregador "não serão consideradas como salário".

QUESTÃO 11

Não foi correta a decisão da empresa. A dispensa por justa causa depende da prática de falta grave prevista de forma taxativa na Legislação. A recusa do empregado em assinar a advertência é seu direito e não se configura falta grave. De fato, a infração laboral caracterizadora da falta grave caracteriza-se como comportamento do trabalhador que prejudique o cumprimento de suas obrigações contratuais trabalhistas. Como a ausência de assinatura do empregado não configurou falta grave, houve duplicidade de punição (*bis in idem*).

QUESTÃO 12

Considera-se como salário complessivo aquele que pretende abranger várias verbas salariais, englobadamente; todos os pagamentos devidos pelo empregador devem ser claramente descritos nos recibos de pagamento, sob pena de configuração de salário complessivo, o que é repudiado pelo direito do trabalho, de modo que é vedado o pagamento de parcelas salariais distintas sob o mesmo título, sem que seja feita a discriminação isolada de cada uma delas nos demonstrativos de pagamento (Súmula 91 do TST).

É forma de remuneração que possibilita a fraude aos direitos trabalhistas, porque a indiscriminação das parcelas salariais não permite concluir se foram elas efetivamente pagas, podendo dar ensejo a renúncia prévia a direitos na fórmula de salário conjunto (art. 9º da CLT).

QUESTÃO 13

A Súmula 448 do TST dispõe: "I - Não basta a constatação da insalubridade por meio de laudo pericial para que o empregado tenha direito ao respectivo adicional, sendo necessária a classificação da atividade insalubre na relação oficial elaborada pelo Ministério do Trabalho". Até porque "II - A higienização de instalações sanitárias de uso público ou coletivo de grande circulação, e a respectiva coleta de lixo, por não se equiparar à limpeza em residências e escritórios, enseja o pagamento de adicional de insalubridade em grau máximo, incidindo o disposto no Anexo 14 da NR-15 da Portaria do MTE º 3.214/78 quanto à coleta e industrialização de lixo urbano. Em se tratando de mera limpeza e recolhimento de lixo doméstico em banheiros do escritório e da área de produção da empresa, o deferimento do adicional de insalubridade em grau máximo contraria a disposição contida na Súmula 448 do TST.

QUESTÃO 14

O aborto quando não criminoso é hipótese de interrupção do contrato de trabalho, pois conta-se o tempo de serviço para todos os efeitos. Ademais, o art. 395 da CLT ensina que em caso de aborto não criminoso, comprovado por atestado médico oficial, a mulher terá um repouso remunerado de 2 (duas) semanas, ficando-lhe assegurado o direito de retornar à função que ocupava antes de seu afastamento.

Por sua vez, na hipótese de aborto criminoso, haverá a suspensão do contrato de trabalho, pois nenhum efeito gerará para a empregada.

QUESTÃO 15

O art. 118 da Lei 8.213/1991 cuida da estabilidade provisória do empregado que sofre acidente do trabalho, garantindo-lhe a manutenção do contrato de trabalho pelo prazo mínimo de doze meses após a cessação do auxílio-doença, mas não dispõe quanto à medida a ser tomada pelo empregado no caso de inobservância por parte do empregador.

A demora no ajuizamento da ação trabalhista não retira a garantia constitucional de o reclamante, dentro do biênio prescricional, buscar o direito ao percebimento dos valores referentes ao período da estabilidade provisória. A Súmula 396, item I, do TST diz que "exaurido o período de estabilidade, são devidos ao empregado apenas os salários do período compreendido entre a data da despedida e o final do período de estabilidade, não lhe sendo assegurada a reintegração no emprego". Neste sentido tem sido o entendimento do TST (E-RR-788063/2001, rel. Min. Horácio Sena Pires, DJ 14.12.2007).

QUESTÃO 16

Os empregados de bancos são considerados bancários, independentemente da atividade desenvolvida. A leitura que se deve fazer do art. 226, *caput*, da CLT é a de que ele traz elenco meramente exemplificativo, pelo que se permite albergar no conceito de bancário, para efeito de fixação de jornada diária de trabalho de seis horas, não só os que exercem as funções expressamente mencionadas, mas todo trabalhador de instituição bancária; O bancário que não exerça função de direção, gerência, fiscalização, chefia e equivalentes, tem jornada de trabalho diária de 06 (seis) horas (art. 224, *caput* e § 2º, da CLT); Só não serão considerados bancários os empregados integrantes de categoria profissional diferenciada, cuja definição e classificação são feitas em lei, e por estas serão regidas (Súmula 117 do TST); Maria, por não integrar categoria profissional diferenciada nem exercer atividade de confiança terá direito às horas que excederem a sexta diária, sendo enquadrada, portanto, como bancária (art. 226, *caput*, da CLT).

QUESTÃO 17

O direito do trabalho protege a lotação original do empregado, sendo a transferência apenas possível quando o empregado exercer cargo de confiança, quando decorrer da real necessidade do serviço e quando houver a extinção do estabelecimento em que o trabalhador exerça sua atividade (art. 469 da CLT e parágrafos); A alteração do contrato individual do trabalho só pode ocorrer por mútuo consentimento, portanto, deve haver prévia anuência do empregado (arts. 468 e 469 da CLT);

Por ter a transferência ocorrido de modo irregular, o empregado deve voltar a exercer suas atividades no local de sua lotação original (reversão), nas mesmas condições anteriores à mudança, ou pleitear a rescisão contratual indireta com as indenizações cabíveis. Veja também o art. 659, IX, da CLT.

QUESTÃO 18

Segundo a Orientação Jurisprudencial 199 da SDI-1 do TST, não há contrato de trabalho em face da prestação de serviços em jogo do bicho, em razão da ilicitude do seu objeto, pelo que não poderá ele ser reconhecido (arts. 104, II, e 166, II e III, do CC/2002).

QUESTÃO 19

O art. 461 da CLT estabeleceu que equiparando e paradigma têm direito ao mesmo salário quando exercerem atividades idênticas. Assim, nos termos do inc. III da Súmula 6 do TST — A equiparação salarial só é possível se o empregado e o paradigma exercerem a mesma função, desempenhando as mesmas tarefas, não importando se os cargos têm, ou não, a mesma denominação.

QUESTÃO 20

Nos termos do § 4º do art. 71 da CLT, a não concessão total ou parcial do intervalo intrajornada mínimo, para repouso e alimentação, implica o pagamento total do período correspondente, com acréscimo de, no mínimo, 50% sobre o valor da remuneração da hora normal de trabalho. Veja também a súmula 437 do TST.

QUESTÃO 21

a) Poderá propor a ação contra qualquer das empresas, ou ambas, pois se entende como havendo um único empregador (art. 2º, § 2º, da CLT);

b) Terá direito ao tempo de serviço prestado para as duas empresas, computando-se para efeitos de férias e 13º salário.

c) Súmula 129 do TST: não terá direito a mais de um salário.

QUESTÃO 22

a) Existência do "termo de compromisso" (contrato escrito) entre o estagiário e a parte concedente, com a interveniência da instituição de ensino, é requisito obrigatório do ato jurídico;

b) Só se caracteriza o estágio se o estudante estiver matriculado e cursando, em instituição pública ou particular, o ensino médio ou superior;

c) Pode ou não, ser paga a bolsa, em dinheiro ou contraprestação, mas não é obrigatório;

d) O estágio tem como finalidade complementar o ensino e possibilitar a aprendizagem na prática.

Obs.: Veja Lei 11.788/2008.

QUESTÃO 23

a) Gorjeta: paga pelo cliente, de forma espontânea ou decorrente da sua inclusão na nota de serviço (Súmula 354 do TST), sendo considerada forma de remuneração (a remuneração, por sua vez, é composta de salário e gorjeta);

b) Gratificação: paga por liberalidade do empregador, não se confundindo com 13º salário, que é compulsório, enquanto a gratificação é convencional.

QUESTÃO 24

O posicionamento está incorreto, haja vista a Emenda Constitucional 45, que deu nova redação ao art. 114 do Constituição Federal, ampliando a competência da justiça do trabalho para questões de prestação de serviços em que o autor seja pessoa natural.

QUESTÃO 25

a) A tomadora de serviço é responsável pelo inadimplemento das obrigações trabalhistas da prestadora, mesmo quando não haja vínculo de emprego entre ela e o empregado, respondendo de modo subsidiário, ou seja, quando a empregadora não arcar com suas obrigações ou seu patrimônio for insuficiente (Súmula 331, item IV, do TST) –, o fundamento da responsabilidade subsidiária é a culpa *in eligendo* (má-escolha) e *in vigilando* (falta de fiscalização);

b) O processo de conhecimento deve ser dirigido contra ambos (Ômega e Delta) para que possa haver a responsabilidade subsidiária do banco Ômega;

c) A subsidiariedade decorre da responsabilidade indireta da tomadora dos serviços, mesmo nos contratos de terceirização lícita, e independentemente da situação econômico-financeira da empresa prestadora dos serviços.

ESTATÍSTICA DOS EXAMES UNIFICADOS OAB/FGV

A presente estatística faz referência às peças profissionais exigidas nos Exames de Ordem elaborados pela Banca FGV (Fundação Getulio Vargas).

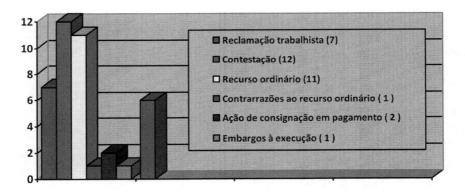

- Reclamação trabalhista (7)
- Contestação (12)
- Recurso ordinário (11)
- Contrarrazões ao recurso ordinário (1)
- Ação de consignação em pagamento (2)
- Embargos à execução (1)

(OAB/Exame Unificado XXXIII – 2020.1 – 2ª fase)
Reclamação Trabalhista
Fundamento legal: art. 840, § 1º, CLT

(OAB/Exame Unificado XXXII – 2020.1 – 2ª fase)
Contestação
Fundamento legal: art. 847 CLT

(OAB/Exame Unificado XXXI – 2020.1 – 2ª fase)
Recurso ordinário
Fundamento legal: art. 895, I, CLT

(OAB/Exame Unificado XXX – 2019.3 – 2ª fase)
Reclamação trabalhista com tutela antecipada
Fundamento legal: art. 840, § 1º, da CLT

(OAB/Exame Unificado XXIX – 2019.2 – 2ª fase)
Consignação em pagamento
Fundamento legal: art. 539 do CPC

(OAB/Exame Unificado XXVIII – 2019.1 – 2ª fase)
Contestação
Fundamento legal: art. 847 da CLT

(OAB/Exame Unificado XXVII – 2018.3 – 2ª fase))
Reclamação trabalhista
Fundamento legal: art. 840, § 1º, da CLT

(OAB/Exame Unificado XXVI – 2018.2 – 2ª fase)
Recurso ordinário
Fundamento legal: art. 895, I, da CLT

(OAB/Exame Unificado XXV – 2018.1 – 2ª fase (Reaplicação Porto Alegre/RS)
Recurso ordinário
Fundamento legal: art. 895, I, CLT

(OAB/Exame Unificado XXV – 2018.1 – 2ª fase
Contestação com reconvenção
Fundamento legal: Cart. 847 da CLT e art. 343 CPC/2015

OAB/Exame Unificado XXIV – 2017.3 – 2ª fase
Recurso ordinário
Fundamento legal: art. 895, I, CLT

OAB/Exame Unificado XXIII – 2017.2 – 2ª fase
Contestação
Fundamento legal: art. 847 CLT

OAB/Exame Unificado XXII – 2017.1 – 2ª fase
Reclamação Trabalhista (petição inicial)
Fundamento legal: art. 840, § 1º, CLT e art. 319 CPC/2015

OAB/Exame Unificado XXI – 2016.3 – 2ª fase
Recurso ordinário
Fundamento legal: art. 895, I, CLT

(OAB/Exame Unificado XX – 2016.2 – 2ª fase - Reaplicação em Porto Velho/Rondônia)
Contrarrazões ao recurso ordinário
Fundamento legal: art. 900 CLT.

(OAB/Exame Unificado XX – 2016.2 – 2ª fase)
Reclamação trabalhista (petição inicial)
Fundamento legal: art. 840, § 1º, CLT e art. 319 CPC/2015.

(OAB/Exame Unificado XIX – 2016.1 – 2ª fase)
Recurso ordinário.
Fundamento legal: art. 895, I, CLT.

(OAB/Exame Unificado XVIII – 2015.3 – 2ª fase)
Contestação.
Fundamento legal: art. 847 CLT.

(OAB/Exame Unificado XVII – 2015.2 – 2ª fase)
   Contestação.
   Fundamento legal: art. 847 CLT.

(OAB/Exame Unificado XVI – 2015.1 – 2ª fase)
   Recurso ordinário.
   Fundamento legal: art. 895, I, CLT.

(OAB/Exame Unificado XV – 2014.3 – 2ª fase)
   Recurso ordinário.
   Fundamento legal: art. 895, I, CLT.

(OAB/Exame Unificado XIV – 2014.2 – 2ª fase)
   Reclamação trabalhista (petição inicial)
   Fundamento legal: art. 840, § 1º, CLT e art. 319 CPC/2015.

(OAB/Exame Unificado XIII – 2014.1 – 2ª fase)
   Embargos à execução
   Fundamento legal: art. 884 CLT ou
   Embargos de terceiro
   Fundamento legal: art. 674 CPC/2015.

(OAB/Exame Unificado XII – 2013.3 – 2ª fase)
   Reclamação trabalhista (petição inicial)
   Fundamento legal: art. 840, § 1º, CLT e art. 319 CPC/2015.

(OAB/Exame Unificado XI – 2013.2 – 2ª fase)
   Contestação.
   Fundamento legal: art. 847 CLT.

(OAB/Exame Unificado X – 2013.1 – 2ª fase)
   Ação de consignação em pagamento (petição inicial)
   Fundamento legal: arts. 539 a 549 CPC/2015.

(OAB/Exame Unificado IX – 2012.3 – 2ª fase)
   Recurso ordinário.
   Fundamento legal: art. 895, I, CLT.

(OAB/Exame Unificado VIII – 2012.2 – 2ª fase)
   Contestação.
   Fundamento legal: art. 847 CLT.

(OAB/Exame Unificado VII – 2012.1 – 2ª fase)
   Recurso ordinário.
   Fundamento legal: art. 895, I, CLT.

(OAB/Exame Unificado VI – 2011.3 – 2ª fase)
   Contestação.
   Fundamento legal: art. 847 CLT.

(OAB/Exame Unificado V – 2011.2 – 2ª fase)
   Contestação.
   Fundamento legal: art. 847 CLT.

(OAB/Exame Unificado IV – 2011.1 – 2ª fase)
　Contestação.
　Fundamento legal: art. 847 CLT.

(OAB/Exame Unificado III – 2010.3 – 2ª fase)
　Recurso ordinário.
　Fundamento legal: art. 895, I, CLT.

(OAB/Exame Unificado II – 2010.2 – 2ª fase)
　Contestação.
　Fundamento legal: art. 847 CLT.

Anotações